本书为国家社会科学基金项目"当代后果主义伦理思想研究"
(项目批准号:13AZX023)的优秀结项成果

当代后果主义伦理思想研究

On Consequentialism

龚群 著

中国社会科学出版社

图书在版编目（CIP）数据

当代后果主义伦理思想研究 / 龚群著 . —北京：中国社会科学出版社，2021.10
ISBN 978 - 7 - 5203 - 8497 - 1

Ⅰ.①当… Ⅱ.①龚… Ⅲ.①伦理学 - 研究 Ⅳ.①B82

中国版本图书馆 CIP 数据核字（2021）第 098105 号

出 版 人	赵剑英
责任编辑	刘亚楠
责任校对	张爱华
责任印制	张雪娇

出　　版	中国社会科学出版社
社　　址	北京鼓楼西大街甲 158 号
邮　　编	100720
网　　址	http://www.csspw.cn
发 行 部	010 - 84083685
门 市 部	010 - 84029450
经　　销	新华书店及其他书店
印　　刷	北京君升印刷有限公司
装　　订	廊坊市广阳区广增装订厂
版　　次	2021 年 10 月第 1 版
印　　次	2021 年 10 月第 1 次印刷
开　　本	710×1000　1/16
印　　张	22.5
插　　页	2
字　　数	367 千字
定　　价	138.00 元

凡购买中国社会科学出版社图书，如有质量问题请与本社营销中心联系调换
电话：010 - 84083683
版权所有　侵权必究

前　言

　　一般而言，功利论（功利主义）、道义论（或"义务论"）和德性论是三种基本的规范伦理学。[①] 在当代西方伦理学界，契约论也被看作一种规范伦理学。不过，目前西方学术界和中国学术界更多地是把前三种伦理学理论看作规范伦理学理论。在西方伦理学史上，功利主义是一种源远流长的规范伦理学形态，其思想起源可追溯到古希腊苏格拉底和伊壁鸠鲁等人那里。值得指出的是，当代西方伦理学在功利主义的基础上发展了一种新形态的规范伦理学理论：后果主义（cosequentialism）。当前学术界对后果主义的研究表明，后果主义大有取代传统功利主义的趋势，而成为当代规范伦理学的基本形态之一。不过，这样讲并非意味着讲后果主义而不讲功利主义，而是后果主义流派有着包括功利主义流派的学术取向的趋势，因而我们又称后果主义是规范伦理学的基本形态之一。徐向东说："在当代规范伦理学领域中，后果主义的道德理论（以及它的早期形式——功利主义）是激发了最强烈的批评和回应的一种伦理理论，与义务论和美德伦理学构成了三足鼎立的局面。"[②] 当我们谈到后果主义是与义务论和德性论三足鼎立的规范伦理学理论之一时，这里的后果主义概念包括

[①] 国内学者对德性（美德）伦理学的归属有不同看法，即有的学者把德性伦理学置于规范伦理学之列，有的则不认同。所谓"规范伦理学"也就是能够对人的行为提出具有规范指导意义的规范或原则。功利论和道义论都提出了具有行为指导意义的规范或原则，而德性伦理学所关注的中心是行为者的品格或德性，因而被认为不属于规范伦理学之列。但我们认为，德性伦理学对于德性或品格的研究，同样提出了什么样的行为是正当的或善的标准，并且，品格德性概念同样具有规范的意义与作用。另外，规范伦理学又是与应用伦理学和元伦理学（meta-ethics）相对区分的。应用伦理学主要面向不同的具体实践领域以及相应出现的不同伦理问题，而元伦理学是对于规范伦理学或应用伦理学所提出或采用的规范、原则、命题以及伦理判断的哲学分析和研究，对于伦理学理论进行本体论和语义学的分析研究。

[②] 徐向东编：《后果主义与义务论》，浙江大学出版社2011年版，"编者导言"第1页。

了功利主义。当代西方伦理学家则往往把功利主义看作后果主义的形态之一，马尔甘说："在这个世纪，对于道德问题的一种有影响的进路是后果主义。后果主义宣称：在任何处境下做对的（正当）的事情是有最好后果的行为。（后果主义的一种突出形式是功利主义，功利主义的最大化价值是幸福。）"① 马尔甘把功利主义看作后果主义的一种形态，这是因为后果主义主要从后果意义上来讨论伦理学的进路（方法），而后果主义所说的"后果"比功利主义的后果概念范围更宽，从而可以包括功利主义的进路。同时应当看到，尽管讲后果主义与道义论和德性论三足鼎立，但没有把功利主义排除在当代基本规范伦理学理论之外。这是因为有些伦理学家仍然主要使用功利主义这一概念来讨论问题或表达他们的学术倾向；并且即使是以后果主义这一概念为主来阐述这一方面的规范伦理学理论，同时也有人在使用功利主义这一概念。还因为，由于后果主义是功利主义在当代的发展，后果主义这一概念本身就来自于功利主义，因而也有人把后果主义归于功利主义这一理论范畴。还有人仍然使用功利主义的概念或在功利主义范畴下讨论后果主义的问题，或者两者兼而用之。②

就功利主义的规范理论形态而言，后果（consequence）概念是其关键性概念。所谓"后果"不是别的，即为行为所指向的后果，或行为过程结束后的后果，或可称之为"什么前因之后"，强调的是一种因果性后果。英文中的 consequence（后果）这一概念，在中文学术界，又被译为"效果"。译为"后果"仅仅指一个行为过程结束的产物，而译为"效果"则是指从行为到结果的这个过程所产生的东西，不是单纯地看作其过程的结果或后果，而同时也看作由于行为或行为过程而产生了某种"效果"，这个效果不仅包括了结果或后果，同时也扩展了行为以及后果的影响。这是因为效果也可指行为后果所产生的影响。此外，这一英文概念也被人译为"结果"，也是强调有了什么前因就会有什么结果，由此后果主义也被称为"结果主义"。不过，还鲜见有人称之为"结果主义"。我们采用"后果"这一译法，主要是这一译法更易于凸现道德规范理论所研究的对象特征。我们知道，就规范理论所研究的行为而言，可分为行为动机、行为过程和

---

① Tim Mulgan, *The Demands of Consequentialism*, Oxford: Clarendon Press, 2001, p. 3.

② 如 Michael Slote, *Common-sense Morality and Consequentialism*, (Routledge & Kegan Paul, 1985)。在此书中，斯洛特一般将行动后果主义与行动功利主义的概念同时使用。

行为后果这样三个动态的发展过程或阶段。功利主义把一个行为的好坏、对错的评价标准主要放在行为后果上。同时，我们采用"后果"的译法，也主要是考虑到功利主义对于后果的强调，但包含更多内涵的效果概念不能够体现这点。这是因为就现代以来所产生的规范理论而言，其中心所环绕的是行为而不是行为者。这与自古希腊亚里士多德以来的伦理学理论不同，西方传统伦理学的主要形态是德性伦理学，德性伦理学是以行为者为中心的。这与现代以来的功利主义和义务论伦理学在根本特征上明显不同。

功利主义思想在西方思想史上可以说是源远流长。早在古希腊的苏格拉底的思想中，就有着功利主义的基本主张，而伊壁鸠鲁的幸福主义的伦理学，也可以看作一种希腊思想式的功利主义先驱。[①] 西方社会进入近代社会以来，为人的感性存在辩护，强调感性幸福的思潮兴起，功利主义就是在这一种社会思想背景下形成与发展的。最完备的理论形态是18世纪的边沁所创立，而后密尔进一步发展了它。目前一般将边沁和密尔所代表的功利主义称为"古典功利主义"。功利主义是一种诉诸行为（行动）后果作为行为标准的规范理论，不过，就古典功利主义而言，其后果是行为对行为者所产生的快乐与痛苦。因而功利主义的后果论是一种快乐主义（幸福论）的后果论。当代后果主义将后果概念内涵从快乐（幸福）论的后果扩展为行为（行动）所产生的一切后果事态，并且将后果事态的最大化"好"（善）作为评价行为和指导行为的标准。所谓"最大化"，是在可比较的行为或行为方案中，某一个或某一种方案可能产生最大化的好的后果。后果主义将在可比较或可选择的行动或行动过程中，将那种能够产生最大化的好（善）的行动（行为）看作可选行动（行为）。前文指出，功利主义这一概念与后果主义这一概念往往被人混用，但当代的后果主义毕竟有着不同于古典功利主义的特征，因而也可以说是发生了明显的内在转化。在当代功利主义向后果主义形态转化的过程中，最值得注意的是斯马特的行动功利主义。由于斯马特的行动功利主义所提出的著名的后果论标准，从而人们又将他的行动功利主义称为"行动后果主义"。就斯马特

[①] 关于西方思想史上的功利主义的早期思想以及思想特征，在笔者的《当代西方功利主义与道义论研究》（中国人民大学出版社2002年版）的第七章"前边沁的功利思想"中有较详尽的讨论。

的行动功利主义或行动后果主义而言，可比较的后果事态的最大化好（善），并非就行为者相关而言的最大化好，而是在全人类的存在者的意义上的最大化好（善）。如我的消费行为可能是一种花费较大的消费行为，这样的消费行为无疑对我有意义。但是，后果主义者会认为，如果我把这笔钱捐赠给远在他国处于饥饿中的穷困者，其好的后果无疑会更大，因为我的这笔钱可能能够救人一命。因此，如果我仅仅是为了自己的娱乐而消费，那么我的消费行为在道德上就不是值得赞同的行为。如此对比，我们甚至要怀疑我们仅仅出自自我需要的动机是否符合后果主义。由此看来，如果我是一个后果主义者，是否我在任何时候的所有行为，或者说，我每做一件事都应当以后果主义这样的标准来衡量和要求自己？

后果主义这样的一个行为标准和行为评价标准最著名的版本是由斯马特所提出。斯马特强调："为了建立一种规范的伦理学体系，功利主义必须诉诸他与这对话的其他人共同持有的根本态度，他诉诸的情感是可普遍化的仁爱（generalized benevolence）；即寻求幸福的意向，或无论如何，在某种意义上，寻求对所有人类（all mankind），或对所有有感知能力的存在者（all sentient beings）而言的好的后果。"[①] 这是从非个人的观点或行为者中立的立场上给出的后果事态界定。需要注意的是，边沁等古典功利主义者并非在这样的意义上对后果概念进行界定的。边沁的苦乐原理与后果概念内在相关。在边沁看来，行为后果的好坏在于行为是否能给行为者产生最大化的快乐或尽可能少的痛苦。因此，边沁的后果概念是行为者相关的。斯马特所认为的，我们作为行为者的行动或行为的好的后果，或"最大化好的后果"，不仅是，或尤其不是对自己而言，而是对所有人类存在者而言，甚至是对于所有感性存在者而言的好的后果，因而这是从行为者中立的立场上给出的后果概念。不过，这无疑是一个很高尚的道德标准和要求。然而，个人善或幸福的空间在哪里？如果人们时时处处都遵循这样一种道德标准来要求自己，那么人们的生活计划、自我规划还有存在的空间吗？如果后果的最大化好是在牺牲我的人格完整性或我生活计划完整性的前提下才可实现，那么人们还有义务去履行这样的义务吗？

---

① J. J. C. Smart and Bernard Williams, *Utilitarianism, For and Against*, Cambridge University Press, 1973, p. 7. 这样一种从全人类视域出发来看待单个行为后果的方法，早在密尔的著作中就有这样的表述，在本书后面相关章节中将展开论述。

斯马特的行动功利主义或行动后果主义的后果事态最大化好的标准是与威廉斯的反对意见在同一本书中发表的。在斯马特提出这样一种近似完美的功利主义或后果主义标准时，威廉斯就提出了尖锐的质疑。威廉斯认为这样一种行动后果主义将破坏人的（生活计划）完整性，或人格的完整性，它将导致对人的异化。行动后果主义对人的这样一种从全人类的存在者的角度来看的最大化好的后果事态，被认为是对人的行为的"严苛性"要求，并且因此而将导致对人的完整性破坏。这样两种质疑，被认为是对后果主义的重大异议。威廉斯的异议激发了人们对后果主义的热烈讨论和对后果主义的持续辩护。自从20世纪70年代以来直至20世纪末，在西方伦理学界出现了一股后果主义的浪潮，即人们不仅在热烈地讨论后果主义，而且也提出了多种版本的新的后果主义。

这里需要指出，无论是斯马特的总体事态最大化好的后果主义标准，还是威廉斯对斯马特的异议，都没有上升到形上层次来进行先验的追问。如斯马特并没有在他的普遍仁爱的总体事态最大化好后面寻求某种普遍人性的支撑，而威廉斯的异议则是通过两个案例和对案例的分析进行的。设计案例、通过对案例的分析、提出具有普遍性的观点，是当代分析的西方伦理学进行哲学分析的特征。对于我们而言，已经相当熟悉的是福特（Foot, Philippa）设计的"电车难题"这一案例以及长达几十年的讨论。这表明当代西方伦理学拒斥形而上学以及从人类道德实践经验出发的特征。相当多的当代伦理学学者参与了对后果主义的重构性讨论，他们的讨论也像威廉斯那样，多以案例为讨论原点，进而得出可普遍化的观点。在当代伦理学家中，帕菲特（Parfit, Derek）是一个运用案例进行伦理学讨论的高手，在他的重要著作《理与人》中，充满了极有睿智而富有思辨的、对案例的分析讨论。在这一著作中，他参与的后果主义讨论，就是反复围绕着所设计的案例进行的。我们的研究注意到了当代分析伦理学的这一重要特征，并且力图通过我们的分析显现出来。

我们力图对于当代后果主义的知识图景给予一个全貌性的分析研究。为了能够展开对于当代后果主义的讨论、分析和研究，我们首先从后果主义的关键概念、后果以及相应的内在价值概念的分析入手，进而对于后果主义的难题以及当代所出现的不同版本的后果主义进行深入分析研究。在他们看来，后果主义遇到的挑战是日常道德对后果主义的挑战，即日常道德与后果主义的冲突。日常道德与后果主义的冲突，又可概括为行为者中心与行为者中立或非个人观点的冲突。[①] 这种冲突的根本在于行动后果主义没有考虑到个人的分立性这一社会存在的基本事实。正因为个体在社会中的存在是以分立或分离的形式存在的，从而他们有自己的个人利益和个人情感的诉求。谢夫勒（Scheffler, Samuel）认为，罗尔斯对总和后果的总体性后果主义进行批评，即认为功利主义的正义观存在着严重问题，构成像威廉斯对行动功利主义一样严重的挑战。罗尔斯的批评认为，之所以在分配正义上出现这样的问题，在于没有考虑到个人的分立性。谢夫勒认同罗尔斯的这一批评，认为后果主义的总体事态最大化同样是没有考虑到个人的分立性这一基本社会事实。在他们看来，要克服功利主义或行动功利主义的问题，就在于要考虑到个人的分立性，从而克服行动功利主义或行动后果主义的严苛性以及由此产生的对个人完整性破坏的问题。当然，这个问题又是与后果主义对后果事态最大化追求内在关联的。并且，在如何克服后果主义的这一重大问题的同时又保持后果主义的理论维度，也是当代后果主义理论或新版本的后果主义所考虑的。当然，也有人对于斯马特的行动后果主义进行辩护，但更多人还是会转换思路来看待后果主义。彼得森则融合当代政治哲学的平等主义和优先论，提出了一种多维度的后果主义，在他看来，最大化后果仅仅只是后果主义的一种，以最大化后果好来看待一个行为在道德上的对与错是一维论的观点，因而他希望突破传统的功利主义及后果主义思路，但并不是完全放弃后果主义。总的来看，这样多种不同版本的后果主义，并非想摆脱后果主义的纠缠，而是提出了新的后果主义的构想。所有这些新版本的后果主义，并不是把后果主义看作不可欲求的理论模式，而是试图从不同进路来拯救后果主义。

这些不同进路，或者是降低最大化后果事态这样的要求，从而提出亚最大化的后果主义，或者是从不同角度提出不同类型的后果主义，如欲望满足的后果主义、动机后果主义、德性后果主义、规则后果主义、主观与

---

① 这里需要指出，当代后果主义讨论中的行为者中心与我们在讨论德性伦理学（或"美德伦理学"）时所应用的"行为者中心"概念是一个概念，但并非在含义上相同。德性伦理学的行为者中心是在与现当代功利主义（功利论）伦理学和义务论相区别的意义上使用这一概念，而在后果主义讨论中所使用这一概念则表明了与后果主义的非行为者视域不同的日常道德的行为者中心视域。

客观后果主义、集体后果责任论以及混合理论的后果主义、多维度的后果主义等。欲望满足的后果主义也就是亚最大化的后果主义，这一后果主义认为，人们所追求的并非总体后果事态的最大化好，而是足够好也就够了，即达到欲望满足也就不再追求总体的最大化好。动机后果主义则认为，人们的日常生活或形成的习惯性动机或个人偏爱所形成的动机是人们行动的深层动因。动机总是指向目标的，是动机目标而不是功利的最大化约束着人们的行动。德性后果主义是在当代德性伦理学复兴的背景下，从后果主义的角度探讨德性后果。规则后果主义则将道义论对规则的遵从和后果主义对后果的强调结合起来，注重对行为遵守不同规则所产生的后果的研究。这一研究将规则内化为一种研究路向，对于规则后果提出了相当新颖的观点。主观与客观后果主义的分析进路则认为，实际上，像斯马特那样追求总体事态的最大化好（善）仅是主观目标，但实际上是达不到的。因此，这一主张者提倡客观后果主义，即实际上所能达到的目标才是后果主义应当追求的目标。混合理论则提出行为者中心特权，即认为要将个人对自我利益的关注放大 M 倍，从而使得人们在追求总体最大化事态好的前提下，也有着自我利益存在的合理地位。上述的各种后果主义的理论形态既有其理论优点，同时也都面临着它们自己内部的问题或困境。这些理论在提出之后也就成为公共产品，从而遭到人们的挑战与质疑。如人们对于斯洛特的欲望满足的后果主义的"欲望满足"的质疑，人们对于日常道德与后果主义道德关系的深入而富有哲理的分析，都是当代伦理学的生动而有亮点之处。

从上述简述中可以看出，当代西方伦理学术界已经出现了多元后果主义的发展趋势。后果主义的多元性表明了人们力图拯救后果主义这一伦理形态，同时也表明了后果主义作为一种规范伦理学的生命力。从多元性这一视角看，后果主义伦理学可以看作功利主义在当代发展而呈现出来的不同后果主义流派的总称。不过，需要指出的是，虽然当代伦理学界的学者中，有相当多的学人愿意以"后果主义"这一概念来指称他们自己的理论本质或特征，但仍然有相当多的学者在使用"功利主义"这一概念作为他们自己的理论特色或本质表述。功利主义在这一转换之初的情形更是如此，因此，当斯马特在提出他的后果主义理论之后，相当多的人将他的后果主义即行动后果主义既称为后果主义，也称为功利主义，或将两个概念并用，即"行动功利主义或行动后果主义"。而在斯马特之后，面对人们对行动功利主义或行动后果主义的挑战，已经发展出了众多流派的后果主义。本书力图对于当代这一理论进展给予总体的分析和研究。

将行动后果主义的基本难题进行分析作为整个课题的逻辑前提，对于以后发展的各种不同的后果主义进路进行分析的同时，也在我们的分析中提出相应的理论思考。后果主义伦理思想的重要性以及我们的态度，正如斯坎伦对功利主义所说的："功利主义的概念在我们时代的道德哲学中占据了一个中心位置。但这并不是大多数所持有的观点；主张行动功利主义的人少之有少。但对范围大得多的人来说，即当他们要给予他们的道德信念一种理论说明时，他们发现他们不由自主地转向功利主义。在道德哲学的范围内，如果人们希望避开它，则是一个不得不与之斗争的观点。"[①] 后果主义的重要性也许不为人们所重视，但却是人们无法避开的理论基点。

当代后果主义的种种理论流派是当代西方规范伦理学发展的一个新的趋势。人类生活之树常青，理论之树也应当常青。面对全球性的各种当代问题，规范伦理学从最基础层面提出问题和回答问题。以功利主义或后果主义、道义论和德性伦理学为主体的规范伦理学，仍处于一种发展趋势之中。本书的研究也表明了这是一项十分紧迫的任务，即中国规范伦理学理论的发展问题。应当看到，由于几千年来的儒家伦理文化的熏陶，在我们的文化心理中，有着重道义而轻功利，甚至将功利看作道德负面的倾向。[②] 儒家伦理重义利之辨，认为讲义就不必求利，而求利则会害求义。然而实际上，在儒家伦理思想中，也不可否认有着重功利或利的思想。如孔子对于管仲的评价，因其相桓公而霸诸侯，而称"如其仁，如其仁"[③]，就是在肯定他的历史功绩意义上从正面评价他，这表明孔子并非否定事功有着积

[①] Amartya Sen and Bernard Williams, *Utilitaranism and Beyond*, Cambridge: Cambridge University Press, 1982, p. 103.

[②] 2020年9月间，有人认为中国的科技没有搞好是由于科技工作者太急功重利，或太重功利。这一论点为中国人民大学的刘永谋教授所反驳。在他看来，世俗动力必然是功利，没有功利，个别科学家可能会把好奇心当饭吃，但几百万人从业的科技队伍不可能运转下去。刘永谋更是指出，秦统一六国，靠的是军功驱动，而如果看谁战后奏折写得好，那汇报材料可把敌人写死吗？在刘永谋教授看来，中国科技发展的问题在于真正落实功利奖赏，即真正论功行赏。（刘永谋：《中国科技绝不是功利耽误的》，见刘永谋微信公众号："不好为师而人师者"）

[③] 《论语·宪问》。

极的道德意义。黄宗羲在《宋元学案》中指出：孔子"于管仲曰'如其仁'，就其功亦可称也。"①就是强调"唯有仁义而已"的孟子，也指出真正重视民众的实际利益（功利）才是王道。他说："使民养生丧死无憾……王道之始也"②，他具体说道："五亩之宅，树之以桑，五十者可衣帛矣。鸡豚狗彘之畜，无失其时，七十者可以食肉矣。百亩之田，勿夺其时，数口之家可以无饥矣。"③墨家学说则明确提出"兼相爱，交相利"的功利思想，主张"义"以"利"为内容、目标和标准，凡是符合利人、利天下的行为就是"义"。因此，就墨家学说来说，最高的"利"也就是最高的"义"，道义与功利在这里没有分别。就先秦思想而论，中国伦理思想中的功利思想也可说是源远流长。就中国化的马克思主义毛泽东思想而言，则明确提出"革命功利主义"的理念。毛泽东同志说："世界上没有什么超功利主义，在阶级社会里，不是这一阶级的功利主义，就是那一阶级的功利主义，我们是无产阶级的革命的功利主义者，我们是以占人口百分之九十以上的最广大群众的目前利益和将来利益的统一为出发点的，所以我们是以最广和最远为目标的革命的功利主义者。"④因此，革命功利主义是中国化马克思主义的观点，这一功利主义强调以人民的利益为我们一切行动的出发点和目标。邓小平同志在改革开放的历史背景下，提出"三个有利于"的社会主义功利主义，是毛泽东同志的"革命功利主义"的新的历史条件下的发展。邓小平同志提出：姓社姓资的问题，判断的标准，"应该主要看是否有利于发展社会主义社会的生产力，是否有利于增强社会主义国家的综合国力，是否有利于提高人民的生活水平"⑤。做什么或怎样的政策可以体现为是社会主义？邓小平认为在当时的生产力水平和背景条件下，就体现在这样三个方面。发展生产力是社会主义的根本任务，各项工作都要服务于这样一个中心，综合国力是一个国家的总体能量和在国际社会中发挥作用的总体能力，提升综合国力是当前我国所面临的紧迫任务，最后，社会主义生产的发展是为了最大限度地满足日益增长的

---

① （清）黄宗羲：《宋元学案》卷十三《明道学案》（上）。
② 《孟子·梁惠王上》。
③ 《孟子·梁惠王上》，此段话在这一篇文中出现过两次，第二次在文字上有所出入。
④ 《毛泽东选集》第三卷，人民出版社1991年版，第864页。
⑤ 《邓小平文选》第三卷，人民出版社1993年版，第372页。

人们的物质文化需要，人民美好生活的需要。目前我们已经全面建成小康社会，国家的综合国力和人民生活水平都已经达到了一个新的水平和高度。然而，"三个有利于"仍然是指导我们进行社会主义生产的指导思想，这不仅是因为发展社会生产力是社会主义的根本任务，而且我们还需进一步提高综合国力，满足人民对美好生活的需要，因而社会主义功利主义仍然是具有指导意义的伦理思想。在这样一种背景下建构当代中国特色的规范伦理学，就显得研究西方功利主义思想以及功利主义在当代的表现形态——后果主义特别重要。我们既需要从传统中汲取宝贵资源，同时也需要借助世界规范伦理学发展的最新成果来思考如何发展我们的伦理学理论。我国几千年来的悠久文化传统和道德传统，既有着发展当代道义论的丰富资源，同时也有发展当代中国特色的功利主义的资源。我们要以我们的姿态和我们的成果来参与世界规范伦理学的发展。中国作为一个世界大国也是文化大国，对于世界伦理学发展的参与应当是我们应有的责任和义务。我们可以依据我们的优秀资源发展以及对当下问题的思考而发展出我们自己的后果主义或其他各种形态的规范伦理学。

目　　录

第一章　后果概念及其内在价值 …………………………………（1）
第一节　概念辨析 …………………………………………………（1）
一　后果概念 ……………………………………………………（1）
二　价值 …………………………………………………………（4）
第二节　内在价值的形态 …………………………………………（8）
一　快乐论 ………………………………………………………（8）
二　理想事物 ……………………………………………………（9）
三　感性快乐 ……………………………………………………（11）
四　欲望满足论 …………………………………………………（14）
五　客观列表理论 ………………………………………………（16）

第二章　后果最大化：批评与辩护 ………………………………（24）
第一节　行动功利主义的后果概念 ………………………………（24）
一　最大化后果 …………………………………………………（25）
二　完整性异议 …………………………………………………（33）
第二节　对行动后果主义的决策程序论辩护 ……………………（46）
一　贝尔斯的辩护 ………………………………………………（46）
二　杰克逊的辩护 ………………………………………………（52）

第三章　日常道德与后果最大化 …………………………………（56）
第一节　行为者中心选择与限制 …………………………………（56）
一　行为者中心选择 ……………………………………………（56）
二　行为者中心限制 ……………………………………………（59）

第二节　惠顾他人的不对称结构 (67)
一　有利他人 (67)
二　自我与他人的不对称性 (69)
第三节　无责备的过错 (74)
一　克莱尔问题 (74)
二　帕菲特的概念有问题？ (80)

第四章　总和后果最大化 (88)
第一节　总和后果最大化的诠释以及批评 (88)
一　如何理解总和后果？ (89)
二　罗尔斯的批评 (95)
第二节　总和与平均功利 (99)
一　平均功利主义 (99)
二　人口变化与福利水平 (102)

第五章　满足、动机与德性后果主义 (115)
第一节　斯洛特的亚最大化后果主义 (115)
一　欲望满足 (116)
二　对适度满足批评 (125)
第二节　动机后果主义 (131)
一　动机 (131)
二　动机后果论 (134)
第三节　德性后果主义 (139)
一　品格德性与后果 (140)
二　恶的后果问题 (143)

第六章　规则后果主义 (151)
第一节　规则功利主义 (151)
一　简单规则功利主义 (153)
二　可普遍化的规则功利主义 (156)
三　理想的规则功利主义 (159)

第二节　胡克的规则后果主义 ………………………………… (162)
　　　一　可期望的价值 …………………………………………… (162)
　　　二　福祉 ……………………………………………………… (173)
　　　三　规则内化问题 …………………………………………… (186)
　　　四　批评与回应 ……………………………………………… (202)

第七章　墨菲的集体责任后果论 ………………………………… (216)
　　第一节　对斯马特最高原则的批评分析 ……………………… (216)
　　　一　理想条件下的理想原则 ………………………………… (217)
　　　二　理想而非现实的奇特性 ………………………………… (218)
　　第二节　对斯马特最高原则的辩护 …………………………… (221)
　　　一　行为者的实质性牺牲或损失 …………………………… (222)
　　　二　当下事实基准线 ………………………………………… (223)
　　　三　主动要求与被动要求 …………………………………… (229)
　　第三节　严苛性问题及解决出路 ……………………………… (231)
　　　一　斯马特普遍仁爱原则的问题 …………………………… (231)
　　　二　非理想的仁爱集体原则 ………………………………… (237)

第八章　客观与主观后果主义 …………………………………… (243)
　　第一节　道德异化 ……………………………………………… (243)
　　　一　两种相对的后果主义概念 ……………………………… (244)
　　　二　异化 ……………………………………………………… (245)
　　第二节　快乐主义与后果主义 ………………………………… (250)
　　　一　快乐主义悖论 …………………………………………… (250)
　　　二　道德异化与后果主义 …………………………………… (253)
　　　三　对客观后果主义的异议 ………………………………… (260)

第九章　混合理论 ………………………………………………… (269)
　　第一节　威廉斯与罗尔斯对功利主义的批评 ………………… (269)
　　　一　威廉斯的完整性异议 …………………………………… (270)
　　　二　罗尔斯的分配正义异议 ………………………………… (275)

第二节　行为者中心限制 (278)
一　后果主义的非个人观点 (278)
二　道义论 (280)
三　克服对个人完整性的破坏 (283)

第二节　行为者中心特权 (287)
一　关于"特权"的解释 (287)
二　伤害问题 (296)

第十章　多维度的后果主义 (303)
第一节　道德上的对与错 (303)
一　多维性评价 (304)
二　对与错：程度的变化 (309)

第二节　个人分立性及其平等 (314)
一　二维性的优先论视域 (314)
二　生命的平等价值问题 (318)

第三节　期望后果及其风险 (323)
一　传统后果主义的视域 (323)
二　多维度后果主义的视域 (327)

结　语 (331)

参考文献 (338)

后　记 (344)

第一章　后果概念及其内在价值

在当代规范伦理学中，功利主义及其当代发展的后果主义是与道义论具有同等重要地位的规范伦理学理论。道义论将道义规则（准则）置于伦理评价的中心地位，后果主义则将"后果"（consequence）概念以及相应的价值概念置于其中心地位。因此，不理解后果主义的后果概念，也就无从理解后果主义。怎样理解后果的问题，又与对"价值"的理解相关联。在西方伦理学的讨论中，他们一般将伦理学的基本概念看作价值概念，而对于价值概念所指称的对象，则由于不同的理论对于什么是价值的不同理解而有所不同。

第一节　概念辨析

"后果主义"的"后果"（consequence）这一概念以及"价值"概念，在后果主义理论中有着具体的内涵。对于"后果"概念，应当看到有着从功利主义到当代后果主义的发展。并且后果主义理论对于价值的理解，也与我们国内学术界的理解有所区别。

一　后果概念

后果主义的后果概念，在功利主义到后果主义的发展过程中，有着这样两个阶段的不同：功利主义的后果概念和后果主义的后果概念。不过，应当看到，后者是从前者发展而来的。因此，讨论后果主义的后果概念，不得不从功利主义开始。后果主义作为一种规范理论，起着行为（行动）指导和行为（行动）评价的功能。从后果主义的视域来看，功利主义本身就是一种后果主义,功利主义是将行为后果作为道德评价的唯一标准,并且,只有当一个可选行为能够产生最大化善时,在道德上才是正确的。同时,功利主义承诺了一种快乐主义的价值论。在功利主义的视域中,行为的道德价值唯一地以行为所产生或影响的快乐或痛苦的后果所决定。功利主义从感性经验出发,强调人的快乐或痛苦是人的生命的原体验,而快乐被看作最高的善,其他所有价值都从属于这个最高价值。这些理论特征典型地体现在边沁的功利主义理论中,现在人们一般又称边沁等人所代表的功利主义为"古典功利主义"。

当代后果主义在承继古典功利主义将行为后果作为道德评价的唯一标准的同时,抛弃了仅仅从快乐与痛苦出发,将快乐作为最高善的价值维度,而是将行为的广义后果作为评价行为正当与否的标准。所谓"广义",即将行为所产生或引发的事态(states of affairs)或事态的变化,看作唯一具有内在价值(intrinsic value)的东西。在这里,"事态"就不仅仅是行为者自身的体验或感受,而且是一切可纳入行为后果的东西。因此,当代后果主义拓宽了功利主义对后果的界定。在这个意义上,功利主义仅仅是后果主义的一种形态,即强调快乐为善(good)的快乐主义的后果主义。如在边沁那里,后果仅仅是从作为主体的行动(行为)所产生的直接后果来讨论,由于古典功利主义所强调的后果主要是快乐与痛苦的问题,因而又可称之为"快乐主义的后果主义";后果主义或行动功利主义则是将行为后果(行为所产生的事态)置于全球性背景条件(或"所有感性存在者")下,即将行为的后果是否可最大化可从对全球性意义的后果来进行评价。后果主义对于后果事态的评价,都是把它看作是否最大化作为衡量行为正当与否的标准。当代行动功利主义或称之为简单后果主义,或当人们仅仅讨论"后果主义"时,一般都是指行动功利主义意义上的后果主义。不过,当代后果主义已经有了多种形态的变化,并且这些变化了的后果主义形态,都被称为"后果主义"。

如何理解后果主义的行动(行为)后果最大化好(善)?后果主义把我们的行动过程,看作一个在先的可选择的过程,即当我们还没有开展我们的行动前,可能我们面临着A、B、C等多种行动方案需要进行选择。我们只有选择那种能够产生最大化好结果事态的方案,才是可取的,或可以通过后果主义标准的评价。或者说,一个行为(行动)只有在可选行为

（行动）或可选行为（行动）方案中，那种能够产生最大化好（善）的事态的行为，才是对的（right）或正当的（right）行为。因此，后果主义作为一种行为指导理论，强调的是对于行为者所面临的多种可选择方案，应当选择那种可能产生最大化好的行为方案。另外，后果主义作为一种行为评价理论，则是强调行动或行为所产生的后果在可比较的意义上，是否是最大化的好（善），从而是否可以在道德上获得赞许或肯定。

后果主义强调行为所产生的事态（states of affairs），不过，就"事态"这一概念而言，我们也可以把行为过程本身看作一种事态，如 P 从 $T_0 - T_1$ 的行为过程。但把行为过程本身看作一种事态并非在后果意义上讲的。当我们把行为者在行为过程中所产生的快乐或痛苦的感受看作一种行为后果时，也就是讲行为所产生的后果性事态。不过，后果主义并非把一切后果都看作具有内在价值的东西。如有些行为，虽然行为发生了，有行为和行为的目的，如旅游目的地，但我们并不说某个目的地有后果价值。虽然旅游目的地是我们旅游活动的目的地，但并非我们的行动所引发的某种事态。不过，如果从功利主义来看，旅游使我们放松或享受生活，而到达目的地则使我们感到快乐，这恰是一种功利主义的后果论，即旅游使我们有了一种快乐的感受。总之，后果主义承认，只有一种东西具有内在价值，这就是行为所生产的后果，这个后果或者是外在事态，或者是行为者本身的感受（发生在行为者身上的事态）。威廉斯说："后果主义的中心观念是：唯一具有内在价值的东西是事态，而其他任何事情也具有价值，是因为它能导致某种内在具有价值的事态。"[①]"内在价值"是西方伦理学的一个基本概念，指的是因其自身而具有价值，即这一价值并非需要依赖其他东西，它是内在于这一事物或东西本身的。内在价值概念是与手段（工具）价值概念相对应的。"手段价值"是指某物的价值是因为它具有实现某种目的而有价值；"内在价值"则表明它自身就具有某种价值，并不因为它充当了某种工具而有价值。

---

① Bernard Williams, "Consequentialism and integrity", in *Consequentialism and Its Critics*, ed., by Samuel Scheffler, Oxford University Press, 1988, pp. 20 – 21. 威廉斯所说这些话，主要是针对行动功利主义。因为行动功利主义显著地代表了这一特征，但后起的规则功利主义则考虑了行动中其他因素在决定后果价值中的作用。

二 价值

后果主义的价值（value）概念具有两个层面，一是指的道德价值，即善恶、对错、正当与否或合理与否。一般而言，善、正当、合理等意味着价值或正价值，而恶、错、不正当等意味着负价值。在道德价值概念的意义上，伦理学范畴内的概念都可充当价值概念，换言之，所有的伦理概念也都可以说是价值概念。这样一种价值概念，应当看到，自从洛采和尼采将价值概念引进哲学领域以来就具有的特征，如在尼采哲学那里，全部善恶概念都是价值概念，从而他才可提出价值颠覆的问题。二是指事态，或后果事态。后果主义从功利主义发展而来，它不仅完全继承了功利主义将行动或行为后果看作唯一具有可进行道德分析评价的关键要素，而且更为强调功利主义的这一特征，从而将其理论形态称为"后果主义"。将后果事态看作唯一具有可评价因素的价值事态，是功利主义尤其是后果主义的典型特征。这就是：后果主义如同功利主义一样，都是以非道德的事实（自然事实）来进行道德评价，如功利主义是以快乐或痛苦这样的自然事实进行道德评价，如果快乐的量大于痛苦的量，则功利主义认为是善（好）。后果主义则把行动（行为）所引发的所有事态都引入道德评价的范围。在边沁等人的古典功利主义那里，不仅认为快乐的量大于痛苦的量可获得好的评价，而且功利主义也有最大化后果的追求，即在可比较的行动或行为中，某个行动或行为选择将产生最大化的快乐，从而认为具有值得追求的道德价值。在功利主义那里，这两者之间并没有什么不能统一的问题。并且，一个行为从道德上看值得肯定，首先在于它在快乐的量上超过痛苦的量。此外，在可比较的选择意义上，它还应当是最大化的快乐。快乐的量超过痛苦的量为好，最大化的快乐具有值得追求的道德价值，两者构成古典功利主义的后果标准，但这两者所强调的就是快乐，这是因为，边沁等古典功利主义者将快乐看作具有内在价值的事物。功利主义将快乐与痛苦（以及相应的幸福）看作主要后果事态，后果主义则把它扩展为一切可成为行为后果事态的东西都是可以进行道德评价的自然事实。

我们需要指出的是，这里所使用的"价值"概念不同于当代中国哲学从主客关系出发来论证的价值概念。在当代中国哲学家们看来，价值这一概念所表明的是客体的属性和主体的需要之间的关系。当一定客体的属性、功效能够满足一定主体的需要,那么,就表明客体具有相应的价值。李德顺先生在《价值论》中指出:"'价值'这个概念所肯定的内容,是指客体的存在、作用以及它们的变化对于一定主体的需要及其发展的某种适合、接近或一致。"① 李德顺先生的界定强调的是在实践中的主客体之间存在着一种互动的关系,即客体的存在或变化对于主体的需要来说具有某种适合、接近或一致,那么,这就是有价值。袁贵仁先生在《价值学引论》中说,价值是主客体之间的关系,"在主客体的相互作用中,存在着一种主体按其需要,对客体的属性、功能进行选择、利用的关系,或客体的属性、功能对主体的需要、目的的满足、实现的关系"②。这里也是从人的实践角度来看待主客之间的关系,并且指出,"客体对人的价值,必须通过它本身的属性和功能表现出来。客体的属性和功能决定着客体能否对主体有用以及用处之大小"③。换言之,价值是通过主客体关系而呈现的。在价值论的意义上,主客体关系也就是价值关系,离开了主客体关系,也就没有价值关系或价值。西方哲学的"内在价值"概念,是某物自身所固有的价值之意,它不在中国主客体关系意义上。然而,从中国价值论上看,脱离主客关系的内在价值概念是不可理解的。

当代西方哲学的价值概念与当代中国哲学家们的价值概念不是一类概念。在他们看来,任何事态的内在价值是"客观的",其客观性是其事态本身所具有的,不是因为存在于某种关系中才有的,也不是由于某人的主观认可或不认可而具有的。最典型的是康德的人的尊严价值,即人的尊严价值是内在价值,这一内在价值并非由于你的需要而我具有价值,恰恰相反,我的尊严的价值并不因为你的需要而存在,并且是所有与我有关系的人都必须尊重的价值,这一价值是内在的,不因你的不尊重而不存在,当然你的尊重也就是对尊严价值的承认或认可。但当代中国价值哲学则认为,如杯子之所以有价值那是因为我需要它来为我服务,杯子的属性与我的需要之间建构了一种主客体关系,即主体的需要与客体的属性两者相符合,从而产生了价值关系和价值。

西方伦理学界也承认,事态的内在价值虽然是本身固有的,但至少也

---

① 李德顺:《价值论》,中国人民大学出版社1987年版,第13页。
② 袁贵仁:《价值学引论》,北京师范大学出版社1991年版,第41页。
③ 袁贵仁:《价值学引论》,北京师范大学出版社1991年版,第41页。

是主体间承认或认可的。并且，这种本身固有的内在价值并不因为你的承认与否而有变化。当然，你可能不一定认可他们所说的价值，但从康德的意义上看，即使是你现在不认可，并不意味着你不认可的东西一定没有价值，如尊严的价值。尊严之所以有价值，并且是无上价值，并非在于你的认可，而是从一般理性的观点看，所有具有尊严的存在者都具有不可侵犯的价值。因此，并非从特定主体，而是从一般理性的观点来讨论价值。其次，就功利主义而言，一定事态的内在价值的性质（善恶、对错），取决于一定的标准和相应的主体评价。如从功利主义的快乐主义标准出发，只有产生快乐，或快乐的量多于痛苦的量的后果事态，才可说是可选行为或具有内在道德正价值的行为。并且，重要的是，在行动后果主义的理论模式中，将后果事态界定为唯一具有内在价值的东西，也就是排他性的具有内在价值的东西。这里的理论观点是很重要的，即你只有站在功利主义或后果主义的立场上，采用它的价值标准才可成立。我们知道，所谓"后果"（consequence）① 指的是行为的后果。行为本身是一个过程，它是从动机出发，经过行为过程，最后产生后果。将后果事态作为唯一具有内在价值的东西，那么，行为动机或行为过程也就并不具有内在价值。当代修正版本的后果主义在一定程度上纠正了这样一种唯一地将后果看作具有内在价值的东西，从而排除其他行为因素的观点。他们将后果与行为过程中的不同因素联系起来，在一定意义上也修正了这样一种内在价值的观念。

　　后果主义强调后果的内在价值，从而后果主义也就与道义论或德性论区别开来。康德的道义论强调，行为者受到绝对命令的道德法则支配的行为本身具有道德的内在价值，而并非其后果。"不许说谎"的道德命令规定了行为者应当诚实，诚实本身就具有道德价值（内在价值），即使说谎能够为行为者带来某种后果利益，但说谎本身因为违背了道德法则，从而只具有道德上的负价值，或并非善事，而只是恶行。德性伦理学是行为者中心伦理学，即强调人的品格或德性行为具有内在价值，强调行为者的内

---

① 在伦理学著作中，"consequence"这一概念以往的翻译多译为"效果"，如我们所说的"动机与效果"；也有译为"结果"的。这三种译法都指明了这是有前因之"果"，即指的都是行为过程最后所产生的事态。译为"效果"强调了行为的作用或效力；译为"后果"则点明了该事态在整个行为过程前后关系中的位置；译为"结果"则是强调了行为结束时该行为之果。我们取"后果"这一译法，这主要是当前学术界的相关译著或相关论题的讨论多采用这一中文名称。

在德性或品格对于行为之善或道德具有决定性的意义。但在后果主义看来，如果不能产生后果性的善（在产生的事态意义上），那么，内在德性品格就并不具有什么价值。当然，后果主义并非认为行为或品格没有任何价值，而只是在承认它能够对于造成后果的意义具有因果性的价值，或具有工具性价值。后果主义看待动机也是如此。内在价值的概念是与工具价值或手段价值的概念相对而言的。从后果主义或功利主义的内在价值论来看，旅游本身并不是什么有价值的行动，那是因为旅游或旅游的目的地没有内在价值。旅行者旅游所追求的是快乐。在功利主义的快乐论来看，旅游或旅游目的地具有工具或手段价值，通过旅游，人们（行为者）得到了快乐或生活享受，而这正是功利主义的后果善，也是人们所欲求的事态。后果主义把内在价值归之于事态而不是行为或动机，威廉斯说："后果主义的一个鲜明标志可能是，它把行为的价值总看作后果性的（或如我们更一般的说法，派生性的）并且不是内在的。那么，行为的价值就在于其因果性地产生有价值的事态；或者如果不是以这样简单的方式产生，那么就是用一种迂回的方式，如某种动机的表达，或与某种规则一致的方式在社会中产生可欲求的事态。"[①] 行为并非没有道德价值，但从后果来看，或仅仅从后果来看，它才有道德价值，因为是它产生具有内在价值的后果。因此，行为的道德价值是工具或手段价值。当然，从后果的内在价值意义看，如果符合一定标准，那么我们可以说它所产生的是正价值（善、好）；如果不符合，那么所产生的价值是负价值（恶或坏）。同时，威廉斯在这里所说的实际上是两种后果主义，即直接后果主义和间接后果主义。直接后果主义，行为的道德地位（moral status）直接地为它的具有内在价值的结果事实所决定。在功利主义系列中，直接后果主义就是行动功利主义（act utilitarianism）。直接后果主义又称"简单后果主义"，作为道德评价的对象是某个行为或某个行为系列。间接后果主义，则强调在行为的动机或行为中的规则问题，认为这些动机或规则影响到行为的后果，因而是与行为的道德地位相关的，如胡克的后果主义强调规则，又称为"规则后果主义"。规则后果主义的评价对象无疑也看重后果，但是强调"规则后果"，

[①] Bernard Williams, "Consequentialism and integrity", in *Consequentialism and Its Critics*, ed., by Samuel Scheffler, Oxford University Press, 1988, p. 21.

这样就不仅与行为,而且也是与规则所对应的行为联系起来了。

第二节 内在价值的形态

后果主义把行为后果事态置于行为道德评价的核心地位,称"行为后果是唯一具有内在价值的事态"。后果性事态,或事情、东西(things、something)具有内在价值的问题,对于后果主义来说是一个至关重要的问题。并且也在内在价值的意义上,人们把某种事态看作人们值得追求和拥有的价值。并且,后果主义将后果事态作为唯一的评价物或标准,在这个意义上,将后果与内在价值相等同,也就意味着人们所谈论的内在价值,并非一定是在某次行为或行动的后果上讲,而是在一般意义上讨论。后果概念在人们行为的目标概念意义上,也就并非真正是后果,而是一种理想物或评价物。从功利主义到后果主义的发展,体现在从功利主义后果概念的内涵到后果主义概念内涵的发展以及将事态外延的转换上(当然也不排除在行为后果即快乐的意义上使用后果概念)。换言之,由于功利主义或后果主义有着多种形态以及人们对于将什么看作具有内在价值的对象物有着不同的观点,从而使得内在价值在形态上,在不同的思想家或理论家那里很不相同。

一 快乐论

古典功利主义是一种快乐主义的内在价值论,然而,对于什么是后果事态的内在价值,古典功利主义本身就充满了争议,在边沁与密尔那里就有不同观点。边沁的观点是完全从快乐的量上来看待后果的善。功利主义认为,后果事态的善完全在于获得快乐和避免痛苦。边沁说:"自然把人类置于两位主公——快乐和痛苦——的主宰之下。只有它们才指示我们应当干什么,决定我们将要干什么。是非标准,因果联系,俱由其定夺。"[①]追求快乐和避免痛苦是人类行为的最深层的动机,同时也是对于行为后果的最终评价标准。我们知道,人类所从事的活动是多种多样的,在边沁看

---

① 边沁:《道德与立法原理导论》,时殷弘译,商务印书馆2002年版,第57页。

来，人类从事任何活动所带来的快乐在本质是一样的，儿童的编针游戏与成人的诗歌朗诵的快乐没有本质的区别，并且任何活动对于人所造成或带来的快乐或痛苦只有量的差别。换言之，当我们所进行的任何活动为我们带来了快乐或所带来的快乐的量大于痛苦的量，那么，这样的后果事态就是善的或符合功利主义的道德标准的。密尔认同边沁的基本观点，后果事态的善在于获得快乐和避免痛苦，但是，他对于这种不区分快乐的质的观点进行了批判。在他看来，我们所从事的不同的活动给我们所带来的快乐具有质的区别。密尔把快乐进行了"高级"与"低级"的区分。儿童的编针游戏与成人的诗歌朗诵所带来的快乐具有质的区别，人的快乐不同于猪的快乐；文明进化的人所追求的快乐不同于处于野蛮状态的人所追求的快乐。在他看来，尽管苏格拉底有很多烦恼或不满，而猪则没有什么烦恼，但人们宁愿做不满足的苏格拉底也不愿意像一头猪那样生活。这是因为，虽然苏格拉底有很多的不满足，但他的快乐与猪的快乐并非在一个层次，具有质的不同。在这里，密尔完全抹去了边沁的快乐的量的区分，而以质的区分作为最本质的区分。

二　理想事物

G. E. 摩尔对古典功利主义进行了激烈的批判，他以未决论证对于功利主义的善进行批判，提出"善是不可定义"的著名观点。就古典功利主义者而言，其问题在于他们把自然属性（快乐）等同于非自然属性（善），前者是经验领域里的事实；而后者是价值领域里的价值范畴，"快乐是善的"并不意味着"善"和"快乐"是一回事。尤其是，摩尔指出，当人们说"快乐是善的"时，无不可以问，"快乐是善的吗？"或"善是快乐吗？"摩尔这样提问在于，这里的"快乐"是一个没有限定词的普遍概念。人们所知，并非所有快乐都是善的。那么，当人们这样说"善"时，这里"善"的含义并不清楚。而当人们说"善（的）就是快乐"，这就是给善下了一个定义，这样的定义就犯了"自然主义的谬误"。然而，虽然摩尔对古典功利主义的快乐主义进行了分析哲学的批判，但他仍然是一个功利主义者。摩尔批判了古典功利主义，但提出了一种"理想的功利主义"。人们指出，实际上，在《伦理学原理》的第一章中摩尔对功利主义的批判与第六章中他所提出的理想的功利主义在逻辑上没有关联。① 摩尔的这个理想的功利主义,在于他提出了一项内在价值的清单。在摩尔看来,"理想的事物"有三种含义,一是最恰当地加以表达的意义,意指可以想象的事物的最好状态;二是这世界上可能有的最好事物的状态;三是就其本身而言是非常善的。当摩尔谈到第二种含义时说:"这第二个概念可以等同于哲学上往往称为'人类善'的概念,或者应使我们的行为追求的最后目的。"② 而这三个意思,都应当看作理想的内在价值的内涵。并且,这样的内在价值是作为目的来追求的。换言之,摩尔在这里表达了他的功利主义的后果论。那么,哪些事物因其本身而言是善或者是目的?正是在这里,我们看到摩尔与古典功利主义的区别。他不像边沁、密尔那样,将快乐唯一地作为具有内在价值的事态,而是认为,"理想事物必须包括一切无论具有多大内在价值的事物"③。而所谓"理想事物",也就是在全部我们已知的因素构成的整体中,那一个比其他的一切都好。理想事物既是具有内在价值的,同时也是相比较而言,是比其他一切因素都好的事物。如美的享受、人类的交往、某些类型的个人关系(如情爱、友谊、亲情等)、对好人的热爱以及道德的情操等,换言之,理想事物是一些具体的事物,或者由这些理想事物所合成的整体,摩尔说:"单纯的精神善加上对物质的鉴赏……我们必定会得到一个较大的价值的总和。"④ 因此,摩尔的理想事态,不是由于人的活动所产生的一般性的快乐,而是这些具有内在价值的实在好(善)。并且,摩尔批评古典功利主义说:"我们既不能认为快乐的出现总是使一事物状态整个来说会变好一些,又不能认为痛苦的出现总是使它变坏一些。这是一条关于快乐与痛苦的极易加以忽视的真理;正由于这是真的,所以主张快乐是唯一的好事而痛苦是唯一的坏事之通常理论,在价值判断上犯了一些大错。"⑤ 摩尔认为快乐与否并非决定他所认为的那些理想事物是否具有内在价值的关键因素,那些理想事物是因其自身而具有内在价值。摩尔对古典功利主义的批判以及他所提倡的理想功利主义,

---

① Alasdair MacIntyre, *After Virtue: A study in Moral Theory*, Notre Dame: University of Notre Dame Press, 1984, p. 15.
② [英] 摩尔:《伦理学原理》,长河译,商务印书馆1983年版,第190页。
③ [英] 摩尔:《伦理学原理》,长河译,商务印书馆1983年版,第191页。
④ [英] 摩尔:《伦理学原理》,长河译,商务印书馆1983年版,第212页。
⑤ [英] 摩尔:《伦理学原理》,长河译,商务印书馆1983年版,第218页。

给了理解内在价值的新维度,人们把它称为"客观的价值论"。不过,摩尔自己也承认,他的理想事物,即最好事物的最好状态,作为人类活动或行动的目标具有某种乌托邦性质。换言之,这样具有内在价值的事物或事态只是一种理想目标,实际的行为后果并非能够完全体现出来。并且,摩尔的理想功利主义实际上反映的是像摩尔这样的伦敦知识分子的优雅生活的理想追求,因而他更重视的是精神生活的优雅与美的状态。

三 感性快乐

20 世纪中后期的斯马特对密尔、摩尔的相关论点都发起了攻击。密尔强调快乐有质的区别,即密尔认为快乐有高级的快乐和低级的快乐,而人们宁愿做不满足的苏格拉底也不愿意做满足的白痴,①尽管苏格拉底的心态不如白痴,但苏格拉底较少的快乐也优于白痴的满足快乐,因而苏格拉底更幸福。斯马特对密尔的这一论点的批驳如下。斯马特认为,首先,即使是像边沁这样的人也会同意密尔的观点。这是因为,苏格拉底是对人类社会进步和推动科学进步努力的代表,像这样的科学家和思想家可能不满足,但正因为有了他们的努力,整个社会才可能更令人满意。换言之,由于他们的努力,整个社会快乐的总量增加了。其次,沉溺于琐屑俗事的人远没有像进行诗歌阅读等精神生活所带来的快乐丰富,前者可能时间一久就感觉不到快乐。最后,斯马特接过密尔的论点,从欲望满足(desire satisfaction)的角度来讨论这个问题。猪比人更易于满足,白痴比苏格拉底更易于满足。但是我们不可能说这些满足都是等值的。如果认可这样的观点,那就等于说,满足的羊和满足的哲学家是等值的。如果我们同意满足的羊与满足的哲学家是等值的,那么,"就会同意用避孕的方法来减少人口,并且使羊的数量大大超过应有的水平,人数也许最后剩的不多,只够保护羊群不被凶恶的野兽劫掠,他们终日同成百上千万只满足的羊一起心满意足,无所事事地消磨时光,毋庸置疑,如果满足的白痴同满足的哲学家是等价的,满足的羊和满足的哲学家是等价的,满足的羊和满足的白痴

---

① [英]约翰·斯图亚特·穆勒:《功利主义》(英汉对照),叶建新译,九州出版社 2007 年版,第 24—25 页。这里说明一下,对于"Mill",这一英文姓氏,以往多译为"穆勒",对于功利主义者的 Mill,目前多译法是"密尔",我们的处理是按照目前多数的译法;但引文出处尊重中译本的译法。

是等价的,满足的甲虫又同满足的鱼是等价的……"① 在这里,斯马特把不同类的人或动物之间的满足不可类比的论点推到极致,说明这样的论点的前提是荒谬的。斯马特还指出,密尔的问题还于,他把欲望满足与快乐这两个概念混为一谈。但实际上,欲望满足存在于满足的欲望相对缺乏之中,换言之,当你已经满足了的时候,则没有欲望了。当我们处于匮乏状态时,会去追求快乐。而快乐则是更为积极的情感,我们并不处于匮乏状态时,也可以去追求快乐。换言之,满足的心理状态与快乐的心理状态并非一回事。

斯马特的观点是,密尔将快乐进行质的区分根本就没有意义。人既有喜爱复杂的精神快乐的内在本性,也有因人是动物而具有的动物本性。因此,人不仅会喜爱密尔所赞赏的"高级"快乐或精神快乐,但同时也有人偏爱密尔所称之为的低级快乐,如电视通俗娱乐节目等低级娱乐,以及沉溺于无意义的玩乐之中。换言之,在斯马特看来,这两种快乐都是人所需要的,是由人的本性所决定的,因而没有高低之分。

斯马特以电流刺激老鼠产生愉快感的试验进一步讨论感性快乐的问题。在电流刺激能产生快感的实验中,老鼠甚至学会了按电钮,它通过不断按电钮来刺激自己,几乎忘记了寻食。斯马特说:"这个实验使人联想起未来那种骄奢淫逸的生活图景,一个脑子里被插入了许多电极的愚蠢家伙,使用不同的电钮,纵情于性、吃、喝等肉体快乐之中。这就是我们的伦理思想致力于达到的生活方式吗?"② 但密尔无疑会反对,因为人是为了某些高级的快乐而被创造的。当然,还有其他的反对理由,如它虽然自身是快乐的,但有损于将来的快乐,过度的放纵会使得身体衰弱、影响浪漫爱情等等。但是,如果人体已经没有足够的荷尔蒙分泌,能用电极方法来刺激自己吗?还有,如果一个人在办公室或工厂干完了自己的活,仅仅在晚上回家享受几个小时的电流刺激,并没有坏的结果,这在道德上是应当允许的吗?如同当代人购买性爱娃娃,对他人、对社会并没有什么坏的影响,同时其本人也能得到满足,这在道德上是应当允许的吗?斯马特说:

---

① [澳] J. J. 斯马特、[英] B. 威廉斯:《功利主义:赞成与反对》,牟斌译,中国社会科学出版社 1992 年版,第 16 页。
② [澳] J. J. 斯马特、[英] B. 威廉斯:《功利主义:赞成与反对》,牟斌译,中国社会科学出版社 1992 年版,第 18 页。

"实际上,人类的科学艺术,例如医药、工程、农业和建筑总会发展到完善的程度,到那个时候,由于没有饥饿、疾病和贫穷的痛苦,完善的社会条件足以保证人们把他们的时光消度在电流刺激的生活之中。这将是一个令人满意的社会吗?这就是我们为之而追求的千年王国吗?对此,纯粹快乐论的回答是肯定的。"① 换言之,人既有"高级"快乐的追求,也有"低级"快乐的满足需要。只要后者的追求不影响人们的正常生活或对事业的追求,这种快乐的享受就是合理的。斯马特以他的论证否定了密尔的观点,而回到了边沁。同时,斯马特也不赞成摩尔的理想功利主义只承认外在客观善的价值论,而否定快乐具有内在价值的观点。他说:"一个快乐的心理状态丝毫不具有内在价值吗?甚至连否定的内在价值也没有吗?"②

然而,斯马特对密尔和摩尔的快乐论的批驳则引发了进一步的争议。功利主义的快乐感是人的内在体验,1974 年,诺齐克在《无政府、国家与乌托邦》以一个"体验机"的思想实验介入这一讨论。诺齐克假设:

> 有一种可以给你任何你所欲的体验的体验机,最出色的神经心理学家能刺激你的大脑,使你觉得你正在写一部巨著,正在交友或正在读一本有意思的书。而你实际上一直是漂浮在一个容器里,有电极连着你的大脑。当你在这一容器里时,你不知道你在哪里,你将以为所有的一切都是事实上发生的。那么,你应当进入这样一个容器,随心所欲地感受或享受你的任何体验吗?当然,(诺齐克)也不认为,我们要终生都待在这个容器里,体验所有的人生享乐。如你可以在里面待两年,再出来十几分钟,你可以再选择是否进去再待两年。③

诺齐克所设想的这样一个体验机,与斯马特所设想的老鼠电流刺激的

---

① [澳] J. J. 斯马特、[英] B. 威廉斯:《功利主义:赞成与反对》,牟斌译,中国社会科学出版社 1992 年版,第 19 页。
② [澳] J. J. 斯马特、[英] B. 威廉斯:《功利主义:赞成与反对》,牟斌译,中国社会科学出版社 1992 年版,第 23 页。
③ 参见 Robert Nozick, *Anarchy, State and Utopia*, New York: Basic Books, 1974, pp. 42–45。另外,普特南在 1981 年出版的《理性、真理与历史》中也提出了一种"缸中之脑"的思想试验。不过,这个思想试验并非讲人的体验,而是讨论认知问题。

体验机没有区别。然而，诺齐克的问题是，即使是现代科技有这样的发达，能够使得我们体验我们所有的快乐感受，但这也并不等同于我们的真实生活。进入一个体验机也就是把我们限制在一个人造的世界里，与任何更深刻的实在不会有任何接触。在这里，除了快乐的体验，则没有任何实际生活和人的关系的意义，不可能对真实的世界有真实的影响。诺齐克在这里所要表达的是，如果仅有斯马特式的体验机，可以在工作之余享受电流刺激的快乐，但这不是真实的感受，不是人们从真实生活中得来的快乐感，这也像吸毒成瘾所产生的快感一样，它不来自现实生活，而仅仅是虚假的精神幻觉。

诺齐克对体验机的发问引人深思，可以看作对斯马特的快乐体验论的直接威胁。诺齐克的提问实际上是这样一个问题，即机器只能给人虚假的生活体验，但不可能满足人要真正从事某种活动或成为某种人的欲望。实际上，斯马特在对密尔的批评中也提出了类似问题，即欲望的满足与快乐不是一回事。而斯马特自己恰恰把快乐的虚假体验看作真实欲望的满足。哈桑伊指出："就理想的功利主义而言，声称人们生活的唯一目标就是拥有'内在价值的精神状态'，这显然是一个并不正确的经验观察。"[1] 当然，斯马特也正确地认识到，是满足与快乐两者构成了"幸福"，仅仅是一时的满足不能称之为幸福。没有满足会有烦恼，但一时的满足并非等同于快乐，快乐是占据一定时段的，同时也是以欲望的满足为前提的。因而欲望或偏好的满足要成为人生的一种状态，成为一种人生追求的目标。而近几十年来，欲望满足论或偏好（preference）满足论成为与功利主义的快乐论（hedonism）相匹敌的一种内在价值论。[2]

四 欲望满足论

欲望满足论或偏好满足论并非像诺齐克的体验机中的欲望满足或快感，而是将欲望满足置于真实的世界之中，即欲望满足论或偏好满足论所讨论的是行为者在现实世界中的欲望实现问题。欲望满足或偏好满足指的

---

[1] John C. Harsanyi, "Morality and the theory of rational behaviour", in Utilitarianism and beyond, ed., by Amartya Sen and Bernard Williams, Cambridge University Press, 1982, p. 54.

[2] 功利主义的快乐论也包括了欲望满足的基本要求。这是因为，就功利主义的快乐论而言，满足人的欲望能够给人带来快乐。

都是在现实世界中的具体个人的欲望或偏好的满足。不过,严格地说,"欲望"与"偏好"是有区别的,"欲望"概念表明一般性,而"偏好"则具有特殊性,在实际生活中,每个人的偏好都不同。并且,每个人的偏好在不同的时间都可能有不同的欲望或欲望目标。如我在 2010 年 1 月 12 日的上午 10 点决定 2012 年去爬山,但我在 2011 年却改变了主意,我不准备明年去爬山了。① 偏好实际上对于不同的目标,有一个价值排序的问题。一个人在不同的年龄段如少年、青年、中年、老年段都可能会有不同的欲望。这两者虽然有所不同,但作为价值理论而言,两者大体是相同的,其面对的问题也基本相同。

诺齐克的体验机所表明的功利主义快乐论的问题是,将体验需求看作一个人的生活状态变好或变坏的标志。然而,"欲望理论反对体验要求,承认一个人的生活能够过得更好或更坏不仅在于一个人的意识状态的改变,而且在于在这个世界的某处实现人们的偏好选择。这类最普通的观点——它可能会被称为'非约束性实际欲望理论'——认为在一个既定时间内的个人的生活质量是由他或她在那个时间内所实现的偏好程度来进行衡量的"②。不过,欲望满足论或偏好满足论也受到了人们的批评。如人们的欲望可能被操纵(在不知情的情境下),也可能会有哈桑伊所排除的反社会的欲望,如对人施暴的邪恶欲望等;还有,可能有人也有稀奇古怪的欲望,如斯坎伦所举的我偶然有一种欲望是"天王星应当有数颗卫星","如果结果表明事实上就是这种情形的话,那么我的生活将会变得更加美好,这听起来是颇为奇怪的"③。对于这样的批评,欲望满足论者或偏好满足论者修正他们的观点:"与人们的福利相关的欲望或偏好是他们在理想化的情况下所具有的欲望或偏好……在这里,理想化的状况通常被理解为一个人在充分知情和充分合理的条件下所处的状况。"④ 正如哈桑伊所指出的:"任何有意义的道德理论必须在理性的欲求和非理性的欲求之间进行

---

① Dale Dorsey, "Desire-satisfaction and Welfare as Temporal", *Ethical Theory and Moral Practice*, Vol. 16, No. 1, February 2013, pp. 151–171.
② [美]斯坎伦:"价值、欲望和生活质量",载《生活质量》,阿玛蒂亚·森和玛莎·努斯鲍姆主编,龚群、王文东译,中国社会科学文献出版社 2008 年版,第 197 页。
③ [美]斯坎伦:"价值、欲望和生活质量",载《生活质量》,阿玛蒂亚·森和玛莎·努斯鲍姆主编,龚群、王文东译,中国社会科学文献出版社 2008 年版,第 197 页。
④ 徐向东编:《后果主义与义务论》,浙江大学出版社 2011 年版,"编者导言"第 5 页。

区分，或者是对理性偏好与非理性偏好进行区分。如果认为我们在帮助别人满足完全不合理的欲望与满足合理的欲望上有着同样的道德义务，那绝对是非常荒谬的。"① 同时，据哈桑伊的理解，知情欲望满足论是与偏好自主原则一致的。他说："在一种更根本的意义上讲，偏好功利主义是唯一的与偏好自主的哲学原则一致的这样一种功利主义，这一原则就是，在决定对于某个特定的个人来说什么是善（好）、什么是恶（坏）而言，唯一的终极标准是他自己的需要和他自己的偏好。"② 因而，合理的或理性的知情欲望满足论与偏好自主原则之间充满了张力或冲突。这是因为，如果按照合理的知情欲望满足论，那么反社会的或稀奇古怪的欲望就应排除，因此，合理的、知情的欲望满足论也就是受到伦理约束的欲望满足论；或者说，从自主原则出发，我们只能寄希望于具有一定的道德约束的行为者，这一知情欲望满足论所实现的价值才是合理的或理性的。另外，即使是有一定道德约束的行为者，从某种道德要求知道什么对于自己而言是善的或恶的，但是，有许多的偏好则是处于"什么对自己好或什么对自己坏"之外，如人们生活习惯的偏好或某种流行的偏好等。斯坎伦指出，合理的知情欲望满足论与欲望自主选择原则处于一种冲突之中，他说："因为它允许我们认为，一个人强烈地坚持的有关他的生活的某种偏好选择，完全是错误的。出于这种原因以及其他一些原因，我相信，知情欲望理论可能根本就不应当被视为一种欲望理论。"③

五 客观列表理论

在对欲望满足论的批评中，帕菲特的"客观列表理论"（objective list theory）得到了人们的重视，人们认为其实际上代表了内在价值论理论上的发展方向。与帕菲特同时代的罗尔斯、阿玛蒂亚·森等人的理论都可以看作某种形式的客观列表理论。帕菲特说："根据这个理论，一定的事物对人们而言是（善的）好的或（恶的）坏的，而不论人们是否想要这些好

---

① John C. Harsanyi, "Morality and the theory of rational behaviour", *Utilitarianism and beyond*, ed., by Amartya Sen and Bernard Williams, Cambridge University Press, 1982, p. 55.

② John C. Harsanyi, "Morality and the theory of rational behaviour", *Utilitarianism and beyond*, ed., by Amartya Sen and Bernard Williams, Cambridge University Press, 1982, p. 55.

③ ［美］斯坎伦："价值、欲望和生活质量"，载《生活质量》，阿玛蒂亚·森和玛莎·努斯鲍姆主编，龚群、王文东译，中国社会科学文献出版社 2008 年版，第 198 页。

的事物,或想避免这些坏的事物。好的事物包括道德上的善(好)、合理性活动、人的能力的发展、有子女和是一个好的父母、知识、对真正美的意识。坏(恶)的事物包括遭遇背叛、操纵、诽谤、欺骗、被剥夺自由与尊严,以及施虐狂的快乐或对事实上是丑恶的东西的审美快感。"[1] 帕菲特在这里提出了什么是好(善)、什么是坏(恶)的一个序列列表。这个列表所列出的事物是客观的,即不以某些偏好不同的人的偏好为转移的客观序列列表。换言之,这是一种"客观价值论",由于这一价值列表所列出的各项价值项都具有不可通约性,因此又可以说其是"多元价值论"。帕菲特从正反两个方面提出了一个客观的内在价值清单,这些客观正反两个方面的内在价值,是不以人的偏好为转移的古典功利主义将快乐作为唯一具有终极价值意义的选项,以及欲望满足论或偏好满足论把偏好满足看作内在价值的标准。偏好满足论者对于偏好来说,A、B、C 三个选项,如果选择了 A,那么 A 对于这个行为者的福祉(wellbeing,或译"好生活")有贡献,而 B、C 则没有贡献。因此,偏好满足论仍然是一种主观标准论。客观序列理论的这一客观列表对于不同的人来说可能会有所不同,但它的意义在于并非从特定的个体来看待内在价值。斯坎伦说:"其实质性的东西在于,有这样一些理论,根据这些理论,对一个人好生活的评估涉及何种事物使生活变得更美好的实质性判断。"[2] 这一列表所列事物是客观的和非个人的,因此,斯坎伦又把它称之为"实质性的善理论"。在帕菲特和斯坎伦看来,如果人们将这一列表所列的善事物作为人生目标去实现(在帕菲特那里,是将这一客观序列理论与人的成功论相结合),那么人们的生活将会变得美好。而接受了这一理论的人,斯坎伦认为:"将会毫不怀疑地相信这些善物是知情欲望的目标,即它们将会被完全理解它们的本质和生活本质的人所欲求。"[3] 这一说法虽然好像是回到了欲望满足论,但它排除了完全主观任意的偏好,是在客观的或实质性善的目标前提下的欲望满足。

---

[1] Derek Parfit, *Reasons and Persons*, Oxford University Press, 1984, p. 498.
[2] [美] 斯坎伦:"价值、欲望和生活质量",载《生活质量》,阿玛蒂亚·森和玛莎·努斯鲍姆主编,龚群、王文东译,中国社会科学文献出版社 2008 年版,第 199 页。
[3] [美] 斯坎伦:"价值、欲望和生活质量",载《生活质量》,阿玛蒂亚·森和玛莎·努斯鲍姆主编,龚群、王文东译,中国社会科学文献出版社 2008 年版,第 201 页。

帕菲特的"客观列表理论"是在内在价值论上对摩尔的"理想事物"的发展。不过,摩尔虽然谈到了恶,但他在内在价值目标意义上更强调他所列出的"理想事物"。帕菲特则从好坏、善恶两个方面进行了列表。把这一列表与偏好选择联系起来,就表明了帕菲特的价值倾向,同时也蕴含着对在自主原则前提下的偏好满足论批评。功利主义的内在价值论从主观感受客观目标,这从摩尔就开始了,但是摩尔之后的功利主义再次回到边沁的快乐主义,表明摩尔的转向并没有引起人们的重视。然而,诺齐克等人的体验机将人的快乐感受表明,如果只问人的快乐感受而不问是什么给人带来快乐,那么人们也可以不需在现实生活中,而只需在电流刺激下享受快乐体验,人们的快乐体验可以与现实生活、人的关系世界完全分离。快乐体验论表现出这一理论的困境。欲望满足论或偏好满足论从具体的人的特殊欲望出发,将快乐看作人们在实现自己的欲望或偏好中的经验感受。但是,偏好满足仍是对内在价值的主观解释,对于非个人的客观之善,如摩尔的"理想事物"或帕菲特的客观序列所列的善物,如果不在偏好行为者的主观偏好中,那么也就不在其价值追求或价值实现的目标之中。因此,欲望满足论或偏好满足论的困境促使内在价值论朝向客观的、实质性的善理论方向转化。

功利主义以及后继者对待快乐或幸福以及后来的替代性善物,都看作人的价值追求的最后目标,这些善或善物在价值链上是最后的,而不是中介性的。如从中介性意义上,密尔曾把金钱、权势、名声,甚至德性都看作实现幸福的中介性条件,而幸福才是最终具有内在价值的概念。当然,密尔的幸福概念也是快乐主义的概念,即幸福是与快乐的获得和痛苦的免除相等值的。快乐主义的内在价值论在当代受到挑战,从而转向偏好满足和实质性善的内在价值论。摩尔的理想功利主义提出的"理想事物",就是功利主义史上最早的实质性的善理论,摩尔在"理想事物"的名目下,提出了审美享受、人际交往关系、友谊、爱情、道德情操等理想事物清单,帕菲特则提出了上述列表清单,相比较摩尔,帕菲特还提出了人的家庭生活以及能力发展方面作为善目。这表明,在不同的人那里可能进入这一清单的善目会是不同的。在讨论这一问题时,我们还需注意到,罗尔斯就正义分配问题提出的五个"基本善":自由、机会、收入、财富、自尊或自尊的基础。自由与权利相关,因而又可称之为"自由权利";机会是指社会机会的分配，而分配与权利相关，因而又可称之为"机会权利"。从价值论的意义上，这五个方面都是欲望的对象，因而也是人们心理动机的基本指向。因此毫无疑问，罗尔斯的这一清单也是实质性的善理论。不过，罗尔斯提出基本善概念，主要是从社会制度对社会善的分配提出的，罗尔斯把诸多社会善概括为五种基本善，认为这五种善是社会制度所需分配的主要对象，它是人们所欲求的对象，但主要是通过社会分配才可使人得到满足的善物。在这个意义上，罗尔斯的基本善的实现是通过正义制度这一中介性条件才可真正得到实现。功利主义以来的内在价值论主要是从行为者的角度提出的，即什么善或善物对于人而言具有内在价值，或因其自身而具有价值。功利主义虽然从边沁以来也强调社会改革，其社会改革的目标也就是实现最大多数人的最大幸福；但是，功利主义在讨论作为终极性的内在价值（快乐或具有快乐内涵的幸福概念）时，从来都是把它看作人的本性所需的。然而，社会制度对于唯一具有内在价值的快乐或幸福的关系，并不是占据这一理论的中心位置。因此，这是罗尔斯与功利主义看待价值善的重大区别。

不过，就实质性善理论而言，最大的问题是这一列表清单究竟包括哪些善目？我们在前面看到几个清单所包括的内涵物各不相同。然而，不论哪些人提出了怎样的清单，实际上都可以提出这样一个问题，为什么这些善目或善物是对人而言的好或善？托马斯·胡卡（Thomas Hurka）既提出了这个问题，也回答了这个问题。胡卡在其1993年出版的《完善主义》一书中，采用亚里士多德的立场对这一问题进行了回答。在他看来，道德主要涉及人的好生活，而人的善的实现就在于人的卓越的实现，当然，对于不同的人来说，可能程度是不同的，人的卓越是什么，是从人的本性得到说明的；而对人的本性的最好说明是亚里士多德式的。在亚里士多德看来，是人的本性决定了人的卓越是什么，人的完善就在于实现这些卓越，但最好的完善主义是后果主义。这是因为，后果主义提倡最大化善（目）。他从亚里士多德主义出发，提出"人自然倾向于将他们的本性发展到一个较高的程度"[1]，而他所列出的人的卓越是这样三个层次：身体的完善（这

---

[1] Thomas Hurka, *Perfectionism*, Oxford University Press, 1993, p. 24.

方面能够发展到一个较高的程度的代表就是运动员)①、理论理性和实践理性。在他看来，后两者的卓越发展比第一项更为重要。把这三者发展到一个较高的水平层次，是我们的本性意向，而我们的善就在于完善这些方面的才能和能力，发展我们的理性，提高我们的知识水平。最值得注意的是，这清单中没有古典功利主义的追求快乐和避免痛苦的位置。这表明，在终极性内在价值意义上，当代的后果主义已经将其排除在外。

阿玛蒂亚·森是当代十分重要的一位功利主义者。他在介入对罗尔斯的正义论尤其是对基本善的讨论中，提出了他的可行能力（capabilities）②论。由于他提倡可行能力而批评基本善，因而其哲学进路又被认为是可行能力方法或能力方法。能力方法认为罗尔斯的基本善对于人而言，是一种外在于人的基本善品，它们对于人的好生活是否能够起作用，要通过它对人的能力是否起作用来判断。就此而言，如果是同样的一份善品，对于有身体残疾的人和对于没有残疾而健康的人来说，所起的作用是不同的。质言之，可能身体残疾的人额外需要一份善品（双份善品），才可能获得正常人一样的善，具有像健康人一样的能力。如腿有残疾的人则需要代步车才能像没有残疾的人那样出门。森认为，人的能力是多方面的综合体。行为者需要在不同的基本方面获得不同的基本可行能力，才可有在社会生活中过上自由的或相对体面的生活。森说："当我试图根据一个做有价值的活动或达致有价值的状态的能力来探讨处理福祉（wellbeing）和利益（advantage）的某种特定的方法时，也许我本可以选择一个更好的词。采用这个词是为了表示一个人能够做或成为的事物的可选择的组合——他或她能够获得的各种'功能性活动'（functionings）。"③换言之，功能性活动也就是能力所起的作用。功能性活动展现了人的能力，不同的功能性活动是人的不同的能力或可行能力的展现。功能性活动或可行能力在社会生活或实践中发挥作用，从而增进人们的利益。在森看来，自由就体现在行为者有能力从事不同的活动，换言之，在社会生活中获得自由。如人们所说：

---

① Thomas Hurka. *Perfectionism*, Oxford University Press, 1993, p. 39.
② "capability"这一概念的中文译名即为"能力"，但是，目前国内哲学界一般把它译为"可行能力"，强调的是在人作为行为者实践中可以起作用的能力。故本书采用这一通行译法。
③ ［印］阿玛蒂亚·森："能力与福祉"，载阿玛蒂亚·森和玛莎·努斯鲍姆《生活质量》，龚群译，中国社会科学文献出版社 2008 年版，第 35 页。

"对于森而言,他把现实的自由看作有效的选择,一个正义的社会将最大程度的这种自由给予最大多数人。能力方法把我们的注意力从资源转换到它们的结果。如果一个人有更多的能力,那就有更大的有效自由来选择他的生活和工作。"[1] 实际能力也就是人们有自由来进行选择,并能够将自主选择在实践中体现出来。森没有像前面我们所述的帕菲特等人,他没有给出一个实质性的能力清单。不过,他说:"相关的能力具有基本性意义,这种能力的缺乏表明一个人无能满足他自己的基本需要。"[2] 从这样一个否定性表述我们可知,森的能力概念所包含的是在人的生存、工作等方面的基本能力,尤其是他强调人的生存能力。如森所说:"我集中讨论了一种非常基本的自由,即生存下来而不至于过早死亡的能力。"[3] 同时,森从人的发展与社会发展来看待人的能力的发展,即在强调最基本的生存能力的同时,重视人在社会生活的政治、经济、文化、交往等各方面的能力。他把人的能力发展看作目的,而把政治自由、经济条件、社会机会、防护性保障等看作工具性,他说:"这些工具性自由能帮助人们更自由地生活并提高他们在这方面的整体能力,同时它们也相互补充。"[4]

在当代哲学领域里,与森一道提出可行能力理论的,还有一位重要的人物,就是玛莎·努斯鲍姆(Martha Nussbaum)。努斯鲍姆不是一位功利主义者或后果主义者,但她的可行能力清单则是与森的工作相似,因而也可以看作后果主义内在价值的一个参照。努斯鲍姆认为,她从事的可行能力研究其背景是与人权概念相关的。她认为她使用可行能力方法"是要对核心的人类权利(entitlement)理论给予一种哲学的支持,这些核心的人类权利应当得到所有国家政府的尊重和[政策]上体现出来,把它作为对人的尊严尊重的最低限度的要求……一个基本的社会最低限度的观念为聚

---

[1] Noel Whiteside and Alice Mah, "Human Rights and Ethical Reasoning: Capabilities, Conventions and Spheres of Publication", *Sociology*, Vol. 46, No. 5, Special Issue: "The Sociology of Human Rights" (OCTOBER2012), p. 924.

[2] [英] G. A. 柯亨:"什么的平等?论福利、善和能力",载阿玛蒂亚·森和玛莎·努斯鲍姆《生活质量》,龚群译,中国社会科学文献出版社 2008 年版,第 31 页。

[3] [印] 阿玛蒂亚·森:《以自由看待发展》,任赜等译,中国人民大学出版社 2002 年版,第 18 页。

[4] [印] 阿玛蒂亚·森:《以自由看待发展》,任赜等译,中国人民大学出版社 2002 年版,第 31 页。

焦于人的能力（human capabilities）的方法所提供，而'人的能力'是说，人们实际上能够做什么和能够成为什么，而这是为这样一种直觉观念所把握：人的生命因有人的尊严而有价值。我提出了一个主要（central）人类能力清单，并主张，所有这些能力都隐含在有着人类尊严的生命价值观念里"[①]。努斯鲍姆对人权的理解是将人的核心权利作为对人的尊严尊重的最低限度的要求来看待，而作为"对人的尊严尊重的最低限度的要求"，她把这看作"人的能力"，即通过行为者的实践能力或生活能力来体现人的权利与尊严。换言之，如果要说什么是内在价值，它就体现在人能过有尊严的生活。对尊严的捍卫不是空话，而是通过人的可行能力来实现的。因此，实质性的内在价值又表现在人的可行能力上。森只是提出了什么是可行能力的概念，然而，努斯鲍姆除了界说可行能力的概念之外，她还提出了一个可行能力清单。这个清单包括十个方面：一、生命，能够活到正常的预期寿命；二、身体健康，包括生育能力，有正常的营养和适当的居所；三、身体完整，能够自由行走，有免除暴力（包括家庭暴力和性暴力）的安全感；四、感觉、想象与思想能力，在这些方面，通过教育与培养，能够以真正人的方式来运用这些感觉、想象和思想能力；五、情感，有依系的事和人，爱那些关心和爱我们的人，为他们的离世而悲伤，一般而言，这可表现在爱、悲伤、感激和正当的愤怒等情感里面；六、实践推理，能够形成善的观念和能够从事批判性思维；七、归属感，与他人生活在一起，表明对他人的关心，能够想象他人的处境；八、与环境友好相处；九、娱乐；十、参与政治与拥有财产权等。[②] 她多次在不同的著述中提出了这个清单，她在《正义的前沿》一书中列举这十项内容后说："基本的观念是，考虑这些方面的能力，我们能够说，想象一个生活如果没有这些（可行）能力，这样一个生活就不是一个有着人类尊严价值的生活。"[③] 换言之，人的尊严价值通过这样十个方面的可行能力体现出来，就此而言，尊严价值是具体的，也是抽象的。其抽象意义的尊严通过具象性

[①] Martha Nussbaum, *Frontiers of Justice*, Cambridge, Massachusetts: The Belknap Press of Harvard University Press, 2006, p. 70.

[②] Martha Nussbaum, *Frontiers of Justice*, Cambridge, Massachusetts: The Belknap Press of Harvard University Press, 2006, pp. 76 - 78.

[③] Martha Nussbaum, *Frontiers of Justice*, Cambridge, Massachusetts: The Belknap Press of Harvard University Press, 2006, p. 78.

的能力清单展现出来。在她看来，她的这个清单具有全球普遍性，但同时又是开放性的，因而可以修改。换言之，至于到底哪些可行能力包括在她的清单里，并不是一个封闭性的说法，而是开放性的，可以进行讨论的。就此而言，是否也可以将其进行增减？我们认为她的说法具有这个意思。不过，努斯鲍姆所列十个方面的可行能力，是涵盖了个人好生活的各个方面，因为努斯鲍姆的这个能力清单涉及人生的各个方面，所以她认为她的清单具有"全球普遍性"，表明的是人作为人的基本需要是什么。不过，就对人而言的内在善（intrinsic goods），对于哪些选项可以放在这一清单里，哪些不应放进来，不同的人可能会有不同的考虑理由。但如果有明显的反例，则将使得某些清单内容变得不确定。又如，努斯鲍姆所列的清单十项内容，是作为手段价值，还是作为目的价值或作为目的因而具有内在价值？当然，所有这些实质性善理论的发展就在于将古典功利主义的快乐论置于一旁，即所强调的是这些选项并不可还原为快乐。然而，正如德莱夫所批评的，实质性善理论方法，"失去了它的规范性力量（prescriptive force），要处理明显的反例，就要增加更多的选项进入内在价值的清单。而一个道德理论不应该仅仅是列出什么是善的清单，列表与理论化是不同的。一个理论应该以较深的理解来系统化某个领域"。[1] 从摩尔到努斯鲍姆，我们发现，这一客观序列清单理论有着越来越长、越来越多的项目纳入其中的发展倾向。这一实质性的善理论的初衷，就是要避免将所有的欲望或感受还原到快乐这一原体验。然而，增加更多的实质性善的选项，并非一种理论化的方法。为使这一理论更具有理论化和规范性，德莱夫认为，似乎应当确立一些"潜在还原性"的价值，即可作为基本的或根本的价值。[2] 这似乎是从方法上向古典功利主义（的方法）回归，但这应当看作后果主义内在价值论发展的一个方向。

---

[1] Julia Driver, *Consequentialism*, New York: Routledge, 2012, p. 38.
[2] Julia Driver, *Consequentialism*, New York: Routledge, 2012, p. 38.

第二章　后果最大化：批评与辩护

　　近代以来的道德理论将行为的道德评价看作道德实践的首要问题，而一个行为的道德地位即正确或错误、好（善）或坏（恶）是由动机决定的？还是由行为过程中的规则决定的？抑或是由行为后果决定的？一般认为，行为的道德地位或对行为的道德评价仅仅取决于行为的后果，我们将其称为后果主义的道德理论。不过，由于后果主义理论的发展，除了将后果唯一地看作行为道德地位的决定因素的行动功利主义（前文已述，功利主义是后果主义的一种形式）之外，还有其他形式的功利主义（或后果主义），如规则功利主义（或称之为"准则功利主义"、"规则后果主义"）等。规则功利主义虽然也强调后果事态所具有的对于评价行为的决定性作用，但同时认为规则在决定行为后果的内在价值意义上具有不可忽略的作用。因此，行动功利主义又称"行动后果主义""直接的后果主义"或"简单的后果主义"。行动功利主义在后果最大化方面也具有典型性，因此，我们在此的讨论也主要集中于行动功利主义（直接后果主义）。

第一节　行动功利主义的后果概念

　　行动功利主义（act utilitarianism）又称"行动后果主义"（act Consequentialism）或"简单功利主义"或"简单后果主义"。在某种意义上，行动功利主义或行动后果主义是当代后果主义讨论的起点。不过，当代围绕着行动功利主义的讨论都是基于对行动功利主义或行动后果主义的不满，并希望克服其问题，因而当代的讨论推进了后果主义，也可以说是发展了后果主义。

一 最大化后果

行动功利主义的概念最先为布兰特所提出。布兰特说：这个概念"大致是这样一个观点：行为者的责任（在客观意义上）在于，在一个特定的情境中，履行一个特定的行为，当且仅当履行这样一个将（实际的或可能的）产生一种意识到的事态，这个事态与行为者可能履行的其他行为相比较，将产生最大化的内在价值（intrinsic worth）"①。布兰特在《伦理学理论》一书中，将行动功利主义区分为两种：一种是将快乐作为唯一可欲求的（后果）事态，他称之为"快乐主义的行动功利主义"；另一种将意识到的其他事态也看作具有内在价值的（后果）事态，布兰特称之为"理想的行动功利主义"。② 如果我们不将快乐看作唯一的后果事态，那么，也就是将两种行动功利主义不加区别。在这个意义上，行动功利主义也就是认为，一个行为者的客观责任就在于履行这样的行为，即履行将实际产生可意识到的最大化内在价值的事态。斯马特是当代重要的行动功利主义者，他在《功利主义，赞成与反对》一书中，对于行动功利主义的界定是："大致地说，行动功利主义是这样的观点：一个行动（an action）全部的好或坏唯一地依据它的后果，即该行动对全人类的存在者（或一切有知觉的存在者）的福祉（welfare）产生的效果（effect）。"③ 这里我们需要注意到斯马特的定义，他将人类行为实践者的任何一个行为的后果都与全人类所有存在者的福祉联系起来，从而提出了一个与古典功利主义不同的后果论概念，在边沁等古典功利主义者那里，一个行为后果的好与坏，主要要看的是这个行为对自己将产生怎样的苦与乐的后果。并且，在边沁那里，他所理解的社会利益不过是个人利益的简单相加，因而行为对行为者本人的后果在某种意义上就是对社会整体利益的贡献。但是，斯马特则强调将行为的后果直接放在整个人类存在者的维度中来进行比较，而不是从个人利益到社会利益的推论。这是因为，自从西季威克将功利主义区分为强调自

---

① Richard B. Brandt, *Ethical Theory*, Prentice-Hall., Inc., 1959, pp. 380–381.
② Richard B. Brandt, *Ethical Theory*, Prentice-Hall., Inc., 1959, p. 356, 381.
③ J. J. C. Smart and Bernard Williams, *Utilitarianism, For and Against*, Cambridge University Press, 1973, p. 4.

我利益的自利论（egoism）和强调最大多数最大利益的功利主义之后[①]，以自我利益为中心的理论思考就不在当代功利主义的视域范围之内了。不过，当斯马特将行动功利主义与快乐论的功利主义联系起来讨论时，他又回到了边沁的观点。

这里我们强调指出的是行动功利主义的这种发展倾向。斯马特强调："为了建立一种规范的伦理学体系，功利主义必须持有他与这对话的其他人共同持有的根本态度，他诉诸的情感是可普遍化的仁爱（generalized benevolence）；即寻求幸福的意向，或无论如何，在某种意义上，寻求对所有人类，或对所有有感觉的存在者而言的好的后果。"[②] 这里需要注意，"好的后果"是在两方面的意义上讲的：一是好的最大化后果，如有 A、B、C 三种行动方案，A 的后果的价值为 1000，B 的后果价值为 900，而 C 的后果价值为 800，那么，我们应当选择的是最大化后果的 A 方案；二是最小化坏的后果，即在某些特定的处境或情境下，可能进行行动选择的方案，只有在较坏和最坏的后果中进行选择，如 A、B、C 三种方案，无论选择哪种方案，都可能产生不理想的结果，但是在这三者中，A 不理想，B 更不理想，而 C 为最次，那么，我们所应当选择的是那个带来坏结果最少的那个情境或行动方案，即行动功利主义要求的是选择较坏而不是最坏的后果。实际上，在可比较的情形下，这也可以看作最好的后果。斯马特所界定的行动后果主义，是当代后果主义讨论的基本出发点。当然，行动后果主义不是唯一的后果主义，还有其他的变种，如规则后果主义、欲望后果主义、混合后果主义等。这些后果主义理论在对待规则或行为者的要求方面可能不同，但这些后果主义理论都分享了非个人性的总体事态的论点，都认为是应当促进最好的后果事态。并且由于行动后果主义的观点具有典型性，从而在讨论后果主义的一般观点或讨论后果主义与道义论观点的不同时，所采用的都是行动后果主义的一般观点。

后果主义又不仅仅把行为后果看作具有内在价值的事态，而且还在于把行为的正确与否或好坏与否看作其后果是否是最大化的好的后果。因

[①] 关于西季威克功利主义的理论，可参看笔者在《东南大学学报》（社会科学版）2020 年第 6 期上发表的论文："西季威克的功利主义"。

[②] J. J. C. Smart and Bernard Williams, *Utilitarianism*, *For and Against*, Cambridge University Press, 1973, p. 7.

此，直接后果主义一般又可看作一种最大化的理论。这个"最大化"服从于"最大化价值的原则"，这也就是布兰特对行动功利主义的前述界定所表明的，行动后果所要求的是"最大化内在价值"；或者以公式化的语言来表述：一个行为应当被履行，当且仅当它的结果是内在地好于其他可选项时；一个行为是错的，当且仅当它在可选项中并不是比其他选项更好时。正如谢夫勒所说："行动后果主义要求，每一个行为者在所有的情形中，以这样的方式去产生他在那个情境中所能产生的最高序列的事态。"[1] 前面已述，最大化好的后果不仅可从最高序列或相比较的更多好的结果意义上讲，也可以从相对最小坏的结果意义上讲。换言之，后果主义对于行为正确与否的判断，就看其是否能够产生最大化好的结果和最小化坏的结果。当然，这样的选择仍然是有一个总体性背景（overall background）的。

值得指出的是，从全人类视域出发来看待一个行为的后果或最大化好的后果，并非是从斯马特才有的一种转换或突破。古典功利主义的代表人物之一密尔认为，功利主义的最大幸福标准所说的"最大幸福"，"不是行为者自己的最大幸福，而是最大量的幸福"（is not the agent's own greatest happiness, but the greatest amount of happiness, altogether）。[2] 这里的"最大量"，应当是一种远超个人幸福的最大量，同时，他用了一个副词"altogether"，因而不仅仅是说不是个人的，而是将前后加在一起了，即在最大总量中的最大幸福也有行为者自己的。然而，这个最大量是否是全体人类意义上的？这里并没有明确说明。重要的是密尔还说道："根据上述所说的最大幸福原则，功利主义的终极目标是其他一切可欲求之物的参照点和归宿（不论是就我们自己的善还是其他人的善而言都如此），就其范例而言，就是在质和量两个方面尽可能地远离痛苦，尽可能多地享受快乐……因此，根据功利主义的观点，人类行为的目的必然也是道德的标准；依据如此的界定，为人们所遵守的人类行为的规则与戒律，其存在就其最大程度的可能而言，是对于全人类都有效的。并且不仅仅如此，就其所承认的事物性质而言，适用于整个世界的所有有知觉的生灵。"[3] 对于功利主义的最大幸福原则，密尔认为其不仅适用于整个人类的存在者，而且也适用于

---

[1] Samuel Scheffler, *The Rejection of Consequentialism*, Oxford University Press, 1982, p. 1
[2] John Stuart Mill, *Utilitarianism*, Chicago: The University of Chicago Press, 1906, p. 16.
[3] John Stuart Mill, *Utilitarianism*, Chicago: The University of Chicago Press, 1906, p. 17.

所有世间的一切有生命的存在者，因而这无疑是从全人类而且从整个生命世界的视域出发来看待功利主义的最大幸福原则的运用。这样一种幸福观也是功利主义的后果论的观点。甚至在20世纪著名的道义论代表人物罗斯那里，也有类似的从全人类的幸福观点看待道德的立场。在《正当与善》中，罗斯提出在三种简单的善目——德性、知识和愉快（pleasure）之外，还有一种善是不能归并到这里的，这就是幸福（happiness）。他说："带来幸福是我们亏欠所有的一种责任，虽然这为我们已经承担了的对于特殊个人的责任所增强。因此，在一般原则下的仁慈和自我改进，我们应当产生尽可能多的善，虽然善涉及不同种类。"① 很明显，罗斯在这里所表达的恰恰是功利主义的最高原则，因而他的这种观点无疑受到了功利主义的影响，表明他并没有批判而是接受了功利主义的最高原则。斯马特则是从行动功利主义这样一种新形态的功利主义视角重新提出了对功利主义的全球性视域的最高原则进行概括和表述。

斯马特从全球视域（全人类视域）提出了一个后果主义的后果最大化概念，彼得·辛格则把这个概念具体化了。1972年，辛格发表了一篇著名的论文：《饥荒、富裕和道德》（famine, affluence and morality）②。他写作这篇论文的背景是1971年的孟加拉地区发生了饥荒，持续的贫困、飓风和内战使得孟加拉地区至少有900万人口陷于极度贫困的难民状态之中。面对这么大量的人口缺乏食品、住所和医疗救济，生活在富裕国家的多数人对发生在远方的、如此众多人口的贫困和死亡却是无动于衷。那么，为什么人们会如此冷漠而没有道德义务感呢？辛格的观点是，距离产生了人们的冷漠感。辛格举例：一个路人路过一个池塘，有个小孩子落水了，如果他不下去援救，那么，那个小孩子可能就会被淹死；而他下池塘，也不过就是会弄湿他的衣服。辛格认为，像这样近在身边发生的事件，任何有点道德义务感的人都会施以援手，他把这称为"不牺牲任何可比较的道德重要性"。③ 这也好比孟子在提出"四心说"中所举的例子：你路过一个

---

① David Ross, *The Right and The Good*, Oxford University Press, 1930, p. 27.
② Peter Singer, "Famine, Affluence, and Morality", *Philosophy & Public Affairs*, Vol. 1, No. 3, Spring, 1972, pp. 229-243.
③ Peter Singer, "Famine, Affluence, and Morality", *Philosophy & Public Affairs*, Vol. 1, No. 3, Spring, 1972, p. 231.

村庄，在村庄的路口上，有一个小孩正在井边玩耍，但他很有可能即将爬到井边而且有掉进井里的危险。你看到这样的情景，自然会施以援手，使那孩子脱离危险。你之所以这样做，并非你要讨好这里的乡亲，也并非你要讨好这个孩子的父母，因为你是外乡人，你并不认识村庄里的谁。你这样做，完全是出于你的恻隐之心。辛格在这篇文章中提出了一个观点，只要这个世界上发生灾难或人们在遭受苦难、饥荒，那么，任何一个有点经济能力的人都有义务进行援救。辛格说："如果我们有力量阻止某种坏的事情发生，因此并不牺牲任何可比较的道德重要性，在道德上，我们就应当这样做。"[①] 他认为，相比于我们的衣服被弄湿了这种微不足道的事，孩子的死是非常坏的一件事。

在之后的几十年中，关于后果主义后果最大化的讨论，人们认为这是辛格所提出的一个非常有说服力的例子，从而最终成为一个很有名的案例。在辛格看来，这样一个显白的事实表明这个原则是可以接受的。不过，辛格认为，如果我们真的按照这个原则来行事，那么我们的生活、我们的社会，甚至我们的世界都将发生根本性的变化。怎样来理解这一点呢？在我们看来，他只是提出了"不牺牲可比较的道德重要性"，而没有把距离问题放在里面。这是因为，虽然你是走在你看见的小孩落水的路边，因而你去救了他。但重要的不是你的距离，而是你没有牺牲可比较的重要性的东西，所以你才去救了他。他认为，无论是十尺距离远的邻居的小孩，还是几千英里外的孟加拉的难民，这个原则都适用，或者说没有区别。但实际上我们看到，这里的最大问题就是距离问题，即他所举的例子是我们身边可能即将发生的不幸，而孟加拉的难民则是远在天边。他说："某个人在物理意义上与我们接近，所以我们个人与他有接触这一事实，可能使我们更可能去帮助他，但这并不表明，我们只是应当帮助他而远离我们的人则不应当帮助。如果我们接受不偏不倚、可普遍化、平等或不论什么原则，我们就不应当歧视那些仅仅因为他离我们很远或我们离他很远的人。"[②] 换言之，我们不应由于距离的原因而不去援助那些需要援助的

[①] Peter Singer, "Famine, Affluence, and Morality", *Philosophy & Public Affairs*, Vol. 1, No. 3, Spring, 1972, p. 231.

[②] Peter Singer, "Famine, Affluence, and Morality", *Philosophy & Public Affairs*, Vol. 1, No. 3, Spring, 1972, p. 232.

人。假设我们所见的位置能够判断清楚那些离我们很近的穷人需要什么，而我们却不能亲自前往那些灾难发生的地区，从而并不能判断那里的灾民或难民急需什么。然而，辛格认为这是托辞，尤其是在信息这么发达的全球化时代。并且，救援组织的专家不仅描述了那里的紧急情况，而且这些救援组织能够像你帮助你身边的人一样，把你所捐助的东西送到那些急需食物或药品的人那里。因此，我们已经没有地理的理由来为这样的区别对待进行辩护。但实际上，辛格忽视了对于灾难"见"与"不见"在行为者心理上的巨大差别。如果人们亲见某人正在受难，由于移情的作用，人们的同情感将会被激发，而在现代条件下，虽然遥远的他乡人们也正在受难，国际新闻可能也在传播这一消息，但是你也许并没有上网来查这样的消息，或者你即使是知道了这样的消息，但只是传播而来的信息，并非发生在你身边，也不是你亲见，因而对于你的心理感受必然不同于亲见的灾难或苦难来得深刻。

辛格认为，可能这里还有第二个问题，即心理学上的从众心理，并且这种心理会使得我们的义务感降低。即如果像处于我这样地位或处境中的他人并没有对于那些处于危难中的难民给予援救，我自己如果什么也没有做，那么并非会那么感到内疚。可以想象一下，假设在我路过那个小池塘时，旁边的路人都无动于衷，那么，如果我不去救那个小孩，我可能也不会有多难受。辛格认为，"人越多而义务越少"，这个观点很荒谬。换句话说，由于群众越多，我就越可以逃避责任或义务，但没有看到，对于穷困、污染这些问题，每个人都是被平等地卷入其中，它并不会因为有了他人，我就没有责任；也不会因为有了他人，我就不会受到污染的危害。但从近年来我国发生的多起道德冷漠的现象看，从众心理确实是一个不可忽略的原因。

辛格不认为人越多就越没有责任，他认为这样的责任是人们所无法逃避的。面对孟加拉地区如此大量的难民，我们每个生活富裕或家境宽松的人都有责任。在他看来，假设我们富裕国家每个人为孟加拉地区的难民捐赠5英镑，那么，所有孟加拉难民的食物、住所和急需的药品都可以得到满足。而且假设人人都一样，因此我没有义务比他人所捐赠的5英镑还多捐赠。富裕国家的人只要捐赠5英镑，这也就是辛格所说的"没有牺牲可比较的道德重要性"的捐赠。辛格认为，这只是一个假设的前提，虽然如果如此捐赠,结论肯定是正确的。但是,这个假设的前提无疑是得不到满足的,因为不可能富国民众人人都为孟加拉难民捐赠 5 英镑,这也就意味着这个结论是荒谬的,因为只有少数人会像我那样捐赠 5 英镑。但是,这样的结果也就意味着不可能提供足够的食物、药品给难民。而为了使得救助更多的难民,我们(有义务感的人)的捐赠就应多于 5 英镑。那应当捐多少呢?辛格说:"那意味着处于相同处境中的每个人,应当尽可能多的捐赠,至少达到这样一个临界点:给予更多的捐赠将使得捐赠者以及他所救济的人处于严重的苦难中,甚至超出这一点而到达边际效用点:在这里,给予更多捐赠将引起捐赠者和依靠他的人更大的苦难,如同他要阻止的发生的孟加拉那里的灾难一样。不过,假如每个人都这样做了,无疑将会比给那些难民带来的好处还多,当然这样某些牺牲就是不必要的。"① 辛格从开始的"不牺牲可比较的重要性"论证到只要是不因捐赠而过着难民般的日子,在道德上都是合理的。他所说的捐赠使自己以及受益人都处于严重苦难中,也就是这个意思。辛格在这里提出,现实地看,由于有的人并不会真正去捐赠那些处于危难中的人,因此我们这些已经有了这种义务感、责任感的人就应当多捐赠;否则像孟加拉难民的困境就不可能真正解除。在这个意义上,如果你最大化地帮助了那些处于危机中、处于苦难和死亡边缘的人,但你自己并没有因此而过着难民般的生活,那么就算实现了后果的最大化。② 由此我们可知,辛格确实很好地诠释了斯马特的后果最大化概念。

不过,辛格也意识到了如果要捐赠到那个不至于使自己变成难民的临界点可能要求太高了,因为这可能会使得捐赠者最终过着几乎像难民那样的生活。因此,辛格提出区分两种版本的义务原则:强版本和弱版本,或更适中版本。强版本:"要求我们阻止某些坏的事情发生,除非这样做我们将牺牲某种具有道德重要性的东西。而这似乎是要将我们[的生活]降到边际效用的水平。我也要说,强版本似乎对我来说是正确的。"③ 更适中

---

① Peter Singer, "Famine, Affluence, and Morality", *Philosophy & Public Affairs*, Vol. 1, No. 3, Spring, 1972, p. 234.
② 并非西方国家中完全没有听从行动功利主义的后果最大化这样一种道德崇高原则的人,在本书的"多维度的后果主义"中有一个这样的真实案例:泽尔·克拉维斯基不仅捐赠了自己的巨额财产,而且最后还捐赠了一个肾脏给陌生人。
③ Peter Singer, "Famine, Affluence, and Morality", *Philosophy & Public Affairs*, Vol. 1, No. 3, Spring, 1972, p. 241.

的版本:"我们应当阻止某种坏事发生,除非我们这样做,我们不得不牺牲某种有道德重要性的东西。"① 但这样讲与前面的强版本的区别在哪里?辛格说:"就更适中版本而言,它并不意味着我们要把自己降到边际效用的水平。"② "边际效用"是一经济学用语,指的是对某种物品的消费量,每增加一个单位消费物额外增加的满足程度。在边际效用中,自变量是某物的消费量,而因变量为满足程度或效用。所谓"降到边际效用的水平",即边际效用达到最大化之后,不再产生边际效用。辛格这里讲到两种版本的捐赠,都是与边际效用为标准,前者降到边际效用的水平,后者没有降到;前者的意思是使得自己的可捐赠资金的边际效用达到最大化,即最大化效用的捐赠,而后者则是在不降低自己消费水平(不降低自己的边际效用)的前提下进行捐赠。换言之,所谓"牺牲某种具有道德重要性的东西",是因前提或标准不同而异的。只要是我们感到因为我们自己的捐赠而将牺牲某种可比较的道德重要性的东西,那么捐赠也就要停止。然而,即使是按照弱版本的原则去最大化我们的行动后果,辛格认为,我们的生活也将发生巨大变化,西方所追求的消费社会的生活速度就会降下来,甚至完全消失。这是因为我们现在是把金钱花费在那些琐碎的东西上,或对品位的追求,而不是去救助难民、帮助穷困者。在他看来,西方社会追求消费社会的生活方式本身的方向就错了。因此,除了保障自己的必要生活的财产之外,其他资金都应拿来救助处于危难或死亡边缘的人。当代人类社会确实面临着这样的问题:严峻的全球贫困状态。③ 然而,无论是强版

---

① Peter Singer, "Famine, Affluence, and Morality", *Philosophy & Public Affairs*, Vol. 1, No. 3, Spring, 1972, p. 241.

② Peter Singer, "Famine, Affluence, and Morality", *Philosophy & Public Affairs*, Vol. 1, No. 3, Spring, 1972, p. 241.

③ 据报道,2015年仍有8亿人口生活在贫困之中,而且发达国家的贫困人口逆势增长。据国际劳工组织的报道,全球近20亿人口的生活费用每天平均不足3.1美元(新浪财经网:"全球贫困问题依旧严峻:发达国家贫困人口逆势增加",2016年5月19日)。据国际劳工组织统计,2012年发达国家的贫困人口已超过了3亿。在全球贫困人口中,贫困人数最多的两大群体是妇女和儿童。在新兴国家和发展中国家,15岁以下的儿童,有一半以上生活在极端贫困状态和中度贫困状态中。另据世界银行2016年10月2日报道,在当天发布的《2016年贫困和共同繁荣》报告中说,到2013年,全球有7.67亿人口生活在极端贫困之中(腾讯新闻网:"世行:全球贫困人口大幅下降,中国等亚太国家贡献最大",2016年10月3日);与此同时,这个地球上则有人极端富有。据国际慈善组织乐施会报道,全球最富的8个人财富超过贫困人口36亿人口总和(茂名网:"全球最富有8人资产可敌半球!财富超过36亿贫困人口总和",2017年1月18日)。

本还是弱版本的捐赠义务原则，都是辛格对当代人的过高要求。

二 完整性异议

从全球视域（所有人类存在者的视域）来看待后果主义的后果最大化，既有拥护者，也有批评者，而且其批评之多，可以说是招致了当代哲学的众多异议。首先，后果最大化是一个比较概念，即只有在可比较的选项时才可称之为"最大化"。换言之，后果最大化也就意味着必须在行动前进行预先比较，如边沁就为后果最大化提出了苦乐计算。然而，如何才能做到不同选项之间进行比较选择？——人们认为后果主义没有操作性，从而导致自我挫败。其次，一个最重要的异议是完整性（integrity）异议。前文已经指出，后果主义的道德评价所要求的是在可选行动的后果中，后果为最大化好或最小化不好，这两者都可被称为"后果最大化"。后果最大化是在什么维度上讲的呢？——"总体性背景"的意义上。那么，什么是总体性背景呢？在这里，我们应当联系斯马特对行动功利主义的界定来讨论，事实上当代西方伦理学界也是从这个维度来讨论的。前文已述，这个界定就是："一个行动（an action）全部的好或坏唯一地依据它的后果，即该行动对全人类的存在者（或一切有知觉的存在者）的福祉（welfare）产生的效果（effect）。"[①] 也就是说，最大化好的后果是以全人类一切存在者的福祉的维度来衡量或评价的。这样一种要求，被批评者称为是一种严苛性要求（extreme demand）。以下案例，包含了行动后果主义的方法，也是人们对其批评所设：

> 阿夫鲁特（Affluent）是发达国家的一个富裕公民，她已经给慈善机构进行了有意义的捐赠。她正坐在她的书桌前，桌上放着支票本。在她前面有两本小宣传册，一本是介绍有声誉的援助机构，另一本是当地剧院公司的。阿夫鲁特现有的钱，或者够捐赠给慈善机构，或者够买一张戏票，但不能两者都做。因为她喜欢戏剧，她买了票，虽然她知道如果她把钱送给慈善机构，将产生更好的效果。[②]

[①] J. J. C. Smart and Bernard Williams, *Utilitarianism, For and Against*, Cambridge University Press, 1973, p. 4.

[②] Tim Mulgan, *The Demands of Consequentialism*, Oxford University Press, 2001, p. 4.

从后果主义的后果最大化好来看，阿夫鲁特的决定和行为没有产生最大化好的后果，因而不是一个在道德上正确的行为。从后果主义的要求（demanding）来看，后果主义必须谴责阿夫鲁特的行为。批评者认为，后果主义的这个要求太严苛，它违背了我们的常识道德。从常识道德来看，人们有着自觉捐赠的义务，但同时也有着可以不捐赠的自由。慈善捐赠的行为不在应当履行的义务之列，而是超义务（the supererogatory）的行为。所谓"超义务"即这样的行为是好的，但并非常识道德上的必然要求，从而并非人们必须履行的义务。如孝敬父母的义务，在中国人看来也就是日常道德所要求的必须履行的正常义务，而不是一种超出正常要求之外的超义务。但你想去帮助在路边一个穷困的陌生老人，日常道德认为这不是你有责任，而你确实这样做了，这就是超义务的善行。然而，如果把捐赠这样一类行为看作在道德上必须履行的行为，如果不履行，那么就在道德上是不正确的，这意味着我们把这类行为不看作超义务的。换言之，以后果主义最大化好的后果来要求，我们就取消了人们道德中对超义务的理解，或超义务也就不存在了。将日常道德所理解的超义务看作日常性的基本道德要求，也就消解了超义务与义务的区别，从而也就变成了人们日常义务的组成部分。而当把日常道德所理解的超义务看作人们必须履行的一般义务，那么，人们认为，这是对人们行为的严苛性要求。

再看一个个案：

> 我很想去看一部名为"世上最快的印安摩托"的电影。但考虑到其他人的贫穷和［后果主义］的要求，我很不情愿地把我用来看电影的钱捐赠给了慈善机构。第二天，我还是想去看这部电影，但又是同样的结果。我想去看这部电影已经好几年了，我是一个新西兰人，电影中的英雄是一个被视为偶像的新西兰人，他展示了传统新西兰人的品格。我正在修复一辆老沃克斯豪车，电影中有我很想看的关于老沃克斯豪车的镜头。但是，我仍然感到应当遵守道德，虽然这不是件容易的事，我进一步考虑了后果主义的要求，意识到修复一辆老沃克斯豪车需要很大一笔钱，于是我把车卖了，并把钱捐赠给了慈善机构。我还是一个园艺爱好者，这是体现我的创造力的主要地方，而且我很喜欢户外活动。但是这一活动花费很大。我又放弃了园艺活动，改种

一点蔬菜。但是我意识到,一个更穷的人正在路边卖菜,因此,我又放弃了种菜。慢慢地我变得越来越可怜。①

对于这样的案例,即个人从后果主义的考虑出发,从而其行为体现了后果主义的特征,帕菲特是这样概括的:"考虑一下富人应当送给穷人到底多少的问题。对绝大多数后果论者而言,这个问题超越了国界。既然我知道其他绝大多数富人只会给出一点点,对我来说会难以否定;如果我几乎给出我的全部收入的话会更好。即使我给出了十分之九,但是所剩的那十分之一中的一些如果让非常贫穷的人享用的话,行善会更多。后果论告诉我,应该给出我的几乎所有的收入。"② 换言之,彻底的后果论者从所有资源的最大化善的后果考虑,当然也就是行善所救助的人越多越好(但其结果可能是我们变得和世界上最穷的人一样穷困)。

这个案例和帕菲特的概括说明的是,后果论或许要求我们给出我们的全部钱财,要求我们成为一个纯粹的行善者。如果我们的日常生活事事都按照后果主义的最大化后果要求来生活,那样,我们所有的生活计划、规划都可能会被打乱,即我们生活或生活计划的"完整性"(integrity)就被破坏了。后果主义的最大化好(善)的要求的严苛性(demandingness 或 over-demand,或译为"严苛性要求")批评首先是威廉斯提出的。而后人们对于后果主义的严苛性要求问题,大多是从"后果主义的严苛性要求破坏了人们生活计划从而破坏了人们的完整性"这一进路来发问的。上述的案例,就是批评后果主义严苛性要求的不同著作中所举的案例。这样的

---

① Christine Swanton, "The problem of Moral Demandingness", *New Philosophical Essays*, ed., Timothy Chappell, Macmillan Inc., 2009, p. 111.
② [英]帕菲特:《理与人》,王新生译,上海译文出版社 2005 年版,第 45 页。帕菲特把上述情形看作后果论在个人身上的体现。他认为,像辛格所说的富裕国家对穷国的捐赠,如果遵从后果主义,也就是集体性的后果论。这种集体性的后果论没有像个人性的后果论那么苛刻。他说:"集体性的后果论的要求要小得多。它并不告诉我给出事实上会使结果最好的那个数量。它告诉我给出这样多的量,就是我给出那个会使结果最好的、特定的国际所得税所要求的量。这个税会是递增性的,对越富有的人所要求的比例越大。但是它对每一个人的要求会比 C [后果论](按照对他人的实际付出数量的可信预测)所做出的要求小得多。如果富有程度像我的那些人都只给出他们一半的收入,或者只给出他们四分之一的收入,或许是最好的。可能为真的是,如果我们都给出更多一些,这将破坏我们自己的经济,以致在将来我们只能给出少得多。可能为真的是,如果我们都给出更多一些的话,我们的馈赠将会大得让那些贫穷国度的经济无法吸收。"

案例可能是真实的，但也可能完全是一种思想实验，这一实验虽然并非在生活实践中发生的，但却是符合逻辑的，即如果按照后果主义的严苛性要求来生活，则必然会产生这样的问题。德莱夫说，当一个人本来可以喝更便宜的麦片粥而将省下的钱寄给牛津饥荒救济委员会时，他却买了百吉饼做早餐，我们因此说他是道德上坏的或者说他做了道德上的坏事，那人们都会觉得这样说是荒谬的。① 但从后果主义最大化的道德要求来看，就会得出这样的结论。因此，这样的严苛性要求，不仅破坏了个人的完整性，而且也使得个人异化了。这种异化表现为行为者本人无法以他自己的生活计划来规划自己的生活。德莱夫还举了一个这样的例子：麦克很有爱心，非常关心他人，每年他都会把收入的25%捐赠给牛津饥荒救济委员会以及其他慈善机构，以缓解世界上的苦难。麦克当然还可捐更多的钱，但捐更多的钱会给他的生活带来非常严重的消极后果，虽然如果他捐了更多的钱，他的生活还是会比那些他救助人的更好。而从后果主义的最大化好的后果要求来看，麦克如果捐比现在更多的钱，这正是后果主义的道德要求要求他做的。并且，如果他不捐出更多的钱，从后果主义的道德观来看，他做得并不够。

当代学者墨菲把斯马特所提出的这样一种行动功利主义的普遍仁爱或仁慈原则称为"最优仁爱原则"（the Optimizing principle of beneficence）。墨菲说："最优仁爱原则总是要求行为者尽其最大可能来为他人。这个原则有其简单性的优点，但其严苛要求对于每个人来说都是荒谬的，正如我们所说的，一个原则有这样的要求不可能是对的。"② 在他看来，一个最明显的问题是这样的要求过度了。墨菲对这一仁慈最大化原则的哲学概括是："最优仁爱原则的要求是什么？这样一个原则要求每一个人都因这样的行动，从而将产生可期望的最大总体利益（benefit），假定她有理由相信这一点，正如她总是以其他她可能有的方式行动一样。所以最优仁慈原则都要求每个行为者持续促进福祉直到这样一个点位：在这里进一步的努力将使得行为者负担与受益者一样多。"③ 换言之，斯马特的普遍仁爱原则要

---

① Julia Driver, *Consequentialism*, New York：Routledge, 2012, pp. 39 – 40.
② Liam B. Murphy, Moral Demands in Nonideal Theory, Oxford University Press, 2000, p. 6.
③ Liam B. Murphy, Moral Demands in Nonideal Theory, Oxford University Press, 2000, pp. 10 – 11.

求经济富有而又有仁慈爱心的人所做的，从全人类的总体最大化好的原则出发，所有行动最后将达到这样一个点位：在这里，这个富有而又有爱心的行动功利主义的最高原则的信奉者，其仁慈行为将使得他所承受的不利负担与他所捐赠的人一样多。或者说，只有到了他的处境像他所捐赠的人那样（通过他受益而提高到了某种福利水平程度）的处境，即不能比他的受益人的生活福利状态更低的情况下，他才可以停止捐赠。因而那个行动功利主义的最高仁爱原则的信奉者在这样一个点位上的损失是非常大的，当然这也取决于不同的环境或不同的富有程度。但毫无疑问，假如人们能够做到这一点，那么将使得这样的捐赠者的生活福利水平非常低，因而无疑这是一种非常极端的要求。当然，也可能有人能够为了那些处于贫困或饥饿状态的人的福利做出这样的牺牲，但彻底的行动功利主义就如同墨菲所概括的，如果你不达到你所能及的全部可能，也就不能证明你是彻底信奉了这样一种仁爱原则。墨菲也指出，捐赠人的损失不仅仅是经济上的，也可能是由于额外的金钱所带来的人生享受与愉快，同时这样所损失的还有不能过自己所选择过的生活。

后果主义从行为后果对全人类存在者的总体效用（overall utility）来评价人的行为道德意义和确立其道德地位，在于后果主义不是从行为者的视域来进行价值评价（从而产生了上述严苛性问题），这也就是一种行为者中性（或"中立"）价值（agent-neutral value）的立场。行为者中性价值立场又称"不偏不倚"（impartial）的价值立场。阿玛蒂亚·森指出，对于价值评价，首先有一个在不同的位置进行评价的问题。当有人说，事态 A 是好的，或事态 A 比事态 B 好这类判断，这取决于判断人所处的位置。这类似于某人某个时刻在地球的某个位置，当他正在看日落时所发出的判断："太阳正在落山。"[1] 如果你不在那个时刻，或不在地球的那个位置，你不会认同他的这个判断，但如果你也就在他身旁，那么这个判断对于你和他都是适用的。类似情形在道德或价值判断中也存在。如某个人对 A 足球队与 B 足球队进行比赛，最后 B 队获胜，你因为是 B 队的粉丝球迷，你的判断"B 获胜太好了！"是从你的立场出发，如果你的同伴与你也是同

---

[1] Amartya Sen, "Evaluator Relativity and Consequential Evaluation", *Philosophy & Public Affairs*, Vol. 12, No. 2, Spring, 1983, pp. 115–117.

样的 B 队粉丝球迷，那么他们也会认同你的判断；但如果有人是 A 队的粉丝球迷，他们可能会对这场球赛感到失望，而对你所发出的对 B 队的赞美感到愤怒，因为他们不认同你的判断。那么，有没有所有观察者或评价判断者都一致认同的判断或评价呢？像是前面指说的那个"太阳正在落山"的判断，如果我们给出观察者在地球上的具体位置与时间，如"在秋天的北京时间下午六点，我在北京的香山，这时太阳正在落山"，那么具有时间和太阳运行常识的所有人都会同意这样一个观察判断。[①] 森指出，在道德和价值判断中，不仅有在相比较意义上的、可比较的不同事态的好与坏的判断，而且也有大家都认同的判断，如"饥饿和巨大的痛苦不论发生在谁身上，对于任何评价者来说，都是道德负价值的事态"[②]。当我们说痛苦和苦难发生在某个人身上，这是与行为者相关的（agent-relative）负价值，但当我们把它看作一件不论发生在谁身上都是一件坏事时，就不仅仅是因为发生在某些人身上。这里只是指事态的发生，而不论发生的行为在任何行为者或行为主体身上，其道德性质都是一样。不像"行为者相关"的负价值涉及对人的伤害，"行为者中性"（agent neutral，或译为"行为者中立"）的价值仅仅指这样一种不关涉特定个人的价值或负价值。在这里，就排除了对于具体行为者的相关背景的参考，而唯一地考虑事态，这也就是我们所说的"行为者中性"的评价。

行为者中性的价值评价是相对于行为者中心（agent-centred）的价值评价而言的。里奇（Ridge, Michael）说："行为者中立性的后果主义是这样一种观点：所有价值是行为者中立性的，就是说，事态的价值是与特定的行为者不相关的，虽然这些行为者对于特定的事态来说都有着具体的关系。尤其是，一个价值是行为者中立性的，恰恰就是这种情形：在原则上，对于某个特定的行为者来说，这个价值没有不可取消的背景参照、没有任何具体的可参照的背景，而一个价值在原则上涉及这样的背景则是行

[①] 当然，你也可能会不同意"太阳正在落山"这样一个观察判断，你可能会因此说出，"这不是太阳在落山，而是地球自转引起的地球观察位置与太阳位置发生的变化所引起的错觉"这样一个实质性的判断，但这是在你的知识背景上，或实际测量意义上所发生的实质判断。不过，即使是这样一种说法，也不影响我们关于评价判断的不同位置的论点。

[②] Amartya Sen, "Evaluator Relativity and Consequential Evaluation", *Philosophy & Public Affairs*, Vol. 12, No. 2, Spring, 1983, p. 115.

为者中心的。"① 以斯马特对于后果主义后果最大化的定义来说，行为者中性的价值立场是一种以"全人类的存在者"整体视域而不是从某个特定的行为者为背景来评价事态。谢夫勒说："功利主义从一种非个人的立场来评论世界状态，从而使得行为者与其对自己正在从事的行为计划和履行的承诺相异化。"② 如果发达国家的一个富裕公民阿夫鲁特（Affluent）是一个后果主义者，那么她就应当将她那份钱捐赠给慈善救济机构，这样她的钱就能帮助那些急需物质资源来解除饥饿的人。然而，如果她还是把那份钱买了她喜欢看的戏的戏票，那么从后果主义的道德观点看，这不是一次正确的行为。这是因为后果主义的行为中性的道德评价，排除了所有行为者本身的任何背景参照，而唯一地以行为对于全人类的所有存在者的福祉影响或效用来进行评价。对于喜欢"老沃克斯豪车"的"我"来说也是如此，从后果主义的行为者中性的评价原则来看，这个行为者几次放弃了对于自己来说有重要意义的计划，而将钱捐赠给了慈善救济机构，因而是最大化了这份资金的效用，从而在道德上是正确的。然而，这两个案例都说明，如果遵循后果主义后果最大化善的原则来行事，那就必须破坏个人的完整性，我们正常的日常生活也很有可能处于无法在道德上得到辩护的地步。当然，到目前为止，这个世界上仍然有无数人的基本生活需求得不到满足，其中还有无数人处于饥饿状态。但是，如果我们事事都从后果主义的后果最大化善的原则来考虑，可能处于发达国家或较发达地区的我们也许什么事情都无法做好。并且，正如谢夫勒所说，按照这样的道德要求去行动，它会使得我们与我们的人生规划相疏远、相异化。布兰特说："行动功利主义对个人提出了极端的、压迫性的要求，所以几乎不能被严肃对待，正如基督的登山宝训所说的，这是一种仅仅对圣徒才有用的道德。"③ 布兰特指出，如果有人有意愿时时事事都按照行动功利主义的最大化好（善）的仁慈行善原则去行动，那可能只有像按照基督的登山宝训的道德训律的人那样行事，而完全能够那样做的人只有道德圣人。不过，这样从全人类存在者的福祉视域来看待行为后果的道德追求，确实是一种理想而

---

① Michael Ridge "Agent neutral Consequentianism from the Inside – out: Concerned for Integrity without Self – indulgence", *Utilitas*, Vol. 13, No. 2, July, 2001, p. 236.
② Samuel Scheffler, *The Rejection of Consequentialism*, Oxford University Press, 1982, p. 8.
③ Richard Brandt, *A theory of the Good and the Right*, Oxford: Clarendon Press, 1979, p. 276.

完美的道德要求。但是,这样两个个案所揭示的问题以及人们对其所提出的批评都表明,对于行动功利主义或行动后果主义的这一普遍仁慈的原则,人们不得不思考其实践可行性问题。这确实是向后果主义提出了严峻的挑战。不过,行动后果主义确实会有这样的困境吗?如果确实如此,那么行动后果主义该如何改进?

我们先把这个问题放一放。我们知道,是威廉斯首先提出,如果按照行动后果主义的严苛要求来行动,就要破坏个人的完整性。因此,我们先转向威廉斯的讨论——两个著名的个案。

个案一:乔治刚获得化学博士学位,但他很难找到工作。由于他的身体原因,他失去了很多他本来能胜任的工作岗位。为了生活,他的妻子不得不外出工作,但这样又产生了很多问题。他们有几个小孩,照看小孩成了严重问题。一位老化学家知道了他的处境,他说能让乔治在某个实验室得到一份报酬较高的工作,但实验室的工作是把研究应用于制造化学武器和生化武器。乔治反对制造化学武器,所以他拒绝接受这样一份工作。然而老化学家继续劝说他,说他自己也不热衷于这一工作,而如果乔治拒绝接受这一工作,实验室肯定会找到一个乔治的同龄人,而且这个人不会受到乔治那样的良心自责的约束。如果委任这个人来从事这一研究,那样他可能要比乔治热情更高地来从事这项研究。老化学家不是出于对乔治和他的家庭的关心,而是出于对那个有极端热情的人的某种恐惧,他不得不利用自己的影响来说服乔治接受这项工作。而由于乔治深爱着自己的妻子,他的妻子也表达了某种意见,依据妻子的意见,他得出结论,把研究应用于制造化学武器和生化武器并不是一种特别的错误,虽然从他自己的本意出发并不认同这点。那么,乔治应做出怎样的决定?

个案二:吉姆来到南美的一个小镇中心广场上。广场靠墙处站着20个被捆着的印第安人,大多数印第安人看起来非常恐惧,只有少数印第安人面无惧色。他们前面站着几个全副武装的军人,其中一个是负责这项工作的上尉。上尉问了吉姆许多问题,当他知道吉姆是由于考察植物偶然来到这个地方后,向他提出要他亲手处决其中一个印第安人,上尉乐于将此作为一个特权来尊重到访者,那么作为对他的敬意,其他印第安人将释放。当然,如果吉姆拒绝了这一要求,这20个印第安人都将被枪毙。那些被捆绑的印第安人和村民们知道这一情况,恳求吉姆接受这一"殊荣"。

那么,吉姆应当采取怎样的行动?①

威廉斯对于这两个案例进行分析。以后果主义(功利主义)的最大化要求自己之后,讨论了这两个案例的当事人的心理影响,以及是否他们可以拒绝接受的问题,且重点讨论了这两个案例中行为者的感情。在威廉斯看来,这就是后果主义的最大化后果的道德要求破坏了个人完整性。乔治在心理情感上是抵制去可用于制造化学武器的实验室工作的,而吉姆在情感上无疑也是不会乐意充当杀手的。然而,在后果主义(功利主义)后果最大化好(善)的道德要求中,根本就没有情感在其中的地位。但我们与世界的联系,我们与他人的共在,都在于我们的情感。威廉斯说:"以一种纯粹功利主义的观点来看待这些感情,它们就像是与我们的道德自我毫不相干,也就是说,因此失去了行为者的道德身份(同一性)的感觉,以一种近乎直白的说法(in the most literal way),失去了完整性。"② 在威廉斯看来,从严格的功利主义观点出发,吉姆就应当把他自己的情感看得一钱不值。乔治的案例有点不同,乔治爱他的妻子,并且,他的妻子应当关心他的完整性。换言之,由于乔治爱他的妻子,并且由于妻子认可这事,但他自己并不认可,因而屈于对妻子的感情,他接受这样一份工作,但他的内在感情则被扭曲了。可行动功利主义或行动后果主义很不情愿接受这种看法。那么,怎么理解第一个案例中的后果主义标准的运用呢?我们认为,从功利主义(后果主义)最大化后果的道德标准出发,如果从乔治所从事的制造化学武器的实验来看,其总体后果(从全人类的存在者的角度看)必然是不好的;但从乔治的家庭困境来看,乔治接受这份工作对他的家庭状况的好(善)是显而易见的。不过,乔治可能会自我安慰,即使是我不来从事这项实验,也会有他人来从事这项实验,因而在涉及他人的总体后果上应当是没有差别的。但是,由于增加了乔治家庭的幸福,从而从后果最大化价值追求来说,后果主义的道德对此是持赞成态度的。威廉斯还认为,一个真正的、彻底的功利主义(后果主义)不会有这些情感,因为他会把这些与功利主义后果最大化要求不符合的情感看作非理性,而且

---

① J. J. C. Smart and Bernard Williams, *Utilitarianism, For and Against*, Cambridge University Press, 1973, pp. 97–99.

② J. J. C. Smart and Bernard Williams, *Utilitarianism, For and Against*, Cambridge University Press, 1973, p. 104.

如果当他发现自己有这些情感时,他会不考虑这些情感。而情感本身只是那些有这些情感的人的体验。这表明后果主义者与他们本来希望顺应的日常道德或常识道德相分离。

其次,威廉斯认为消极(negative)责任的问题是后果主义的后果论的一个问题。所谓"消极责任",即在一定的情境中,即使我们不做什么,也会产生相应的责任。威廉斯说:"两种情景有一个共同点,这就是如果行为者不做不能够同意的做,那么,别人也会做。"[①] 并且,别人做了,那结果会比当事人自己做了更坏。威廉斯指出,这两个案例的情形都是如此,当然吉姆案例中的情形更显著。他说:"后果主义在其本质上是一种很强的消极责任学说。如果我知道,如果做 X,那么将产生结果 O_1,如果我不愿意做,将产生 O_2,O_2 的结果比 O_1 更坏,那么,我应当对 O_2 负责。"[②] 如对吉姆来说,如果他拒绝印第安人亲朋好友的请求,这些人会说,你本来可以阻止它。然而,威廉斯认为,此事要让吉姆负责,只是满足了非常弱的条件,因为我们肯定没有充足的理由说,是吉姆促使了这件事情发生。如果由于吉姆的拒绝,上尉对他说"我别无选择",那么上尉就是在撒谎。在威廉斯看来,在这个案例中,不是吉姆的意图而是刽子手的意图起了主要作用,我们不应当根据吉姆的意图对刽子手的影响,而应当根据刽子手对吉姆的决定产生的影响来思考问题。当然,威廉斯并不认为吉姆在这个事件中不负有任何责任,在我们看来,威廉斯的观点是他并不负有主要责任。然而,后果主义恰恰就是要把主要责任放在吉姆头上。威廉斯认为,在这样一个事件中所隐含的是,行为者对这个世界负有无限责任,而这个无限责任的界限在哪里我们并不知道。后果主义把这样的无限责任强加在行为者身上是没有道理的。

威廉斯进一步指出,这两个案例所表明的是,一个事件的后果是由多种意图起作用而产生的结果。那么,一个后果主义的行为者应当具有怎样的行动规划?这无疑是可欲求的最大化后果。然而,威廉斯指出,要实现可欲求的最大化后果,不仅仅在于行为者怎样去执行他的规划,还在于他

[①] J. J. C. Smart and Bernard Williams, *Utilitarianism*, *For and Against*, Cambridge University Press, 1973, p. 108.

[②] J. J. C. Smart and Bernard Williams, *Utilitarianism*, *For and Against*, Cambridge University Press, 1973, p. 108.

自己的以及其他人的更基本的和低层次的规划。这些规划是他自己、他的家庭、他的朋友等的最基本的生活需求欲望，某人可能还有学术上、文化上的以及其他方面的兴趣追求等，威廉斯认为这些规划是第一序级的规划，如果后果主义的规划不与这些方面的规划相关联，那么将无法起作用。在威廉斯看来，一个人在这些方面的承诺是贯穿一个人终生的，从而这也是人的最基本欲望。还有与人生的基本欲望相连的人们所支持的某些事业，如犹太复国主义、消灭化学武器等等，以及对非正义、野蛮和屠杀的仇视的性情品格。威廉斯指出，与这些性情品格可关联的规划不能算作低层次的，它自身就是最主要的规划。如果不把这些因素纳入后果最大化或人生幸福的考虑之中，那么行动功利主义就会像边沁的功利主义那样被人们指责其浅薄无知。而在对非正义、野蛮和屠杀进行谴责相关联的事业意义上，人生并非仅仅是追求幸福。功利主义也应当同意，最大限度地增进幸福并非意味着仅仅是追求幸福，与其相反，人们必须追求其他事物。像对非正义、野蛮或屠杀的谴责，在某些情况下是行为者在深层次上真诚的意图和态度倾向。有正义感的行为者把它们看作生命的一部分，是他的生命追求的目标。而当后果之总和是根据那种由其他人的意图部分决定的效用结构发挥作用时，要求行为者放弃他自己的规划或倾向，那就是荒谬的。威廉斯说："当总和来自于功利网络，而其他人的计划部分地决定了这个总和时，要求这样一个人这样做是荒谬的：要求他置身于自己的计划和决定之外，而承认功利主义的计算所得出的决定。这是在现实意义上与他自己的行动和他自己的确信之源的行动的异化。这使他处于这样一个通道之中：一端是输入每个人的规划，包括他自己的，而另一端是输出最优决定；而在他的行动和决定被看作最接近于他所认同的规划与态度的行动和决定的意义上，则是否定性的。因而，这在最直白的意义上，是对他的完整性（integrity）的攻击。"[1] 换言之，这忽略了他的行动和他的决定应被看作来自于他自己最认同的态度和规划的行动和决定，从而破坏了行为者的完整性。在威廉斯看来，人生是由各种规划所构成，功利主义的最大化好的后果只是其高层次的规划，并且是由许多层次或基础层次的规范所

---

[1] J. J. C. Smart and Bernard Williams, *Utilitarianism, for and against*, Cambridge University Press, 1973, pp. 116 – 117.

支撑。同时，人生也并不仅仅只有追求自己的幸福的规划，还有其他非幸福追求的规划，这些构成了人生的重要部分。当然，我们的社会行动与他人的行动分不开，但是，如果在我们的行动中，由于他人的规划或决定影响到了我们的规划或计划，从而将影响到最大化的总和效用，因此我们就将不得不放弃我们自己所确信或承诺的东西，那么这就是对自己的异化，或者说，损害了我们自己的完整性。正如马尔甘（Mulgan, Tim）所说："这是很重要的：不要误解了'完整性'这词。这里没有指涉一个好生活的可分离的有价值成分，或者道德正直。宁可说，威廉斯在同样方面说到人的完整性，是如同我们谈到一件艺术品的完整性一样。生活的完整性是它的整体、统一性或形式。"①

威廉斯就两个个案的讨论提出了深层问题，即认为后果主义的后果最大化要求损害了人的完整性。然而，人们的问题是，除了后果主义，一个正常的道德理论不会对人的行为提出要求吗？我们应当看到，任何道德理论都会对人的行为提出道德要求。并且，任何正常的道德理论都会认为，按照它们的标准或者要求去做（符合其标准），就是在道德上正确的行为或好的行为。那么，按照后果主义的后果最大化善（好）去行动，难道就是错了吗？从斯马特的"普遍仁爱（仁慈）"的倾向来看，后果主义的最大化好，这是一个多么高尚的要求！威廉斯回答，它破坏了人的完整性。而它之所以破坏了人的完整性，有人认为是因为它的要求过于严苛（extreme），如在阿夫鲁特和喜欢"老沃克斯豪车"的"我"这两个个案中所显示出来的问题。但威廉斯所举的两个个案都难以说是这样一种"严苛"，这两个个案所表明的都是后果主义的要求与个人的道德品性不相符合。换言之，我们怎样知道乔治和吉姆就是我们所认为的那种人？如果乔治虽然是去南美考察，但他就是一个有着罪恶本性的人，那很有可能就想亲手杀人，威廉斯的问题就不存在。因此，虽然威廉斯谈到了人生的规划，但实际上认为后果主义对人的完整性的破坏是在两个方面：一是如果事事都遵照后果主义的后果最大化好的道德要求，那么我们自己的生活规划就必须放弃，或者是只以后果主义的最大化好的后果来要求自己的行动。如面对成千上万、上亿人处于饥饿状态中，后果主义要求我们捐赠除维持我们的

---

① Tim Mulgan, *The Demands of Consequentialism*, Oxford: Clarendon Press, 2001, p.15.

生活必需之外的钱财，认为在我们所可选择的行动方案中只有这样做才是最优选择。换言之，难道有任何道德理论不要求人们为了他人的利益做出一点牺牲？如关怀伦理以母亲形象强调对人的关爱，不就是母亲对其子女的爱吗？这种爱（母爱）恰恰是以或多或少的牺牲为前提。但按照后果主义的标准，可能还有进一步的要求：如果说直接从事救济工作可能对于解救这些处于饥饿状态的人更好（后果最大化善），那么我必须放弃我的哲学研究，放弃我对艺术的追求等等，我所有的人生规划都将被打乱。正是在这个意义上，我们说后果主义的要求是一种严苛性要求。但实际上这只是一种后果主义的要求，卡根（Kagan, Shelly）称之为"极端主义"的后果主义。二是在威廉斯所说的第二种意义上的完整性，即对一个人的品格品德的损害，其前提首先就在于行为者本身具有什么品格，其次则是如果按照后果主义的后果最大化好的要求去行动，则可能产生对其品格的损害，因为违背了人们对其自身行为的道德要求。正如查佩尔（Chapell）所说："完整性是一种德性，这种德性是真诚地与自己的真正价值观一致，而拒绝通过假装或因懦弱而接受的价值观。"[1] 换言之，如果某些行动要求不符合我的价值观，那样我不会假装或惧怕什么而违心地去做我良心不允许我做的事。卡根表达了同样的意思，他说："与她自己的道德观一致行动的行为者，在行动中体现的是她自己。这样一种统一（unity），是我们所说的一个人的生活是一个整体的要素。"[2] 与自己的道德观一致，其前提是能够自我作主。因此，完整性又是与自主选择前提相关的，即如果一个行为者不具有自主选择或是在真正受到强制的条件下的行为，并不代表行为者自己的真正意愿，那么这样的行为并不可以说是自主的行动，因而虽然也是违背了行为者自己的道德品性，但对于这样的行为责任并不能主要说成是行为者应当承担的。不过，对于自主选择的问题，也是一个复杂的问题。如乔治听从妻子的意见，去了那个研究化学武器的实验室。如果他本来并不是很情愿去这样的实验室工作，那么这是个自主选择，还是个不自主的选择？如果他迫于某种压力去了，我们应当把主要责任归于他的意愿，还是归于他的软弱？

---

[1] Timothy Chappell, "Integrity and Demandingness", *Ethical Theory and Moral Practice*, Vol. 10, No. 3, July 2006, p. 256.

[2] Shelly Kagan, *The limits of morality*, Oxford University Press, 1989, p. 390.

第二节 对行动后果主义的决策程序论辩护

威廉斯以及后继者的批评激发了持后果主义立场的哲学家的辩护，有的哲学家仍然坚持最大化后果论的立场，如辛格、卡根等人；也有人从程序论的角度进行辩护，我们先来分析讨论程序论的辩护。

一 贝尔斯的辩护

我们已述，批评者认为后果最大化是相较而言的，按照行动后果主义最大化道德要求来行动，也就意味着事事都需要进行比较，这在日常生活中几乎不可能做到。持有程序论的观点认为，后果主义不仅为人们的行为提供了一种行为是否正当（right）的标准，也为人们的行动选择提供了一种决策程序，但是这种决策程序并非在日常生活中事事都体现。贝尔斯（Bales, R. Eugene）指出，由于人们没有对行动功利主义进行决策程序论和行为标准（正当的行动何以正当）论的区分，因而人们反对行动功利主义（直接后果主义，以下行文除直接引文外，文中所涉及的行动后果主义都可转换成行动功利主义或直接后果主义）成为一种时髦。换言之，人们反对后果主义是一种理论误解。一般而言，人们将后果主义理解为一种规范理论，它认为，一种可选行为是正当的，当且仅当它产生的内在善的事态绝不亚于其他行为时。因此，后果主义是一种客观正当的理论，它认为正当行为所产生的实际后果对内在善的事态有着最大贡献。然而，人们认为，对后果主义进行弱的论证或强的论证都可能失败。弱的论证是说，人们认为，如果在特定时间我们面对各种行动方案时，决定哪一种最能有助于内在善的事态，包含了许多实际困难，从而使得人们并不可能通过自己的选择来实现后果主义所预想的后果，因而这是自我挫败。例如，按照后果主义最大化的要求，即使是对不重要的行动也要进行计算（如边沁所说的"苦乐"计算）。要进行计算，涉及许多相关信息，但这些信息并非我们都可能掌握，而且许多行为主体自身的偏好因素也会夹杂其中，从而即使我们尽最大努力也难以保证计算的可靠性。并且，计算也是很费时的事情，因而在一些需要当机立断的事件前，计算不仅不可能，反而会错过最佳时间。因而后果主义是自我挫败。强的论证是说，如果人们按照后果主义的思路进行思考会陷于一种无穷后退。当我们面对 A、B 两种行动方案时，怎样选择最佳后果的行动可能就要进行计算。然而，计算本身也是行为者可选择去做或不做的事，所以在行动 A、B 之后又加上了行动 C。那么，行动者是简单地做 A 或 B，还是还要做 C 呢？这样行为者又需要进行一番比较，因而又可说这又有了行动 D，即对行动 A、B、C 所产生的后果进行计算。以此类推，产生了后果主义计算的无穷后退。

面对这样两类诘难，贝尔斯认为，后果主义者实际上通常会引入简单经验规则来回答，即认为我们会根据常识道德，依据经验所认可的简单规则来行动。如信守诺言或助人于危难之时总比不这么做能产生更好的事态。"如为了使决定和行动更为便利，我们会提出拇指规则（rules‑of‑thumb，又译为'经验法则'），如'不可撒谎'、'不可违约'、'帮助他人'等，遵守这些规则在行为功利主义的基础上都是可以得到辩护的。"①在贝尔斯看来，后果主义不是不承认日常生活道德规则的作用。在日常生活的道德规则可以发挥作用的地方，后果主义同样认可日常生活的道德规则。并且后果主义认为，一般而言，日常生活规则所导致的结果就是最大化的后果。这里日常生活的道德规则，也就是常识道德（morality of common sense）。不过，像"帮助他人"这样的日常生活的道德规则，如果放在斯马特全体人类的背景意义上，就并非日常意义的规则。在这里，贝尔斯援引规则为后果主义辩护，应当是不在这样宏观的背景意义上。对于规则问题，我们在关于规则后果主义有关章节将对其进行专门研究。不过，贝尔斯认为，他援引拇指规则并非像非后果主义者那样认为，行为的正当与错误是依据是否履行规则来确定的，或者是这些规则是否限定了具体的义务。后果主义唯一强调的是，这样的行为是否对具有内在善的事态有贡献，这也确实是后果主义与道义论对待规则的根本区别。并且他相信，后果主义确实认为遵守规则能够产生最大化的善，而且通常没有足够的时间来计算得与失。换言之，在行动后果主义那里，除非有重大或重要的行为

---

① Bales, R. Eugene, "Account of Right‑making Characteristics or Decision‑making procedure?" *American Philosophical Quarterly*, Volume 8, Number 3, July 1971, p. 259；参见陈江进译"行为功利主义：是行为正当特征的解释还是决策程序？"载徐向东编《后果主义与义务论》，浙江大学出版社 2011 年版，第 100 页。

选择问题，否则在日常生活中与道义论并没有区别。不过，这里并没有回答人们对于后果主义严苛要求对完整性的损害问题。

贝尔斯的上述辩护只是说明了行动后果主义的最大化程序并非在日常生活的琐碎事务上，那么涉及比较重要的事情时，最大化程序是否有问题？贝尔斯通过对斯马特提出的为布兰特《伦理学理论》中所举的第二次世界大战期间在伦敦的法国人偷电个案分析来为行动功利主义（即直接后果主义）进行辩护。[①] 进一步深入讨论了后果主义的后果最大化作为决策程序来理解可能更合理的问题。布兰特书中个案是这样的：假如在战时的英国伦敦有一个法国人，他是一位功利主义者，政府规定节约煤气和用电最高室温华氏 50 度，而他却在自己的屋子里多用煤气和电，使他的室温达到华氏 70 度。而他这样做的理由是：绝大多数人都会遵守政府的命令。如果只有少数人用更多的煤气和电来为自己取暖，战争的结果不会受影响。因此，我让自己屋子更暖和，总体善会有所增加；有一部分人感到暖和比没有人感到暖和更好。布兰特认为，这是对于行动功利主义来说绝对有效的论证，然而它揭露了行动功利主义（后果主义）的一个严重缺陷，即它不能解释我们为了总体善（战争胜利）而应当做出一定的牺牲、承担一定的责任。这个论证可以说是后果主义无法承担的最大化善的论证。然而，从后果主义的后果最大化来看，后果主义者则不认为这是一个错误，反而是增加了最大化的总体善。这个法国人可能还会有另一个推理。让我们假定，那个法国人会说，如果有很多其他人决定像我这样使用煤气和电，最后可能导致战争失败。但是，像我这样偷电的人只是少数，因而像我这样超标使用煤气和电对于战争结果来说并没有什么影响，但它对我的舒适产生了一定影响。因此，如果我使用足够多的煤气和电保证我的屋子暖和，那么普遍的伤害就变少了。所以，我应当使用更多的煤气和电。这一论证则又恰恰是可以为后果主义辩护的论证，即最小化伤害的论证。从后果主义这两方面的推论来看，后果主义可以为自己的"自我任性"或"自我沉溺"行为辩护。然而，布兰特说："如果每个人都按照行动功利主义方式进行推理，战争就要失败，这对每个人来说都是灾难性的后果。因

[①] Bales, R. Eugene, "Account of Right – making Characteristics or Decision – making procedure?" *American Philosophical Quarterly*, Volume 8, Number 3, July 1971, pp. 257 – 265.

此，普遍遵守行动功利主义的命令去追求公共善最后导致的是巨大的公共损害。"① 这是因为，以边沁等为代表的功利主义的最高原则是"最大多数的最大幸福"，即公共善，而功利主义又强调公共幸福是个人幸福的简单相加。边沁说："共同体的利益是道德术语中所能有的最笼统的用语之一……在它确有意义时，它有如下述：共同体是个虚构体，由那些被认为可以说构成共同体的若干成员组成。那么，共同体的利益是什么呢？是组成共同体的若干成员的利益总和。"② 换言之，公共幸福是以个人幸福为基础。像第二次世界大战期间伦敦的那个法国人，其思路就是从个人幸福的角度来设想公共幸福，然而布兰特认为，这样的思路并不正确，那个法国人认为无论是否战争胜利，增加个人幸福对于总体善来说都是好事。但如果确实如此导致了战争失败，那么，也就是公共善的灾难性结果，这对于任何人来说都不是好事，因而后果主义的推理必然导致对公共善的损害和不正义。这里的论证实际上就是"公地悲剧"的论证，即我们都在公地上放羊，如果我增加几头羊，意味着我的收入将增加，如果我因此而增加了收入，别的牧民看到我的收入增加了，也跟着多养羊，最后，公地无法承载更多的羊，大家的羊都无法养好。这也就是所谓"个人理性与集体无理性"，即所有个人的计算理性在公众意义上失灵了。

然而，斯马特在讨论布兰特对那个法国人的评论指出，布兰特的推理不对，因为几乎没有什么人会像那个法国人那样推理。斯马特指出，布兰特在提出反对理由时，显然没有考虑这点。换言之，布兰特的推理虽然在理论上站得住脚，但在现实中并非正确，或经验告诉我们，并非所有人都会像那个法国人那样行动。人们不会像牧民们那样，个个都以计算理性来为自己谋划。斯马特把那个法国人的推理看作现实经验中的问题，斯马特也同意，如果是一个完全由行动功利主义者所组成的社会，那么那个法国人会怎样推理呢？他可能会陷入困境中。如果每个人都不知道其他人会采取什么行动，他也就不知道自己该怎样行动，即他依赖于其他人怎么行动来决定自己怎么行动。为了计算他所面对的每一个行动，他必须知道其他人会如何行动，并以此为前提。并且，每个人如果要采取什么行动，都应

---

① Richard B. Brandt, *Ethical Theory*, Prentice - Hall, Inc., 1959, p.390.
② [英] 边沁：《道德与立法原理导论》，时殷弘译，商务印书馆2000年版，第58页。

以这样的计算为前提。"这样一个循环也就导致他迫切需要博弈论的技术。"① 斯马特对于这样处境中的法国人的行动,以博弈论进行了详尽的讨论。斯马特分析,那个法国人面临三种可能的选择:(a)服从政府的规定,(b)不服从政府的规定,(c)由掷骰子来决定是否服从政府的规定。在斯马特看来,决定选择(c)是博弈理论中的混合策略理论,博弈论也就是一种决策论。在这个意义上,为实现后果主义的后果最大化,斯马特诉诸博弈论,实际上就意味着把后果主义的最大化理论看作一种决策论。贝尔斯说:"当斯马特求助于博弈论,他似乎是在寻求一种程序,如果这种程序得到遵守,它就会实践中为我们处理如下问题(或类似问题)提供正确的有用的解答,如是否像在那个个案中那样,我应当用更多的煤气和电来取暖?"② 在贝尔斯看来,"有用"就是以功利主义标准来看待行为的正当性,并且,是否正确(正当)取决于是否能够将后果功利最大化。然而,斯马特诉诸博弈论,也使得人们期待后果主义不仅是一种关于行动正确或正当性的理论,而且是一种能够帮助我们决定哪一种行为事实将会产生最大化功利后果,从而把后果主义本身看作一种决定程序。换言之,长期以来,人们对于后果主义(包括行动功利主义)的误解在于,仅把后果主义看作一种关于行为正当性的理论,而不看作一种关于如何行动的决策程序理论。贝尔斯的观点是,应当把关于后果主义是一种关于行为正当的理论与后果主义是一种关于行为的决策程序理论这两者相对区分开来。人们长期以来的看法是把这两者混为一谈,在指出后果主义在行为正当性意义上的问题时,否定了后果主义作为一种决策程序论或决策论的存在。布兰特提出的那个法国人的最大化善和最小化伤害的论证,是从正当性方面提出的质疑,但贝尔斯认为布兰特的质疑并不正确,因为多数人确实并非会像那个法国人那样做。换言之,那个法国人多用煤气和电的行为实际上是可以将后果达到比不多用更好,因而是最大化了好。因为从后果主义或功利主义的标准来看,其行为正当性就是其后果效用或功利的最大化。不过,贝尔斯没有也不可能在后果主义的标准之外来回答布兰特提出的这个

---

① J. J. C. Smart and Bernard Williams, *Utilitarianism, For and Against*, Cambridge University Press, 1973, p. 59.

② Bales, R. Eugene, "Account of Right – making Characteristics or Decision – making procedure?" *American Philosophical Quarterly*, Volume 8, Number 3, July 1971, p. 261.

法国人不遵守政府规定这一行为，无论是否可将效用或功利最大化。从道义论伦理学来看这都是错误的，因为他的违规行为本身是不道德的。尽管如此，我们确实不可否认后果主义为了决定在可选行为中，哪一个选项有可能将其后果功利或效用最大化而应用了决策程序。或者说，后果主义同时也是一种决策程序论。贝尔斯说，像那个法国人，"我承认我不知道他在每一种情境中是如何确定他所面临的行动哪一个实际上能将功利最大化。然而，我要对他提出忠告：在特定的情境中看看哪一种程序最有可能起作用。如果他没有一个万无一失的程序来确定在每一种情境中，他可选的行动中哪一个能将功利最大化，至少他可以依靠那些过去比较可靠的程序，将这些可靠的程序作为策略应用于未来。我认为斯马特求助于博弈论并不断地求助于指令规则正是这种转向。但是它们转向的是决策程序。"①

斯马特和贝尔斯的后果主义作为一种决策程序论的观点对于后来者有着很深的影响。为了回应人们对后果主义的批评，人们进一步深入讨论了决策程序论。我们知道，在对后果主义的批评中，后果最大化的要求被认为是一种严苛性要求，其严苛性损害了人的完整性。坚持后果主义的人们对后果主义进行作为行为标准与行动的决策程序的区分，虽然他们也如同贝尔斯所认为的那样，这两种往往是混同在一起的。他们认为，只要人们认识到，将后果主义的后果要求作为一种决策程序看待，就可以避免人们对后果主义的要求的严苛性批评。他们的观点是，仅仅把后果主义的最大化后果的道德要求作为决策程序，而不是把它作为行为正当与否的标准来运用后果主义。作为一种决策程序，它是一种慎思的方式；作为行为正当与否的标准，它是对"哪种行为在道德上是正当（right）的行为？"这样问题的回答。把功利主义理解为行为的标准，正当的行为就是那些能够最大化效用（功利）的那些行为；而把功利主义理解为一种行为决策程序，功利主义就被推举为在具体的情境中，行为者考虑哪种行为将最大化效用（后果）的慎思过程。② 但是，如果仍然是达到最大化效用（后果）作为行为目的，实际上难以回应人们对后果主义的最大化效用（后果）将损害

---

① Bales, R. Eugene, "Account of Right – making Characteristics or Decision – making procedure?" *American Philosophical Quarterly*, Volume 8, Number 3, July 1971, pp. 263 – 264.

② Cynthia A. Stark, "Decision Procedures, Standards of Rightness and Impartiality", *Noûs*, Vol. 31, No. 4, Dec. 1997, pp. 478 – 479.

人的完整性，导致人的异化的攻击。因此，后果主义者改变策略，从把后果主义作为行为决策理论出发，提出在具体的决策中所达到的目标并非一定是最大化效用，是否能达到最大效用（后果），或者说是否应达到最大效用（后果），应当由具体情境中的慎思来决定。换言之，如果并非一定是在任何情境中都达到最大化的效用（后果）或总体善，那么对后果主义后果追求损害完整性的异议也就不攻自破了。然而，把后果主义仅仅看作一种决策程序，而不把它看作要求行为符合的规则标准，这本身也可说是从一个极点跳到了另一个极点。因为如果把后果主义看作一种决策论，那同时也不要忘记了它仍然也是一种规范理论。

二　杰克逊的辩护

杰克逊（Jackson, Frank）是当代一位后果主义者，他承认他并没有多少原创性，只不过将斯马特的理论向前扩展了一些。他设计这样一个个案来讨论问题：

> 希尔是一名医生，她决定为她的患者约翰做正确的治疗，因为他得了一种不是很严重但有些麻烦的皮肤病。她可以选择采用三种药物：药物 A、药物 B、药物 C。通过对药理的仔细研究，她得出了三种意见，药物 A 能够缓解病情，但是不能完全治愈；药物 B 和药物 C，两者中有一种能够完全治愈患者的皮肤病，但另一种会杀死患者，但是，她无法分清这两种药物中哪一种是可以治愈患者的，哪一种是会杀死患者的。那么，希尔将如何制订治疗方案？[①]

从后果主义的后果最大化善（效用、功利）的道德要求来看，行动所追求的是最大化的善。那么，在这个案例中，最大化的善是什么方案呢？无疑是完全治愈。实际上，我们在临床治疗中也经常遇到这样的问题：如果按照老的治疗方案，可能效果慢，患者三五年都可能在患病中艰难痛苦地生活。如果按照新的治疗方案（由于有了新药），结果可能或是能够较

---

① Frank Jackson, "Decision-Theoretic Consequentialism and the Nearest and Dearest Objection", Ethics, Vol. 101, No. 3, Apr. 1991, pp. 462–463. 杰克逊的讨论在后来我们还将看到，他的案例讨论为很多人所引用。

快治愈，并且是完全治愈，但新药可能有生命风险，即导致死亡。这两者中，治愈的可能性是60%—80%，但导致死亡的可能性是20%—40%。这是因为不同患者的体质与抗逆力不同，在知情同意的原则下，这样的治疗方案告知患者，患者选择了新的治疗方案。结果，患者用药后很快死亡。实际上，只要是有因药物引发患者死亡的可能，医生和病人的选择就处于风险之中。如果是一种药物，医治好患者的可能性是90%，但是导致患者死亡的可能性是10%，医生和患者认为风险小，因而选择了这种药物或治疗方案，结果患者因医治死亡。那么，我们还会说这种药物或治疗方案好吗？希尔所面临的也是同样的问题，A药物的疗效差，但药物B和药物C两者或是疗效很好，或是导致患者很快死亡。为此，杰克逊设计了一个决策方案：

（1）Pr（部分治愈/用药A）×V（部分治愈）+Pr（无效果/用药物A）×V（无效果），

（2）Pr（完全治愈/用药物B）×V（完全治愈）+Pr（死亡/用药物B）×V（死亡），

（3）Pr（完全治愈/用药物C）×V（完全治愈）+Pr（死亡/用药物C）×V（死亡）。[1]

第2、3方案存在着两种极端的可能：最大好或最大坏。在这里，我们可以追求最大好，但需冒最大坏的可能。最保守也最保险的方案是第1方案，但只可能是部分治愈。然而很明显，第1方案的价值最高，这是因为第2、3方案的正负值完全抵消。按照后果主义的价值要求，希尔应当给患者药物A。杰克逊说："一般而言，这个建议就是为了要确定按照后果主义的价值函数，在特定的时间，一个行动者应当采取何种行动，即价值的分配依照所产生的幸福总量，或者依照所产生的偏好满足的后果平均值，或者依照任何一种特定形式的后果主义，以及以在决策论中以类似方式存在的行动者的主观可能性函数，这里的差别只是决策论中行动者偏好

---

[1] Frank Jackson, "Decision-Theoretic Consequentialism and the Nearest and Dearest Objection", *Ethics*, Vol. 101, No. 3, Apr. 1991, p. 463.

函数被后果主义的价值函数所代替。这也就是说,行为的规则就是将Σ_iPr(Oi/Aj)×V(Oi)最大化。这里的Pr就是行动者的概率函数,V是后果主义的价值函数,Oi是可能的结果,Aj是可能选择的结果。"[1] 而后果主义的价值函数实际上是一种慎思的代表或慎思的结果。在这里,是各种已知或知情因素的分析,因而生动地展现了后果主义的后果论是一种决策理论,而不是一种判断行为正当与否的标准。不过,我们认为,依照后果主义的后果最大化来进行行动方案的决策慎思的前提在于承认后果主义的行动正当与否的道德标准,因而实际上这里已经隐含了对于后果主义的行动正当与否的标准的接受。杰克逊的这个案例设计使得第2、3方案的效用值完全抵消,从而使得唯有第1方案的效用值为最大。但是,假设药物A的效用不变,药物B完全治愈的概率是80%,而导致死亡的概率是20%;又假设药物C完全治愈的概率是90%,而导致死亡的概率是10%。从概率函数来看,药物C的函数值最高,那么希尔应该选择第3治疗方案?如果在患者的同意下,希尔选择了第3方案,从而导致患者死亡,我们应当说希尔的选择正确吗?因此,在涉及死亡这样的风险存在的情境中,如果不将风险给予足够重视甚至加倍进行估计,很有可能出现的是不可预测的结果。就此而论,决策理论告诉我们的就不是最大化的效用函数,而是最可靠的效用因素。

实际上,杰克逊意识到了这个问题。他重新设计前面的案例,说:"和前面一样,希尔是一名医生,患者约翰患有皮肤病。但是,这一次希尔只有两种药物X和Y。在做治疗时它们都有一定疗效。药物X有90%的概率能治好病情,而有10%的可能将杀死约翰。药物Y只有50%的疗效,同时没有任何副作用。希尔要在到底开哪种药之间进行选择。很明显,她应当开出药物Y。但是这种行为并不是最有可能产生最好后果的,因此,也不是最有可能是客观正当的行为。它只有50%的概率是客观正当的,但如果开药物X的话,将会有90%的概率是客观正确的。"[2] 杰克逊指出,这样的例子比比皆是。例如在赛马中下赌注的事,所要做的事就是不下赌

---

[1] Frank Jackson, "Decision–Theoretic Consequentialism and the Nearest and Dearest Objection", *Ethics*, Vol. 101, No. 3, Apr. 1991, pp. 463–464.

[2] Frank Jackson, "Decision–Theoretic Consequentialism and the Nearest and Dearest Objection", *Ethics*, Vol. 101, No. 3, Apr. 1991, p. 467.

注。因为你并不可以肯定地知道哪一匹马的赌注会给很高的赔率。然而你下注,是因为你正在追求的可能是不会产生最好结果的行为。尽管你知道肯定会有一种行为是最好的行为,即可收益最大化,但你并不确切知道其是哪一个行为。这说明,在可选行为中,一种行为过程将会产生最好结果,这一事实就其本身来说并不是行为的向导。杰克逊说:"一般来说,认为后果主义的道德行动者设定的目标是去做能产生最大后果的事,在我看来这极有可能是一种误解。"[1] 确实,如在斯马特的行动功利主义解说中,就把后果主义看作一种程序决策论。但这样看待并非能够说后果主义就仅仅是一种程序决策理论,而不是一种依据后果进行道德评价的评价理论(从而也是一种对于行为具有指导意义的规范理论)。实际上,后果主义作为一种规范理论,它的基本特征之一就在于能够提出一种有别于道义论的规范判断标准。就此而论,程序决策论仅仅向人们说明了后果主义丰富理论中的某一个特征,而不是它的全部。不过,后果主义作为决策论的意义仍然值得我们关注。

---

[1] Frank Jackson, "Decision – Theoretic Consequentialism and the Nearest and Dearest Objection", *Ethics*, Vol. 101, No. 3, Apr. 1991, p. 468.

第三章　日常道德与后果最大化

人们的行动追求总体意义上最大的好的后果，应当是具有理想性的道德要求。然而，后果主义的后果最大化为什么会遭到人们的质疑？因为这一理想性的道德要求看似很高尚，但却遇到了似乎不可克服的问题，如威廉斯所提出的完整性异议。在上一章，我们已经讨论了从决策程序性上对于后果主义的后果最大化进行辩护，我们发现，卡根（Kagan，Shelly）、斯洛特以及帕菲特等人则从对日常道德（ordinary morality）或常识（common sense）道德进行分析入手来讨论后果主义，他们或是为后果主义的后果最大化进行辩护，或是提出两者具有内在相关性的观点。

第一节　行为者中心选择与限制

日常道德或常识道德是在人类几千年来民众生活中所形成的常识性的道德观念。人们认为，威廉斯的异议表明，后果主义的后果事态最大化好所遇到的问题体现了日常道德与后果主义的冲突；卡根认为日常道德与后果主义的冲突是导致后果主义受到质疑的根源所在，在他看来，日常道德对于人们行为的影响在于两个方面，即行为者中心选择及其限制。

一　行为者中心选择

在卡根看来，后果主义追求总体后果的最大化之所以会遭到人们的质疑，根源在于人们对日常道德的道德观有着根深蒂固的信念。卡根说，后果主义的道德要求是："你履行的行为不是被禁止的，否则，不要求你履行，这些［不被禁止的］行动能够合理地期望达到最好的总体后果。"①然而，卡根指出，实际上，我们只有少数人相信这一学说，而很少有人按照这一道德要求来行动。因为这一学说对于人们的行为要求来说是很"极端"的。卡根说："让我们看看这是如何激进的要求。它要求我们的行动不仅仅关注我们自己的进一步的计划和利益，或者那些我们自己所赞成的个人的东西，而是要考虑所有他者的利益，把世界作为一个整体的总体的善。它要求我问，如果所有事情都考虑，我如何能够做出我的最大的贡献，虽然这将施加值得考虑的重负在我身上，并且它禁止我做任何比这贡献更少的事。如果这个观点是正确的，我的大多数行动就是不道德的，因为几乎我都没有最佳地使用我的时间和资源。如果我对我自己是诚实的，我承认，我持续地没有做到我所能做到的那样好。"② 换言之，在人们的想象中，后果主义的后果总体最大化，也就是我们在做任何事情的时候，都应是从全球所有他者的立场出发，来考虑如何利用我和时间和资源。如我走进电影院，花费几美元来使自己享受几小时，这对我来说是真正的快乐，但是如果我把钱赠给饥荒救济机构，因为即使是几美元也足够使得另一个处于食物短缺中的人得到解救。如果这个观点是正确的，那么我花几美元去电影院享受几个小时的娱乐，在道德上就是不被允许的。还可设想如果我把这几个小时用来去看望孤独的长者，这在道德上应当比我进电影院更为可取。因而，如果是遵循这样一种道德要求来生活，我的生活计划就要被完全打乱，"依据这样一种要求，我的生活将戏剧性地发生改变，在这个意义上，我的时间、我的财物，我的计划都不是我自己的。就这个观点而言，道德的要求弥漫着我们生活的任何方面和时刻，并且我们都不可能满足它的要求。这就是为什么我认为，我们中的少数人相信这个主张，而我们当中的任何人都不是与之相符合的。这样严苛的要求简直就是非常极端，所以我称这个观点的辩护者为极端主义者"③。但后果主义是这样一种极端或严苛的要求吗？我们先把这个问题放下，转而看看日常道德对于人们的道德要求。

卡根认为，日常道德对于我们的行为要求并非像人们所认为的后果主

---

① Shelly Kagan, *The limits of morality*, Oxford University Press, 1989, p. 1.
② Shelly Kagan, *The limits of morality*, Oxford University Press, 1989, p. 1.
③ Shelly Kagan, *The limits of morality*, Oxford University Press, 1989, p. 2.

义那样，要求人们在任何时候都追求后果总体意义上的最大化，日常道德的"道德要求我们做什么有一个限度。导致总体上的最好结果的许多行为，日常道德并没有要求我们去做，典型的是，因为牺牲太大了以至于不能要求我们去做它。不能要求我把我的自由时间贡献给为了政治压迫而去战斗，不能要求我放弃我的奢侈生活而去支持癌症研究"①。换言之，日常道德的道德要求，充分肯定了人们的自我计划并给予人们的行动相当的自由空间。在日常道德看来，对于他人幸福的关注要求并不是无限的，也不可能是无限的。尽管如果我捐赠我的资金去支持癌症研究更有利于人类幸福；日常道德同样认为，个人把资金花在自己的生活上，这无可厚非。卡根说："就日常道德的这个观点而言，允许我有利于我的利益，即使是我这样做也不能导致总体的最好后果。既然给了行为者选择履行行动的权利，并且这些行动从一种中立性的视域看，并不是最优的，我就将这种允许称之为行为者中心选择（agent-centered options）。"② 所谓"行为者中心选择"，即我的利益在行为者心中占有一个中心性的位置，这也就是日常道德赞许做的，那么这是些什么事呢？我的利益。那么，这是些什么利益呢？在卡根看来，不仅我的福利、我的计划，还有我的家庭、我的朋友的好生活，以及许多个人支持的非个人的计划都在我的利益的范围之内。卡根指出，日常道德认可了以行为者为中心的利益选择范围，当人们的目光仅仅关注这些利益范围之内的事，并由此而决定其行为，日常道德并不持反对意见，或者说，日常道德是赞许的。但这并不意味着日常道德不鼓励牺牲，只是鼓励做出微小的牺牲，而不是有重大意义的牺牲。如在我前面有一个儿童落水了，我救这个孩子所要做的事就是用力抛一个救生圈，或水较浅，我可以下水去救他，但这无疑会弄湿我的衣服。这样花费些轻微的体力或弄湿自己的衣服即做出微小的牺牲，无疑可以得到日常道德的肯定。但是，如果为了帮助他人而做出重大的牺牲，虽然日常道德并不反对，但相对于不需要做出重要的道德牺牲而能够帮助他人，日常道德往往是赞许这样行为的，当然也可以鼓励这样做，但并不要求我这样做。如果需要我冒着生命危险下水救人，虽然有可能把落水的人救上来，但也

---

① Shelly Kagan, *The limits of morality*, Oxford University Press, 1989, p. 2.
② Shelly Kagan, *The limits of morality*, Oxford University Press, 1989, p. 3.

有可能救不上来，甚至有可能牺牲我的生命。那么，我下水救人，日常道德认可这样的行为是一种道德上值得赞许的行为，但如果我没有下水救人，日常道德并不会因此而谴责我。即日常道德对于那些需要做出重大牺牲或有意义的牺牲而因此产生更大善的后果的行为，虽然会鼓励，但同时也允许我们不去这样做，或者说，不要求我们去这样做，这也就是卡根所说的"行为者中心选择"。日常道德在我们行善时或对于善进行评价时，总是把行为者的自我利益作为一个因素考虑其中。

二 行为者中心限制

卡根认为，日常道德还有第二个特征，即"行为者中心限制"（agent-centered constraints）。卡根说："第二个特征是它对我们的行动规定了确定性的严格限度，禁止一些类型的行为，即使是只有履行这些行为才可获得最好的后果。我不可为了继承富有叔叔阿拉伯特的遗产而谋杀了他，即使这是唯一的方法来确保获得他的百万财产去捐赠赈灾，虽然我这样的行动所救的生命远比我杀掉的人多得多。"[1] 为什么会有这样的限制？卡根认为，这些限制来自于两个方面：一方面是超出个人的一般权利，如反对有意伤害；另一方面是由于行为者本身承诺着特别的义务，或者由于制度性角色而承担着相应的责任。对于这些限制或特殊义务在多大程度上是绝对的，或在压力足够大时是否可以违反，不同的提倡者可能会有不同的看法，但是，他们都会同意，这些限制一般不能违反。这种行为者中心限制也被称为"道义限制"，即来自于道义原则的限制。因此，这也表明日常道德中有着道义论的成分。日常道德的这样一种道义论限制，对于后果主义的理论来说确立了一个理论困境。一般而言，对于如同辛格所说的不牺牲道德重要性的善举，后果主义无疑在理论上是能够成立的，同时与道义论也是相容的。然而，如果要杀掉富有的亲戚才可以得到百万美元去救济那些处于极需救济的穷人，那怎么看？我们知道，世界上有无数的穷苦人处于饥饿而濒临死亡的处境，因而较少的牺牲即可换来最大化的好的后果，这在后果主义的理论逻辑来看，是无法拒绝的。但是，这无疑是道义论所确立的尊重生命的绝对命令，因而，如果遵从这样的绝对命令，则无

---

[1] Shelly Kagan, *The limits of morality*, Oxford University Press, 1989, p.4.

疑与后果主义的最大化好的原则相违背。在这里，后果主义陷入理论困境。

　　日常道德既给了人们一定的行为选择的空间，同时也对人们的行为确立了一定的道义限度。因而，它似乎不像有着后果最大化要求的后果主义，对于人们生活的每个方面都给予了命令。因此，相较后果主义，日常道德可以被称为"适度主义"，而持有日常道德观点的人，可称之为"适度主义者"。然而，卡根指出："就日常道德的观点而言，那些符合规范地被禁止的行为，在某些压力足够的环境下（如有相当数量的生命处于危急中就是充分大的压力），可能就是被允许的。如果有这样一种临界点，超出它之外的限制就被松弛了。"① 换言之，日常道德的"适度"，只是在一定条件范围内是如此，但是如果处于非常规条件下，日常道德的标准就会突破，与后果主义的后果最大化要求没有差别。如人们所熟悉的"电车难题"，司机在不可能刹车的情况下，突然看到前面有五个人正在作业，而岔道上只有一个人在作业，因此按照预定路线，这五个人必死无疑。而正好这时车行走在岔道前，即还有另一条可行轨道。那么在这种情况下，司机应该怎么办？大学中无数次的课堂调查表明，多数学生一致赞成司机把轨道车开到岔道上去，即认为杀一救五是正确的选择。而多数人之所以会认为这是正确的选择，无疑是日常道德给了他们理由。因此，看似人们以日常道德的常识来反对后果最大化，但实际上这两者并不是截然区分开的。卡根说："在原则上，这些临界点（无论是否限制或选择）是极其低的。如果是这种情形，相应的限制和选择将是以一个非常有限的方式来追求善：不论何时，处于危急中（依据总体善）的任何东西的临界点将被穿过，行为者将被要求促进较大的善。"② 换言之，日常道德一般不要求人们促进总体意义的最大善，但在某些环境条件下，出于自明（pro tanto）的理由，则允许人们促进这个最大化善。因此，人们仅仅根据日常道德的一般要求来反对后果主义的最大化善的要求，其逻辑依据是不恰当的。由此我们看到，卡根的论辩策略就是，首先指出日常道德是一种对于行为的适度选择的道德要求，因而日常道德是与后果主义的后果最大化不同的，而

---

① Shelly Kagan, *The limits of morality*, Oxford University Press, 1989, p. 5.
② Shelly Kagan, *The limits of morality*, Oxford University Press, 1989, p. 5.

人们反对后果主义，认为后果主义的要求过于极端，如威廉斯所说的，从而导致了对人的完整性的破坏。但卡根认为，当日常道德适度要求的临界点被穿过，那么与后果主义最大化后果的要求就没有什么不同。卡根的这一辩护是很高明的，但是我们认为，由于日常道德要求的临界点并不是任何时候都会被穿过，在正常的条件范围内，并非会发生这样的情况。因此，卡根在这里就有可能是以极端情况取代正常情况来为自己辩护。对于行为者中心限制的问题，已经激起了学者们的关注，在后面相关部分（谢夫勒同样持有这样的观点），我们将进一步讨论。

　　日常道德的适度主义性质与后果主义的极端性，卡根认为这只是两种道德范型，他认为还有一种范型，即"最小要求"（minimalism），他称持有这种主张的人为"最小要求者"（minimalist）。而所谓"最小要求者"，也就是类似于中国杨朱似的"拔一毛以利天下而不为"的极端利己主义者。在卡根看来，我们可以把人类社会的众多道德归并为这样三大类。如果我们承认这一点，那么我们就会看到，日常道德或适度道德受到这样两端的挤压，它或者倒向后果最大化的极端主义，或者倒向认为任何牺牲都是不必要的极端利己主义（最小要求）。从后果最大化的后果主义来看，日常道德要求太小；而从极端利己主义者来看，日常道德要求太多。如救人要弄湿自己的衣服，极端利己主义者甚至认为这样的牺牲也是不必要的。如2011年10月在中国广东佛山发生的"小悦悦事件"，2岁的小悦悦7分钟内遭两辆车碾压，18个路人经过，无一人出手相助，最后死亡。应当看到，这18个路人都有着日常道德的信念，如果仅仅是一两个路人，我们可能给予他们道德品格上的质疑，但是，如此一个路人群体，我们不可能怀疑他们的整体人格都是极端自私的。然而，他们却不自觉地成了极端利己主义者，即使是费一些体力的出手相救的行动也不作为。卡根说："把这些多重可能性压缩到三种宽泛类型，允许我们集中到一种中心性的哲学问题：适度者处于两方面的相似的攻击之下。他必须对极端主义者和最小要求者辩护他的观点，或者承认失败。内在于他的观点的张力是明显的。通过放弃两端观念上的纯粹性，适度主义者有着内在不一致的危险。当然，这不是说，适度在于居中这个事实本身有理由设想，他的位置是不合理的。但是，如果适度主义者的观点不能给予一个连贯的辩护，它易受来自两方面攻击的脆弱性使得这个弱点更易于认识到。迫使适度主义者辩护他的观点以反对极端主义者的要求，而不使他的观点坍塌进入最小要求者的怀抱——这也暴露了它的连贯性的缺乏。"① 日常道德的信奉者坍塌成了道德冷漠的极端利己主义者，我们难道不应质疑日常道德吗？从另一方面看，卡根提出的这个问题，确实可以看作对后果主义所追求的后果最大化好（善）的有力辩护。

我们看到，日常道德与后果主义的根本分歧在于是否对总体善有所促进。日常道德反对我们所做的一切都在于促进总体的善，而后果主义则主张事实上有这样一种要求。然而卡根认为，虽然后果主义强调我们必须对于总体的善要尽可能地做出最大贡献，但并没有承诺任何具体善的说法。或者说，没有说哪些因素或哪个因素会使得一个结果比另一个结果更好些。不过，卡根认为，无论是日常道德还是后果主义道德，对于善或总体善并不会有多大分歧，即这个人类善的中心成分是人的好生活（wellbeing，或译为"福祉"）②。卡根说："表述和辩护一个适当的善理论对于道德哲学来说是重要的任务，但没有一个人强调这个工作。把这点记住是简单的：不论什么最可能的总体善的理论，都可结合进入极端主义的理论中。这样，极端主义者和适度主义者也就不需要被看作在对于善的正确说明方面有分歧。宁可说，分歧点只是是否在道德上要求我们去做的，都在于促进总体的善。"③ 卡根在这里所要说的是，日常道德与后果主义的分歧不在于要不要促进总体善，而在于那些具体善对于总体善来说是有益的。而人们常常认为，后果主义在这方面犯了错误。

从日常道德的观点看，一个行为者如果事事都从最大化好的后果出发来考虑自己的行动，那么也就意味着她任何时候都可能要做出牺牲，因而这也意味着她将"耗尽和穷尽她自己，最终毁灭她能够持续对总体善做贡献的能力（不过这是最终的理解）。因此，极端主义的观点被认为是自我挫败。唯有在要求上更适度，从长远看，行为者将能够做的是使得这个世界更好。"④ 后果主义的主张真的会带来如此严重的后果吗？如果不回答这个问题，日常道德的主张仍然是有力的。然而卡根说："这样一种异议依

---

① Shelly Kagan, *The limits of morality*, Oxford University Press, 1989, p. 6.
② 这两种译法在本书多个地方是互通的。
③ Shelly Kagan, *The limits of morality*, Oxford University Press, 1989, p. 7.
④ Shelly Kagan, *The limits of morality*, Oxford University Press, 1989, p. 7.

赖于对极端主义的错误理解，极端主义者并没有因他自身的缘故而要求牺牲，但只是就它们是产生最大可能善的代价而言。极端主义首先是主张，愚笨的蛮干或鲁莽的花掉自己的善物只能得到相反的结果。这根本不是所要求的，这样的行为是被禁止的。每一个行为者被要求去做的是以这样一种方式去行动：它能够使她的最大努力贡献给总体的善（就她的特定才能而言）。很可能这涉及要认真考虑她的计划，因此要重新修改；至少这涉及对她的行为的长期努力的说明，不仅仅是更直接的行动，并且，这也足够解释了对资源的明智的分派和消费的需要。"① 换言之，后果主义的道德要求并不是一种愚蠢的道德要求或主张，所谓"不愚蠢"，也就是这样的行为应当带来总体最大化的善，如果这样认为，那就是对后果主义的严重误解。在卡根看来，后果主义并不像人们所误解的那样，在任何具体行动上选择那种据说是可以直接导致最好后果的行动。后果主义更多的是首先承认限制你选择那些在道德上受到禁止的行为，如我不能谋杀我的叔叔以获得他的巨额财产去捐赠慈善机构（在这个意义上，后果主义仍然受到道义论的绝对命令的限制，即不能认为只要是能够最大化的行动都是后果主义所赞许的），但是后果主义在承认这一禁令后指出，我仍然可以以我的财产捐赠慈善机构，使它产生最大化的善。对于道德所允许的选择，日常道德不鼓励进行最好的后果选择，但是，后果主义则主张在适度或没有禁止的范围内，仍然可以追求最大化的好的后果。换言之，后果主义的道德要求如果是在日常道德要求的可选择范围内实行，比仅仅从日常道德对人们的道德要求所做的，应当是更符合道德（更能促进善），并且并不会对人们的完整性产生伤害。这里我们认同卡根的分析。这是因为日常道德不鼓励我们用可支配的资金去捐赠赈灾，但后果主义的道德要求则鼓励我们这么做，应当看到，如果这样做了，这既对我们的完整性没有损害，同时也是在力所能及的范围内做了更高尚的事。

卡根分析道，我们的资源、我们的时间和我们所承担的特殊义务与责任是完全对应的吗？在履行我们的特殊义务和责任之外，就没有可用捐赠慈善机构或进行饥荒救济的资源和时间吗？卡根指出，在人们的生活中，确实有些人所履行的特殊义务和责任将耗尽他的资源和时间，使他没有资

---

① Shelly Kagan, *The limits of morality*, Oxford University Press, 1989, pp. 7–8.

金和时间来从事可以产生超出自我的利益或好生活之外的活动,但是更多的人则不是这样,而是有这种可能。卡根这样分析无疑是有着像美国这样的富裕社会生活经验的体验。在美国这样发达富裕的国家,多数公民所拥有的资源无疑是超出了仅仅履行自己的特殊义务和责任所需的范围之外。而在履行了自己的特殊义务和责任之外,后果主义鼓励将这些资源或时间用于从总体上看能够产生最大善的后果的行动。并且在这样的条件下从事这样的善行活动,日常道德虽不鼓励,但也不会反对。因此,在这样的背景条件下,日常道德的道德要求与后果主义的最大化好的后果要求之间的界线也就消失了。

对于后果主义的后果最大化的批评,还有诉诸直觉的批评。人们往往会认为,追求总体意义上的后果最大化是违反人们的道德直觉的,即道德直觉并没有告诉人们要从一种中立的立场而不是从行为者中心的立场来追求最大化的善。但正如卡根的分析告诉我们的,行为者中心的立场规定了行为者以自我利益为中心的选择,虽然其特殊义务和责任也为其确立了界限或限制。这样以自我利益为中心的选择,其最大化就是行为者自身利益或好生活的善的最大化。人们对于自身利益或好生活的道德理解,受到不同的直觉的支持。直觉来自于日常道德,或称常识(common sense)道德。而所谓"常识",也就是在历史生活中长期形成的直觉。然而,恰恰就是因为直觉是在历史生活中所形成的,几千年的历史以及历史中的传统是多维度、多层面的,因而人们的道德直觉往往是混乱的、错误的,甚至是相互冲突的。卡根以奴隶制下的奴隶主对待黑奴为例。奴隶主要杀掉黑奴,因为他的直觉告诉他厌恶黑奴,而之所以厌恶黑奴,就在于他的皮肤颜色,这种肤色判断恰恰是在历史过程中形成的已有"日常道德"的一部分。这样意义上的日常道德能够作为我们判断正确与否的依据吗?卡根说:"设想对我们的直觉进行分析,我们发现如果诉诸直觉产生的直觉判断上的区别。道德,我们仍然需要知道是否不同应当产生判断上的不同。可能一个奴隶主发现一个原则,这个原则将区别不同,它根据肤色产生直觉的正确判断,何时一个绅士在道德上被要求帮助那个被鞭子抽打的人,何时又不需要。仅仅发现居于直觉的这个区别不能充分地为其辩护。我们想要知道为什么肤色的不同应当支持不同的对待。如果奴隶主没有提供解释，那么，这个区分就与他的道德理论的其他部分不相关联。"① 卡根认为，我们的奴隶主将会发现，他所承诺的其他原则（如权利平等原则）与他对肤色的区分，这两者的相关性水火不相容。也就是说，这位美国南北战争前的奴隶主实际上有着相互冲突的直觉，而这些相互冲突的直觉也就表明，诉诸直觉往往是靠不住的。卡根正是以奴隶主对待黑奴的案例来说明，以日常道德的直觉来反对后果主义的后果最大化是没有说服力的。马尔甘（Mulgan，Tim）说："卡根认为，道德哲学中没有直觉的位置，因为它们缺乏适当的合理性。对直觉的拒绝常常为对直觉的起源的一种压缩性解释所支持。如果我们的直觉是进化、文化或自我利益的产物，那么，它们是不可靠的。"② 卡根以奴隶主对待黑人奴隶的直觉来说明这个直觉与他生活中的其他直觉是冲突的。但为什么会有冲突？因为他的生活中有不同的直觉来源。然而，卡根完全否定直觉在道德判断中的作用是否是成功的？卡根是通过否定直觉所起的作用来否定日常道德的适度标准，或日常道德的选择。尽管卡根以奴隶主的直觉是不可靠的这样的案例来否定日常道德的直觉的作用，但是人们仍然认为，日常道德的直觉并非完全像奴隶主的直觉那样混乱。卡利蒂（Cullity，Garret）说："对于大多数人来说，以下情形对我们的关系有道德上的差别是很明显的——一个儿童在我们面前落水和在另一个国家中有一个儿童忍饥挨饿，但我们没有救那个落水的孩子是错的。因此，根据我们的直觉判断，我们将产生一个原则，采用它来较好地将这种直接可怕的急需的紧急情况与更遥远的地区发生的情况区别开来。"③ 换言之，日常道德或非后果主义的直觉是有效地支持这样的区分的。就卡根所说的奴隶主的直觉以及白人在历史中所形成的直觉而言，日常道德确实包含着混乱的因素，然而历史的进程恰恰使人们能够渐次意识到在历史进程中所形成的道德直觉或道德意识问题，这正是当代种族平等或少数族群问题的核心所在。2020 年美国所发生的"黑命贵"（black life matters）群体运动事件，深刻反映了当代美国的种族平等问题由来已久。但同时要看到，日常道德意识中除了历史中所形成的偏见外，也应当

---

① Shelly Kagan, *The limits of morality*, Oxford University Press, 1989, pp. 13 – 14.
② Tim Mulgan, *The Demands of Consequentialism*, Oxford University Press, 2001, p. 29.
③ Garret Cullity, "International Aid and the scope of Kindness", *Ethics*, 1994, 105（1）, p. 104.

承认日常道德意识对于人类社会秩序以及群体基本生活的维持功能。日常道德意识是生活世界不可分割的构成要素，任何一个人类社会都是以一定的群体所组成，而一个群体内在需要维持相互关系，从而建构生活秩序和命运共同体。在这样一个共同体中，个体有他自己的生活及目标，同样，群体也必须有它的秩序规则，只有有相应的秩序规则，构成这个群体或共同体的个人才能在其中谋得自己的生活和实现自己的目标。就此而论，日常道德也就是维系个人与群体生存的最基本的道德要求。人们批评后果主义的最大化，在于这样的最大化可能损害个人的特殊目标和利益。

这里还值得指出的是墨菲（Murphy, Liam B.）的相关观点。墨菲完全反对这样的观点：以斯马特为代表的行动功利主义或行动后果主义的最高原则——普遍仁爱原则，是一种过分严苛要求的原则（对于墨菲，我们还会专门进行讨论）。墨菲指出，为什么会出现这样的异议？而且这样的异议似乎是专门针对斯马特的这一原则的，而对其他的道德理论则没有这样的诘难。墨菲说："我发现多元道德理论的所有原则中，只有［斯马特的普遍］仁爱原则是行为者中立的（an agent – neural form），在这个意义上，它给了我们所有人同样的目标。相反，道义论限制和典型的义务论是行为者相关的（an agent – relative），它们给了我们每个人不同的目标，指导他或她做这不做那等等。"① 墨菲的"行为者相关"也就是卡根所说的行为者中心。墨菲以威廉斯的典型案例来说明，指出我们的直觉对于这两者是正好相对照的，在那即使是因我的不作为而有更多人被杀，禁止我杀一个无辜的人的禁令仍然可起作用；斯马特的普遍仁爱原则则告诉我，在这样的处境中，不要想有利于我自己，如不这样做，就不可能使更多人得益。"在前者的情形中，我要做的是不得杀人，而不是把杀戮最小化。而在后者的情形中，我们所有人是一个目标，即尽可能多的使得大家都受益。"② 墨菲完全不照应威廉斯的批评，而是指出这两者之间存在着一种基本立场上的根本不同。墨菲认为在那些需要考虑陌生人的场合条件下，行为者相关的不偏不倚仁爱原则是行不通的。从日常道德的立场看，当一位朋友和一位陌生人同时落水时，我们不可能偏向于先救陌生人，这也表

---

① Liam B. Murphy, *Moral Demands in Nonideal Theory*, Oxford University Press, 2000, p.75.
② Liam B. Murphy, *Moral Demands in Nonideal Theory*, Oxford University Press, 2000, p.75.

明，日常道德的行为者中心性的影响。前文指出，日常道德起着维护人类日常生活的功能，日常生活在一定程度上是以行为者自我为中心，即自我相关的。在日常道德维护人类正常生活秩序的意义上，符合后果主义的最大化善这一最终目标。然而，这一问题本身还在于两种道德就行为者而言的结构的复杂性，即事情并非完全像墨菲所说的那样，日常道德并非完全是行为者中心性的，它还有着倾向于为他人着想的内在要素。那么，如何看待这一问题？

第二节 惠顾他人的不对称结构

在卡根看来，日常道德与后果主义道德的根本不同在于日常道德是从行为者的立场出发，从而其行为选择总是有利于自己以及惠顾自己的相关者。卡根认为日常道德的基本特征之一就是"行为者中心选择"。然而，斯洛特则认为，日常道德往往赞许的是对自己不利而有利于他人的行为。因而在日常道德中有着对行为者本人与他人不对称的结构。

一　有利他人

在卡根强调日常道德的基本特征之一就是"行为者中心选择"时，斯洛特指出，当前对于日常道德的讨论几乎忽略了日常道德的这样一个重要特征[1]，即与卡根所认为的日常道德总是赞许做有利于自己的事的看法相反，斯洛特认为同样包括赞许或认同行为者对自己做出某种牺牲这样一个基本要素。斯洛特说："我相信，常识道德中高度复杂的要素在于它允许做，根据常识道德的思考，应不有利于自己而有利于他人，即使当这［样做］将导致不是最优的后果。假如我选择面对对我自己更为有利而对他人不怎么有利的行为，并且唯一相关的因素是处境，常识道德会告诉我们，牺牲自己的最大的益处而有利于他人较小益处是完全允许的。"[2] 斯洛特在

---

[1] Michael Slote, *Common-sense Morality and Consequentialism*, Routledge & Kegan Paul, 1985, p. 10.

[2] Michael Slote, *Common-sense Morality and Consequentialism*, Routledge & Kegan Paul, 1985, p. 10.

这里指出了日常道德不同于卡根所说的那种有利于行为者自己的选择,即"行为者中心选择"。在斯洛特看来,日常道德同样允许人们做不利于自己而有利于他人的事。相对于卡根,斯洛特指出日常道德也存在着"行为者中心偏离"。不过,这样的行为与后果主义的标准不同,后果主义的唯一道德标准在于行动后果的最大化好。如果是遵从后果主义的后果最大化标准,人们也可能牺牲自己的利益,但其结果如果是最大化好,那么是值得赞许或好的结果;如果牺牲自己而不导致最大化的好结果,就不可能得到后果主义的赞许。"不有利于自己而有利于他人",在斯洛特看来,这样做出有利于他人而不利于自己的行为,一般是人们在相互照应或相互关护中的行为。然而,即使是"在缺乏这种相关性和对他人特殊义务的地方,常识道德勉强承认,这样做是非理性的、愚蠢的或有恩于他人似的,但确实不会认为这是道德上的错"[1]。如果我们为他人做了某种好事,虽然这里的"他人"不是与自己相关的人,并且这样的好事并不导致结果最大化的好,那么日常道德不会认为是错的。实际上,这是日常道德所赞许的行为,如我们一贯提倡的公交车上的让座;在斯洛特看来,相似的是,日常道德还有另一个方面值得注意的倾向,即对于行为者自身的快乐追求或避免痛苦,日常道德并没有那么严格的要求:"如果我忽略了享受一个快乐的机会,或者不在乎避免一次痛苦,那么,从后果主义的标准来看,我是错的,但不是从日常道德的标准来看。"[2] 因此,日常道德在允许行为者对他自己做什么和允许对他人做什么这样两个方面,存在着一种不对称性。斯洛特进一步指出,在日常道德看来,如果一个人能够轻易地阻止他人的痛苦,如果不这样做,则是典型地错了,这如同我们在前面所讨论的,如果有小孩落水了,救这个孩子所要做的事只是抛一个救生圈;或水较浅,可以下水去救他,但这无疑会弄湿衣服。然而,如果我不这样做,日常道德无疑会谴责这样的行为。但是,如果自己不避免不必要的痛苦,则仅仅是懒惰、不可思议,那不是错误。"在这里被认为有义务(不是错误)去阻止其他人的较大痛苦而不是自己的较小痛苦,但是,如果允许对自己的较

---

[1] Michael Slote, *Common-sense Morality and Consequentialism*, Routledge & Kegan Paul, 1985, p. 10.

[2] Michael Slote, *Common-sense Morality and Consequentialism*, Routledge & Kegan Paul, 1985, p. 10.

大痛苦而这样做则使得他人将避免较少的痛苦,这仅仅是非理性的、愚蠢的或可怕的无私。"① 但并非道德上的错误。

斯洛特以"仁爱"(benevolent)道德为例。日常道德鼓励我们,而且许多案例也说明了来自于行为者的仁慈,但这种仁慈的行动并非同时能够最大化善的行动。可如果我们做了任何对自己较好的事情,绝不会说这是仁慈的举动。当我们的举动之好于他人超过了自己,那么这是仁慈。这是因为仁慈这一说法仅仅应用在行为者对他人所做或给予他人什么上。斯洛特说:"我认为,'仁爱'这个词所表明的,在我们的日常道德中我们所感受到的、我们对他人可能做什么和我们对自己可能做什么之间的严重不对称性;它反映了这样深度的一种感觉:有利于他人没有任何道德上的错误,或对自己的好生活冷漠不关心也没有什么道德上的错(如果这样做将有违于责任,如关心自己的诺言、因此使自己更无能帮助他人,则不在此列)。"② 就日常道德的特性而言,斯洛特确实发现了与卡根所发现的相反的特性,即行为者对他人好则受到道德的赞许;对他人不好,则会受到道德的批评。但是,日常道德对待行为者自己的态度则不同,尤其表现在如果我们对自己不好,日常道德并不会因此而有什么负面的说法,又如我们因很不好的习惯而毁了自己的身体等;但如果我们的行为毁了他人的身体,则是严重的犯罪。

二 自我与他人的不对称性

在斯洛特看来,日常道德允许行为者为了他人有某种牺牲,或赞许这样的行为,然而日常道德对于行为者自己,如在对待自己的痛苦等负面情形上,则没有那么严格的道德要求,如对自己的利益漠然处之,或不怎么关心自己的健康等,日常道德就不会有什么道德上的谴责,但是如果对他人的痛苦或无助的困境无动于衷,那么则是缺乏仁爱心的表现,从而在道德上是要受到责备的。这种不对称性是日常道德中的一个不容忽略的因素。然而他说:"日常道德中的这种不对称性代表了一种反后果主义的因

---

① Michael Slote, *Common-sense Morality and Consequentialism*, Routledge & Kegan Paul, 1985, p. 11.
② Michael Slote, *Common-sense Morality and Consequentialism*, Routledge & Kegan Paul, 1985, p. 11.

素,对于这一点,则是在最近对这种道德与后果主义关系的讨论中几乎整个地忽略了。这些讨论考虑了在一定的环境假定道义论限制(边际约束)对行为的约束,在一定的环境条件下,禁止非个人考虑的最大化善。他们已经考虑了假定的允许有利于自己的规划和关切,而不总是寻求非个人判断的总体最好(称这为对行为者有利的允许)。但他们没有集中于另一类允许:常识同样允许个人所做的。(自我与他人不对称)的允许有时允许[自我]牺牲或仍然冷淡自己的痛苦、伤害或失败,即使这导致总体上较少的善(称这为行为者牺牲允许,agent - sacrificing permission)。"① 斯洛特所指出的这一现象,既不是行为者有利于自己的从行为者中心出发的"行为者中心选择",也不是受到道义论限制的"行为者中心限制",而是出于行为者中心的自我牺牲或自我舍弃(我们在前面所说的"行为者中心偏离"),这种自我牺牲或自我舍弃是日常道德所认可的,但由于这些行为并不是导致后果最大化的行动,因此从原则上看并非为后果主义所赞许的行为。斯洛特把它称为"行为者牺牲[的道德]允许",并把它看作为日常道德中的"反后果主义的因素"。不过,我们看到,斯洛特归为行为者为他人利益的自我牺牲的这一类现象,则是道义论所赞许的。然而,斯洛特注意到日常道德对行为者自己对自己的伤害或损害的冷漠,从而造成在总体上的后果最大化的减损,确实是不符合后果主义的。

斯洛特说行为者牺牲[的道德]允许是反后果主义的,那是因为这样一种牺牲不会带来最大化的善的后果。斯洛特也提到了这种情形的行为者牺牲允许:我们在轨道车(电车)难题中所遇到的杀一救五问题。我们先看看这一案例的问题以及一般的解答。福特所设计的电车难题以及后来很多的变体,对这些案例的讨论在英美哲学界持续了三四十年。从福特最初的案例设计来看,是说电车不可避免地要冲向有五个人施工的那个方向,在案例所设计的轨道上,岔道方向还有一个人也在施工。司机可以改变电车行驶方向,驶向另一方向的轨道。对于这个案例,多数人都会选择支持司机改变电车行驶方向。那么,在这个意义上,这也就是符合后果主义的后果最大化善(好)的行动评价标准的。然而,这个电车难题后来的变体

---

① Michael Slote, *Common - sense Morality and Consequentialism*, Routledge & Kegan Paul, 1985, p. 11.

案例，其条件则不可能使人们得出同意的道德判断。如果这是一条没有岔道的直行线，刚好前面有五个人正在施工，但这时要刹车已经来不及了，也就是车很快就要冲向施工者，五个人都有牺牲的可能。但在施工者前面有一座行人桥，桥上正好有一个胖子，你也正在桥上目睹桥下正在发生的这一切，如果你把那个大胖子推下桥去，正好能够阻止车辆前行，因此也就有可能救到那五个施工工人。那么，你会推那个胖子下去吗？这样做在道德上可以得到允许吗？对于这个变体案例，人们一般对于推胖子下去会持反对意见，因为这是你主动杀人，虽然这带来的是后果最大化善。一般认为，这是日常道德的道义约束，或行动的边际约束。还有一个类似的变体：一个健康人在医院体检，但在这位体检者的隔墙房间正住着五位需要器官移植的病人，如果没有合适的供体，一两个月内都将死去；如果能够找到合适的供体，那么移植成功，都可较长时间活下去。这五个病人所需要的是：两个病人需要肾脏、一个病人需要肝脏、一个病人需要心脏、一个病人需要肺脏，假设这个健康人的所有器官对于这五个病人来说都是合适的，在各种医学指标上不存在产生严重的排斥（排异）反应的可能。那么，请问，医生可以将那个健康者杀死取其器官来救这五个病人吗？日常道德的回答是不允许。我们再进一步假设，如果那个健康人知道隔壁房间里有这样五个人等着器官移植，而他的所有器官都符合这五个人的生理要求，那么如果他为了救这五个人，我们允许或赞成他做出自我牺牲吗？我认为，日常道德并不赞同这样的行为（斯洛特不这样认为，以下我们将进行讨论）。这也就是我们所说的日常道德的道义论限制，也就是卡根所说的行为者中心限制，这一限制是与后果主义的后果最大化善相冲突的。

　　回到斯洛特。斯洛特指出日常道德有着行为者牺牲［的道德］允许，但这种牺牲无疑也是有限度的。对于这种特性，斯洛克认为主要是反后果主义的，这是因为，这种不利于自己甚至自我牺牲的行为，在后果主义那里，只有在这样的行为能够产生总体上看最大的好（善）的结果，才是可以得到辩护的（因为行为者的自我牺牲往往并非能够产生最大化好的后果）。因此，从这样一个前提出发，行为者牺牲允许从非个人的道德观点看，是不可接受的。斯洛特说："对于严格的后果主义来说，一个人（在其他条件相同情况下）不被允许（因其他人较少善的缘故）而牺牲自己的较大的善。同时，具体体现了非个人立场的任何后果主义的道德观念将拒绝赞同这样一种不对称性：在行为者对他自己要做的和行为者对他人要做的之间的不对称性。"① 但是，如果是因其他人较大的善而牺牲自己呢？难道不是后果主义所赞成的？显然后果主义是赞成的。实际上，日常道德所赞成的行为者的自我牺牲或有意做不利于自己的事而有利于他人，既有为后果主义所不赞成的，也有为后果主义赞成的。而后果主义赞成或不赞成在于其后果是否能够形成或促进最大化的善。如果不能产生这样的后果，显然后果主义是不赞成的；如果能够产生，那么后果主义无疑是会赞成的。对于福特的电车案例以及变体，斯洛特提出了这样的观点："常识道德禁止我们对他人所做的，但不禁止我们对自己做。即使一个人可能不杀了另一个人来提供健康器官去救那些受了伤的人的生命，或生病的个人，但这里没有任何的道德障碍阻止人们杀了自己去救另外五个人。没有任何根本的道德理由来说，为什么任何人不应该牺牲他自己去救活其他需要器官移植的人，并且，日常道德中的边际约束涉及的仅仅是以好结果之名对他人的伤害。"② 他还这样说："进一步假定，虽然一个人不能杀另一个人来防止另外五个人被杀，但他可以杀某人如果这个人是他自己。"③ 换言之，在斯洛特看来，杀自己来救别人，虽然这是非常极端的行动，但在某些特殊场合，如果不这样做就无法救那些人，日常道德是不会反对的。换言之，日常道德受到道义论的限制，反对我们以杀某个他人来救另外一些人，但不会反对我们杀自己来救他人。我们认为，斯洛特所说的观点值得商榷。医院的情形与高桥上的情形还不一样。高桥上跳下去可能是一种英雄壮举，中国古话也有"杀身成仁"之说。我们可能没有道德的理由来推那个胖子下去堵车，但如果他自己跳下去，可能可以被看作一种英雄壮举。我们的道德教育不也是鼓励这样的英雄壮举吗？然而，如果你是一个健康人，正在这个医院做体检，你知道在你隔墙有五个病人正等着器官移植来获得新生，否则即将死去，因此，你在医生面前果断地了结自己的生命。那么，你赞许这样一种英雄壮举吗？这样一个人也许确实死得其所，

---

① Michael Slote, *Common-sense Morality and Consequentialism*, Routledge & Kegan Paul, 1985, p. 12.

② Michael Slote, *Common-sense Morality and Consequentialism*, Routledge & Kegan Paul, 1985, pp. 12–13.

③ Michael Slote, *Common-sense Morality and Consequentialism*, Routledge & Kegan Paul, 1985, p. 13.

（佛教经典中就有一个王子舍身救饥饿中的老虎的故事）。但是，如果所有人都以这样一个"英雄"为榜样，试想，人类还需要医院来救死扶伤吗？这样一个案例的根本问题在于，医院是一个救死扶伤的人道主义场所，而如果医生赞同健康人为了救人而自杀，实际上也就等于否定了自己保护健康人的职责。任何一个鼓励人们自杀以救他人，尤其是在医院里自杀而救他人的人，从根本上看已经严重违背了尊重生命的根本宗旨。

不过，斯洛特认为，日常道德会支持这个救人的义举。这也许是一种惊天地、泣鬼神的壮举。虽然我们可能不会赞成，但斯洛特认为这是可以通过日常道德的检验的。斯洛特甚至说："阻止一次绝对的和世界性的灾难，常识感允许杀无辜者，并且，按照这个相似思路，汤姆森最近指出，即使没有这样的灾难威胁，有时也允许杀无辜者，她认为，司机可以将轨道车开向岔道，从而一个人被杀而另外五个人仍然在轨道上［干活］。"①实际上是灾难不可避免，因而两难相权而取其轻。然而，当斯洛特这样说时，这恰恰是卡根所批评的日常道德的问题，即它易于滑向他称之为"极端主义"的后果最大化，从而使得日常道德没有守住自己的界线。我们在这里也发现，这样的行为从后果主义的总体后果事态最大化善来看，都可以通过后果主义的道德检验。因此，斯洛特认为行为者的自我牺牲都是反后果主义的，这一结论是不正确的。② 我们认为，人类在巨大的灾难面前，或者是在只有两害相权而不得不取其轻的前提下，日常道德才认可这样的无辜者的牺牲。在这样的前提下，日常道德与后果主义是一致的。但是，如果把这样的条件任何扩大，而认为在任何条件下都可以这样来思考，可以后果主义的原则来要求，则无疑是不正确的。在一定的条件下，后果主义必然受到日常道德要求的限制。尽管如此，我们仍然认为斯洛特对于日常道德特性的这一发现，在当代对于日常道德与后果主义的讨论中是一个重要贡献。

---

① Michael Slote, *Common-sense Morality and Consequentialism*, Routledge & Kegan Paul, 1985, p. 15.

② 斯洛特为什么会得出这样的结论？笔者认为，这同他这本书的基调有关，因为他所要批评的就是最大化后果论的后果主义或行动功利主义，而他所提倡的则是次最大化的后果主义。这个问题我们在后面相关章节再讨论。

第三节 无责备的过错

帕菲特通过对"无责备过错"的分析,提出了后果主义与日常道德之间的冲突的深刻性。在帕菲特看来,这种冲突表明了人性与后果主义的不相容性。帕菲特的观点激起了人们的讨论。

一 克莱尔问题

"无责备过错"是帕菲特提出的与后果主义相关的一个概念。帕菲特所持有的关于日常道德的观点与斯洛特相反,他认为持有日常道德信念的人总是把自我利益置于首要地位。在帕菲特看来,日常道德对于人们的道德意识有着根深蒂固的影响,然而,如果人们又有着一定程度的后果主义信念,那么就会产生这样"无责备过错"的问题。也就是说,无责备过错的产生在于我们的行动动机不可能全部都来自于后果主义的信念。如果我们的行动都来自于后果主义的信念,从后果主义的评价标准来看,我们的行动没有过错。但是,我们大多数人的动机组合中不可能全部都是从后果主义标准来看最好的行动,符合从中立的观点看的总体善的后果的动机。如果我们只是部分地接受了后果主义的价值标准,那么从后果主义的标准来看,我们有时会将我们的行动后果弄得很糟。帕菲特通过假设的克莱尔(Clare)案例来说明这一概念。第一个案例是:

> 克莱尔要么会给她的孩子某种利益,要么给某个不幸的陌生人更多一些利益。因为她爱她的孩子,所以她把利益给了孩子而不是那个陌生人。[①]

在帕菲特看来,我们每个人都有对自己孩子的强烈的爱,假设克莱尔像大多数人一样,其最好的动机中是对自己孩子的爱的动机。克莱尔作为一个母亲,可能不仅看重自己孩子在道德上得益多少,而且看重他们是否

[①] [英]帕菲特:《理与人》,王新生译,上海译文出版社2005年版,第46页。

得于他们自己的父母。同时，她作为一个后果主义者，她可能认为她对孩子的爱会使得结果更好。即使如此，她还会认为，由于她未能帮助那位她能给予帮助的陌生人，结果会变得更糟。"她可能会相信她是在错误地行动。而且这个行动完全是自愿的。只要她想，她本来能够避免做她所相信是错的事。她未能如此做只是因为，与想要避免做错相比，她更想要有利于她的孩子。"①

　　帕菲特的这个案例非常典型地反映了日常道德与后果主义道德的冲突。值得指出的是，帕菲特在自己的行文中没有说像克莱尔这样的案例反映了后果主义与日常道德观的冲突。但他所举的克莱尔对自己孩子的爱和这种爱对她的动机所起的作用，恰恰是日常道德观念所起作用的表现。因此，在帕菲特看来，即使是一个后果主义的信奉者，也不可能没有日常道德的信念。如果是这样，问题就来了。我们可能有两种动机，一是按照日常道德所要求那样的，从行为者中心出发，进行行为选择；二是按照后果主义的道德要求，从不偏不倚的中立的观点出发，进行行为选择。然而，如果我们按照日常道德的要求进行了行为选择，但我们作为一个后果主义者，则会产生一种做错事的感觉。帕菲特对此在《理与人》书中有着很长的讨论。如果某人自己自愿地做了自己相信是错的事，那么通常会面临着严峻的道德批评。可克莱尔会认为自己应当承受这样的批评吗？帕菲特认为克莱尔会为自己辩护。克莱尔会说："我之所以做错，是因为我爱我的孩子。但是，如果造成自己失去这样的爱，对我来说是会错的。坏结果是结果系列中的一部分，从总体上来说，是最好可能的后果系列中的一个。因此，对我们来说，改变我的动机以便未来不会再以这种方式错误地行事，这将是错的。既然如此，当我的确以这种方式做错时，我无须把我自己当作道德上坏的。"② 而这也就是所谓"无责备的过错"，即虽然是做错事了，但并没有值得指责或批评的地方。而之所以会被认为仍然是做错了，这是从后果主义的最大化后果的价值标准来看的。如果从日常道德的标准来看，偏爱自己的孩子这并没有错。因此，从日常道德的标准看，这

---

　　① ［英］帕菲特：《理与人》，王新生译，上海译文出版社 2005 年版，第 47 页。
　　② Derek Parfit, *Reason and Person*, Oxford University Press, 1984, p. 32. （说明：对于帕菲特的《理与人》的引文，笔者参照着中文译本来进行，即如果笔者认为中文译本比较适当，则采用中文译本的译文；如果笔者认为可能更好地表达原文，则直接从英文原著译出。）

是无可指责的。并且这里值得指出的是,克莱尔的辩护说,这是总体上最好的可能后果系列中的一个,怎么理解这里的意思?这样讲无疑是从后果主义的标准来看,换言之,有了这样一种错误的选择,因而从一次性行为来看这是做了错事,但从总体上看则是好事。但这里的"总体",是克莱尔站在自己家庭的立场上来看问题,而不是从因此对陌生人产生的后果来看问题。但是为什么不是说,这是最好可能后果系列中的一次错误行为?或者是因为一次错误行为而使得产生了总体系列的最好后果?我们认为应当是后者。这是因为这样讲时虽然是从总体上看,即是从后果主义的标准来看它对克莱尔家庭的后果;因此讲这是可能最好后果系列中的一个,这里的"最好"是从日常道德的标准看。这是因为,克莱尔将其有限资源用在自己的孩子身上而不是陌生人身上,由此导致的不仅是自己的孩子受益,而且使得自己的家庭受益,并且使得自己的长辈更快乐。在这个意义上,即这次错误的行为产生了一系列好的后果。但我们认为,这样讲实际上仍然是从日常道德出发进行判断,而不是从不偏不倚的后果主义立场上进行判断。因为如果从后果主义的立场进行判断,则需要我们从那个没有得到援救的陌生孩子的不幸来进行判断,而不是仅从克莱尔的家庭得益来进行判断。

帕菲特还从心理动机的角度进行了讨论,即克莱尔有着很强的对自己孩子爱的心理动机,从日常道德的观点看,这是她的最好动机,正因为她有了最好的动机,因而不可避免地导致她做了她认为是错的事。而如果她是一个纯粹的行善者(在后果主义的最大化后果意义上),她就不会做她相信是错的事。她是因为有着最好的行为动机组中的某一个,因而不可避免地去做了错事,她不是一个纯粹的行善者,从而有另一套行为动机使她难以不以这种方式去行事。但要改变她的动机不以这种方式行事,那也错了。如果她成了一个后果主义者,那么从日常道德的观点看,就比从日常道德的动机所做的错误更糟。换言之,她这样做错了,不这样做也错了。这两个"错",前一个从后果论意义上讲;后一个从日常道德意义上讲。帕菲特说:"既然如此,当我这样行动时,那我只是做了道德上轻微的(in a very week sense)的坏事。"① 然而,什么是"最好的动机"从而不可

---

① Derek Parfit, *Reason and Person*, Oxford University Press, 1984, p. 33.

避免地做了错事？实际上，所谓"最好的动机"，指的是从日常道德的观点看的动机，而之所以爱自己的孩子成为"最好的动机"，这仍然是站在日常道德所代表的价值系统来看问题。其次，一种价值观成为人们的动机，也就意味着人们内化了这样的道德价值，人们往往是把其内化了的价值系统看作更大的价值或更为肯定这一价值。当人们面对其他没有被他们所认可的价值时，无疑会从道德上倾向于自己所内化的价值或价值系统。佩蒂特和史密斯说："有了正确的行动是这样的行动：这一行动比其他行动有更大的价值，对于某人而言正确的动机系统这样的动机系统，他所拥有的动机系统比还没有拥有的动机系统有着更大的价值；对于某人而言正确的那套规则，是内化了的规则，这套规则比那没有内化的规则有更大的价值。"① 实际上问题比这还严重，即没有被内化的价值或价值系统也可能是与自己所内化了的价值或价值系统正相反对的价值。并且实际情况可能更复杂，即人们更多地内化了某种价值或价值系统，但对于其他价值或价值系统，则只是多少内化了一些，因而在自己身上就可能有两类价值或价值系统，只不过其中有一类他或她看得更重一些；而另一价值或价值系统他或她看得更轻些。并且往往他或她对此是不自觉的，他或她并没有意识到自己内部存在着这样的价值冲突。日常道德是一套价值系统，后果主义是另一套价值系统（当然我们的分析并不认为这两者是完全反对的），当人们内化了日常道德的价值和规则，无疑也就把从日常道德规则的动机看作最好的动机，但是由此带来了不可避免的错事，这一错事不是从日常道德的价值来看的，而是从后果主义后果最大化标准来看的。然而克莱尔仍然是站在内化了的日常道德标准来看问题（这是她内化为动机系统的价值规则），但由于她还有点向往后果主义的后果最大化的道德（她不是纯粹的行善者，也就是说她不是完全的后果主义者，不会完全站在后果主义的不偏不倚的立场上看问题），因而认为这是有点错了，只是"轻微的"错事。

帕菲特以另一个案例继续推进他的讨论。这第二个案例是：

---

① Pettit, Philip and Smith, Michael, "Global Consequentialism", Brad Hooker, Dale E. Millerand Elinor Mason（eds.）, *Rules and Consequences: New Essays in Rule Consequentialism*, Edinburgh: Edinburgh University Press, 2000, p. 121.

克莱尔要么会救她的孩子，要么会救数个陌生人的命。因为她爱她的孩子，她救了她的孩子，但那些陌生人都死了。①

帕菲特提出问题，克莱尔还会认为她这样做，这是无责备的过错吗？她还会认为这些人的死亡是最好可能后果中的一部分吗？如果克莱尔不爱她的孩子，本来会使结果更好，这是从陌生人的角度看。但从她的孩子的角度来看，如果她救陌生人，她的孩子因此而死，这只能使她的孩子和家庭更糟。但是，站在一种不偏不倚的观点看，她本来可以救更多的人，这个好结果超过了坏结果（从救人的数量上看），从总体上说更好。在这里我们进一步看到日常道德与后果主义的道德要求之间的冲突与困境。从日常道德的要求来看，不爱自己的孩子是应当受到责备的，而以这样的情景为例，不救自己的孩子而去救别人，应当也会受到责备。但是，从后果主义的最大化要求来看，无疑这使得结果很糟。不过，帕莱尔设想克莱尔会这样回答："我没有什么理由相信，我对我的孩子的爱会有如此坏的结果。我任由我自己爱我的孩子在主观上是对的。而造成自己失去这样的爱是会受到责难的，或者从主观上说是错的。当我救我的孩子的命而不是那些陌生人时，我是在按照这样一组动机行动，如果我使自己失去这组动机的话，会是错的。这足以证明我的这样一个主张的正当性，就是当我以这种方式行动时，这是一个无过之错的情形。"② 所谓"无过之错"，即为无责备过错。应当看到，当克莱尔说她主观上是认为自己这样做对了，这样讲是在为自己从日常道德出发进行辩护，即她的"主观"恰恰是从日常道德上讲的，她的"主观"为日常道德所占据。如果一个母亲任自己的孩子失去生命而救他人，这对于一个母亲的本能或直觉来说都是不应该的。因此，在这样一种道德冲突面前，克莱尔选择救自己的孩子无疑应当受到日常道德的辩护。一个后果主义者可能会这样回答："当克莱尔知道她能救那些陌生人，因而对于她不能爱她的孩子这并不是主观上的错误。如果她救那些陌生人，那应当是对的。"③ 换言之，后果主义者认为没有救那些陌生人，恰恰是主观上的错。因此，所谓"主观"实际上是看你站在什么立

---

① ［英］帕菲特：《理与人》，王新生译，上海译文出版社2005年版，第48页。
② ［英］帕菲特：《理与人》，王新生译，上海译文出版社2005年版，第49页。
③ Derek Parfit, *Reason and Person*, Oxford University Press, 1984, p. 33.

场或持有什么观点（看你内化了什么价值或价值系统）。在克莱尔看来，她不可能失去她的爱，但她也应当认识到人们常常改变动机（在帕菲特看来，即使是克莱尔完全接受了后果主义的价值标准和要求，也不可能不爱她的孩子吧？）然而她认为，对她孩子的爱是最深的动机，要她改变是困难的。因此，要她失去对孩子的爱，这对她来说是一个错误。"如果我努力改变［动机］，但不成功，那些陌生人也死了。而他们死了，我的动机的这个改变使得结果更坏。"① 帕菲特认为克莱尔的这个回答实际上是诉诸一定的事实假设。这个假设是说即使我改变了我的动机，但如果不成功，那这个结果比她没有改变动机更坏。然而，帕菲特认为，如果克莱尔是一个纯粹的行善者，即没有受到日常道德的干扰，而是一个百分之百的后果主义者，那么其总体后果会使结果更好。但从日常道德的观点看，虽然总体效果即多救几个陌生人比只救自己的孩子好，可是失去孩子这样一种后果则对于克莱尔的家庭来说是很糟糕的事。因而，在想到自己为了救自己的孩子而失去了救更多陌生人的机会，从而使得陌生人失去了生命，这确实是错误的，但由于使得自己的孩子得救，因此这是一种无责备的过错，即虽然是过错，但保住了自己的孩子，因而是无责备的。

　　帕菲特认为，鉴于人性的事实，纯粹的后果主义的行善动机并非因果上可能的。帕菲特说："既然克莱尔爱她的孩子，那么她会救孩子而不是几个陌生人。我们可以设想每当他人的生命处于危险之中的时候我们对我们子女的爱会'关停'。如果我们都具有这类爱的话，这会使结果更好，这或许为真。如果我们都给拯救更多人的生命以这样的优先权，我们对我们子女的爱会不得不'关停'的情形就会为数不多。因而这种爱会像现在一样多。但是，我们的爱会像这个样子事实上是不可能的。我们不会进行这样的'微调'。当我们孩子的生命遭受威胁的时候，我们对子女的爱不会仅仅因为数个陌生人也受到威胁而关停。"② 帕菲特这样说，是明确地告诉我们，日常道德与我们的人性有着内在关联，而后果主义最大化后果的道德标准，则与我们的人性不符，或者说，后果主义最大化好（善）的道德要求超出了我们的人性要求。然而，这种超人性的是比人性更好的要

---

① Derek Parfit, *Reason and Person*, Oxford University Press, 1984, p. 34.
② ［英］帕菲特：《理与人》，王新生译，上海译文出版社2005年版，第49—50页。

求吗?

二 帕菲特的概念有问题?

帕菲特"无责备过错"的说法激起了人们的批评。帕菲特还指出了"无责备的过错"的心理特征就是将过错与懊悔之间的连接切断。一般而言,过错与懊悔之间有着内在联系,如果某人认为自己做错了,她会感到懊悔。但是,无责备的过错则没有这样的特征。不过,帕菲特认为,后果主义一般不打破一个行动是错的这一信念与谴责和懊悔之间的链接。即如果人们确实是一个完全的后果主义者,那么对于其不符合后果主义的最大化要求的行为后果,仍然会有懊悔。而之所以会使过错与责备之间的联系切断,在于人们虽然从后果主义的道德要求看是过错,但却可从心理上找到安慰。然而,这样一种"无责备的过错",并非由于其后果主义的道德信念,而是由于其日常道德的信念。因而所谓"无责备过错",实质上是在两种道德观之间进行跳跃。马逊说:"帕菲特称之为'无责备过错'的东西,即正确的动机可能导致错误的行动。而我认为,这是一个错误的概念。"[①] 他认为"无责备过错"的概念"依赖于孤立地评价行为的不同方面,但事实上不可能是这样的,对于后果主义的评价聚焦点,只有一种合情理的说法"[②]。不过我们认为,帕菲特的"无责备的过错"并非孤立地从行为的某个方面来进行评价,所谓"正确的动机",如爱自己的孩子;而所谓"错误的行动",在克莱尔的案例里,指的是没有救陌生人等,之所以无责备,是从日常道德的要求来看的,但从后果主义来看这是错误的。如果换成克莱尔主要有后果主义的动机,无疑会有救更多的人即陌生人的行动。但从日常道德的观点看,因此没有救自己的孩子这可能更错。换言之,如果从日常道德的观点看,如果没有救自己的孩子而救了陌生人,就是可责备的过错。马逊借助于佩蒂特和史密斯的观点说,如果某人已经内化了某套价值观,那么相较没有内化的那些价值观,无疑更为看重

[①] Elinor Mason, "Against Blameless Wrongdoing", *Ethical Theory and Moral Practice*, Vol. 5, No. 3, 2002, p. 287.

[②] Elinor Mason, "Against Blameless Wrongdoing", *Ethical Theory and Moral Practice*, Vol. 5, No. 3, 2002, p. 288.

那套内化了的价值观,并且在评价上给予更多的偏重。[1] 换言之,站在我们已经接受了的道德价值观的立场上来看待我们的行为选择,那么就没有帕菲特所说的那种"无责备的过错"。如果确实是动机导致的错误,也就是真正的错误,而不是无责备的过错。我们也赞同佩蒂特和史密斯的这一观点。但如果人们有一套已经内化了的价值规则,如日常道德的价值规则,同时也赞同最大化标准的后果主义价值(或者说,也多少接受了后果主义,但并没有像日常道德那样深入到你的内心深处),那么我们该怎么评价他呢?按照帕菲特的说法,如果不是一个纯粹的行善者,但确实又赞同后果主义的后果最大化道德标准,那么我们该怎样行动呢?不过,马逊实际上是赞同了帕菲特的动机与后果不一致的观点。因为帕菲特认为是克莱尔好的动机(爱自己的孩子)导致了不好(有错)的直接后果。在这方面,马逊比帕菲特走得更远。他认为,动机是独立于后果的,即好的动机可能不会有好的后果,而坏的动机也可能会有好的后果。马逊举例说,某个坏人阻止我工作,却因此而救了我的命(因为那天恰好发生了爆炸案)。但我们一般倾向于不赞扬那个坏人。他还举例说:"想象一个动机后果主义者告诉你,有导致最好后果的动机。安格拉是一个非常邪恶和懒散的人。她非常努力地改进她的动机,但她失败了,其结果是非常坏的。她想变好些的半心半意的企图涉及其他与她相关的人,而她随后的倒退则是痛苦和毁灭性的。然而,她本来可以就是她原来那个样子。这几乎不可能说,如果她仍然是原来的好?其他人或者忽略她,知道她不可改好,或者把她看作一个有教益的例子。所以,她常识性的坏的动机就有了好的后果。因此,没有一个后果主义能够与这个观念相容:动机独立于它的后果,而常识道德有这个观念。"[2] 这里的"常识道德"即为日常道德。安格拉想变好的动机失败了,结果使得她更糟,这不仅对她自己是如此,对她周围的人来讲也是如此。因为人们如果以一种善意来看待她的话,所有人都会犯错误。但是,如果她不想变好,人们反而会用一种警觉的心态来

---

[1] Pettit, Philip and Smith, Michael, "Global Consequentialism", Brad Hooker, Dale E. Miller and Elinor Mason (eds.), *Rules and Consequences: New Essays in Rule Consequentialism*, Edinburgh: Edinburgh University Press, 2000, p. 121.

[2] Elinor Mason: "Against Blameless Wrongdoing", *Ethical Theory and Moral Practice*, Vol. 5, No. 3, 2002, pp. 294 – 295.

与她交往，这样对于大家来说都是好事。因此，在马逊看来，就不存在帕菲特所说的那种因为"最好的动机"（爱自己的孩子）只能做最好后果的事的问题，因为好的动机往往也可能导致坏的结果。初看起来，马逊的这个例子确实很有力量。不过，我们应当看到，在正常情况下我们还是认为好的动机一般产生的是好的后果，坏的动机产生的是坏的后果。并且，安格拉这里的个案与帕菲特所说的并非一回事。帕菲特不是在说好的动机有了坏的后果，或坏的动机会有好的后果，帕菲特是在两种似乎不相容的价值或价值系统之中来讨论动机问题，并且以一种不同的价值立场来看待来自于另一种价值动机的结果。帕菲特之所以这样说，是因为他将日常道德的动机与后果主义的后果最大化标准放在一起，才可能得出这样的说法。换言之，帕菲特本来所持有的是动机与后果相分离的观点，而不是马逊所持有的与动机相关的观点。马逊的观点是，尽管动机与后果可能是不一致的，但那是从那个特定动机所引发的。但帕菲特则是从不同的立场来进行动机与结果的评判，即他从日常道德的观点来评判动机，而从后果主义最大化好的观点来评判后果，从而才得出动机与后果不一致的判断。

我们再回到帕菲特的相关论点。帕菲特认为，由于后果主义道德处于与日常道德的冲突之中，而日常道德又如此密切地与我们的人性相关联，从而后果主义道德是间接的自我挫败（indirectly self-defeating）。对于何为"自我挫败"，帕菲特有这样一个定义："如果当几个人力图达到他们的T设目标，而达到这些目标却将会更糟这一点为真时，我们称T是间接地集体性的自败的。"① 这里的"T"指的是某种理论，T设目标，也就是理论所设的目标；T设目标，也就是说后果主义的最大化善的目标。所谓"集体性"，也就是说后果主义应用到众多人的时候，会发生这样的挫败，而不仅仅是他所举的克莱尔的案例。当然，这样讲也意味着实际上后果主义应用到某一个人身上就已经自我挫败了；而应用到更多人身上，那就是集体性的自我挫败。克莱尔的两个案例表明，如果人们不是纯粹的行善者即不是纯粹的后果主义者，也就是自己仍然受到日常道德的影响或支配，那么按照后果主义的最大化善的道德标准来要求自己，即使是实现了后果主义的最大化善的要求，如果这一要求与日常道德的要求相冲突，人们仍

---

① [英]帕菲特：《理与人》，王新生译，上海译文出版社2005年版，第39页。

会认为自己因此做了错事。这就是帕菲特所说的"自我挫败"。

帕菲特把后果主义看作自我挫败的理论，也激起了人们的批评。格内泽斯凯（Gruzalski，Bart）说："假如我们知道纯粹的行善，比我们有另一套动机将导致更坏的结果，那么，'后果主义告诉我们，使我们自己成为一个纯粹行善者或继续做一个行善者是错的。因为后果主义以它的术语提出了这个主张。后果主义不谴责它自己。'这似乎意味着，行动功利主义并不是自我挫败，即没有我们要施行的行为——就后果主义的理由而言，这个行动是错的。"① 格内泽斯凯这段话中的引号部分，是帕菲特在《理与人》中说的，即他引帕菲特的话指出，从后果主义的行动理由出发，它并没有要我们履行那从后果主义最大化后果要求来看是错误的行动（行为），因此后果主义并没有自我挫败。

格内泽斯凯对帕菲特的克莱尔案例进行分析。克莱尔因为爱她的孩子，做了有益她孩子的事，而不是那些不幸的陌生人，如果她使那些不幸的陌生人受益，其行动将在后果上受益更多。让我们沿着帕菲特的思路假设，这样的行动后果更坏。这是总体意义上的后果更坏吗？或者是这个后果是对她的孩子而言和对于不幸的陌生人来说，是直接后果更坏？既然就前者而言的行动结果包括了全部的后果，那么这个问题也就与后果主义相关。因为后果主义不仅要求直接后果的好，而且要求总体后果的好。帕菲特告诉我们，坏的后果是总体最好后果中的一部分。即虽然这个后果（直接后果）坏，但从总体上来看是好的。"帕菲特所给出的重要理由是，克莱尔爱她的孩子的性情使得她这样做，而如果她不爱她的孩子到了相当的程度，她就会改变她的动机，而其结果将是总体上的更坏。"② 格内泽斯凯指出，帕菲特的这个论证是以动机与后果的分离为前提，即在帕菲特看来，可以进行动机与后果的分离描述。实际上，克莱尔如果真的能够改变她的动机，即使她的行动有益于一些陌生人（直接后果好，因为所受益者比自己的孩子更多些人），真的是总体后果更坏吗？帕菲特所说的总体后果更坏实际上是从克莱尔自己的家庭来看的。因此，这里就有两种后果，一是对自己家庭的后果；二是对那些陌生人以及他们家庭的后果，而这是

---

① Bart Gruzalski, "Parfit's Impact on Utilitarianism", *Ethics*, Vol. 96, No. 4, July 1986, p. 772.
② Bart Gruzalski, "Parfit's Impact on Utilitarianism", *Ethics*, Vol. 96, No. 4, July 1986, p. 773.

帕菲特没有明言的。

其次，格内泽斯凯指出，在帕菲特对克莱尔的性情的讨论中，帕菲特倾向于认为克莱尔爱她的孩子这一性情是不可改变的，格内泽斯凯认为，克莱尔有这样不可改变的性情，从而使她不可能选择以别的方式行动，从而这是非自愿的。这就像某人有身体性的习惯动作一样，其动作往往是不自愿的。格内泽斯凯指出，帕菲特假定克莱尔的行动动机是既定的，"因而是因果性地不能有其他行动"①。换言之，克莱尔是因为有爱她的孩子的动机（这是行动的原因），因而不可能不那样行动。格内泽斯凯则认为："这个假定则意味着，克莱尔没有错误的行动，因为她的行动是非自愿的。"② 自从亚里士多德以来，就把非自愿的行为（行动）看作并非需要行为者承担道德责任的行为。换言之，如果行为是非自愿的，那意味着我们不可以"对"或"错"来评价她的行动。那么什么是"非自愿"？亚里士多德把非自愿区分为两类：一是强制，二是无知。什么是强制？亚里士多德说："总的说来，就是行为的原因在行为者之外的那些事情中，而对此行为者是无能为力……强制就是始点在外的东西，被强迫者对此无能为力。"③ 在亚里士多德看来，像在大海中航行，风把船吹得偏离了航向；像暴君将某人的父母作人质，而逼迫该人去做罪恶之事，这都是非自愿的。在这个意义上，强制也就是人的自主意志无法进行合乎自己意愿的选择。另外，亚里士多德指出出于无知也是非自愿。这是说，如果行为者能够知道或掌握了相关信息，那么行为者就不会那么去行动。亚里士多德说："出于无知的行为，任何时候都不会自愿，然而只在引起痛苦和悔恨时才是非自愿的。一个人由于无知而做了某件事情，但对于这种行为并无内疚之感，这就不能说是出于自愿。然而又不能由于他无所知算做非自愿，因为他并不对此感到痛苦。那种出于无知的行为带有愧悔之感的称为非自愿，而那没有愧悔之感的，是另外一种，让我们姑且称之为并不自愿吧。"④ 亚里士多德在这里把出于无知的行为又分为两种，或是非自愿，或

---

① Derek Parfit, *Reason and Person*, Oxford University Press, 1984, p. 32.
② Bart Gruzalski, "Parfit's Impact on Utilitarianism", *Ethics*, Vol. 96, No. 4, July 1986, p. 773.
③ ［古希腊］亚里士多德：《尼可马科伦理学》，苗力田译，中国社会科学出版社1999年版，第46—47页。
④ ［古希腊］亚里士多德：《尼可马科伦理学》，苗力田译，中国社会科学出版社1999年版，第47页。

是不自愿。前者有所愧悔，后者虽然因无知而做了错事但无内疚之感。亚里士多德又区分了"出于无知的行为"和"无知者"。在他看来，一个喝醉了酒的人和一个盛怒的人所做的事，都不应被认为是无知者的行为，但可看作在某种情绪状态下的"无知"。然而，像恶棍的行为不是由于无知吗？亚里士多德认为，所有恶棍都是不知道他们什么应该做，什么避免去做，因而犯了不义之罪并成为恶人。但亚里士多德认为，我们不应当把这种情形看作非自愿的情形，这是某些人对于什么是善和恶的整个的无知。这种普遍的无知是应遭到谴责的，而不是可以原谅的无知。因此，不是普遍的无知，而是个别的无知。"不知道行动的环境和对象，所以可以谅解和怜悯。一个对这一切都不知道的人，自然非自愿而行动。"① 所谓"对这一切不知"，是说对于行动的具体环境和对象信息而言。换言之，像恶棍这样的无知是不可饶恕的无知，并不在有缘由可以原谅的不自愿之列。

然而，当格内泽斯凯说克莱尔是"非自愿"的行动时，其非自愿并非在亚里士多德所讨论的这两种情形之中。那么这是怎么的非自愿呢？他说："假如克莱尔由于她的性情而不能有不同的行动，那么，她的行动既不是对的，也不是错的。这正如一个雪球要打到她的头上，她迅速低头一样，这个迅速低头的动作既不对也不错，假如她不可能做别的动作的话。所以，她有益于她的孩子的行动既不是对的也不是错的，因为这是非自愿的。"② 由于有个雪球即将打到头上，因而她必须迅速低头避开，这是没有办法选择的。而由于克莱尔有着如此深的爱她的孩子的性情或动机，因而她不可能选择以别的方式行动。换言之，这两者都是"非自愿"。在当代哲学中有一种内在性情决定论，即内在性情决定了人们的行动，从而对于具有某种性情的人来说，是没有别的选择可言，或者说，她或他的行动是被决定了的，因而是非自愿的。伯林在那些人们不得不做的错事意义上讨论了对这样的行为不进行道德谴责的问题。伯林说："人们常常并不谴责（视为'错误'）行动者不得不做的事情（如，布恩刺杀林肯，就是假定他不得不选择这种行为，或者不管他选择不选择，他都得这样做）。或者，

---

① ［古希腊］亚里士多德：《尼可马科伦理学》，苗力田译，中国社会科学出版社1999年版，第47页。

② Bart Gruzalski, "Parfit's Impact on Utilitarianism", *Ethics*, Vol. 96, No. 4, July 1986, p. 774.

怀特至少认为,对人的被因果性地决定的行为进行谴责是不厚道的。"① 换言之,为人的内在性情所决定的行为,即使是错误的行为,也不是应当谴责的,因为不是自愿选择的行为。因此,当代哲学发展了一种新的非自愿或不自愿的观念。伯林是在对怀特相关观点的讨论中提出自己观点的。怀特讨论了这样的"错"的行为意味着什么,如值得谴责或应受谴责的问题。但伯林以一个偷窃狂的例子来质疑怀特,他说:"我仍怀疑当怀特遇到一个偷窃狂时会不会这样想:对于这个人,有理由这样说:'的确,即使你知道这样做不对,你也没有办法选择不偷。但是你还是不应该这样做。的确,你应该选择控制这样做。如果你继续这样做,我们将不仅判断你为做错事者,还说你应该受到道德谴责。不管这种说法能不能阻止你,在所有场合你都应该同样受到谴责。'也许怀特没有感觉到不仅仅在我们的社会,而且在任何一个诸如此类的道德词汇有意义的社会里,这种方法都有严重差错?或者,他是否认为这个问题是提问者道德想象力不充分的证据?因为人们不得不这样做而责备他们,这仅仅是欠厚道、欠公平,还更像残忍、不公和非理性?"② 在这里,伯林批评怀特将人的内在性情所决定的错误行为看作可以进行道德谴责的行为,在伯林看来,这样的行为并非自我选择的行为,因而并非是应当承担道德责任的行为。这与我们所讨论的克莱尔案例情形相似。因为帕菲特假设,克莱尔爱她的孩子到这样的程度,以至于在这样的情形下她不可能以别的方式行动。因此,格内泽斯凯认为这是非自愿的行为。对于非自愿行为,正如伯林所说:"如果你向一个在酷刑下不得不背叛自己的朋友的人说不应该这样、这样的行为在道德上是错的,虽然你相信处在他这种情况下不得不选择他现在的所作所为,那么,如果硬要你回答,你能为你的判断提供理由吗?"③ 伯林在这里把外在强制的非自愿与内在性情倾向导致的不能选择性等同起来。格内泽斯凯也强调,克莱尔有这样不可改变的性情,从而这是非自愿的。这就像某人有身体性的习惯动作一样,其动作往往是不自愿的。"假如克莱尔由于她的性情而不能有不同的行动,那么,她的行动既不是对的,也不是错的。这正如一个雪球要打到她的头上,她迅速低头一样,这个迅速低头的

---

① [英]伯林:《自由论》,胡传胜译,译林出版社2003年版,第14页。
② [英]伯林:《自由论》,胡传胜译,译林出版社2003年版,第15页。
③ [英]伯林:《自由论》,胡传胜译,译林出版社2003年版,第15页。

动作既不对也不错，假如她不可能做别的动作的话，所以，她有益于她的孩子的行动既不是对的也不是错的，因为这是非自愿的。"① 格内泽斯凯也举了艾耶尔所说的"偷窃狂"的例子来说明他的观点："艾耶尔的例子是'在行窃方面，一个偷窃狂不是一个自由的行为者，因为他没有任何进行决定的过程……或者，宁可说，如果他有这样一个过程，也是与他的行为不相干的。不论他决定做什么，他总是在偷窃。'艾耶尔的结论是，偷窃狂不是在自愿地行动，假定这是他的性情，他总是不考虑他的决定而偷窃。"② 换言之，帕菲特的克莱尔就像这个惯偷一样，受到内在性情的支配。而非自愿的行动是不能进行道德评价的，即既不是对的行为，也不是错的行为。格内泽斯凯的结论是，后果主义（他称之为"行动功利主义"）并不是自我挫败。帕菲特的克莱尔的案例并不是这种情形：一个行为为一个性情所引发，这是为一种动机理由所支持的，但其结果在后果主义的意义上是错的。③ 因为这样一种为性情所引发的行动，没有这样一种道德性质。我们认为，格内泽斯凯的这一分析有一定的合理性，并且这样的论证有着当代哲学宽广的支持者。然而格内泽斯凯把克莱尔对自己孩子的爱像是那个惯偷一样，是一种精神强迫症的表现，则是我们不能同意的。这是因为，人们对自己孩子的爱并非一种精神强迫症，而是一种深厚情感。因而这是不可同日而语的。我们认为，帕菲特的这个案例只是表明了日常道德与后果主义的道德标准的冲突，并且这样一种冲突在日常道德观念深厚的世俗生活中是难以解决的。

---

① Bart Gruzalski, "Parfit's Impact on Utilitarianism", *Ethics*, Vol. 96, No. 4, July 1986, p. 774.
② Bart Gruzalski, "Parfit's Impact on Utilitarianism", *Ethics*, Vol. 96, No. 4, July 1986, p. 774.
③ Bart Gruzalski, "Parfit's Impact on Utilitarianism", *Ethics*, Vol. 96, No. 4, July 1986, p. 776.

第四章　总和后果最大化

后果最大化好（善）是以边沁、密尔为代表的古典功利主义的基本理论组成部分。① 当代后果主义继承了古典功利主义的后果论，从而也将后果最大化好（善）作为它们的最基本的理论主张。怎样理解后果最大化？后果最大化可以从某次行动选择的角度看，也可以从不同行为的总和（aggregation，又译为"聚合""累加""集合""总数"）或相关不同人以及社会总体人口的总体（累加）总和的角度看。在功利主义的意义上，为"总和"加总的东西又可被称为"总体功利"（total utility）。当代后果主义的理论渊源是古典功利主义，当代后果主义侧重古典功利主义中的个人行动（行为）的后果，但总和后果仍然是后果主义讨论的问题之一。

第一节　总和后果最大化的诠释以及批评

后果最大化好（善）从概念上看是一种量的观点，不过这一观点主要表现在边沁那里，因为密尔持有一种后果意义上的质的观点，当当代后果主义强调后果最大化好时，也就是回到了边沁，而不是密尔的基本主张上。当然，当代后果主义并非像边沁那样是一种快乐主义的后果论，而是一种在所有事态意义上，强调后果的最大化好（善）。这种后果最大化可

---

①　一般认为，古典功利主义以边沁、密尔为代表，西季威克是最后一位古典功利主义者。因此，也可以把西季威克看作古典功利主义的代表人物。如罗尔斯就把西季威克的重要著作《伦理学方法》看作古典功利主义一个总结。当代行动功利主义也认可古典功利主义的总和后果论，关于这一点可参看［澳］J. J. 斯马特、［英］B. 威廉斯《功利主义：赞成与反对》，牟斌译，中国社会科学出版社1992年版。

从一个行为，或行为总体意义上看的最大化。什么是行为总体？人类社会最基本的单元是个人，然而在所有社会中生活的个人都处于不同的关系以及不同的群体中。不同的个人结成家庭、处于不同的血缘关系、邻里关系、地缘关系以及不同单位同事关系中，同时，任何一个人类个体也都处于不同的文化传统或民族共同体或政治共同体之中。因而，在这些不同的关系以及共同体意义上，都具有某种由于所有个人行动而形成的总体后果，并且在这之上，还有就全人类意义而言的人类总体。因此，"总体最大化"可以看作某种层次的集体或共同体意义上的最大化，也可以看作人类全体意义上的总体最大化。从总体意义上来讨论后果最大化好，也就是总体后果量上最大化好或总体最大化后果。不过，我们首先模糊这些具体可量化性的"总体"，而仅从概念意义上来讨论。其次，对于具体的总和最大化的讨论，我们往往是在某种具体的群体如一国范围内的总体意义上进行讨论。在当代的理论讨论中，功利主义以及后果主义的总体最大化好（善）同时也是人们批评的目标之一。

一　如何理解总和后果？

古典功利主义的后果论分为两个部分，一是个人行动（行为）的后果及其后果评价，二是聚合性、集体性的后果或后果评价。斯马特的行动功利主义被认为是对边沁的功利主义的继承与发展。行动功利主义或行动后果主义所讨论的主要是一次性行动或行为的后果的善恶好坏，无论这后果是直接后果还是间接后果。古典功利主义的后果论还有另一个部分，即总和后果。所谓"总和后果"，也就是聚合性（aggregation）或就所涉社会成员而言的总体性的后果。就所有相关社会成员而言，总和后果或总和功利是功利主义的一种运用到群体的方法，它区别于运用到个人的功利主义方法。功利主义是一种关于苦乐的幸福原理，从后果意义上讲，功利原理也就是"最大幸福或最大福乐原理"[1]。这个最大幸福原理指两个方面，即个人幸福和共同体的幸福。边沁说："如果利益有关者是一般的共同体，那就是共同体的幸福，如果是一个具体的个人，那就是该个人的幸福。"[2] 还

---

[1] ［英］边沁：《道德与立法原理导论》，时殷弘译，商务印书馆2000年版，第57页。
[2] ［英］边沁：《道德与立法原理导论》，时殷弘译，商务印书馆2000年版，第58页。

说:"不理解什么是个人利益,谈论共同体的利益便毫无意义,当一个事物倾向于增大一个人的快乐总和时,或同义地说倾向于减少其痛苦总和时,它就被说成促进了这个人的利益,或为了这个人的利益。"① 边沁是在"总和"累加意义上谈个人幸福。那么什么是共同体的利益或幸福呢?在边沁看来,它就是个人利益的总和累加。边沁说:"在它确有意义时,它有如下述:共同体是个虚构,由那些被认为可以说构成其成员的个人组成。那么,共同体的利益是什么呢?是组成共同体的若干成员的利益的总和。"② 在边沁看来,就个人利益而言,是苦乐总和;就共同体利益而言,则是所有个人利益的总和。因此,边沁的后果论的观点是聚合后果论观点。边沁功利主义的最大多数的最大幸福原则的方法主要是通过累加(aggregation)而计算总和(total sum)。梯克说:"累加也就是通过结合不同部分[数量]而整合成一个整体(whole)的方法。在伦理学上,有对个人生活进行评估的累加原则,这些原则告诉我们个人生活的不同组成要素如何结合而成为这些个人生活的[总]量的。"③ 古典功利主义就是以这种方法将个人的苦乐等进行累加,进而得出总和。

  边沁的古典功利主义在社会幸福的意义上是总和性的。那么我们怎么才能知道这个总体性的后果呢?罗尔斯在谈到古典功利主义的总和后果时指出,古典功利主义是通过理想的观察者的视域来达到的。罗尔斯假设这个理想观察者是有理性的、不偏不倚地同情观察者。所谓"不偏不倚",即处于一个中立的立场,不会偏袒任何一方,并且他不会因为不偏袒任何一方而使得自己的利益受到威胁。我们还要假设他具有进行观察推理的必要信息,并且具有能够进行合理推理的能力,罗尔斯说:"处在这种地位就使他对受一定社会制度影响的所有人的欲求和满足抱有同等的同情。他以同样的方式响应每个人的利益要求,这个不偏不倚的观察者能够充分发挥他的同情的认同能力来考察每一个受到制度影响的人的处境。这样他就依次设想自己处在每一个人的地位,当他为每一个都这样做了之后,他赞成的强度就由他同情地响应过的满足的净余额来决定。当他巡视完所有有

---

  ① [英]边沁:《道德与立法原理导论》,时殷红译,商务印书馆2000年版,第58页。
  ② [英]边沁:《道德与立法原理导论》,时殷红译,商务印书馆2000年版,第58页。
  ③ Larry S. Temkin, "A 'New' Principle of Aggregation", *Philosophical Issues*, Vol. 15, Normativity (2005), p. 218.

关的各方，可以说，他这时的赞成就表现了总体的结果。"① 假设现在我们对某一团体进行考察，考察的对象有 100 人，理想的观察者将这 100 人一视同仁或不偏不倚地巡视一番，将所有人自身的快乐进行相加，对其自身的痛苦进行减除，这些自身的快乐与痛苦是每人行为者在自己的不同的行动中产生的。在这 100 人中，假设可能有人的快乐指数最高达到了 1000，也有人的痛苦指数最低达到了 - 500，其他人的幸福快乐指数或痛苦指数分布在从 1000 到 - 500 这一维度的不同位置上。现在，理想或公平的观察者对其进行统计，即对这 100 人的幸福指数进行加减，最后总体的幸福指数假设是 3 万。对于功利主义的这一加权总和方法，麦凯勒指出："功利主义是将受益的总和来抵消受损的总和。如果一个人得益而另一个受损，所受益大于受损，那么，根据这个观点，受益在道德上的权重就超过受损。"② 受益者和受损（害）者虽然不是同一个人，但功利主义的加总计算则是无区别地放在一起的。我的幸福和我的痛苦怎么能够与他人的幸福与痛苦等量地进行加减计算？功利主义不考虑这个问题。西季威克说："我们说的最大幸福指的是快乐与痛苦的最大可能的余额，我们说的痛苦指的是与快乐同值的负量，所以在伦理学的计算上这两种相反的量是相反抵消的。"③ 功利主义把快乐也看作某种欲望满足的体现，而把痛苦或受挫看作欲望没有满足或实现的体现。因此，快乐指数的加减结果也被称为"满足的净余额"（net），而这个 3 万的幸福指数也就是一个总和（累加）性的总体后果，或欲望满足的净余额。并且这里的总和或累加是超个人的，或是非个人性（impersonal）的，即是整体和总体的，所达到的这 3 万的幸福指数也就是这个团体目前所有的幸福水平，或这个团体的总和性后果。功利主义不仅仅要求计算总和性后果，而且追求后果最大化，这也就是功利主义的原则："最大多数的最大幸福"，这个最大幸福或最大善，也就是包括了受益与受损两者相抵消的。

一般而言，总和或累加总体后果的最大化是以边沁为代表的古典功利主义（或一般就称之为"功利主义"）对社会总体的最大化善而言。行动

---

① John Rawls, *A Theory of Justice*, Mass., Harvard University Press, 1999, p. 163.

② Dennis McKerlie, "Egalitarianism and the Separateness of Persons", *Canadian Journal of Philosophy*, Vol. 18, No. 2, Jun. 1988, pp. 205 - 206.

③ [英] 西季威克：《伦理学方法》，廖申白译，中国社会科学出版社 1993 年版，第 427 页。

功利主义或行动后果主义也谈总和性的事态后果，但行动后果主义所说的总和性的后果，是指某次行动（行为）或某组行动或行为所产生的总体性后果。总和性的总体后果，指的是所涉及的所有成员的总体性后果。行动功利主义或行动后果主义认为，人们的某一次行为可能并非仅仅是对某个人产生某种后果，而是可能对相关个人都产生某种积极或消极后果。后果最大化与受益或受损的对象数量结合起来，即总和（累加）最大化，应当看到也是后果主义对于某个行为的后果或群体性行为后果的评价标准。如我们所熟知的福特所设计的著名的轨道车（在本书其他地方称为"电车"）案例，即"司机杀一救五"的问题，就是一次性行为的后果总和最大化的问题，而常识一般来说是支持司机的行动的。人们的常识之所以会赞成司机改变电车行驶方向，从而使得那五个正在施工的工人得救，但因此而杀了岔道上施工的那位工人，是因为如果在这两种行动方案的选择面前必须选择一种，那无疑人们会赞成那种可能导致死亡最少或坏结果最小的行动方案。但那些对于这个案例的变体，如医院中的杀一个健康人而救五个需要器官移植的病人，则为人们的常识所反对，这是因为功利主义的最大化后果追求受到了道义原则的拒绝。斯马特谈到一次性的行为对于多个受影响的人和事的多重后果，也可以看作总和性后果。在斯马特看来，人们的行动或行为所产生的后果的影响可能不仅仅是一个人，而且也不可能仅仅是一重性的，如不仅仅是快乐的，也可能是产生的痛苦的后果。如青年男女的一次成功爱情，可能对于当事人来说是快乐，但对于另外想追求其中某一位的来说则是带来了痛苦。因此，总体后果可能是一件复杂的较难计算的后果。斯马特说："如果能够对行动的各种效果指定数值的可能性，我们便能设计某种运用总体境遇的方法。假定能说 X 行动有 4/5 的可能性给史密斯带来吃冰淇淋的快乐，1/5 的可能性给他带来牙痛的苦恼；与此同时，X 行动也有 3/5 的可能性给琼斯带来同情的快乐，2/5 的可能性使他感到嫉妒的不愉快，除此之外，便不会出现其他直接和间接的重大后果。假定 X 外的唯一可选择的行动是 Y，Y 对史密斯无任何效果，但有 3/5 的可能性使琼斯想睡觉，2/5 的可能性使他去散步，除此之外，便不会出现其他直接和间接的重大后果。那么，我们便能说我们所必须想象和比较的总体境遇是，（a）对 X 来说，4 个像史密斯一样的吃冰淇淋的人，1 个像史密斯一样牙痛的人，3 个像琼斯一样的同情的人，2 个像琼斯一样的嫉妒的人，（b）对 Y 来说，3 个像琼斯一样想睡觉的人，2 个像琼斯一样散步的人。"[①] 斯马特说，他这是为了简化，把全部可能后果看作为 1/5 的倍数。实际上，现实中发生的行动后果的总和计算比这还要复杂得多。斯马特设计的案例表明，当我们说后果主义的最大化后果，即行动所产生的后果事态，往往并非单一的，而是需要进行总和计算的。并且这种总和计算，也不总是单向的或一维性的，而是如同快乐与痛苦那样的正反双向的，甚至比正反双向还要复杂。

功利主义的或当代后果主义的行动总和后果，不仅仅是指直接和间接后果，同时也是指行动的遥远后果，或一次行动对个人发展史和人类未来历史的影响。如一个人选择考大学的决定，选择某个男人或女人成为自己的丈夫或妻子的决定，都是对于个人人生具有遥远影响后果的决定。如 1911 年辛亥革命成功，清帝国退出历史舞台，1919 年的"五四运动"，还更有 1921 年 7 月 1 日几个立志改造中国的先觉者成立中国共产党，历史表明了这些近代史上所发生的重大事件对于中国历史进程产生了重大而深远的伟大影响。人生事件和历史事件对于人的一生或相当一段人类历史而言，都会像一个人向水塘中抛掷一块石头，会激起一圈圈的涟漪。但实际上这样遥远的后果到底会有多远？也是难以预测的。如亚当、夏娃的一次行动造成的对于整个人类的世世代代的"原罪"。但这个后果也会终结，因为人类最终会消亡。不过，斯马特说："如果我们有某种理由相信，与人类不复存在相比，每代人会更幸福，我们（在亚当和夏娃的事例中）就不必为不知道行动的遥远效果而忧虑。'池塘涟漪'假定的必要性在于这样的事实：即我们通常不知道遥远的效果是好还是坏。因此，如果我们不假定不去考虑遥远的效果，我们便不知道采取何种行动。实际上，我们常常依据这种假定来采取行动。"[②] 换言之，长远或遥远后果虽然对于某个行动而言是难以预测的，但作为人生行动或历史行动而言，对于一定后果（虽然并非遥远后果）的考虑往往是人们行动时做出决定的依据。

帕菲特举了一个虚构但有真实性的案例：一个共同体面临着在两种能

[①] ［澳］J. J. 斯马特、［英］B. 威廉斯：《功利主义：赞成与反对》，牟斌译，中国社会科学出版社 1992 年版，第 37 页。
[②] ［澳］J. J. 斯马特、［英］B. 威廉斯：《功利主义：赞成与反对》，牟斌译，中国社会科学出版社 1992 年版，第 33 页。

源政策之间做出选择。这两种选择方案至少在三个世纪里都是安全的，但其中一个在更遥远的未来会有某种潜在的危险。这个危险不是别的，就是对核废料的填埋。由于核废料在长达几千年甚至数万年里都有放射性，在遥远的将来会有一些危险。不过，由于几百年甚至上千年都没有发生地震，因此，这在千年间都没有大的危害。然而，假设在多少个世纪后出现了一场灾难，由于地表地质条件的变化，一场地震造成核废料的核辐射泄漏，数以千计的人因此而丧生。我们可以假定，这场核辐射对于那些身受影响的人患下不治之症，使他们将会在不到 40 岁就夺去他们的生命，而这些人本来过着他们值得过的生活。① 由于我们的政策，使得许多个世纪后，数以千计的人丧失生命。因此，如果我们本着对未来人类负责的态度，遥远的后果就并非不需要考虑的后果。

其次，由于总和性后果必然涉及所有有影响的人或人的数量，因此，这也是功利主义和当代后果主义考虑总和性后果的重要方面。功利主义或后果主义对于它的"最大多数的最大幸福"原则可以进行更详细的讨论。从消极方面看，功利主义或后果主义赞成造成损害较小的行动或行动方案。如在 A、B 两个行动方案面前，如果一次行动所产生的损失或损害较小，那么这样的行动就是正当合理的。如我们前所所说的福特所设计的轨道车案例，在可能使一人遇害和五人遇害两种方案面前，功利主义会赞成那造成损害最小的行动方案。从积极方面看，功利主义赞成能够产生更大幸福的行动或行动方案。如果有 A、B 两个行动方案，其中 A 方案能够产生更大的幸福，那么无疑功利主义会赞成 A 方案。斯马特指出，如果两个宇宙，其中一个有 100 万有知觉的存在者，每个存在者都感到同样幸福，另一个宇宙有 200 万有知觉的存在者，每个存在者的幸福感与第一个中的存在者差不多。他认为，他不会对这两者的差别无动于衷，而无疑会偏爱第二个宇宙。如果我们提出，如果在 200 万知觉的存在者群体中有一个感到不幸福，而在那 100 万有知觉的存在者群体中则个个都感到幸福，那么斯马特将倾向于认为哪个群体更幸福？他没有提出这样的问题。不过，斯马特在这里为我们解释了功利主义或后果主义的"最大多数的最大幸

---

① 参见［英］帕菲特《理与人》，王新生译，黄颂杰校，上海译文出版社 2005 年版，第 531—532 页。

福",即更大多数的幸福是功利主义所偏爱的。虽然斯马特没有像我们那样提出问题,但他还是认为,最大多数如果是全部,那么,功利主义无疑更为偏爱。斯马特设想了两个人数相当的群体中人们的幸福情景的不同:我们可比较下面两种总体境遇,一个是100万人饱食暖衣,无灾无病,从事有趣和令人惬意的工作,享受着交流、学习、工作、幽默等快乐;另一个是100万人,其中999999人享受相同的快乐,但有一个人遭受牙痛或神经过敏或伤风感冒的痛苦。一般认为,斯马特所谈论的是快乐主义(幸福主义)版本的总和或总和原则,即快乐与痛苦相加减所得的净余额。他说:"几乎没有人情愿喜欢第二种境遇而不喜欢第一种境遇。因此,我们可以做出如下总结:一般说来,如果我们是善良、仁爱和慈爱的人,我们就希望现在和将来尽可能多的人能得到最大的幸福。"[1] 斯马特设想了一个比较简易的问题,不过其意思是功利主义的最大幸福原则不仅是偏爱后果所影响的人数的相对多数,而且也注重人数的绝对多数。同时,行动功利主义也认为在相比较的境遇或后果中,总和后果的最大化才是可取的。

二 罗尔斯的批评

将功利主义的总体最大化善(最大多数的最大幸福)原则运用到社会制度选择或社会决策领域,也就是功利主义的社会行动正当与否的依据,同时也是社会制度正义与否的依据。因为在功利主义看来,最大多数的最大幸福或社会总体幸福原则也就是社会正义原则。假设有A和B两种社会安排,A所能产生的社会总和意义的最大善大于B所产生的社会最大善,那么选择A这种社会安排方案就是正当合理的,也是符合正义的。

然而,功利主义的总体最大化善的正义观遭到罗尔斯的有力批判。罗尔斯在1971年发表的《正义论》,被认为是当代伦理学界和政治哲学界的重大里程碑式的进展。罗尔斯在这一部重要著作中的重心是围绕着社会基本制度的基本原则进行理论论证。在他看来,社会制度的首要德性是正义,社会制度和法律不论它是如何有效率的安排和有序安排,只要它不正

---

[1] [澳]J.J.斯马特、[英]B.威廉斯:《功利主义:赞成与反对》,牟斌译,中国社会科学出版社1992年版,第32页。

义，也就必须加以改造和废除。① 不过，罗尔斯也意识到，当代社会存在着多种正义观，如功利主义的正义观和罗尔斯的道义论的正义观。并且，在罗尔斯的理解中，功利主义本身是在功利主义这一总名称下的多种伦理学的社会政治理论的总称，即在功利主义这一名称之下，有着多种分歧的学派，如古典功利主义学派、平均功利主义学派等，这些不同学派都有着他们关于总体最大善的不同理解，因而对于社会正义的观点也不一样。因此，对于社会制度何为正义的，何为不正义的问题，首先就变成了一个需要对不同的正义观进行讨论并因此进行取舍的问题。换言之，对于一个社会制度何为正义的问题，需要以某种正义观来进行衡量。如果一个社会观念中存在着多种正义观，且多种正义观都被证明为真，即并非为假，那么以哪种正义观来对于社会制度或基本制度进行衡量、评价？首先就产生了一个哪种正义观更为可取的问题。

就边沁等人提出"最大多数的最大幸福"这一功利主义的最高原则以来，就是西方思想界衡量社会制度正义的基本原则之一。罗尔斯要提出自己的正义原则，首先面对的就是古典功利主义的这一正义观。罗尔斯说："功利主义形式多种多样，并且近年来还在发展。我不想考察这些形式，不想说明在当代讨论中的无数细致的改进。我的目的在于制定出一种正义理论，以此取代一般性的功利主义思想以及它的所有那些不同版本。"② 那么这个"一般性的功利主义思想"是什么呢？罗尔斯认为，可以以西季威克在《伦理学方法》中的相关思想为代表③，罗尔斯将其概述为："如果一个社会的主要社会制度安排得能够达到所有社会成员的累计（sum over, 总和）满足的最大净余额（the greatest net balance），那么这个社会安排就是恰当的，因而也是正义的。"④ 也就是说，一个社会制度的安排如果能够实现以所有个人的累计（统计学意义的）总体善（好）的后果的最大化，那么这样的社会制度安排就是正义的。

在罗尔斯看来，功利主义的这样一个善的最大化的思路，包括这样两

---

① John Rawls, *A Theory of Justice*, Mass., Harvard University Press, 1999, p. 3. ［美］罗尔斯：《正义论》，何怀宏等译，中国社会科学出版社2009年版，第3页。
② John Rawls, *A Theory of Justice*, Mass., Harvard University Press, 1999, pp. 19 – 20.
③ 西季威克在《伦理学方法》中关于功利主义的相关论述，可参看西季威克在《伦理学方法》中的第四编"功利主义"部分。
④ John Rawls, *A Theory of Justice*, Mass., Harvard University Press, 1999, p. 20.

种维度，一是以每个人的欲望满足为前提；二是从这样一种基础性的思考进行所有社会成员的满足净余额或净余差的角度来看待一个社会是否实现了最大化的善（好）。这也就是亚当·斯密所想象的"不偏不倚的观察者"依次对每个人进行不偏不倚的考察，最后将所有净余额进行相加所得。罗尔斯认为，功利主义的这样一个思路实际上是把社会看作个人的放大，即一个社会如同个人那样思考，来权衡自己的利益追求。他说："确实有这样一种思考社会的方式，它使人们容易认为最合理的正义观是功利主义的。因为可以想到：每个追求他自己利益的人都会衡量他自己的得失。我们可能会为着将后的较大利益而牺牲现在的某些利益。既然至少在不影响别人的情况下，一个人能非常恰当地行动，以期达到他自己的最大善，尽可能地接近他的合理目的；那么，一个社会为何就不能将恰恰同样的原则运用到群体，并因此把那种对个人来说是合理的行动因而也对一个联合体来说是正确的呢？"[①] 罗尔斯从几个方面推进了这一思路，1. 个人可以为了将来利益而做出在某些局部利益上的牺牲，社会也可以为了将来更大利益牺牲某些人的现在利益；2. 一个人的幸福体现是由于不同时期的体验所构成，社会幸福也是由许多个人的欲望体系所构成；3. 个人要尽可能地推进他的福利，满足自己的欲望，社会也是要尽可能地满足群体的福利，最大限度地实现所有成员的欲望体系的满足。正因为有这样一些充足理由，那么人类社会所选择的原则理解为个人原则的放大也就没有疑问了。

然而，这恰恰是功利主义的问题所在：社会共同体或联合体并非个人简单的放大。以个人可以为了长远利益而牺牲目前利益，来为社会为了长远利益或多数人的利益而牺牲少数人的利益进行辩护，也就意味着社会可以无所顾虑地牺牲某些社会成员的利益。因此，这样一种类比推理忽视了个人与社会之间的根本区别，即社会是由分立性（separateness）的个人所组成的，或者说，功利主义否认了个人的分立性。功利主义所关心的是总和性善的最大化，某种社会安排如果能够相比较其他的社会安排，能够实现总和性善的最大化，那么这样的社会安排就是正当合理的。就像最大限度地满足一个人的欲望体系是合理的一样，最大限度地增加一个社会成员

---

① John Rawls, *A Theory of Justice*, Mass., Harvard University Press, 1999, pp. 20–21.

的满足净余额,这样的社会制度安排是正当合理的。因此,罗尔斯说:"功利主义观点的突出特征是:除了间接地,它并不把满足总量怎么在个人之间的分配看得很重要,而不像个人那样直接关注在不同的时间里怎样分配他的满足。不过,在这两种情况下的正确分配都是产生最大满足的分配。"① 功利主义的社会合理安排的标准就是最大化地满足的净余额,即总和善的最大化,而对于如何在个人之间的分配则不关心。假设在一个社会中,有人占有大量的社会财富;而另外一些人则一无所有,但理想的观察者不偏不倚地巡视这两类不同的人,把所得与所失、快乐与痛苦正负相加,所得出的满足的净余额如果比别的社会安排更大,那么这个社会的安排就是合理的,而指导这种安排的社会原则也就被认为是正义的。然而罗尔斯认为:"原则上这是没有理由:一些人的较大得益不补偿另一些人的较少损失,或更严重些,为什么因很多人分享较大利益而侵犯少数人的自由是不对的。但在大多数情况下,至少在一个合理的文明发展阶段,最大化利益总和不是通过这种方式获得的。"② 换言之,功利主义只注重满足的最大净余额或总和最大化的善,从而允许对少数社会成员个人权利的侵犯,这是道义论原则不可允许的。并且罗尔斯指出,在当代文明社会,增长社会最大总和净余额,并非如功利主义所说的是在这样的原则指导下获得的。从理论上看,也从实践上看,每个人都是独立的个体,都有着不可侵犯的个人权利和利益。功利主义把指导社会的原则看作等同于指导个人原则(或者说,前者仅是后者的扩大),犯了不同类的事物不可类推的错误。罗尔斯说:"假定调节一个人类联合体的原则只是个人选择原则的扩大是不合理的。相反,如果我们假定任何事物的正确调节原则都依赖于那一事物的性质,承认有着分离的目标系统的、有着各自特色的个人是人类社会的一个本质特征,我们就应该不会期望社会选择的原则是功利主义的。"③ 功利主义的总量最大化好(善)作为一个社会的正义标准来衡量一个社会是否正义,本身存在着根本性的缺陷,即它无视一个社会的财富或幸福水平在个人间的差别甚至巨大差别的可能,它只看到一个社会财富总量增长对于一个社会所具有的积极意义,但却没有看到如果有相当部分

---

[1] John Rawls, *A Theory of Justice*, Mass., Harvard University Press, 1999, p. 23.
[2] John Rawls, *A Theory of Justice*, Mass., Harvard University Press, 1999, p. 23.
[3] John Rawls, *A Theory of Justice*, Mass., Harvard University Press, 1999, p. 25.

的社会成员的状况得不到改善，甚至处境变坏。这还可以称之为"正义"？并且，这种理论本身还默认或许可一部分人为了另一部分人（或者说是大多数人）牺牲自己的利益，并称之为是正当合理的，从而无视一部分人的欲望无从满足的状况，并且以为以此为代价，恰恰是最大化好的总量增长所需的。而从道义论看，这根本违背了社会正义。

第二节 总和与平均功利

将所有相关人员或社会共同体成员的苦乐或后果事态进行聚合或累加计算，是否在量上最大化好越多，也就意味着某一社会幸福量越大？如果一个社会成员总数是十万人，而另一社会成员总数是一万人，其聚合或累加的净最大化好或善的总和相等，能够认为这样两个社会的幸福水平一致吗？换言之，在人口意义上对于后果总和最大化的理解，具有总体量上最大化和平均最大化两种理解，平均最大化也就是平均功利主义的理论对于后果最大化的理解。显然当我们遇到这样的问题时，平均功利主义是一种值得考虑的进路。

一　平均功利主义

平均功利主义是晚近以来功利主义发展的一种形式。相比较古典功利主义的全体总和最大化善或功利，平均功利主义则是将全体幸福总和数除以这个群体的总人数，所得出的就是平均功利主义的平均数（或平均功利），或平均（幸福）福利水平。由此我们可知，平均功利主义的平均功利与古典功利主义的总和数是内在相关的。另外，平均功利主义与某个社会的成员总数或人口有着内在关系。但实际上，古典功利主义的最大化的总和作为一种累加的量，同样也是与人口相关的。从功利主义发展史来看，西季威克不仅是古典功利主义的代表人物，同时我们也可发现其平均功利主义的思想。在《伦理学方法》中，西季威克说："假如人的平均幸福是一个正值的量，那么情况显然是：如果人们所享受的平均幸福的量值保持不减，功利主义就要求我们去尽可能地扩大享受它的人数。但如果我们能预见到人口数量的增加将伴随着平均幸福的降低，或者反过来，平均幸福的提高伴随着人口的减少，就产生了一个不仅从未被正式指出过，而且实际上被许多功利主义者实质性地忽略了的问题。因为，如果我们按照功利主义的要求把整体的幸福而不是任何个人的幸福——除非它被当作整体的一个因素来考虑——当作行为的终极目的，我们就会得出一个结论，即如果增加的人口将使得整体的幸福增加，我们就应当把他们所获得的幸福量与所有人口的损失量加以权衡。所以，严格地说，按照功利主义原则，人口应当鼓励增加，但不是在平均幸福是最大的可能意义上——像马尔萨斯学派的政治经济学家们就常常这样假定——而是在进入平均幸福的量中的那些增加的人口所生产的产品达到它的最大量的意义上。"① 从西季威克的观点看，（平均功利主义的）平均幸福也应当是古典功利主义思考最大幸福的一个维度。当西季威克说"如果人们所享受的平均幸福的量值保持不减，功利主义就要求我们去尽可能地扩大享受它的人数"时，毫无疑问，这是古典功利主义的最大化总和善（功利）的观点。这是因为，当平均功利量能够保持的情况下增加人口，也就意味着功利或善的总量的增加。但是，如果由于人口总量的增加而导致平均幸福或平均功利量的下降，换言之，即使是累加的总和功利量增加了，但由于人口增长，从而导致了平均幸福指数下降，这并非一定是功利主义所追求的。西季威克从平均功利主义的角度提出了这个问题。而他说按照功利主义原则应当增加人口，则是在古典功利主义的意义上讲的，这是因为他强调增加的人口要与产生产品的增加相关联来思考。

　　罗尔斯也讨论了两者的相关性。罗尔斯说："古典功利主义原则要求这样来安排制度，使得它能最大化各相关代表人期望的绝对加权和。这一总和是通过权重处于相应地位的每个人的期望，然后相加达到的。这样假如其他情况一样，当社会中的人数翻番，总功利也就翻倍。（当然，按照功利主义的观点，期望是可以测量的全部被观察和预见到的满足……）与此相对照，平均功利原则则指导社会不是要最大化功利总数，而是要最大化平均功利（人均）。"② 罗尔斯指出，如果在人口总数一定即不变的情况下，这两个数之间的关系不变。假设人口在 100 时的功利总和是 100，那

---

① Henry Sidgwick, *The Methods of Ethics*, 7th ed., Indianapolis: Hackett Ping Company, 1982, pp. 415–416.

② John Rawls, *A Theory of Justice*, Mass., Harvard University Press, 1999, pp. 139–140.

么，人均的平均功利为1。但假设人口发生变化，则这两者之间就可能会产生差别。如现在的人口增长一倍，即200，而功利总和为150，那么平均功利则不到1。但是我们看到，就我们的假设案例而言，不论平均功利降低到什么程度，就一个社会的总和功利而言，则是增长了。如果假设人口还在增长，当然总和性最大善或总和功利仍然会增长，但可能平均功利还会随着人口增长还在下降。然而，平均功利主义就其作为功利主义而言，仍然会要求平均功利的最大化，或者说，他们会要求一个不可再降低的最低额的平均功利。但是，古典功利主义则不在乎平均功利是否降低，而只要求总功利或总和性最大善的增长。并且在原初状态的条件下，由于特殊信息已经被屏蔽，他可能推测他的偏爱与所有人都是一样的，他可设想，在无知之幕解除之后，他有成为任何一个个体的同等可能，因而他的前景是和社会的平等功利等同的。因而与古典功利主义相比，罗尔斯认为，处于原初状态的各方代表将会选择平均功利主义，而不是古典功利主义。

不过，罗尔斯认为，人们最终不会选择平均功利主义而会选择他所荐举的两个正义原则。这是因为，原初状态并无假定某个人有成为任何其他人同等机会的客观基础，由于特殊信息的屏蔽，因而他的推理或对个人前景的估计是建立在不充足理由基础上的。然而，由于理由不充足，这种选择只是概率性的。但罗尔斯认为，如果概率判断要成为原初状态中的决定的合理根据，那么就必须在已知的社会事实中有某种客观的基础。但是，这个条件并不可能得到满足。另外，我们假设在原初状态中的人们会选择平均功利原则在于假定人们的偏爱体系是一个单独的体系，而每一功利都是以不同个人的偏好为基础的，因而有多少独特的人，也就有多少种功利。每个人的目标或最终目标并非一致的，因而它缺少必要的统一性，不可能有共同的评价标准。换言之，趋向平均功利的推理必须有多少确定的统一期望。换言之，我们不可能像古典功利主义那样，把人们的期望仅仅归结为"快乐"与"痛苦"，从而得出一种抽象的统一功利观，而忽略了人们的真正的目标、意志、偏好和愿望。因而功利主义的推理也就成了一种纯粹的形式表达,缺乏恰当的意义。① 对于平均功利的问题,实际上罗尔斯还指出,平均功利并不涉及不同的社会阶层或处于不同社会阶层的人占有不同的社会资源和财富的问题。如他在讨论奴隶主对于古典功利的总和最大化或平均功利原则的选择时,奴隶主会赞成奴隶制,因为他可以说,奴隶制能够产生最大的平均福利水平而要求保持奴隶制,也就涉及了这个问题。② 罗尔斯在讨论这样的问题时,实际上提出了人的自由问题,奴隶制下奴隶没有自由,如果即使奴隶生活得很好,但并不意味着奴隶是幸福的。因此,仅仅以功利主义的快乐与痛苦,或财富占有总量来看待幸福问题,而不提出人的解放与自由的问题,也无法讨论幸福问题。换言之,平均功利原则实际上与总和后果最大化善(好)一样,都忽视了个人的分立性或独立性(奴隶制扼杀了人的独立性),默许了由于制度所造成的在人与人之间分配的不平等和非正义。

罗尔斯的讨论是为了引向他的两个正义原则,不过,罗尔斯的讨论也提出了总和最大化善与平均功利关联的关键问题:人口作为关联因素或变量的问题。③ 当代对于平均功利主义的问题在这方面进行了深入的讨论。以下我们进入这一问题。

二 人口变化与福利水平

总和、平均功利与人口三者之间显现一种复杂的关系。后果总和包含两个方面的内容:一是个人(单个的或多个的)行为(行动)方案选择或行为对多个对象的复杂后果以及遥远后果的总和;二是涉及多个人的行为方案选择或行为的累积或累加的后果总和,其前提是一定数量的人口。后果总和最大化(当然,前两者之间可能会有交叉)。

首先,这三者之间的关系尤其是总和最大化与人口的关系可能是一种囚徒困境的关系。总和最大化涉及多个层面:个体或家庭层面、民族国家层面以及人类整体层面等。当人们在人口方面追求自己的总和最大化或福利水平最大化时,其结果最终可能导致的是人类全体福利水平的下降。这

---

① John Rawls, "28, Some Difficulties with the Average Principle", Cambridge, Mass., *A Theory of Justice*, Harvard University Press, 1999.
② John Rawls, *A Theory of Justice*, Mass., Harvard University Press, 1999, p.145.
③ 参见罗尔斯《正义论》第 27 节"引向平均功利主义的推理"中对人口问题的讨论。

样一种困境类似于囚徒困境。如每个家庭都把多子多孙看作家庭幸福的标准，则必然导致家庭人口在历史时空中不断增长，结果导致民族、国家人口的增长；而每个民族国家也都把人口增长看作民族国家繁荣的象征，以及在国际竞争中获得有利地位的国内人口条件，那么某一民族国家的人口也必然不断增长，目前整个人类社会或世界局势就是如此。几十年来，世界人口获得了快速增长，当然这主要归因于现代医疗条件和营养条件的改善，但同时也归因于相当多民族的生育观念。从整个世界范围来看，还不足以说目前的人口水平已经到了经济的增长水平不足以满足人口增长所带来的压力，但是在相当多的地区与国家这样的情况已经出现，如在非洲大陆的情况，那里的经济增长并非能够满足快速增长的人口生活的需求。帕菲特指出，平均福利水平会在某种情况下，随着后果总和最大化的增长而下降。首先，我们每个人都是从自己的幸福考虑出发来决定是否需要生育后代和生育多少个后代。某对夫妻也许考虑，再生一个孩子对于他们的家庭来说更幸福，而且这个孩子也会过上相当值得过的生活。并且他们会假定，再生一个孩子总的来说对其他人的生活不会变得更糟，对于几十亿世界人口来说，其总量只是产生微小的增长。然而，如果所有家庭主人都像这对夫妇这样思考和做出选择，那么可以想象某个共同体或世界人口将快速增长，然而这一增长如果超过了经济增长的速度，则意味着整体生活质量或生活福利水平的下降——正如公地悲剧。每个在公地放牧的牧民都希望在公地放养尽可能多的羊儿，然而终有一天，牧场承载不了如此众多的羊群，从而使得所有牧民的收入下降。如果说所有个人行为都是理性的，但导致的集体行为则是非理性的。正如勒尔森说："如果没有某种形而上的客体如集体精神之类的东西，就难以理解累加总和行为本身是合理性的，或内在合理的。"[1] 由于自然资源、社会生产力的水平等客观原因，因而现在所有人都面对一种囚徒的两难困境，即每个人都在力图使自己的幸福或家庭幸福最大化，而导致的结果则是整体福利水平的下降。帕菲特说："如果所有的人都有两个以上的孩子，对每一个而言就比在没有任何人这样做的情况下更糟。如果这些人最终看清了这个实情的话，他们或许会取得我所称之的一种政治解决方案。尽管每一个人都会倾向于生养更多

---

[1] Alan Nelson, "Average Explanations", *Erkenntnis*, Vol. 30, No. 1/2, March 1989, p. 27.

的子女,但是每一个人或许也倾向于:与其人人都生养更多的子女不如没有任何人生更多的子女。"① 但是,帕菲特认为,事情并非这么简单。人口增长导致的平均功利或平均福利水平的下降,可能是一个较长的历史过程,即一个可能会在第四代、第五代发生的问题。而在这之前的第二代、第三代都有可能推进经济的增长,从而随着人口总量的增长,是功利总和的最大化的增长。然而,当这种生产总量的增长已经赶不上人口增长的时候,就将导致社会平均福利水平下降。因而人口增长导致的是累积性的糟糕后果和暂时性的好后果,"尽管这点为真,但是相较于前代,增长对现存的人和下两个世纪的人总都更好一些。因而非常可能的是,每一代人都将选择增长。结果,生活质量持续滑落。如果我们认为这是一个糟糕的后果,正如我所主张的,下行的自动楼梯事例是个特别令人压抑的事例。它是一个代际的囚徒困境,是那种相关的人在其中最不大可能获得解决方案的两难境地"②。无疑,当代世界人口仍呈现增长趋势,尤其是不发达地区与国家的人口增长过快。另外,当代世界经济也呈现增长的趋势。不过,欠发达地区与国家的人口过快增长,确实可以看作这些地区与国家的人口仍陷于贫困中的一个原因。对于人口因素与福利水平的关系,则应当历史地看,即如果处于人类社会发展的早期,自然资源相对丰富,地广人稀,那么人口的增长不仅能够带来累积性总量的增长,而且完全有利于人类社会平等福利水平的提高。然而在当代世界,不少地区与国家相对资源贫乏,而且生产力水平和科学技术水平相对不发达,那么人口的快速增长必然影响到整体的福利水平。相对而言,一个国家的人口快速增长,在一定时期会带来人口红利,即青年劳动力的增长有利于经济的发展,然而即使是在经济发达的国家,如果人口发展在一定的时期呈下降趋势,那么必然意味着人口红利下降。同时,进入老年期的人口又将大量增加,因而必然导致整体社会的生产力水平的下降以及社会发展速度的下滑。换言之,一个国家人口的持续匀速增长同样也是一个国家的经济增长的内在动因。目前地球上从来没有同时承载着如此多的人口在它身上,就整个世界人口而言,不可能持续承受永久性的人口增长,地球资源有限,地球空间也有

---

① [英]帕菲特:《理与人》,王新生译,共颂杰校,上海译文出版社2005年版,第547页。
② [英]帕菲特:《理与人》,王新生译,共颂杰校,上海译文出版社2005年版,第546页。

限，因而这似乎仍然是一个世界性的囚徒困境。当代科技超人马斯克雄心勃勃，计划向火星移民，他的计划也许在不远的将来就可实现，这也许是解决这一人类困境的出路之一。但即使是火星也可改造为适合于人类居住，不过是让拥挤的地球暂时松了一口气，而如果人类个体、人类民族国家这样的群体还是无节制地生育，最后地球和火星都将成为拥挤的星球。也许一场无理性的核战争或大的自然和人为灾难才可将人类的繁殖速度降下来，然而谁也不希望发生这样的灾难。因此最理性的选择是理性地意识到人口囚徒困境的客观存在，从而在全人类层面即在所有国家层面展开有理性的、有意识的人口自我控制。不过，就目前而言，全人类在人口方面的无政府状态使得我们至少在可见的未来难以看到。这不仅是人类总体上没有这个意识，而且还在于相当多的国家要提高其国际竞争力，还要大力鼓励和提倡多生育，从而使得某些国家的人口总量能够得到增长。可站在那些相对人口较少但又地广人稀的国家的立场上看，这并不是不合理的政策。不过，目前我国的人口增长率呈下降趋势，为提高我国的综合国力和国际竞争力，适当放宽生育政策是必要的。

此外，总和最大化与平均功利水平的关系还涉及不同的群体之间的比较。德莱夫给出了这样一个假设：有 A 和 B 两个群体（国家），在 A 群体中有 1000 个人，每个人的幸福指数是 100 个单位，因此，总和的幸福指数是 100000，在 B 群体中有 100000 人，每个人的幸福指数是 1，那么总和的幸福指数是 100000。[①] 这两个群体的总和最大化幸福指数都是 100000。无疑，A 群体的生活福利水平远在 B 群体之上。换言之，如果仅仅从总体总和量上看，这两个群体没有差别。然而如果从平均福利水平或平均功利来看，则无疑有着巨大的差别。这表明如果仅仅看总和最大化而不看人口基数，对于幸福或福利水平的判断可能会产生错误。帕菲特对于总和最大化与平均福利水平问题，联系人口变化进行了较详尽的讨论。他首先将两个不同群体（国家）进行比较：假设 A 和 B 两个社会群体（国家），B 中的人口数量是 A 中的两倍，而且都比 A 中的任何一个人的情况更糟。不过，处于 B 群体中的人的生活很糟，只比 A 群体中的人的平均生活福利水平一半多些。因此，从 A 群体中的生活水准向 B 群体中的水准移

[①] 参见［美］朱莉亚·德莱夫《后果主义》，余露译，华夏出版社 2016 年版，第 82 页。

动，无疑是生活水准的一种滑落。但是我们可以大致看到，B 群体的总和最大化善（好）应当高于 A 群体，因为其平均福利水平是 A 群体一半多，而其人口则是 A 群体的两倍。① 在这里我们明显地看到总和功利（福利）与平均功利（福利）由于人口的不同而受到的影响。如果两个这样的国家保持人口增长的速度不变，哪个会更好些？毋庸置疑，B 群体的福利水平会更糟。② 但如果两个群体的人口数量一样，我们应当怎么看待？我们无疑会认为，那个福利水平低的群体的人所过的生活更糟。然而有多出一倍的人口，虽然他们过着较低的福利生活水平，但有更多的人的生活是否应当给予更多的道德上的权重？帕菲特提出了这个问题，不过他的回答仍然是从平均福利水平的高低来看问题。然而我们看到，如在计划生育实行前的中国，虽然人均福利水平不高，但相当多的家庭都有较多孩子，而孩子越多，对于这个家庭来说，则是平均福利水平越低。换言之，传统思维的中国人实际上是以人口多少来看待幸福的。虽然是穷日子、苦日子，但却并不把穷苦看得很重。以这样的思维来看待问题，那就意味着，在某些历史时期中的某些群体，人们并不以生活福利水平作为尺度来衡量自己的生活。随着改革开放，人民生活水平提高，人民对于美好生活的追求成为人们生活的目标，生活质量的问题比以往显得更为重要。并且多年的计划生育政策也改变了人们的生育观念。在这样的历史条件下，生活福利水平较之以往的历史时期就有着更为重要的权重。

我们再回到帕菲特所举的 A、B 两个群体的总和与人口和平均福利水平的比较上来。在前面，我们从平均福利水平的立场对于 A 和 B 两个群体进行了比较，并对 A 的状况进行了辩护。然而，如果从总和最大化原则来看，则是 B 的状况更值得肯定，虽然 B 的平均福利水平只有 A 的一半多些，但由于两倍的人口，因而其总和最大化的值无疑大于 A。根据总量原则，"如果在其他事情同等的情况下，最好的结果是其中使生活值得过的

---

① 参见［英］帕菲特《理与人》，王新生译，黄颂杰校，上海译文出版社 2005 年版，第 549 页。

② 当然，这里的前提条件还在于，如果这两个群体（国家）其他一切条件都相同，只是因为人口的差别导致生活福利水平的不同。这是因为，如果那个人口多一倍的国家占有比前者更有利的地理条件、更多的环境资源，或政治经济制度、文化传统方面的优势，更多的人口也许会变成发展的优势。

任何一种东西的量最大的那个结果"[1]。换言之，从总量原则即最大化总和善（或幸福）来看，则是 B 最好或最值得从道德上肯定；但从平均福利水平原则来看，则无疑我们会得出完全相反的结论。实际上，这里的平均福利水平和人口的差别都并不是十分巨大。假设除了 A 和 B 两个群体（国家）外，还有 C 和 Z 两个群体（国家）。C 群体的人口是 B 群体的两倍，而 Z 群体则是 C 群体人口的三倍。现在假设这四个群体的平均福利水平都一样，那么从总和幸福指数最大化原则来看，无疑 Z 群体的总和量为最大。假设 Z 群体人口为 C 群体的十倍，那么 Z 群体的总和量更远超其他群体，再假设 Z 群体的平均福利水平只有前面三个群体平等福利水平的一半，或者其中的多数人员的生活水准已经低到了不值得过的水平，并且相当多的成员处于饥饿状态，但 Z 群体的总和量仍然超过前三个群体。而从幸福指数总和最大化原则来看，因为 Z 群体有如此高的总和量，因此从总和幸福指数最大化的总数相比较来看，Z 群体为最好（它是最大多数的最大幸福）。然而我们毫无疑问可以指出，Z 群体中的多数成员都在过着一种非常糟糕的生活。因此从平均福利或平均功利原则来看，我们应当拒斥总和最大化标准，或总量最大化原则。帕菲特认为，这样的总量最大化原则，蕴含着令人讨厌的结论："相对任何一个可能至少多达 100 亿人口，且所有人都享有很高生活质量这样一个人群而言，必定有某个更大的可想象的人口，如果在其他事情同等的情况下，这个更大的人口的生存也许会更好些（would be better），即使其成员只具有勉强值得过的生活。"[2] 对于那个有 100 亿人口的人类社会而言，由于他们都过着很高福利水平的生活，因而在他们看来，将来更多一些人口必定会是更好。我们假设这样一种想象无限继续，但实际上，可能因为人口的无限增长而使得未来人类生活过得很糟糕。因此，帕菲特认为这个结论很难接受，但很有可能这是不久将来人类的可能事实。然而这个结论很难接受，但是否意味着确实不可能发生？帕菲特认为，对于不可能来说有两类，一是深刻的；二是技术的。如对自然规律和人的自然本性的巨大更改，这是深刻的不可能。如果资源存储有限，从而不能满足无限大人口的生存需要，这只是技术的不可

---

[1] ［英］帕菲特：《理与人》，王新生译，黄颂杰校，上海译文出版社 2005 年版，第 552 页。
[2] Derek Parfit, *Reason and Person*, Oxford University Press, 1984, p. 388.

能。技术的不可能也就是说，如果通过技术改造以及资源利用的新方法或发现新的可为人类利用的资源，技术的不可能也就变成了技术的可能。那么人口无限增长是深刻的不可能吗？帕菲特认为这并非深刻的不可能，而只是技术不可能。"为了假设这是可能的，我们只需添加一些有关自然和可利用资源的假定就可以了。"① 帕菲特这样看待问题，实际上是对于人类所陷入的人口囚徒困境感到深深的悲哀，即他不相信能够改变人类的这样一种整体非理性的发展人口的趋势。由于人类日新月异的科学技术进步，原有的技术为新技术所取代，而原来不被认为是可以开采、可以利用的资源现在则被认为是可以开采或大有用途的资源，或原有资源的新用途也被发现了等等，因而人口的增长问题也就由于技术的进步而掩盖，换言之，技术的不可能也就变成了技术的可能。当人类利用自然的技术进步对于维持人类的生存来说，使得人类在地球上生存人口总数，也可能因为技术进步而不断增加，即使是因为增长过快或过多因而仅仅维持一种最低生活水准的生活。总和最大化也就是从总量上来看待一个社会的总体福利或幸福总量，并且总和最大化原则如果运用到不同群体幸福总量的比较中，那么根据这一原则，只有在比较中其最大化总量的社会才是在道德上值得肯定的。然而，是否生活水准的下降或一种普遍糟糕、多数成员处于贫困线下的生活应当被更大的福利总量的增长在道德权重上压倒，这正是 A 群体与 Z 群体的比较呈现出来的问题。"如果我们深信 Z 比 A 糟糕，那么我们就有充分理由抵制那些蕴含 Z［比 A］更好的原则。我们有充分理由抵制非个人性的总量原则（the Impersonal Total Principle）。"② 应当看到，帕菲特通过这些案例分析，对于总和最大化的总量原则与平均功利的平均福利水平原则相比较，有力地说明了我们应当拒绝古典功利主义的总和（累加）最大化原则。当然，帕菲特也提出了更为深刻的人类人口囚徒困境问题，总量增长是无限的吗？无限的总量增加在什么程度上将会暂缓？或停止？需要灾难还是理性来做到这点？人类真的是在涉及这样整体生存攸关的问题上，没有任何理性吗？如同气候问题，人类总在努力，但在人口总量问题上，人能够像对待自然气候那样对待自己吗？

---

① Derek Parfit, *Reason and Person*, Oxford University Press, 1984, p. 390.
② Derek Parfit, *Reason and Person*, Oxford University Press, 1984, p. 390.

与古典功利主义的总和幸福指数的最大化相比,平均功利主义的平均福利原则似乎更为可取。平均功利主义追求的是平均数的最大化。然而,平均功利主义也有讨厌的问题。库威说:"平均功利原则隐含着,最优人口是最高的平均功利。"① 我们知道,平均功利主义的平均福利水平包含了对于一个群体内部的不平等的认可。尤其重要的是,平均功利主义者与古典功利主义者的总和最大化一样,也有他们的道德要求,即不降低或提升任何一个群体的平均福利水平或平均生活质量的问题。

诺齐克曾以"功利怪兽"(utility monster)的假设来讨论总和最大化善的总量原则。他假设有一个这样的功利怪兽,能够从他人的牺牲中获得比这些人所遭受的损失大得多的功利。这种理论似乎要求我们都牺牲在这头怪兽的胃里,以增加功利的总量。② 诺齐克的这头功利怪兽,因我们所有人的牺牲而使得他对功利总量大大增长,那么我们可以想象,这是一个超出常人千万倍的消费能力,从而使得他这一头怪兽的幸福指数才可高出千万倍,从而使得功利总和量能够极大增长。帕菲特说:"现在世界人口有几十亿之多。如果被剥夺了任何超出避免饥饿状态的那些定额配给之外的东西,以及其他所有流向诺齐克所想象的怪兽的那些资源,我们可以想象所有这些人的困境。诺齐克让我们假设这个想象的人是如此幸福,或者具有如此高的[生活]质量,以至于正是分配产生出最大幸福总量,或者任何使得生活值得过的东西的总量。"③ 不过,我们认为,诺齐克的功利怪兽既可以作为投向古典功利主义的总和最大化善的有力武器,也可以看作投向平均功利主义的平均福利水平这一道德标准的有力武器。这是因为,在一个如此巨大不平等的状况下,我们仍然可以有一个较高的平均福利水平,只是几乎所有人都处于这一平均水平之下。而如果这头功利怪兽将自己的消费水平降低一些,很可能这一群体中的相当多的人的福利水平都将得到提高。在这个意义上,我们甚至要感谢这头功利怪兽为我们所有人做的好事。但实际上他仍然在吸着我们所有人的血。帕菲特指出,像诺齐克的"功利怪兽"这样的东西,由于是对人的自然本性的根本性改变,因而

---

① T. Cowen, "Normative Population Theory", *Social Choice and Welfare*, Vol. 6, No. 1 (1989), p. 35.
② Robert Nozick, *Anarchy, State and Utopia*, New Jersey, Basic Books, Inc., 1974, p. 41.
③ Derek Parfit, *Reason and Person*, Oxford University Press, 1984, p. 389.

是深刻的不可能。但是实际上，在当代世界，贫富差别正在进一步拉大，少数富人占有着大量的国民财富。一方面是个人资产达到几千亿人民币或美元；另一方面则是很多人一贫如洗。如郑永年所说："最近，专注于收集收入和财富分配数据、分析世界不平等现象趋势的世界不平等实验室（The World Inequality Lab）发布了一份题为《世界不平等报告2018》的报告。包括法国学者皮凯蒂（Thomas Piketty）等诸多著名学者在内的研究团队发现，在1980年至2016年间，收入前1%的人掌握了北美（美国和加拿大）和西欧实际收入总量的28%，而收入后50%的人只得到其中的9%。北美和西欧的实际对照更为明显，也更糟糕。在西欧，收入前1%的人掌握的收入增量与收入后51%的人相当；而在北美，收入前1%的人掌握的收入增量与收入后88%的人相当。"[①] 因此，这种功利怪兽不仅不是深刻的不可能，而且大量存在。与富人们占有大量社会财富相对照的是，目前世界上仍然有着数以几亿计的贫困人口。据联合国《2006年人类发展报告》，全世界营养不良的贫困人数达8.3亿之多。虽然近年来全球贫困状况有所改善，然而，2015年仍有8亿人口生活于贫困之中，而且发达国家的贫困人口逆势增长。据国际劳工组织的报道，全球近20亿人口的生活费用每天平均不足3.1美元。[②] 据国际劳工组织统计，2012年，发达国家的贫困人口已超过了3亿。在全球贫困人口中，贫困人数最多的两大群体是妇女和儿童。在新兴国家和发展中国家，15岁以下的儿童，一半以上生活在极端贫困状态和中度贫困状态中。另据世界银行2016年10月2日报道，在当天发布的《2016年贫困和共同繁荣》报告中说，到2013年，全球有7.67亿人口生活在极端贫困之中。[③] 另外，据国际慈善组织乐施会报道，全球最富的8个人财富超过贫困人口36亿人口总和。[④] 这表明，全球财富占有有着贫富差别进一步发展的趋势。而如果富裕国家的富人们只

[①] ［新加坡］郑永年："革命将至？"新加坡《联合早报》2018年1月2日版。
[②] 新浪财经网："全球贫困问题依旧严峻：发达国家贫困人口逆势增加"，2016年5月19日，http://finance.sina.com.cn/world/gjcj/2016-05-19/doc-ifxsktvy094773.shtml.
[③] 腾信新闻网："世行：全球贫困人口大幅下降，中国等亚太国家贡献最大"，2016年10月3日，http://news.qq.com/a/20161003/013172.htm.
[④] 茂名网："全球最富有8人资产可敌半球！财富超过36亿贫困人口总和"，新华社报道，2017年1月18日，http://www.mmlll.net/2017/0118/317208_2shtml. 因而实际上，"功利怪兽"就生活在世界中。

要拿出他们占有财富中的30%捐赠给这个世界的穷困人口，他们的贫困状况都可能会得到根本改善。如果这样，全人类的平均福利水平无疑会得到很大提升。

在目前世界上，相当多的人处于平均福利水平之下。平均功利主义并非认为，如果人们的生活福利水平落到平均福利水平之下是好事。平均功利主义当然认为所有人都在平均福利水平之上才是在道德上值得肯定的状态，平均功利主义也希望是在可选择或比较的人类生存状态中，如此提高平均福利水平的状态才是可取的，在道德上才是值得肯定的。正如斯马特所设想的，有这样两种群体情形：一个是100万人饱食暖衣，无灾无病，从事有趣和令人惬意的工作，享受着交流、学习、工作、幽默等快乐；另一个是100万人，其中999999人享受相同的快乐，但有一个人遭受牙痛或神经过敏或伤风感冒的痛苦。在他看来，人们无疑会对第一种产生偏爱。而这不仅是从总和幸福量的最大化意义上看，也可以是从平均功利主义的平均福利水平来看，即如果两种群体的其他状况完全相同，而在第二种状况中有一个人有牙痛的痛苦，即使是只有他一个人落在平均功利或福利水平之下，那么相较而言，也次于所有人都在平均福利水平之上的那种状态，因此平均功利主义无疑会在道德上赞同这种所有人都在平均福利水平之上的状况。

然而，帕菲特对于平均功利主义的平均福利水平的道德标准提出了很多质疑。如果有两个群体A和B，A的平均福利水平高于B，那么按照平均福利水平标准，平均功利主义认为A好于B，或B从整体上差于A，或B的福利水平比A糟糕。帕菲特提出这样一个案例：

  A和A+两个群体。在A+中，有一组人与A中的人口一样多，而且有着同样高的生活质量。但A+中包括了特大量人口的另一组人，即A+中有两组人。这个特大量人口的另一组人的生活比前一组人差，同时这两组人之间隔着一个大西洋，他们不知道对方的存在，也没有交流。换言之，A+中的两组人虽然生活质量或生活福利水平不同，但他们从自己的生活标准来看，那个特大量群体的一组人（因没有对照或外部信息）并不感到他们真的过得很差或很糟糕。然而，A+由于纯粹加法的缘故，现在A+群体的平均福利水平大大低于A群体。

那么，A+的生活质量或生活水准真的比 A 差吗？帕菲特没有回答这个问题。帕菲特在这里不仅提出了可描述的生活质量或福利水平问题，而且提出了对于福利水平的主观感受问题，即如果一个社会群体的幸福指数很高，但实际上物质财富占有或享受水平却很低，并且一个社会群体的自由度很高，其物质财富水平并不高；另一个社会群体的自由度很低，但享受更高的物质财富，我们如何对于这样两个不同的群体进行比较？帕菲特指出了如果纯粹用加减法来计算平均福利水平在某些特殊的情况下可能会导致很荒谬的结果。

平均福利水平不仅运用在对于不同群体的福利水平的比较上，也运用到不同历史时期的人的平均福利水平的比较上。如果从这个角度看，那么，无疑亚当、夏娃在天堂伊甸园的生活福利水平是最高的。换言之，最好的历史时期是在亚当、夏娃时期，而此后数以几十亿计、百亿计、千亿计的人的生活都只是更差或更糟糕。这不仅是假设亚当和夏娃过着神仙般的生活，而且是假设在最初时只有两个人占有了全世界的财富和资源。"平均原则……是荒谬的。假设亚当和夏娃过着如此美妙的生活。按照平均原则，如果不是取代而是增加了几十亿其他人口，那将是很糟糕的，因为这降低了生活的平均质量。但以这种方式即通过加法降低了平均［值］，不能合理地称这为糟糕［坏］。"① 当然，如果我们不是基督徒，我们可以说，亚当和夏娃的伊甸园生活那是神话，我们不可相信。因此，这样进行比较是误入歧途。

然而帕菲特指出，这个方法对于人类社会的比较来说实际上是有效的。他认为这样的情况适用于任何孩子的出生。某个孩子的出生对于平均福利水平来说是好些还是差些，根据平均功利原则，取决于所有先前的生活这个事实。"如果古代埃及人享有很高的生活质量，要一个孩子很有可能是坏事。这个孩子的降生很有可能降低所有曾活着的人的平均质量。"② 这里是将所有曾经活着的人的生活质量或生活福利水平进行加权平均，假定幸福总量不变，则每增加一个人口，则将使得分母增大，从而降低了福利水平；后来出生的人享受着以前一样的总量财富，那么就意味着低于以

---

① Derek Parfit, *Reason and Person*, Oxford University Press, 1984, p. 420.
② Derek Parfit, *Reason and Person*, Oxford University Press, 1984, p. 420.

前活过的人，因为后人无疑在降低了这一平均水平的状况下生活。然而人们可能会反驳说，重要的是我们之后的那些人的平均生活质量或平均福利水平。但这种想法可能对于平均功利主义来说，非常荒谬地蕴含着："如果我们杀死除了生活最好的人之外的所有人，那么，结果将会更好。"[1] 或者说，如果将平均功利主义的平均福利原则付诸实践，"杀掉那些低于平均福利水平的人"是符合平均功利主义的逻辑的。库威也说道："平均功利原则隐含着，最优人口是最高的平均功利，这个标准是与如下强调相反的：经济学所强调的选择是边际〔效益最大化〕而不是平均数的最大化。例如，平均功利原则不能摆脱这样的建议：所有处于社会平均数之下的人都应死去。"[2] 不过，这个荒谬结论在于将功利主义看作完全不考虑人的权利尤其是生存权的一种学说。但功利主义从边沁以来，实际上是把促进人类幸福看作自己的职责，而杀掉那些平均福利水平之下的人，无论是从短期还是从长期以来，以此为理由来滥杀无辜都是一种人类的灾难。在这里，帕菲特是通过分析揭示了平均功利主义所导致的反人类的逻辑。不过从密尔的观点看，他相信人类的文明或文化将持续进步，因而人口总量的增长在文明或文化增长的前提下，会不因为人口增长而导致幸福指数或平均福利水平的下降，因为人类财富也在增长。但总量与平均功利的观点内在包含着的忧虑在于，如果人口永远持续增长，而如果人类财富并不会永远持续增长（我们只有一个地球，而地球资源有限，就某个国家的情形来看也同样如此）的话，或者说，财富增长的水平如果跟不上人口增长的速度，则人类平均福利水平必然下降。而在这种前提下，帕菲特的分析就能够成立。

从功利主义促进人类幸福的根本诉求来看，无论是总和最大化幸福还是促进或提升平均福利水平，都应看作功利主义努力的方向，朝这个方向努力并非通过完全不考虑人的生存权来实现的；恰恰相反，提升平均福利水平的努力是将低于平均福利水平的人从那种不幸或悲惨的处境中解救出来。但是平均功利主义由于其内在的逻辑，摆脱不了这样一种理论困境。人类社群平均福利水平的提升，是平均功利主义的理想目标，这一理想目

---

[1] Derek Parfit, *Reason and Person*, Oxford University Press, 1984, p. 420.

[2] T. Cowen, "Normative Population Theory", *Social Choice and Welfare*, Vol. 6, No. 1, 1989, p. 35.

标克服了古典功利主义仅仅从总和或累加总量意义上的最大化所产生的问题，但同样由于仅仅注重平均功利水平，对于任何一个社会群体内部的福利分配问题则付之阙如而没有考虑个人分立性的问题。另外，一个群体与另一个群体的福利水平的比较问题，不仅涉及可描述性的比较物，同时也涉及福利的主观感受（幸福感），而主观感受往往是不可比较的。平均功利主义在进行这样的人际比较时必然遇到难以克服的困难。我们认为，克服平均功利主义的困境应当如同罗尔斯对古典功利主义的批评一样，即走出功利主义而迈向道义论，强调每个人的分立性或承认每个人都是不可替代的权利主体，都具有获得生命尊重和幸福的权利。在这个意义上，将平均功利主义与道义论相结合，即在确保每个社会成员的体面生活或福利水平的同时，提升人类整体的平均福利水平，使得所有人类成员获得越来越多的美好幸福。

第五章 满足、动机与德性后果主义

行动功利主义或行动后果主义因威廉斯等人的批判而挫败了吗？后果主义还有它存在的合法性吗？当我们将平均功利主义以及总体性的后果主义讨论之后，再回过头来看看当代伦理学对后果主义的改进。威廉斯等人对行动功利主义或行动后果主义的批判，使人们寻求替代行动功利主义或行动后果主义的方案。在人们对后果最大化道德要求或追求的质疑声中，与行动功利主义或简单后果主义的后果最大化追求相比，斯洛特（Slote, Michael）等人提出了"亚最大化后果论"（sub-maximizing consequentialism）的改进版本的后果主义。亚最大化后果论又称"满足的后果主义"（satisficing consequentialism）。亚最大化后果主义力图克服人们对行动功利主义或简单后果主义的后果最大化提出的质疑，从而提出一种新版本的后果主义。亚当斯（Adams, Robert）提出动机后果主义（Motive Consequentialism），从行为动机的角度来修正行动后果主义的最大化后果问题。同时，还有人提出德性后果主义（Virtue Consequentialism）方案。不仅如此，我们在后面还会看到更多版本的新的后果主义。行为者（行为主体）的欲望满足或动机欲望以及和行为者的品格品质与后果的关系是古典功利主义所探讨不多的领域，欲望满足以及动机后果主义和德性后果主义则从这样几个方面将欲望、动机和德性与后果主义的后果概念联系起来，提出了后果主义思考的主体维度。

第一节 斯洛特的亚最大化后果主义

斯洛特是当代重要的伦理学家，早年是一位后果主义者，现在以德性伦理学家而著名。他的亚最大化后果主义是在对行动功利主义或行动后果主义的最大化好（善）的批判基础上，提出亚或次最大化的后果主义。斯洛特的亚最大化后果主义则是建立在他的欲望满足论基础之上的。因此，我们首先分析他的欲望论。

一 欲望满足

斯洛特的论证策略首先是从概念分析入手，指出后果主义（行动功利主义和行动后果主义，即以后果最大化为根本指向的理论）的最大化概念里面包括可区分的因素：1. 一个正确的行动是最优的行动；2. 最优也总是意味着最大化个人福祉（well-being）、欲望满足等的最大化。当然是第二个观点蕴含了第一个，而不是相反。这样理解没有问题。不过值得注意的是，斯洛特的最大化概念的内涵是个人福利，而不是总体的善或好。这是回到了边沁，而不是斯马特。因此，斯洛特的分析起点就是有选择的。斯洛特认为，可以以"足够好"（enough good）来替代最大化。他说："大致地说，标准的后果主义涉及这样的主张：行为的正确依赖于是否它的后果是足够好，并加上这样的观点：唯有最好的可能（在一定的环境下）是足够好。"① "足够"是"最大"吗？应当看到，斯洛特在这里转换了后果主义的关键概念。这是因为是否足够不是一个客观性的量的概念，而是一个个人感觉或心理上的感受。当然，这两者之间是有联系的，即如果已经从量上最大化了，在心理上如果你还不满足，这也就说不过去了，只能说你对于当前的行为后果不满意。但一般而言，尽了最大努力而能达到的最大化好（善），应当从心理上满足这样一种结果。斯洛特以"足够"来替代"最大化好"，实际的意图是并非要追求最大化好，而是足够就可以了，因而是一种比最大化更低的要求，而不是认为最大化并不足够。然而，这样以"足够好"取代了"最大化"还是后果主义吗？无疑，这仍然是一种后果主义，这是因为，斯洛特并没有像道义论那样，如康德伦理学那样，以义务（责任）或善良意志作为行为的好坏善恶的标准，而是仍然以后果来作为行为道德性质的评价标准。换言之，斯洛特认

---

① Michael Slote, *Common-sense Morality and Consequentialism*, Routledge & Kegan Paul, 1985, p. 36.

为最好的行动并非一定是后果最大化的行动，甚至有时可以说，最大化有时并非最好。但这里的问题是，斯洛特自己承认是后果主义概念的第二个要素蕴含了第一个，而不是相反。但是，这里我们清楚地看到他已经改变了第二个要素的成分，将足够好取代了最大化。因此，这虽然没有根本改变行动后果主义或标准的后果主义，但已经是一种不同于标准后果主义的后果主义。但这是否缺乏标准的后果主义的吸引人的特征？斯洛特说："这似乎是术语的性质［问题］，可这样看待这个观点：正确性取决后果的好作为后果主义的一种形式，所以，也就适用于这样一种观点：并非最好而是足够好就很明显了。也将适当地对待这样的观点：正确性取决于是否后果足够好而不是最好，有时足够好是后果主义的一种形式。这种足够好的后果主义是后果主义的一种新形式，可以把它称作为'满足的后果主义'。"[1] 不要最好而是要满足就行，这样，斯洛特就把他的后果主义命名为"满足的后果主义"。而所谓"满足"（satisfcation），并不是说追求行动后果的最大化，而是说差不多就够了，"足够"也就好了。因而这既是主观感受的好，同时也有客观的意义，即在客观上并不追求最大化的最好，而是达到心理上的满足就可以了。这里的"足够"是相对于最大化而言，即次于最大化的"好"，因此也可以说次最大化的后果主义或亚最大化的后果主义。

当斯洛特以"满足的后果主义"取代最大化的后果主义，从功利主义和后果主义的客观上追求最大化的量转换到了心理上的满足，即足够即可。从最大化后果主义的立场看，一个重要问题就是，如果人们放弃最大化的追求，是不是合理的或是不是合乎理性？斯洛特的回答是，从常识道德来看，这是合乎理性的，甚至优越于最大化形式的后果主义，并且经济学领域里已经把追求"足够好"而不是最大化看作合理行动。以下是从关于满足的经济学文献借来的一个例子。斯洛特的这个例子是用来强调它的合理性讨论的哲学相关性，而不是它的经济学理论的蕴含：

某人准备搬家，搬到一个新地方去，并且现在打算把他的房子卖

---

[1] Michael Slote, *Common-sense Morality and Consequentialism*, Routledge & Kegan Paul, 1985, pp. 36–37.

掉。他不想在卖房时追求最大化,即不想得到在那个时期可能卖到的最好价钱,而是想得到一个好的或满意的价钱。而似乎他所满意的价钱,取决于他想要搬出的那个地方的房子和房子的价钱,以及正常来说这个房子现在能够卖出怎样的价钱。现假定他对于什么是好或满足的价钱有概念,那么他会把价钱确定在某个点上,而不是试图把价格弄高点,或尽最大可能卖个最高价。他不定个更高价的理由不是因为焦虑不能卖出房子,或者是感到可能不值得这么花费努力去算计怎样卖到最好的价格。他也不是富有到因这个房子收到额外的钱,这些钱从边际效用来说对他没有意义。

斯洛特指出:"宁可说,他是因足够好而'满意',并不寻求最大化(最优)他的期望。他的欲望、他的需要是适度的,并且可能知道他自己。相比较卖出一个仅仅满意的价格,他没有特别的兴趣比这做得更好。如果有人指出,得到更多的钱对他更好,他可能回答不是不同意,而是指出,对他来说,至少一个足够好的价钱是足够好。"[1] 就此而论,斯洛特的足够好也就是这个人没有那么高的价格要求,只要能够卖个差不多的价钱就行。

在斯洛特看来,这个准备搬家的人并不傻,这个案例确实不是个人合理性的最大化和最优模式。然而他指出,在主流经济学文献中的这种满足的例子,不仅可以代表个人的这种行动追求倾向,而且在公司的或国家中央计划的官员中,都具有这种满足追求的倾向。或者说,足够好是在经济生活中一种普遍的思想倾向。因而满足是理性的,至少不是非理性的。为什么在经济生活中满足就是合理的,而不是追求最大化是合理的?斯洛特没有给出说明。不过,从他所举的搬家卖房的案例可以看出,由于那位搬家者可能急于出手和急于搬家,因此,足够好而不是最大化的价钱对他来说就已经是满足了。如果等到最好价钱,那个人在时间上等不得。在交易市场上,急于出手而卖出一个适中的价钱,一般来说都是合理而正常的,人们不会说这是不理性的;而恰恰相反,会认为这是合乎理性的。如果某

---

[1] Michael Slote, *Common-sense Morality and Consequentialism*, Routledge & Kegan Paul, 1985, pp. 38–39.

人在交易市场上既急于出手,又坚持要卖一个可能最高的价钱,他就难以在短时间里找到买家。因而这样的想法才是矛盾的或不理智的。或者那个卖出自己房子的人并不急于出手,但他也不想以当时可能的最高价卖出,这完全由于他是一个持有中庸人生态度的人,并不想为了多卖出几个钱而去与买家争。这种情况在交易上也是有的,卖出一个相对于最高可能的价格稍低点的价格,并不为了什么而仅仅是卖家有这样的心理,即满足就可以,这是可能有的。

斯洛特认为,寻求足够好而不是最大化利益,这在经济学上是司空见惯的。然而,决策理论家、经济学家西蒙(他也是当代人工智能的奠基者)则认为,在经济学上的最佳选择不是足够好,而是最大化,只是在目前的条件下,最大化利益的可能性不大,也许会选择足够好。西蒙说:"在那种最优未知和实践上的可能未发现的情形下,对于次于最优的决策程序来说,有一值得考虑的进步。这些程序通常称作探索式的方法,它明显区别于最优选择技术有以下三个方面:一是与最优选择技术不同的是,它们抓住所设计或发现的可选择项,并且在可选择项中进行选择;二是它们在对发现最优回答感到绝望的情况下,常常'满足'和确立足够好的回答;三是它们一般不确保它们所能提供的量,并且,常常不能确保它们发现了一种解决[方案]。"[1] 在西蒙看来,第二个和第三个特征,并非优点,而只是把决策理论运用到现实世界中不得不付出的代价。换言之,所谓"满足"或"足够好",并非最佳选择,而是在经济学和政府决策方面的不得不面对现实时的某种"无奈"的选择。西蒙认为,屈于做出"好"而不是"最好"的选择,是在那"最好"的解决方案无法达到的条件下才这样做的。像斯洛特所举的卖出房子的个案,斯洛特所说的情形只知道那个卖家有着只要足够好的价钱,而并不想要最好的价钱,但个中缘由斯洛特也许并不知道;如卖家有可能知道他自己的房子的一些问题,如建筑年代、地段好坏以及是否有损坏情形等,就此复杂的问题,房主是知道的,但也许有些情形买家并不知道;而在卖家的心理,当然所追求的是足够好,而不应当是最好。换言之,卖家自己心里有底,所以才不开最高价。

---

[1] Herbert A. Simon, "Administrative Decision Making", *Public Administration Review*, Vol. 25, No. 1, Twenty-Fifth Anniversary Issue (March 1965), p. 33.

而卖家也并不知道是否买家事前做了功课，如果做了相应的功课，他也不会接受最高价。当然，卖家如果想通过这次买卖来挣更多的钱，他也许会在买家面前开高价。如果他只是为一种急于出手的想法所支配，无疑他会以"足够好"就行的想法来开价。因为如果开高价，讨价还价的过程需要时间与耐心。

一般而言，经济学家并不认为"足够好"是一种值得提倡的选择。从经济学的观点看，交易如果能够挣更多的钱，当然是一种更合算的选择。不过，斯洛特也意识到了，这样的案例只是经济学的证明，而不是哲学的证明。为此，斯洛特又设想了另一个午后快餐的选择案例：

> 想象已经是午后时分了，你已经用过一个美满的午餐了，而且现在不饿。另外，你也不想吃什么。不过，如果有一块糖或可口可乐，你还是愿意要的。不过，隔着你的桌子、在冰箱里，现在有这么一份快餐，是你公司免费提供的。如果你知道这一切，那么你有必要消费这份快餐吗？如果你不这么做，那么你是害怕影响了你的晚餐，或因为你在节食或你太忙？可能都不是。你仅仅是感到不需要任何快餐。你不想做这件好事，是你已经满足了，因为你感到这样满足了就很好了。

斯洛特说："我们大多数人常常有这样一种满足，常常这样做。我们不是无限地追求最大化的最优，但有时或更多时候我们是欲求和追求适度。就我们自己而言，这种适度不是非理性的或不合理的。"[①] 斯洛特的意思是人们在可能有最大化行动结果时，不追求这种最大化而只要求适度满足，这是合乎理性的。类似于卖房这样的经济学的案例中适度或足够好，是受到一定的客观条件的限制，或者是在一定的客观的环境条件下，足够好的追求是合理的。斯洛特认为这个午后快餐的案例是哲学性解释，怎么理解呢？这是因为斯洛特认为，这里可以排除所有外在条件的限制，而只是因为其中的主人翁只是有足够好的满足愿望，只是这一愿望决定了

---

① Michael Slote, *Common-sense Morality and Consequentialism*, Routledge & Kegan Paul, 1985, p. 39.

他采取这样的行动。换言之,这是一种主观条件性的解释,而与一切外在的考虑无关。

不过,斯洛特的这个案例能说明问题吗?实际上,如果我在工作休息时,虽然有免费快餐,但如果我中午已经用了很好的午餐,这时我的胃并没有想再吃点什么的欲求,确实并不会想用这份快餐。因此,这确实是满足了,或因为中餐而满足了。不过,如果用了工作快餐就是最大化了吗?很难说是最大化了。正如这个案例中所说的,如果这个人想到,用了这份快餐将影响晚餐的胃口,那么因此放弃这份免费快餐,这就并非因为放弃了最大化的追求而选择了满足。可是斯洛特认为,拒绝选择工作快餐是个人主观偏好,与那些客观原因都无关。换言之,拒绝选择工作快餐并非因为我中午午餐吃得太饱,而是因为我在主观上不想用工作快餐。然而这种主观偏好并非任意的,而应当看作一种习惯。斯洛特说:"我认为,我们大多数人的满足都不是非理性的,但因为我们因一定的需要或满足而有一种适度的习惯,午后快餐的假设案例表达了一种合理满足的观念,这超出了经济学家所要表达的。"① 在这里,"适度"是斯洛特对于满足的又一种表达。或者说,不是因为只有得到最大化才有满足感,而是因为有了适度的收获或心理上有了某种适度感就得到了满足。但是,如果把只是做到欲望满足看作一种习惯,那么这是理性行为吗?当我们形成某种行为习惯,并非意味着这就是理性行为。如我们抽烟的行为习惯。我们知道抽烟并非有益于健康,但我们已经养成习惯,那么这并非理性的,或当我们知道抽烟已经影响了我们的健康,我们仍然抽烟,那么这无疑是非理性的或不合理的。因而,也许斯洛特意识到了把适度满足看作一种习惯可能存在的问题,因此他说:"如果我们把愉快或享乐看作某些满足,他肯定是审慎地拒绝了这种满足的最大化。(个人感到或没有感到把已有的满足看作某种满足,特别在于这个事实:他有足够的[东西],或除了他现在有的能够使他满足的东西,他不需要什么别的。……)在某种程度上,个人拒绝可得到的满足。假设他表明他自己偏向于或不欲求满足,即不追求他的偏好或欲望满足的最大化。最重要的可能是,当他放弃午后快餐时,适度的个

---

① Michael Slote, *Common-sense Morality and Consequentialism*, Routledge & Kegan Paul, 1985, p. 42.

人是否把他自己看作失去了任何好的东西,我们并不清楚。因为虽然他知道,他喜欢那快餐,而拒绝这个享受的事实可以是一个明确的证据:在那个环境中,他没有把这种享受看作一件好事。在这种情况中,依据某种量的满足概念,但不是更精致的或更有弹性的个人好的观念,他是满足的。"① 在这里,可能回答了不用午后快餐并非一种习惯的问题,尤其是斯洛特这里复杂的说明在于表明,吃这个午后快餐,可能就是一种满足的最大化,但被他拒绝了,也就是说,这个案例的主人翁不追求最大化,而只是追求适度。另外,斯洛特强调,这个案例的主人翁如果吃了这个午后快餐,也就意味着他在追求一种满足的最大化,而他没有这样做,证明他并不把这种享受看作最好的事,因而他只需要某种适度的满足。在这里,斯洛特对于"满足"(satisfaction)这个概念又进行了一次修正,即把它与最大化(maximizing)联系起来。但我们在前面看到,斯洛特是将满足与最大化两者区别开来的,即满足的,就不是最大化的;而最大化的,是超出满足的。那么这个问题是怎么出现的?

所谓"满足",指的是内在欲望的满足。因此,个人的欲望或偏好是什么,如果能够实现或达到欲望,也就是达到了一种满足的状态。如果你的欲望或偏好在于行动后果或结果的最优或最大化,那么达到这一种实现状态,也就是你的内在欲望或偏好满足的状态。如果你的欲望或偏好是欲求达到行动后果或结果的适度好,那么当你的行动后果或结果达到了的话,你的这种欲望也就满足了。因此,满足这个概念并不能与最大化追求真正区别开来。换言之,我们只有把斯洛特的满足概念限定在行动后果或结果适度好而不是最大化好的意义上,才是斯洛特所想要表达的。因而斯洛特想要说明的是,追求最大化好是一种满足状态,而追求适度好也可以是一种满足状态,即如果我心中只是想要适度好,或适度即可,也就意味着我把心理追求的适度与最大化区分开了,但我就想要最大化,如果达不到,我就不可能满足,因而心理满足又与最大化关联起来了。

不过,可能由于午后快餐这样的案例受到类似于习惯这样因素的影响,对于斯洛特来说,可能他所认为的纯粹性哲学解释还没有到达。于

---

① Michael Slote, *Common-sense Morality and Consequentialism*, Routledge & Kegan Paul, 1985, pp. 42–43.

是,他假设了另一个许愿的童话故事:

> 有一个童话故事,在这里,仙女给你提供一个许愿的机会,你可要求或是收到某种非常好或可欲求的东西。我们如何响应?如我们可以希望一点金子,或一个珠宝盒,或一百万美元,或要足够的钱使得我们的家庭或自己在我们的余生过得舒服。在这里的每一种情形中,假设有个人,他给出的要求都比他能要求得更少些。但我们不要总是认为他所要求的比他所能要求的更少是不理性的。

一般而言,这个神话故事并没有蕴含着什么批评的标准,所以假定这个故事的倾向是充满了人类傻瓜这样的道德。斯洛特认为,我们有某种证据,这样的神话故事中主人翁的愿望不需要看作非理性的。不把他看作非理性的,我们不要混淆关于神话我们所知道的和在神话中的个人应当知道的。在某些神话故事中,要求太多的人结果达不到他们的愿望,或以一种不可接受的方式实现它。普希金所写的著名童话故事诗《渔夫和金鱼的故事》,讲述了这样一个故事:一个渔夫的妻子贪得无厌,对知恩图报的金鱼提出越来越高的要求,无止境地索取、索取再索取,最后一无所获。格林童话中也有一个《渔夫与他的妻子》的故事:渔夫的妻子对于知恩图报的比目鱼提了一个又一个令人不可思议的要求,这些愿望都让她实现了,但这时她的贪心膨胀得无以复加,最后她甚至要当太阳和月亮的主人,而比目鱼只好让她重新回到原来的破草房里。因此,在斯洛特看来,那个类似傻瓜的人实际上是大智若愚。实际上,这类神话故事是告诫人们,不要贪得无厌。那些十分贪心的人往往最后一无所获。因此,这样的神话故事是在告诫人们,适度是最好的,而不是满足无穷的欲望是最好的。斯洛特说:"现在神话中的这个人要求少于我们所知的可要求的东西……他认为一块金子或足够把日子过得舒服的钱就是他所有的需要,这些就使他满足,多于这些的任何东西对他来说都没有什么重要性。(确实这样一个愿望表明他不是苦行主义者。)同时,他能够认识到,或愿意承认,如果要求更多,这能对自己更好。他不需要想象他自己由于增加了金钱或黄金而使得他不能受益。"[1] 但斯洛特认

---

[1] Michael Slote, *Common-sense Morality and Consequentialism*, Routledge & Kegan Paul, 1985, p. 44.

为,这样一个只要求适度的人,就是有这样一种最大化实现自己愿望可能他也不会要。换言之,斯洛特在这里假设,他要求再多一些甚至最大可能的满足他的最大愿望都是有可能的。他说:"我们可以假设,假如神话中的仙女激励他问:'你确信你不想要更多些?'他还会坚持他原来的要求。如果我们对于适度的观念有任何同情,或对一个人欲望的适度,我们就应该同意,对较少钱的希望的那个人的满足本身不是非理性的。"① 斯洛特假设的这个童话故事,排除了其他一切条件,而只有一个有着持有适度满足愿望的人。并且这个人在有实现其最大愿望的可能面前都毫不动心。斯洛特认为,这不能说他是不理性的,因为他就持有一种适度愿望。这个较适度的愿望实现了,他就满足了。在斯洛特看来,这个案例由于没有经济学上的考虑,也没有受到外在客观条件的限制,而纯粹只是对适度欲望的诠释,因而是对他的次最大化满足或适度满足的后果主义的哲学实例解释。应当看到,斯洛特的这样一个神话故事有着不同民族童话故事的背景支撑。在不同的民族童话里,都有这种不要贪得无厌的告诫故事。这种故事都是以如果你追求最大化,将导致所追求的全部丧失即最终结果会很惨而告终。应当看到,这是不同民族在千百年来的历史经验和生活中所得出的一种经验性的总结,因而也可以看作一种民间智慧,它通过神话故事来一代代传递下去。中国古代最古老的经典《易经》中的"九五"之尊,说的就是如果你达到六爻中的最高点即最上那一卦爻,就意味着走向了将要衰败之路,因而不满为最好,而不是满为好。道家思想也充满了这样的辩证思想,如老子说:"曲折全,枉则直,洼则盈、蔽则新,少则得,多则惑"(《老子·二十二章》),又说,"知其雄,守其雌"(《老子·二十八章》)、"物壮则老,是谓不道,不道早已"(《老子·三十一章》)、"柔弱胜刚强"(《老子·三十六章》)等等。在老子看来,任何事物都有正反两个方面,阴阳互动,一阴一阳之道,任何事物内部都存在着相互转化的内在因素。因而,我们在主观上就要追求那或持守那处于下位或处于柔弱地位之势,柔弱胜刚强,刚则折,因而不去追求也可能导致自己失败或招致失败的危险高处或危处。这所有一切智慧确实不是去追求最大化的好,但不是斯洛

---

① Michael Slote, *Common-sense Morality and Consequentialism*, Routledge & Kegan Paul, 1985, p. 44.

特所说的欲望满足，或不是在欲望满足意义上来讨论问题，而是从最大化好可能导致或招致最大化的不好或失败意义上来看待事物达到顶点后的转化。然而，这恰恰是一种后果考虑，即人们如果要追求最大化的后果，则往往导致失败或导致最不利的后果出现，如各国童话故事所告诉我们的结局那样。最大化追求导致最不利结果，或者当我们获得了最大化后果之后，则意味着紧接而来的最大失败或失利。这些童话故事以寓言形式告诉人们的是，现实很吊诡，不要为眼前可能到手的最大化好的后果所迷惑，因为在这之后的就是让你一无所有或者粉身碎骨。如张良在功成名就后的身退和韩信之死。因而这实际上是无数次人们的生活经验、政治经验和历史经验的总结，而后果主义的后果最大化追求无疑也不赞成这样一种后果追求，因为这本身是一种虚假的最大化好。并且就斯马特的后果论而言，他十分强调后果是一种整体影响性效果，即直接后果与多种影响性后果或效果都应考虑在后果这一概念的外延之内。然而，斯洛特则告诉我们，人们是因为其心理上只要求适度而不是最大化所以才不去追求最大化的好，但实际情形并非如此。因而各民族体现后果主义伦理的传统智慧与斯洛特对最大化的批评所持有的理据是不同的。不过，斯洛特认为人们应当在有可能获得最大化好的后果面前持有一种适度心理或满足态度，以中国哲学的语言来说，对于人生不张狂而持有一种中庸态度，也许是一种恰当的态度。换言之，避免那种在似乎达到最大化好的收获之后彻底翻跟斗的可能，最好的办法是首先把自己的心态放低。

二 对适度满足批评

以上我们是从斯洛特所认为的适度哲学概念的童话故事表达所做的进一步分析。然而，最大化好并非那么容易被击败的。这是因为人类生活的多样性和丰富性，不可能仅仅在某个方面就包括无余。就斯洛特提出"亚最大化的后果主义"本身而言，人们也从其他方面进行了讨论与批评，其批评之一就是对他这一理论中的关键性概念"满足"概念的批评。胡卡（Hurka，Thomas）指出，斯洛特的满足概念的特征是模糊的。[1] 斯洛特的

---

[1] Thomas Hurka, "Two Kinds of Satisficing", *Philosophical Studies: An International Journal for Philosophy in the Analytic Tradition*, Vol. 59, No. 1, May 1990, p. 107.

满足是以行动后果的足够好为前提的，而他对足够好的解释并非一种而是两种。胡卡说："第一种解释，选择满足的好的临界点，并不参照行为者已有的可选择项。它以选择结果中的某种绝对水平的好作为满足，要求行为者达到它。"① 当人们的行动产生的结果可能低于这个绝对的临界点，行为者的责任如同追求最大化的责任一样，他所做的也就是尽一切可能达到满足的好。在这里，所谓"满足"是以某种临界点或临界值为标准的，这个临界点或临界值是低于最大化那个最优目标的。如在卖房的案例中，搬家的人不卖最高的价，但他心中有一个适中的价，这个价就是临界点。当然，可能他心中还有一个最低价，即如果急于出手，他可能还会接受低于临界点的那个价，但绝不会低于最低价出售。这个最低价是他的心理能够接受的，但不是满足的价格。

第二种解释，胡卡指出："第二种解释是比较性的。这是说，行动的结果是足够好，如果它合理地接近行为者能够达到的最好。"② 也就是说，足够好是相对最好而言的，而行为者只要达到了这个足够好的目标，也就满足了。胡卡把这种比较性目标看作一个百分比的问题，即行为者的责任在于产生最大化好的某种合理的百分比。具体说，如果把最大化好看作100%，足够好的合理百分比是80%，那么行为者的责任就在于努力达到最大化80%的好。但是，那与最大化后果比较而言的足够好并没有一个确定的百分比，它只是说相对于最大化而言的次最大化。胡卡指出，绝对水平和比较层次的这两种解释，在许多案例中都合并存在。在有些案例中，这两种解释可能都可行得通。但是，并非所有案例都可能使得这两种解释一致，即这两种解释可能会不同。当一个人的行为努力结果还低于绝对的临界点时，那么满足的要求是告诉他你应当尽可能地达到那个临界点，从而使得行为结果能够足够好，从而达到满足。但比较的满足没有这种强的要求。不管初始状态如何不好，它只要求行为者尽其可能，达到最大化好的某种可能好的百分比。胡卡指出，这两种解释还有对立的可能。如果行为者的努力已经超出了临界点，那么行为者没有必要，也没有责任尽更大

---

① Thomas Hurka, "Two Kinds of Satisficing", *Philosophical Studies*: *An International Journal for Philosophy in the Analytic Tradition*, Vol. 59, No. 1, May 1990, pp. 107 – 108.

② Thomas Hurka, "Two Kinds of Satisficing", *Philosophical Studies*: *An International Journal for Philosophy in the Analytic Tradition*, Vol. 59, No. 1, May 1990, p. 108.

的努力来做什么，因为这已经很满足了。然而，比较性的足够好总是相对于最优和最大化后果而言，假设我们永远达不到最优和最大化好的结果，因而就这种解释而言，行为者就永远处在追求次于最大化的足够好的状态中，或行为者永远有责任改进自己，从而使自己的努力能够趋于某种满足或满意。①

　　前文已述，在经济学上，西蒙认为最大化选择才是最优选择，并非认为"足够好"的选择是选择的上策，而是在客观条件无法达到的情况下不得不现实地考虑而给予的下策，但斯洛特认为人们并不总是寻求最大化，而是达到一定程度的期望水平而满足，足够好的选择是满足的选择，在某种意义上是比最大化选择还好的选择，然而西蒙说："当一个公司可以在期望水平和高于期望水平两者之间进行选择，将选择对他们来说可达到的最优的选项。"② 如果一个公司完全有希望能够经营达到最大化好的期望目标，为什么要宁可选择次最大化或所谓的适度目标呢？或者说，在客观环境条件完全有可能的情况下，自我降低公司的经营发展理念是不合理的。在斯洛特这里，假设有 A 和 B 两个选项，我们已知 A 好于 B，虽然当事人没有理由选择 B 而不是 A，他仍然认为选择 B 而不是 A 是合理的，这显然是不理智的。马尔甘也举了一个神话故事来形象地说明这个问题：

　　　　阿基里斯被锁在一个屋子里，这个屋子只有一个门。在他前面有一个电视机屏，有一个数字在上面（我们可称它为"n"），电视机屏下是一个数字键。阿基里斯知道，n 是活在贫困线下的人的数目。他也知道，只要将一个数字敲进电脑，那数字所代表的人的生活将升到贫困水平线之上，这对他来说并不需要付出什么代价，并且门就开了（这里没有别的方法来开门）。阿基里斯敲进一个数字 p，虽然是一个较大的数字，但却比 n 这个数字要小得多。我们问他为什么不将 n－p 的人提高到贫困线之上。他回答说，他是一个满足的后果主义者，他认为解救 p 这样量的人脱离贫困是"足够好"。这样，他没有理由解

---

① Thomas Hurka, "Two Kinds of Satisficing", *Philosophical Studies*: *An International Journal for Philosophy in the Analytic Tradition*, Vol. 59, No. 1, May 1990, p. 108.

② Herbert A. Simon, "Theories of Decision Making in Economics and Behavioral Science", *American Economic Review*, 49 (1959), p. 264.

救更多的人，而且不认为他这样做是错了。①

马尔甘的这个故事类似于斯洛特所说的那个神话故事。在斯洛特的神话故事里，人们可以许一个愿，要一点金子，或一个珠宝盒或一百万美元。这三者无疑一百万美元为最多，而那个主人翁只要足够好，因此宁愿不要一百万美元，而要一个珠宝盒。马尔甘说："阿基里斯的选择是不可接受的。如果他确实能够拯救更多的人摆脱贫困而不需要付出什么，那么，他应该这样做。他对他的行为的辩护事实上是荒谬的。"②

不过，斯洛特可能没有这么快就会被击败。斯洛特认为他所主张的满足的后果主义有他的理由，或者说，满足的后果主义不是没有合理理由的要求。首先，我们看到，从斯洛特的三个案例来看，其中两个案例所说的都是围绕行为者自己的需要或判断来讨论满足，第三个神话故事涉及了自己的家人的幸福。然而，马尔甘所设计的神话故事，则涉及了超出自己的亲人之外的他人，这是以一种从全人类的视域出发的后果主义来讨论问题。因此这里实际上有三层次的满足问题：1. 作为行为者本人的满足，他不需要更多，他对自己目前的状态很满足或很满意；2. 行为者的亲人的满足，他的亲人不需要更多，他的亲人对他们目前的状态很满足；3. 普遍的满足，没有一个人对他目前的状态不满足，所有人对他目前的状态都很满意。其次，则是经济上的足够好，是否可以转换为道德上的足够好。在斯洛特看来，这两者是完全一致的。实际上，斯洛特只是从作为行为者本人的满足再加上他的家庭需要的满足来论证道德上的足够好。然而，道德上的足够好不能仅仅看作本人自己以及自己家庭的满足。或者说，道德上的好并非仅仅是对自己和对自己的家庭好，或更重要并非对自己和自己的家庭好，而是如何对待他人好。马尔甘所设计的案例典型地按照斯洛特的神

---

① Tim Mulgan, *The Demands of Consequentialism*, Oxford University Press, 2001, p. 131.
② 马尔甘还将当前流行的"轨道车难题"稍加改变，以这样的案例来再次指出"满足的后果主义"的错误：假设玛丽站在一座跨桥上，下面是铁道。在她身边有一个重沙包，一个轻沙包，还有一个旁观者。这时正好有一辆载着 10 个人的轨道车驶来，然而大雨已经将前面的轨道冲断，再往前行驶，将掉入悬崖。玛丽可以将重的沙包推下去，这样车就可以被阻止，10 个人都可以得救；如果将轻沙包推下，那么车将被沙包挡一下，然后侧翻，这样可能有一至二人受伤或死亡，但 8 个人能得救。如果按照斯洛特的"足够好"的后果主义，这已经是足够好了。但我们的直觉告诉我们，这样的推理是错的。

话故事模式来设计，但对象主体则进行了转换，而这个转换恰恰暴露了斯洛特的案例中隐藏的问题，即将经济学上的满足转换为道德意义的足够好，仅仅从个人的满足来看是远远不够的。仅仅从行为者本人或他的亲人不缺乏需要，不需要解救不是道德上好的充足的理由。换言之，如果你明明可以帮助 100 个人摆脱困境，你说你解救 80 个人摆脱困境就已经足够好了，这难道有合理性吗？因此，在帮助他人的问题上，如果有可能，尽可能多地帮助他人则在道德上是只有赞许的可能。马尔甘说："道德恰恰不是考虑到你自己的需要和你的亲人的需要。它也要求你对他人的需要持一种说法。你不能（无代价地）不提供某些益处，仅仅是因为你不要他们有这些益好：你必须问他们如果他们需要它呢。"① 假如人们需要你的帮助，你没有给予，或没有尽你可能地最大化地给予，你说适当就够了，这不是道德上值得称赞的理由。马尔甘也意识到，常常允许人们拒绝提供一定的帮助。而他所否定的是，仅仅是当事人不需要提供帮助。不过，马尔甘在这样批评斯洛特时也隐藏了后果主义的一个问题，这是因为后果主义或者说功利主义是一种强调量度的伦理学，最大化就是其量度的一个最高点。在功利主义和后果主义这里，对于道德的好或足够好，不论是对自己，还是对他人，都反映在量上，如快乐的量。这个快乐，首先是行为者自己的，其次才是他人的。最大化后果即是正当的、值得选择的行为，这里所讲的就是道德上的正当与否，或者如斯洛特所说，不是最大化，而是那种次最大化的好或足够好是合理的。因此，斯洛特的论证前提是对在个人快乐与痛苦的一般意义上的功利主义和后果主义的理解。而超出这样一个范围，则都是不恰当的。因此，当马尔甘说道德不是考虑你自己或自己的亲人需要（是否满足或最大化）时，他已经转换话题了，而无疑斯洛特的论证失灵了。换言之，对于他人幸福的关心，是越多越好，即最大化最好；而对于自己的生活，以及自己的生活与他人和社会的关系，在自我的立场上，则并非越是最大化有利于自己越好，而是适度可能最好。

马尔甘与斯洛特之争，实际上暴露了从古典功利主义到当代后果主义的一个问题，这个问题实际上已经被西季威克发现。在《伦理学方法》中，西季威克将"每个人行为的终极目标在于自己的最大化幸福"，称之

---

① Tim Mulgan, *The Demands of Consequentialism*, Oxford University Press, 2001, p. 135.

为"自我主义"（egoism，中译本为"利己主义"）①。西季威克认为，这样的道德追求也就是按这样的原则去行动，即按最有利于个人自己的幸福方式去行动。实际上，这是边沁的功利主义和斯马特的行动功利主义在行为相对于自我幸福（快乐）时的后果主义标准。我们在前面相关部分也指出，这个标准在边沁那里，与集体性的目标"最大多数的最大幸福"是不能分开的。但西季威克称它为"自我主义"而不是功利主义的道德要求。那么对于功利主义，西季威克则提出是每个人将行动的终极目标看作所有人的最大幸福。他说："他使用'功利主义'这词意味着这样一种伦理学理论：在任何既定的环境条件中，所做的客观上正确的事情是在全体意义上将产生最大量幸福的事。即为这一行为所影响的所有那些人的幸福的事情。"② 因此在西季威克看来，功利主义必须与自我主义的快乐主义区别开来："一、每个人应当追求他自己的幸福；二、每个人应当追求全体的幸福。"③ 而以往的功利主义伦理学是把这两者混淆在一起的。不过他也认为，虽然人们都在普遍地追求自己的幸福，但是通过苦乐经验或其他心理联想，追求自我利益的行为者可以产生利他主义的行为。尽管如此，但这毕竟是不同的问题。当边沁等人的功利主义将最大多数的最大幸福建立在每个人都追求自己的最大幸福的前提和基础上时，个人对自己的最大幸福的追求也就是合乎道德与善的。但是，如果从西季威克将两者区别开来看待时，个人对自己的幸福追求与个人对他人的幸福的关心则变成了两个不同的问题。

我们回到斯洛特与马尔甘的争论。在斯洛特那里，他完全是以个人和其亲人的满足为后果考量标准，所有的说明都没有涉及马尔甘案例中的那些陌生人或其他可影响的人。在斯洛特的神话故事里，主人翁可以许一个愿，要一点金子，或一个珠宝盒，或一百万美元，但他能够满足的是他只考虑他自己和他的亲人的余生幸福，从而不要最大量的财物，而只要自己能够满足的东西。如果是从所有人或全人类的视域看，几亿甚至十几亿贫

---

① Henry Sidgwick, *Methods of Ethics* (1907), Jonathan Bennett, London: Macmillan, 2010 – 2015, p. 55.

② Henry Sidgwick, *Methods of Ethics* (1907), Jonathan Bennett, London: Macmillan, 2010 – 2015, p. 200.

③ Henry Sidgwick, *Methods of Ethics* (1907), Jonathan Bennett, London: Macmillan, 2010 – 2015, p. 200.

困线下的穷人的需要,则是有可能一次性获得的一百万美元也是远远不够的。而马尔甘以计算机数字神话再现的足够好的问题所反映的恰恰是,从个人需求来看的满足,在涉及全体人类或所有人时,明明能够做到更好时而不去做,问题就很明显了。

由于人类生活的复杂性、多面性,对于最大化与适度好的问题的讨论并没有被穷尽。如我们也应当意识到,对于个人目标的追求与努力,如果能够做得更优秀,那我们把自己的目标定为适度或次优为最好,就是使人很不可理解的事情。如我作为考生,我的能力完全可以考清华大学或北京大学,为什么我偏偏在考场上可做出的难题不做,从而使自己的成绩成为次优?实际上,对于个人而言,适度也并非在全部生活意义上,是看在什么样的形势或环境条件下,而不是事事都应中庸或保守。

第二节　动机后果主义

动机后果主义为亚当斯(Adams, Robert)所提出。1976年,亚当斯发表《动机功利主义》一文,在这篇论文中提出了他的动机后果主义的基本观点。该文后收录2003年达沃尔主编的《后果主义》(*Consequentialism*)一书中,与边沁、密尔、布兰特、帕菲特等人相关研究成果放在一起,表明该文在后果主义领域里具有独树一帜的影响力。

一　动机

亚当斯指出,当代的伦理学讨论关于道德品格品质以及道德行为人们写了很多东西,但是对于动机则关注得不够。那么,什么是动机呢?他说:"我所说的'动机'(intention),主要的意思是被看作产生或倾向于产生行动的想要(want)和欲求(desire,或译为'欲望')。一个欲望如果是强烈而稳定的,并且也有一个一般性的目标(例如,力图尽可能地得到更多的钱),这个欲望就构成了一个品格品质,但欲望在一般意义上是不同的,并且也不是作为品格品质表现出来的。"[1] 亚当斯在这里首先对动

---

[1] Robert Adams, "Motive Utilitarianism", *Consequentialism*, edited by Stephen Darwall, Blackwell Publishers Ltd., 2003, p. 236.

机这一概念进行界定，指出这一概念是与行动或产生行动的欲望相关的，同时又将欲望动机与人的品格品质区别开来，认为如果有一种持久强烈并且有稳定对象的欲望，它实际上是一个人的品格品质的表现，而不是算作欲望。亚当斯强调动机欲望是与行动或行为相关的，亚当斯的这个定义来自于边沁。边沁说："动机一词，在它是一个有思想的存在物而被使用的最广泛的意义上，是指任何能有助于产生甚或有助于防止任何一种行为的事情。一个有思想的存在物、其行为或者是身体行动或者只是心灵行为，而心灵行为要么是智力的、要么是意愿的。智力行为有时会仅仅停留在理解上，而不在任何意愿行为的产生方面发挥任何影响。不影响除此之外任何其他行为的动机，可称之为纯粹的思辨动机，亦即止于思索的动机。然而，这些行为对外在的行动，对其后果，并因此对此种后果可能包含的任何快乐或痛苦，都没有什么影响。任何行为能够是实质性的，只是因为有产生快乐或痛苦的倾向。因此，那种仅止于理解的行为全非我们这里所关心的，因而任何不能影响除此之外的其他行为的、具有动机性质的东西——如果有的话——也是如此。"① 边沁在功利主义思想史上，对于动机给予了全面而深刻的考察。而边沁对动机的考察，也就是要说明动机与功利后果之间的关系。换言之，从动机来考察行动后果，在边沁那里已经就开始了，只不过在当代的讨论中被忽略了。欲望的好与坏是依据它们所产生的后果或效果决定的，而不是像康德那样认为，仅仅由于动机的好坏就可以决定一个行为的道德性质。亚当斯认可功利主义传统的这样一种连接。他引边沁的话说："动机是好还是坏，唯一地依据它们的效果（effect）：好，说明它们是倾向于产生快乐或避免痛苦；坏，说明它们倾向于产生痛苦避开快乐。"② 边沁在书中分析了日常生活中的各种动机，如我们日常生活中的饮食的动机、与异性交往的动机以及以道德情感相关等方面的动机等，他反复强调动机与效果或后果之间的联系。

值得指出的是，边沁十分重视讨论动机，但并非因为他想像康德那样

---

① ［英］边沁：《道德与立法原理导论》，时殷弘译，商务印书馆200年版，第147—148页。
② Robert Adams, "Motive Utilitarianism", *Consequentialism*, edited by Stephen Darwall, Blackwell Publishers Ltd., 2003, p. 237. 中文译文为："就好坏而言，动机同其他每一种本身既非痛苦亦非快乐的事情一样。如果它们是好的或坏的，那只是因为它们的效果；好是因为趋于产生快乐或避免痛苦，坏是因为趋于产生痛苦或避开快乐。"［英］边沁：《道德与立法原理导论》，时殷弘译，商务印书馆2000年版，第152页。

强调动机的作用，他是要通过对动机的分析来指出对于行为进行评价的根本要素，不是动机而是效果或后果。正因为边沁持有这样的观点，因此边沁认为不存在绝对好或绝对坏的动机，他甚至认为，没有一种动机其本身是坏的。如与性感相对应的各种动机，在边沁看来都是中性的，如要把性欲看作贬义的，则是以淫荡的种种名目来称呼它。他甚至把一个男子强奸一个女性与一个男子与其妻子行使婚姻权利，在满足性欲方面看作一回事，但前者被认为是恶或坏事；而对于后者则不这么认为。在这里，边沁认为两者的动机都是满足性欲，因此从每一种相同的动机中，可以产生好的行为；被人们给予赞许的行为，也可以产生坏的行为，或被人们给予反对或谴责的行为。边沁认为，同样的动机所产生的不同行为人们对其有如此大的分歧，根本原因还在于不同行为所产生的快乐与痛苦的不同。如边沁所指出的婚外男子对女性的强暴，所产生的是对施暴对象的极大痛苦和污辱，而婚内男女行为所带来的则是双方的身心快乐。边沁说："一个人要由任何动机来支配，就必须在每个场合不只是考虑导致其行为的那个事件，还必须考虑它的后果；只有这样，关于快乐、痛苦或任何其他事件的意念才能引起其行为。"[①]

由于早期古典功利主义是以苦乐两种人生体验作为幸福的内涵，因此，其动机的功利效果也就是以苦乐来衡量。或者说，对于动机好坏的检验是以所产生的苦或乐来衡量的。我们知道，古典功利主义同样是后果论的，即一个行动的好坏是看其后果，并且古典功利主义的后果论所追求的是最大化好的后果。换言之，在可选行为 A、B、C 中，如果 A 为所产生最大化的快乐，那么选择 A 行动才是在道德上正当的。然而，我们现在是要将动机与效果或后果联系起来考察。而动机表现为欲望，欲望本身是有目标的。前面已述，古典功利主义的代表人物边沁十分重视动机问题，但是他正是通过对动机的详尽讨论来把动机打发掉（他认为动机从根本上看没有好坏，只是因为在不同的条件或环境下产生了不同的快乐与痛苦的后果），亚当斯虽然是承认边沁对于动机的讨论，但其用意则与边沁不同。他不像边沁，是要将动机置于一旁，而是承认动机欲望对于后果也起作用。他强调对于动机好坏的检验是依据欲望的对象或客体来进行的。其

---

① [英]边沁：《道德与立法原理导论》，时殷弘译，商务印书馆2000年版，第149页。

次，欲望的对象或客体是产生快乐或痛苦的直接原因，快乐或痛苦是由于实现了或没有实现欲望的目标所产生的。因此，"应用［功利］检验直接地是针对欲望目标客体的，而只是间接地针对欲望的。说最好的动机是有最大功利的欲望客体"①。通过对欲望客体在行动中或作为行为结果进行检验，从而我们可知欲望或动机的好坏。亚当斯说："我们对动机所产生或可能产生的行为应用功利检验，间接地也就是对动机的检验，最好的动机是那些能够产生功利最大化的动机。"②亚当斯在这里向我们提出了当代行动功利主义或行动后果主义在动机与效果或后果之间的关系以及基本观点，但这个观点不是以边沁为代表的功利主义的观点。功利主义和行动后果主义是追求后果最大化的，因此行动功利主义或行动后果主义的观点是：最好的动机也就是能够产生最好后果的动机。当然，亚当斯也注意到了，边沁在动机与后果同样的意义上讨论了意图与品格性情，因此亚当斯认为，可以就动机的意义来讨论行动后果问题，而他就称这样的理论为"动机功利主义"。然而，他仅仅是把这作为他的理论起点，这是因为他的动机后果主义并不产生边沁意义上的"动机"与"最大化功利"的关联。

二 动机后果论

亚当斯从边沁的方法论上开发出了"动机功利主义"或动机后果主义，然而在方法上继承了边沁的动机与后果的功利主义理论模式，但并不意味着他是边沁式的动机后果论者。亚当斯指出，在理论与实践上，他的动机功利主义与行动功利主义有着明显的区别。按照动机功利主义的标准，一个动机模式导致的行动将是好的，而按照行动功利主义的标准其导致的行动是错的。为动机所导致履行的行动后果并不总是只有某种程度或大小的功利性后果，因而动机功利主义并不是行动功利主义和行动后果主义。当亚当斯的理论这样表述时，我们要注意到他的理论来源于边沁，但不等于就是边沁；同时，也不等于就是斯马特的行动功利主义或行动后果主义，而是他要独创一种动机后果主义或动机功利主义。

---

① Robert Adams, "Motive Utilitarianism", *Consequentialism*, edited by Stephen Darwall, Blackwell Publishers Ltd., 2003, p. 237.

② Robert Adams, "Motive Utilitarianism", *Consequentialism*, edited by Stephen Darwall, Blackwell Publishers Ltd., 2003, p. 237.

亚当斯以一个假设的案例来说明问题：

> 杰克是一个艺术爱好者，他第一次到沙特尔大教堂去参观。他极为激动，享受着这里的精美艺术，在这里获得的快乐将使他几年后都回味无穷。他是如此沉浸以至于待在这里的时间比他计划的时间多得多。他观看大教堂内外的天使雕像，尽可能地从细节考察它们。从一个功利主义的观点看，他花了太多的时间。他原计划在这里度过一上午，但现在他却在这里待了整整一天，这造成了他很大的麻烦。他错过了他的晚餐，而且要花几个小时来赶夜路，这是他最讨厌的，而且最麻烦的是很难找到地方睡觉。他也知道，如果他早点离开，将产生更大的功效。但此刻他正在研究16—18世纪围栏上的雕塑，他如果在这上面花的时间比其他部分少，那么他将不会记得很好。如果他不顾这些早点离开的话，也不是完全不可以。他明白这一切，但他没有把它放心上。他把这一切放一边，继续看围栏上的雕塑，比如何怎样最大化功利地花费时间存在更大兴趣的是，尽可能地观看大教堂里的任何东西，而不在乎时间上的得失。从行动功利主义的标准看，这个行动是错误的。

亚当斯假设的这个案例在生活中不是没有可能发生的，即当亚当斯被沙特尔大教堂的精美艺术品完全吸引了之后，他的整个兴奋点就在欣赏和研究那些一天也看不完的艺术品上，而不是如何使他这天过得更有功效。在这里，亚当斯认为这就是他的动机所在，而这样的动机使得他的行动不可能从最大化功效上来考虑如何花费他的时间，除非他在欣赏艺术品上不如在最大化功利上更上心，那么他才不会在欣赏艺术品上花更多时间。在亚当斯看来，即使是一个行动功利主义或行动后果主义的信奉者，当他正在从事他所从事的事情时，如果他为他所从事的事情所吸引，或任何人处于当下事情的考虑之中时，他如果把那对他感兴趣或已经正在做或从事的事情有着相当的关注度，甚至是全神贯注时，就会把他对最大化后果的信奉置于脑后。而这正是亚当斯所说的"动机"。在亚当斯看来，人们的日常生活实际上总是处于自己的不同兴趣、欲望的动机支配下，而并不会将自己置于行动功利主义或行动后果主义的最大化后果原则的支配之下。

持有行动后果主义的人对此可能持有反对意见,他们会说,杰克确实对沙特尔大教堂感兴趣,但他应当对最大化功利更有兴趣。这样,他就在大教堂那些对他能够带来较大益处的地方多待些,而不应该在那些并不带来什么益处的地方多停留。亚当斯认为,这个观点的问题在于,杰克感兴趣的事情仍然是欣赏大教堂的艺术品,而且他的热情并没有减弱。因此这个观点"是对于已经被挤压掉的最后一点功利给予了很大的关注,而这个关注很可能是对生活享受的更大的障碍"。因此从动机功利主义的观点看,杰克应当不仅仅是对于欣赏大教堂有着强烈的兴趣,而且也应当对于最大化功利不那么感兴趣。① 亚当斯在这里的观点是,从动机功利主义来看,如果人们对于某事有兴趣或强烈的兴趣,并因此而对最大化功利不感兴趣。亚当斯继承边沁的说法,将动机与欲望紧密联系起来,人们强烈的欲望从而有了某种动机,那么即使是因为欲望的驱使而做了某事,从而产生不了最大化的功利,但人们并不会不这样做。或者说,人们会因此而大大降低自己对最大化功利的兴趣。当杰克全身心地把自己投入欣赏大教堂的艺术品中去时,那么他无疑在如何利用时间实现功利最大化上会显得迟钝。不过,这个观点是将最大化功利目标与欲望目标相区分,如果从行动后果主义的观点看,把最大化功利后果看作一个包容性的后果,即将欣赏艺术品也看作其总体后果中的一个部分,那么杰克对艺术品的欣赏也就不是错误行为。不过,亚当斯认为:"但这个意见是不恰当的。当他在大教堂里欣赏艺术的欲望是如此强烈从而超过他的总功利的比例,而他从早点离开而得到益处的欲望就会很弱,弱到低于总功利的比例。一个早点离开从而获得最大化功利的欲望可能会被欣赏活动所干涉。"② 亚当斯在这里明确认为,欲望后果主义与行动后果主义对于行动的指向是不同的。一个不在于功利最大化,另一个则在于功利最大化。亚当斯认为,他这个案例实际上是人们日常生活的写照,他说:"一般而言,我们同样可能更多地享受生活,如果我们常常有热情追求的目标,我们将从中获得更多兴趣,而更少考虑其他目的,而相对比较少地考虑这些活动的功利。这就意味着,

---

① Robert Adams, "Motive Utilitarianism", *Consequentialism*, edited by Stephen Darwall, Blackwell Publishers Ltd., 2003, p. 240.
② Robert Adams, "Motive Utilitarianism", *Consequentialism*, edited by Stephen Darwall, Blackwell Publishers Ltd., 2003, p. 240.

从动机功利主义的标准看，没有达到作为包容一切目标的最大化功利常常是对的。"① 从概念上看，亚当斯在这里把兴趣看作欲望的表现，如果兴趣强烈，则欲望强烈，而欲望强烈如果能够转化为行动，欲望或兴趣也就是动机了。

对于上述问题，亚当斯认为，行动功利主义可能会提出这样的反驳，即从行动功利主义的角度看，既然行动功利主义意味着一个人应当做的是能够最大化功利的任何行动，那么一个人应当培育和促进的是他自己的那些最大化功利的动机，而这也恰恰是动机功利主义教给人们的。但是，亚当斯认为，动机功利主义告诉人们的，不是人们应当培育或促进什么动机，而是要问应当要有什么动机。在亚当斯看来，这是一个人的生活意义的伦理问题，"我应当有什么样的动机"就是我应做什么，而这个问题是与另一个问题"我过得好吗"不同的。"我过得好吗"是我问我现在的生活，这是与我所有的动机相关的，而不是我力图想有的动机。然而，如果我们作为一个行动功利主义者，我们希望把我们所有的欲望目标都具有最大化功利的特征，但是这样的动机可能实现吗？或我们可能会有这样的动机吗？在亚当斯看来，假设我们将我们的全部目标都以这样的方式来设计，即希望我们的动机都是以最大化功利作为考虑的基本要件，那么我们所有的生活欲望或兴趣都可能会受到影响。因为在实际生活中，我们不可避免地会对某些目标或动机是特别有兴趣或特别用力。我们如果这样，那意味着就会破坏我们总体意义的最大化功利目标，如同杰克为了自己的兴趣欲望而不顾最大化功利目标一样。换言之，在亚当斯看来，即使是一个信奉行动功利主义（行动后果主义）的人，如果希望能够在自己的行动中体现自己所信奉的原则，但是在实际行动中，也可能不会依照自己所信奉的后果最大化原则来行事，而只会依照自己的欲望或兴趣（动机）来行事（不顾是否能够有最大化好的后果）。在这个意义上，从动机功利主义（动机后果主义）的标准与行动功利主义（行动后果主义）的标准就不是一回事，前者认为对的行为，后者则不认可；或者说两者在某些情形下是不相容的。

---

① Robert Adams, "Motive Utilitarianism", *Consequentialism*, edited by Stephen Darwall, Blackwell Publishers Ltd., 2003, p. 240.

不过，亚当斯自己并非一个纯粹的动机功利主义者，在他看来，最理想的状态是将动机功利主义（动机后果主义）与行动功利主义（行动后果主义）结合起来，即成为动机—行动功利主义（后果主义）。亚当斯有这样一种考虑在于他认为，良心作为主要的道德动机有着极大的功利。而从动机功利主义的观点看，良心作为动机是非常重要的。亚当斯注意到，不同的原则有不同的良心。行动功利主义的良心对于微小的功利增长无疑是"良心不安"，在行动功利主义看来，这对人类的幸福会有不好的影响。而亚当斯所要的是行动与动机功利主义合一的良心。"这个良心将依据他的生活的总功利，包括对于生活好（to live well）的严格的欲望，但不必然在任何场合都要行动正确（act rightly）。""生活好"是从最大化功利的角度看；所说的"行动正确"，也是指从行动功利主义最大化标准来看，但由于人们的兴趣导致或欲望导致的动机，使得人们常常失败，不可能做到事事行动正确，而这恰恰是动机功利主义所认可的。也就是说，进行了两者结合的动机——行动功利主义则把这两方面的要求或认可结合起来。亚当斯说："有这样一种良心，那么，他将强烈地关注：一、不以严重阻碍功利的方式行动；二、不处在坏的动机状态。"[1] 这样，行为者就有了最有用的动机后果，而且从行动功利主义的最大化功利来看，他的生活之好符合这样一种标准。亚当斯对行动功利主义或行动后果主义的批评，一方面，他从欲望、兴趣与动机的相关性方面对于行动功利主义的最大化功利后果进行了批判；另一方面，他实际上又坚持了行动功利主义的最大化功利标准。他只是认为，如果直接按照行动功利主义的总体性的（无所不包的）最大化要求来行事，则不可能达到最大化功利的后果，而如果结合他的动机功利主义或动机后果主义，当人们做事时处于一种好的动机状态，但同时又保留着最大化功利的后果要求，那么最大化功利的后果才是可达到的。这表明，亚当斯并非完全是一个动机功利主义者，在他提出动机功利主义时，仍然认为要保留行动功利主义或行动后果主义的原则，将两者结合起来。但是，亚当斯在杰克的案例中所说的那种矛盾就能因此而克服吗？当然，亚当斯自己承认，并非任何关于动机价值的功利主义理论都是

---

[1] Robert Adams, "Motive Utilitarianism", *Consequentialism*, edited by Stephen Darwall, Blackwell Publishers Ltd., 2003, p. 245.

正确的，然而，他的动机功利主义是要在伦理学理论中找到它的位置。就此而论，他是成功的。

行动功利主义（后果主义）则把后果的最大化看作行动选择或行动评价的唯一标准，从而不考虑亚当斯所说的欲望、动机在道德评价中的地位。亚当斯注重动机，即注重人们的兴趣欲望，他认为，人们实际上更多的是从动机来考虑自己的行动，并非完全会从行动功利主义或行动后果主义的最大化后果好来考虑自己的行动。亚当斯强调了动机在行为评价中的作用，当然他并不是彻底的动机功利主义者，但他的观点表明了，动机功利主义或动机后果主义与行动功利主义或行动后果主义的重大区别之一不在于强调后果，并非要将动机后果主义的最大化标准来作为后果评价行为的标准，而是要强调满足欲望或动机在行动评价中的地位，即如果行为者在那样的处境中能够实现其欲望的满足，那么，即使并非能够带来最大化的功利，也是在道德上值得肯定。亚当斯从日常生活的兴趣、欲望以及相应的动机来提出对于后果的影响，以及强调这样一种后果虽然并非最大化的好的后果，但仍然是无可厚非的。因而可以说是对于行动功利主义或行动后果主义的又一次重大修正。一般认为，动机论是道义论伦理学的一个特征，这一修正将动机、欲望或兴趣与后果联系起来，突破了古典功利主义传统以来只强调后果而不考虑或排斥动机的倾向。不过，亚当斯的这一动机后果主义或功利主义，则与道义论的动机论不同。道义论的动机论所强调的是只有动机或唯有动机而不是行为后果，才可作为评价行为好坏或善恶的依据。然而，亚当斯把这两者联系起来，认为一定的动机对于后果具有影响或作用，并且认为，由于这种影响作用，人们实际上并非会以行动功利主义或后果主义的最大化好或效用来作为自己的行动选择的依据，即使是一个行动功利主义或后果主义的信奉者，他努力以后果最大化来作为自己的行为要求或道德标准，但是在实际行动中，则往往只会依日常生活的兴趣、动机或爱好来行事。因而这不仅仅是修正了后果主义的道德标准，而且也修改了行动功利主义和行动后果主义思考人类行为的模式。

第三节　德性后果主义

德性伦理学是当代伦理学家力图复兴的一种伦理学形态。20世纪七八十年代以来，以菲力普·福特（Philippa Foot）、麦金太尔（Alasdair MacIntyre）、赫斯特豪斯（Rosalind Hursthouse）等人为代表的德性伦理学家，对于德性伦理学的复兴做了大量的学术工作。目前，德性伦理学已经成为与功利主义（后果主义）、道义论并驾齐驱的一种重要规范伦理学流派。德性伦理学从人的内在品格性情（disposition）、道德心理学以及情感层面为进路，而后果主义则是从行动或行为的后果为进路，这样两种完全不同的理论有相容之处吗？德性后果主义就是力图在看似不相容的两种伦理学理论之间进行相关性的探讨。"德性后果主义"是对于这样一种努力倾向的称呼，不过目前还没有一种很完备的理论方案。

一 品格德性与后果

亚当斯不满于行动后果主义的最大化方案，从而提出动机后果主义（功利主义），这实际上也是从行为主体内在方面来探讨后果主义的一种进路。而亚当斯对欲望与动机的讨论，已经涉及了德性伦理学的问题。他提出，在人们的动机中需要关注良心。他认为良心的后果很值得关注，而哪种良心能够产生最大的功利则是需要研究的。当他谈到良心有不同时，是从不同规则内化产生的不同良心来说的，良心是德性品格的集中表现。因此，在亚当斯那里，已经涉及了德性伦理学。在福特著名的论文"德与恶"中，已经初步有了德性后果主义的观点了，她说："一般而言，德性是有益的品格，并且确实是因为人们以及人们的伙伴的缘故，德性是人所需要的品格。"[1] 福特对于德性的性质所说的，恰恰是从德性作为对行为者而言的"好"来说的，即德性带给行为者的是好的结果或后果或有益的后果，因此这就是一种"德性后果主义"的观点。德性后果主义类似于亚当斯的动机后果主义，即并非像行动后果主义那样仅仅从行动后果来选择或评价行为。不过，以亚当斯不同的地方是，亚当斯强调欲望、动机引发的行动，如果是实现了欲望或满足了欲望，即使并非最大化的后果，也是值得肯定的。德性后果主义则是联系后果来讨论德性等与德性伦理学相关的人的内在品格性情。一般认为德性是人的品格，后果主义则注重行为的后

---

[1] Philippa Foot, "Virtues and Vices", *Virtues and Vices and Other Essays in Moral Philosophy*, Los Angeles, 1978, p. 3.

果。但德性伦理学将后果考虑进来，则是从人的品格品质意义上来考虑其对行为后果的作用或影响，这如同亚当斯考虑动机欲望对于后果的作用是同一进路。

那么，德性后果主义把德性伦理学的一些什么因素引进了后果主义的讨论中？在这里我们首先要看看，人们对于德性伦理学的界定。不过，由于德性伦理学的复兴只不过是最近几十年的事情，因此对于德性伦理学的基本特征是什么还处于讨论之中。斯洛特认为德性伦理学是以行为者为基础（agent-based）[1]，赫斯特豪斯（Hursthouse, Rosalind）认为是以行为者为中心（agent-centered）[2]，陈真认为以德性概念为基本概念决定了德性伦理学的根本特征[3]。德性伦理学所关注的行为者，即什么样的人是德性行为者的问题。这个问题的解答无疑是以德性概念的阐述为核心，但比仅仅强调德性概念更为广阔。我们认为，德性伦理学家们所使用的"性情"（disposition）这一概念可能更能具有代表性。所谓"性情"，不仅有着道德品格德性（character virtue）或品格品质（character traits）的内涵，而且也有作为人的情感、情绪和道德心理的内涵。当代德性后果主义者德莱夫就是在性情意义上使用德性这一概念。在她看来，"德性不过是品格品质（一个性情或一组性情），一般而言，为他人产生好（善）的后果"[4]。虽然并非所有人同意德莱夫的这个定义，但她对德性的界定具有代表性。在他们看来，作为道德行为者的一切要素都应当进入到后果问题的讨论。不仅人的德性品质，而且人的道德情感和道德心理都对于行为后果具有某种后果性的作用。当代学者扎西巴斯基（Linda Zagzebski）、汤姆森（Judith Thomson）以及德莱夫（Julia Driver）等人[5]都是德性后果主义者。扎西巴斯基说："德性概念的历史清楚地支持这个观点：这个概念的特征

---

[1] Michael Slote, *Morals From Motives*, Oxford University Press, 2001, p. 7.
[2] Rosalind Hursthouse, *On Virtue Ethics*, Oxford University Press, 1999, p. 25.
[3] 陈真：《何为美德伦理学？》，《哲学研究》2016 年第 7 期，第 94—101 页。
[4] Julia Driver: "virtue and human nature", *How should one live？: Essays on the Virtue*, ed., Roger Crisp, Oxford University Press, 1996, p. 122.
[5] Linda Zagzebski, *Virtues of the Mind: An Inquiry into the Nature of Virtue and the Ethical Foundations of Knowledge* (Cambridge, 1996); Judith Thomson, "The Right and the Good", *The Journal of Philosophy* 94 (1997); Julia Driver, *Uneasy Virtue* (Cambridge, 2001).

是，它的实践正常来说，将产生好的外在后果。"① 德性后果主义者一般都持有这样的观点，不过，依据德莱夫上述说法，他们从有益于他人和社会方面的成功实践来解释德性。但后果主义的立场一般并不排除对行为者自己的好处或益处，因此德性所产生的好或善同样也包括了对自我的有益后果。

在德性后果论者中，德莱夫是重要的一位。她提出德性作为品格品质的后果主义观点，她说："我想提出的这种理论是一种关于德性的客观后果主义观点，这种理论把道德德性作为系统地产生更多的而不是少的实际善的品格品质。"② 布莱德利（Bradley, Ben）将德莱夫的这一关于德性后果主义的观点公式化：

> 德性后果主义理论是这样一种理论：当且仅当德性在现实世界系统地产生更多善而不是相反时，它是一种德性。③

这里我们看来，德性后果主义以后果来界定德性概念，即从行为后果来反推引发或在行为中起作用的算是德性或不是德性。什么样的品格品质算是一种德性而不是一种恶？这一公式化的观点明确表示了，以它的后果来决定。不过，这里我们要注意的是，对布莱德利的这个定义理解首先要注意她所说的"系统的"这一说法。换言之，如果在某人那里的某种品格品质，只是因为好运气或偶然的机会，使得它有时或一两次机会产生好的结果，但纵观这个行为者的长时期的行为结果，发现在其他时候并不产生好结果，这能算是德性吗？答案肯定是不算。就德莱夫和布莱德利的观点而言，如果一种恶的品格品质，仅仅有那么一两次机会或偶然的好运气使它有好结果也不能算是德性品质。因此，当我们考察一种品质，看这样一种品质是否算是一种德性，关键性地是看它是否能够长期地产生好的后果。同时就意味着将运气所起的作用降到最低。其次，德莱夫的这一界定没有最大化的含义，即在可比较的行动或行为方案中，如果一种品格品质

---

① Linda Zagzebski, *Virtues of the Mind: An Inquiry into the Nature of Virtue and the Ethical Foundations of Knowledge*, Cambridge University Press, 1996, p. 99.
② Julia Driver, *Uneasy Virtue*, Cambridge University Press, 2001, p. 68.
③ Ben Bradley, "Virtue Consequentialism", *Utilitas*, Vol. 17, No. 3, (Nov. 2005), p. 283.

能够产生好的后果，就可以说它是德性，而不需要看它是否产生最大化的好的后果。我们知道，古典功利主义或行动功利主义（后果主义）所追求的是行为后果最大化好（善），而不论这个行动或行为是由于什么品格品质在起作用。德莱夫只要求好的结果就可以将它算是德性，当然，她认为这应当是长期的并且因此而可以指望在将来的行动中体现出来。那么，怎么理解"好"的可比较的行动或行动方案的意义呢？德莱夫说："就这个观点而言，考虑到品格品质，某个品格品质所产生的好的产物与坏的产物相比较，并由此判断好的后果更大。"[①] 德莱夫的这个说法值得注意，在她看来，一种品格品质可能带来好的后果，也可能产生坏或恶的后果，如孝敬父母是一个好的品德，但有人像古人那样，对父母守孝道，"父母在，不远游"，结果高考成绩达到上最好大学的成绩也不去，从而错过了好的大学，这样的行为就并不是一种好的后果。还有，对父母的孝敬达到了一种对于父母的要求百依百顺的地步，结果就成了人们所说的愚孝或完全没有了自主性，这样的孝也并不是从现代观点看的好的孝行为。不过，中国古代的孝道在几千年来的中国的政治生活和民众的日常生活中发挥了重大的作用，其作用是好是坏几乎无法用一种道德性的好坏这样的语言来评判。如汉代的孝治天下。但德莱夫是从具体个人的德性行为来讨论问题，而不是上升到了国家意识形态的德性品质或德性概念来讨论问题。因此，就德莱夫而言，德性品质就是一种在总体上会产生好的后果的品质，在不同的情形下，也可能会产生不好的后果。那么，一个品格品质算作一个德性品质，就在于它总体或系统所产生的好的后果大于坏的后果。

二 恶的后果问题

布莱德利提出了这样一个问题，如果恶的行为并不产生恶或坏的后果，那么这是德性品质的反映吗？布莱德利设计了这样一个案例：

> 杜维里是一个活在世上充满快乐的人，杜维里正从事一种活动，这种活动被设计得减少享乐性。他以较少的快乐来替代原有的快乐或更多的快乐。例如，他投资了新的、较少美味的食品，但哄骗消费者

[①] Julia Driver, *Uneasy Virtue*, Cambridge University Press, 2001, p. 122.

这些食品是比味道好的更有益健康。他绝不引起他们任何痛苦，如不会使人胃痛，但事实上他们会减少快乐。不过，这样的新产品不会带来内在坏的后果。由于杜维里带给人们的适度的体验快乐，作为这个行为的结果，他给了这个世界很多内在的快乐。杜维里恶作剧的产品带给这个世界的善或好多于它所产生的恶（欺骗的作用）。

从德莱夫的定义来看，杜维里的恶就是其品格或品质的表现。但这样的品格品质是不是德性品质，或不是恶劣品质的表现？站在德莱夫的立场上应当怎样看待杜维里的恶呢？德莱夫会认为，杜维里这样一种品格，必定会有某种恶的后果。它没有带来更多的善的后果，但却防止了好的后果。它的内在恶的后果等于或大于内在好的后果，那么这样一种品格品质也就不被看作德性。这里所说的"内在善"或"内在恶"，是从善恶本身的实质意义上讲的，而不是从某种后果所具有的外在效果意义上讲的。布莱德利认为，杜维里的问题在于它说明了后果主义的一个重要观点："阻止善恰恰如同产生恶一样坏，而防止恶恰恰如同产生善一样好。杜维里的品格品质因后果主义的理由应受谴责，不是因为它在现实世界产生的事态，而是因为它所阻止的。如果我们关注杜维里的恶作剧的后果评价，那么，我们必须比较恶作剧的后果与恶作剧所阻止的。"[1] 说杜维里的恶作剧没有带来坏的后果，但却阻止了好的后果，是指这个恶作剧减少了人们对美味的享受，从而获得的是较少的快乐。在这里，实际上是这样一个观点，恶的品质即使不产生恶的后果，我们仍然并不能称之为德性，它仍然是恶的品质。

由于杜维里的恶作剧所引起的进一步的思考是，如果一个世界都充满着恶的品质，这个世界是一个怎样的世界？如果一个世界缺乏德性品质，将会如何？如果在一个德性普遍败坏而伪善成风恶习成风的世界里，高尚的行为者被人嘲弄，而恶劣的品质和行为或行骗成风，贪污腐化遍地，人们不以为耻，反以为荣，结果高尚是高尚者的墓志铭，而卑鄙则是卑鄙者的通行证，那我们怎么看待这样一个世界？德性后果主义者认为，在一个有着德性品质的行为者的世界，其所产生的内在善的后果超过了内在恶的

---

[1] Ben Bradley, "Virtue Consequentialism", *Utilitas*, Vol. 17, No. 3, (Nov. 2005), p. 285.

后果，这样一个世界的善将比那些缺乏德性品质的世界更多或更好。因而这实际上是一个非常深刻的人类处境问题。

怎样理解这个问题？试比较一下在一个适度诚实的世界里所产生的善的后果与一个所有人都不诚实的世界，诚实品格的意义何在？或在一个大多数人都不诚实的世界里，少数人诚实的后果如何？因此，如果说德性是一种德性品质，在于它系统地产生的内在善的后果大于内在恶的后果，完全是在一个正常的社会里从比较的意义上讲的。布莱德利说："相比较一个适合人们撒谎的世界，一个适度诚实的世界相对来说是较好的，而相比较一个人们非常诚实的世界，这个相对诚实的世界就不是较好的世界。"① 而在一个诸如诚实德性完全失效或只会给人带来负效果或遭人嘲笑的世界里，则是一个德性完全没有意义的世界。如果处在这样一个世界里，诚实被人嘲笑，伪善被人尊崇，圆滑被人认为聪明，那是不是一个道德黑暗的世界？如果在这样一个世界里，人类还有希望吗？如果确实有这样一个世界，德性后果主义的基本观点就会被颠覆，即不是德性品质，而是恶的品质才会带来好的后果。这里所谓"好的后果"，也就是对行为者个人有利的后果。因此，如果德性后果主义坚信德性总会给人带来好的后果，如同人们坚信"善有善报，恶有恶报"一样，那是坚信人类总是处于道德光明的世界里。因此，从后果的角度来看待人的品格品质，也就只有与德性能够起作用的背景条件联系起来才有意义。然而，当人们将德性置于一定的背景条件下时，也就不得不看到，可能在一定的背景条件下卑鄙是卑鄙者的通行证，高尚则是高尚者的墓志铭。那么从后果来看，德性品格品质与恶的品格品质的后果完全颠倒了，那我们怎么看待德性的价值呢？

德性与后果的关系在某些社会条件下具有这种完全背反的关系，表明了社会条件与个人德性后果有着直接的关系。应当看到，所有人都有着生活在正常的德性能够发挥正常作用的社会里的愿望，但同时也要看到，在相当漫长的历史时期里，可能并没有这样的历史机会，因而可能是处于人类的漫漫长夜之中。在这里的黑暗时期，有德性的人最大的问题是如何自保的问题而不是如何使得他的德性发挥作用的问题。如在亚历山大的大军

---

① Ben Bradley, "Virtue Consequentialism", *Utilitas*, Vol. 17, No. 3, (Nov. 2005), p. 286.

横扫整个希腊大地时,高尚的人并不是寻求怎么能够在政治上有作为的问题,而是如何能够找到自己的新的人生支点,或在动荡不安和使人屈辱的环境下,如何寻找个人幸福或中国人所说的"安身立命"的问题,这也是那个时期伊壁鸠鲁哲学将免于恐惧作为重要的哲学问题,以及伊壁鸠鲁哲学和斯多亚派哲学都把不动心作为他们的伦理支点的根源。

另外,在不同的环境条件下,也可能给予人们的德性展现不同的后果,因而德性品质给这个世界所产生或带来的好或善的事态总是相比较而言的。对于每一个正常理智的行为者而言,在某些极端条件下,可能做不到德性的要求,但并不意味着在一般条件下他能够做到,如在遭受法西斯折磨拷打的情形下,他并不屈服;但在最后,法西斯威胁他要让野兽咬死他的情形下,他屈服了。德莱夫认为,如果我们因为这个被捕者没有最后坚持而就认为他没有勇敢的德性,这就是对他的最大化后果的要求。[1] 因此,德莱夫认为:"一个德性品质是在正常的环境条件下系统地产生实际好的后果的品质。"[2] 德性后果论者并不持有行动后果主义的最大化后果的观点。换言之,德性后果论者放弃最大化观点在于德性后果的最大化是一个太高的要求,如果持有这样一种观点,那就意味着如果某种德性(品质或气质)在某种环境条件下不能达到最大化好的后果的要求,就会被认为不是一种德性品质或德性气质。但这很有可能是不近情理的。

虽然像德莱夫这样的德性后果主义者并不持有德性最大化后果的要求,认为这样的要求可能过分苛刻,但是我们要看到,之所以会在"卑鄙是卑鄙者的通行证,高尚则是高尚者的墓志铭"的处境中德性概念失灵,在于德性后果主义中的"后果"概念。这里的"后果"概念是后果主义的价值概念,即把快乐、成就、友谊等看作具有内在价值的概念,而把痛苦、失败、恶等看作具有内在负价值的概念。因此,德性后果主义的"价值"概念,也就并不是道义论的内在价值概念,在道义论看来,责任(义务)、品格、尊严等才具有内在价值,换言之,它们是非德性的价值。并且,德性后果主义是"价值中心"论者,即以后果主义的后果价值来评价德性。斯旺顿(Swanton, Christine)说:"我所理解的价值中心……它假

---

[1] Julia Driver, *Uneasy Virtue*, Cambridge University Press, 2001, p. 77.
[2] Julia Driver, *Uneasy Virtue*, Cambridge University Press, 2001, p. 78.

定有一系列价值或善目，如快乐、成就、友谊等，以及负价值或恶，诸如失败、痛苦等，对于这些价值或负价值，德性以某种方式响应它们或是促进（或最小化）它们的工具。"① 不论德性后果主义对于德性或德性气质或性情怎样界定，都是以后果主义的价值来进行界定的。这也就是斯旺顿所说的"价值中心"论。在斯旺顿看来，那些德性后果主义者对德性概念等的界定，一个特点在于，"独立于德性价值的、价值论所列的那一系列价值，在德性能被决定之前就应产生出来。一个'基本层次'的善目和恶目，或价值与负价值，这些价值或负价值是诸如快乐、知识、痛苦、失败等，它们被理解为是独立于德性的"②。斯旺顿指出，在德性后果主义的理论中，德性是实现后果主义价值的工具，如果某种品格品质不能在某种程度上（哪怕是最小程度）实现后果主义的某种价值或阻止负价值，那么德性后果主义并不把它算作是德性品质。因此，这样看来，德性后果主义就有着内在的悖论。即我们发现，在某些环境条件下，往往并不是德性而是恶的品性给行为者带来那些成功或快乐，如我们所说的"小人得志"。因此，德性后果主义向我们提出了一个问题，一个道德德性，是因其自身而是善的还是因其后果而是善的？

将德性与后果联系起来，回应了当代德性伦理学的复兴思潮以及当代后果主义兴起的趋势。从德性伦理学的角度看，当代德性伦理学家提出了一种以往德性伦理学家所没有提出的新形态的德性论，认为只有能够产生好的后果的内在品格品质才可称之为德性；从后果主义的角度看，当代德性伦理学提出了一种新形态的后果主义理论，强调德性对于行为后果的作用。当然，德性后果主义可以看作在德性伦理复兴的趋势下所发展的一种新形态的德性伦理学，但同时也表明了德性伦理学家对于当前其他领域或流派如从功利主义发展到后果主义这一领域里的新发展的关注。亚当斯的动机后果主义也是一种新形态的后果主义理论，不过，它确实是从后果主义这一领域里内的一种新发展。亚当斯的动机后果主义不同以以往的功利主义或后果主义理论，仅仅从后果的角度来进行道德评价或提出道德标

---

① Christine Swanton, "virtue Ethics, Value Centredness, and Consequentianism", *Utilitas*, Vol. 13, No. 2, July 2001, p. 213.

② Christine Swanton, "virtue Ethics, Value Centredness, and Consequentianism", *Utilitas*, Vol. 13, No. 2, July 2001, p. 214.

准。亚当斯突破了传统功利主义的路向,强调动机对于行为后果的制约作用。这两者的共同特点是,都从人的内在动机欲望或内在品格德性的角度来讨论由此产生的后果问题。一般而言,动机作为人的行动的内在出发点,无疑也包含着德性品格。这是因为,在人的行动之始,从内在德性出发,也就是将德性看作动机。不过,亚当斯对于动机的理解,他并没有把德性纳入动机范畴之内。在亚当斯那里,所有能激发人行动的欲望、兴趣、爱好都在动机这一范畴之内,而不把人的内在品格德性看作构成动机的因子之一。在作为教堂神学艺术爱好者之一的杰克,是因为大教堂精美的艺术品使他流连忘返,从而使他不将行动功利主义或行动后果主义的最大化后果好的要求作为他的行动原则。因为在他这样做时,并不是什么品格德性在起作用,而是兴趣欲望起了关键性的作用。当然,我们看到,他也谈到了"良心",但他正确地认识到,有多少种原则,可能就有多少种良心。因此在他这里,良心并不是德性的代名词,而是人们所信奉的某种原则,如行动功利主义或行动后果主义的最大化好的原则,一旦做不到,可能就会产生某种"良心"不安。

从德性伦理学的视域来看,德性品格或品质,如勇敢、正义、节制、忠孝、仁爱等,无疑可以在人们行为发动的意义上看作人们行为的动机或具有动机作用。当然,德性后果主义更多强调的是德性品格与行动或行为的后果之间的关联,而不是在动机意义上强调德性所起的作用。在他们看来,那些能够产生好的后果的人的内在品格品质,或所产生的行为后果,好的后果多于或大于恶的或坏的后果,那么这样的品格品质就是德性品格或品质。而那些产生坏或恶的后果或所产生的坏或恶的后果多于或大于所产生的好的后果的品格品质,就是坏的或恶劣的品格品质,而不是德性或美德。因此我们看到,德性伦理学家所讨论的德性后果问题,就动机意义而言,更多的是与道德相关的。但亚当斯的动机后果主义的动机概念,外延更为广泛,它将人们所有生活实践中的欲望、偏好、兴趣都放在了"动机"这一概念之下,但却没有专门讨论德性动机的问题。实际上,德性或恶的品质问题,就人们的行为动机而言,可以看作一个很重要的伦理问题。如有的人则存心不良,内心黑暗,存心作恶,不仅损人利己,甚至不利己也损人;有的人内心有魔鬼,而有的人则富有同情心,心地善良,乐善好施;如基督教的现代版圣人特雷莎,她一辈子把自己的爱贡献给了穷困无助的穷人或处于困苦中的人们。还有的人富有正义感，爱打抱不平，行事仗义执言。好坏或善恶这样两类不同的人格品质，无疑对于行为动机有着直接的影响，或它们往往就是行为者的行为动机。从而不同的品格德性或没有德性只有恶劣品质的人，在涉及人与人的关系上，在涉及个人利益与他人利益或社会利益的关系上，无疑会表现出不同的动机特征来。因此，如果像亚当斯那样，仅仅从个人爱好、兴趣欲望等领域来讨论动机问题，以及相应的动机后果问题，而忽视了德性品格品质以及恶劣品格品质所产生的动机以及相应的后果问题，则明显是不够的。换言之，当后果主义要追溯行动或行为发生之源以及行动或行为之源对于后果的作用或影响，那么就应当把这样两种修正版的当代后果主义的思考结合起来，从而在道德和非道德领域全面考虑行为动机对于后果的作用或影响。一个完整的动机后果主义理论，应当超越两者以及把两者结合起来，从而有一个对于所有行为动机的全面的考察。这种超越也是对传统功利主义的超越。我们知道，在古典功利主义那里，也只有密尔涉及了德性，但他并没有在后果意义上强调德性，他所强调的是质在快乐与痛苦这一边沁计算法意义上的问题。而边沁虽然大谈动机，但他并不是要注重动机在他的功利主义体系中的作用或应有的地位；恰恰相反，他是要通过反复分析和论证来表明，只有后果而不是动机才在行为的道德评价中起了关键性甚至是唯一的作用。因此，这样两种新版本的后果主义理论也是对传统功利主义的突破。

亚当斯的动机后果主义和德莱夫等人的德性后果主义表明，后果主义虽然是一种强调行为后果的道德评价理论中的关键地位的理论，但仍然可以从行为者的内在动机以及品格品德等方面为后果主义寻求理论依据。后果主义的这一理论发展趋势表明，后果主义作为功利主义发展的新形态，其理论信奉者已不满足于仅仅从后果或就后果而言来说明后果，而是力图从行为者（行为主体）方面来进行开拓，这为我们理解道德行为的后果意义开辟了新方向。同时也表明，从动机或德性来考察人类的行为，并非仅仅是内在论义务理论或德性论所独有，功利主义或后果主义所强调的后果，仍然可以追溯行为者的动机以及作为动机或具有动机意义的内在品格品质，也就是说，可以从行为之源来讨论行为的后果问题。这个问题至少是为道义论所忽视，也是为德性伦理学本身所强调不多的。从动机或德性角度来重新考虑后果或对后果的道德评价，也表明了当代规范伦理学的评价理论正在呈现出一种融合的趋势。动机后果主义和德性后果主义的出现和发展，也给中国伦理学界提出了一项新的紧迫任务，即当代中国学人应当在规范伦理学的建构中发挥自己的作用，并参与到世界伦理学的发展之中去。

第六章 规则后果主义

　　动机后果主义和德性后果主义从人的内在动机或德性进路讨论后果主义的命题，表明了后果主义与道义论和德性论的一种融合趋势。规则后果主义（rule consequentialism）是后果主义发展的又一种形式。规则是道义论伦理学的中心问题，规则后果主义的出现表明了后果主义理论家自觉地从道义论伦理学中汲取资源，表明了道义论资源对于功利主义和后果主义的重要意义，同时也表明了两种重要的规范伦理学的融合趋势。规则后果主义又是规则功利主义的新发展，即规则后果主义可以看作规则功利主义（rule-utilitarianism）在近几十年来的新形式。规则后果主义同时也是在人们对于行动功利主义和行动后果主义的批评中提出的后果主义的新形式或新形态，因而规则后果主义既可被称为"后果主义的新发展"，也可被称为"功利主义的新发展"。胡克（Hooker, Brad）是新近规则后果主义的代表人物。胡克的著作《理想的法典，现实的世界》（*Ideal Code, Real World: a rule-consequentialist of Morlaity*, 2000）被认为是最重要的规则后果主义的著作。由于规则后果主义与规则功利主义内在密切关联，因此，我们首先概述规则功利主义，然后再集中讨论胡克的规则后果主义。

第一节　规则功利主义

　　20世纪五六十年代，为了克服人们对行动功利主义存在非正义等问题的诘难，不少学者将道义论因素引入功利主义理论，这就是将规则（rule, prescription, code）作为功利主义的重要因素。布兰特（Brandt, Richard B.）在20世纪50年代就已经系统阐述了规则功利主义。布兰特在1959

年出版的《伦理学理论》中指出，规则功利主义是近十年来出现的一种功利主义形式，但他认为，"规则功利主义"并非功利主义的新形式，在他看来，密尔和 19 世纪的奥斯汀（Austin, John）是最早的规则功利主义者。① 布兰特把密尔看作最早的规则功利主义，在于密尔与边沁的区别。如斯马特将边沁看作古典的行动功利主义，在于边沁如同他所提倡的行动功利主义，唯一地将行为（行动）的后果（对于行为主体所产生的快乐与痛苦的量）作为评价行为善恶好坏的标准。而布兰特将密尔看作最早的规则功利主义，在于密尔并非仅仅在快乐主义的意义上，以快乐与痛苦的量来进行道德评价。换言之，当密尔以快乐的质作为标准来进行道德评价时，他已经注意到了与边沁不同的某些要素，如文化或文明以及人们对于高阶生活的追求等，这些因素不是快乐的量而具有某种人类文明或文化的需求，无疑其内在地包括规则。另外，密尔明确地提出了义务的内在约束力问题，说："义务的内在约束力，无论其标准为何，都只是一种，并且都是一样的——那就是我们内心的一种情感。它是一种痛苦，或多或少比较强烈，伴随着违反责任而来，出现在那些道德本性受到了适当教化的人身上，比较严重时，就不能释怀。这种情感，如果保持公正，并且仅与纯粹的义务观念相关，而不与义务的某种具体形式或相应的环境发生联系，那么它就是'良心'的本质。"② 密尔的这一说法可以看作后来规则功利主义的先声。规则功利主义与行动功利主义都是功利主义，在于这两种理论都具有后果论的因素，即将行动或行为后果作为最终评价之物。然而这两者的根本区别在于，规则功利主义将行动或行为所需遵循的规则引入其中，在评价行动后果时考虑的是依据什么规则或哪种规则。如当我们要从事活动时或做某件事情时，我们可以遵循的规则也许有 A、B、C 三种规则，而遵循某种规则可能带来的后果是不同的。如遵循 A 规则所产生的后果是 B 规则两倍好，遵循 C 规则则比 B 规则更多一倍好，那么规则功利主义则认为我们遵循规则 C 将是最好的行为选择。这仍然是一种最大化好的后果选择，但所选择的条件与规则联系起来。莱昂斯说："正如其名称所意示的，规则功利主义设计了功利与规则的两个位置：一般而言，行为被

---

① Richard B. Brandt, *Ethical Theory*, Prentice–Hall, Inc., 1959, p. 396.
② [英] 约翰·斯图亚特·穆勒：《功利主义》，叶建新译，九州出版社 2007 年版，第 67 页。"穆勒"是中文对 Mill 的另一音译。

认为是对的,只有其是符合规则的,这被认为是功利主义的理由。"① 规则功利主义既强调行为的功利后果,同时也强调行为所遵循的规则。在规则功利主义那里,对于行为的评价与行动功利主义或行动后果主义仅仅简单地依据行为后果不同,规则后果主义则是从履行规则并由此带来的行为后果意义上来对行为的后果进行道德评价,相比较如某个规则可产生最好后果,则为最符合规则后果主义的道德要求。与此相适应,规则功利主义对道德主体的行为要求是:"从总体上看,对行为者来说,其义务是履行行为 A,当且仅当那个规则(prescription)要被履行('去做 A!')。"② 规则功利主义在其发展过程中,有简单规则功利主义、可普遍化的规则功利主义以及理想的规则功利主义等多种形式的规则功利主义。

一 简单规则功利主义

简单规则功利主义的特征是将行为主体的行为与所采取的规则联系起来。简单规则功利主义可以概括如下:一个具体行为是正确的,当且仅当它与某个道德规则相符合;一个道德规则是正确的,当且仅当在可选规则中,普遍遵守该规则能够获得最大效用或社会福利。简单规则功利主义的特点在于将行为主体的某个行为或某次行动与单个的道德规则联系起来。行动应遵守规则是道义论伦理学对行为主体行为的基本要求,然而我们看到,现在成了功利主义的要求。不过,功利主义对规则的遵守与道义论的要求还是有区别的。这是因为,功利主义将规则的遵守与后果最大化联系起来。在功利主义面前,如果有 A、B、C 三种规则,这些规则都是行为主体的某个行为可遵循的规则,那么,功利主义要问,哪种规则将使这次行动或这个行为产生最大的好的后果?在行为者所获得的信息条件下,将三者进行比较,如果 A 规则有可能产生最大好的后果,那么选择 A 规则将为规则功利主义所赞许。道义论在这样的行动规则面前,将如何选择呢?就道义论而言,如果有 A、B、C 三种规则,道义论所看重的是行为规则所产生的道义价值或重要性,即这三种规则相比较而言,哪种规则是最重要的规则,或具有更重大的价值意义?当然,其价值意义也是相对于情境而

---

① David Lyons, "preface", *Forms and Limits of Utilitarianism*, Oxford University Press, 1965, p. vii.

② Richard B. Brandt, *Ethical Theory*, Prentice - Hall, Inc., 1959, p. 396.

言。不过，这两种不同的考量也可能得出一样的结论。如中国古代有着所谓"忠孝"冲突的问题，即忠孝不能两全的问题。如果家乡老母生病需要看望，而自己是守卫边疆的将军，那么应当怎么办？从道义论来看，儒家忠君原则（"三纲"中的君为臣纲是第一位）无疑应当高于父子关系原则（即儒家代际伦理原则），从功利主义后果论的角度来看，也可认同道义论的结论，即这样的选择所产生的好的后果比不这样考虑的好的后果更大，或相反的选择可能产生的负价值更大。另外，需要对当前的局势进行权衡，如果边防吃紧，那么将以守卫边防作为最优先的选择。换言之，这是道义原则的要求，而这也就产生了忠孝不能两全的问题。如果从功利主义来看，前文已述，是从后果的利弊来进行考量。如果这位将军抽身去看望自己家乡生病的老母，有可能产生不利国家的严重后果，如边境外的敌人入侵，将造成更多同胞的伤亡；但同时老母也希望能够在这样关键时刻见上自己的儿子一面，如果见不到，母亲会很痛苦。但这两种可能的后果相比较，功利主义无疑也会赞成将军坚守边防。换言之，功利主义并不是从哪个道德原则的重要性来考虑，而是从哪个道德原则将产生的后果好坏，或哪个道德原则将产生最大好的后果来考虑。不过，道义论与功利主义可以看作两种不同维度或视域，但从后果来看，也许会得出一样的后果考虑，然而这样两种不同视域所得出相同的后果考虑不等于两者的出发点是一样的。

　　简单规则功利主义由于仅仅将某个规则与某个行为联系起来，人们的研究表明，简单规则功利主义难以避免行动功利主义所产生的问题，如非正义的问题，同时也有着规则方面的问题。我们在前面相关章节谈道，行动功利主义或行动后果主义由于坚持好的后果最大化，有时不可回避非正义的问题。简单规则功利主义由于仅仅将某个行动与某个规则联系起来，但同时又要求好的后果最大化，也易于造成类似于非正义的问题。如我们坚持自我幸福的最大化原则（这是边沁功利主义的基本原则），则有可能导致非正义的指责。例如，为了自我利益的最大化，斯马特认为那个在第二次世界大战期间的法国人夜间违反禁令偷电取暖是合乎道德的。之所以这样看，那是合乎功利主义的自我利益最大化原则（在不违背对大多数人利益损害的前提下）。

　　就规则而言，简单规则功利主义仅仅告诉我们应当从规则来考虑后果。但是，人们对道德规则的履行不仅仅是当下行为的规则问题。道德规则是一定社会、一定时期的规则，不同的社会、不同的文化以及不同时期的规则对人们的要求可能都是不同的。因而，在一定的社会历史条件下的规则，对于其他历史时期而言并非具有一定的适用性。在一定的历史时期对于人们有约束力或具有道德价值的规则，但对于其他历史时期而言，就并非一定具有约束力或道德价值。然而，历史时期并非截然不同的，历史发展往往是连续性变化。因而这就产生了一个问题，即代际道德价值观的不同。老一辈与新一代人由于其历史环境的不同，因而可能形成不同的规则或道德价值观。而当对于规则的认同发生冲突时，对于遵守什么规则将产生最大好的后果问题，无疑得不到某种一致的看法。此外，如果不考虑这种历史的变化，也要看到，在任何一个社会中，实际上都可能对于应当遵循什么规则来行动存在着不同的看法。如我们所知的功利主义对规则与行动的关系的看法，和道义论对规则与行动的看法就不同。还有，在道德实践中，往往经过人们的慎思所选择的是凭自己的良心去做的，而不是规则告诉人们要去做的。这样的选择，往往是违反世人所公认的规则，或不是社会所认可的行为。如对待税收制度，著名非暴力抗议者梭罗就持反对态度。在他看来，拒不交税是他的责任。在传统社会，如果有青年男女反抗长辈对自己婚姻的安排，这也就意味着反抗传统社会的规则，而遵从自己良心和情感的呼唤。然而，把青年人的这类行为放在当时的历史条件下，无疑会受到社会以及其长辈站在道德制高点上的谴责，受过自由恋爱是合乎道德的当代教育的人，则无疑会认为青年人不遵从当时的道德规则而服从自己的良心与情感，这在道德上是正当的。并且，青年人对于自己的婚姻自己作主的行动，在传统社会往往并不会有好的结果。因此，从遵从规则可能导致好的结果或后果来看，这是符合规则功利主义的观点。但是，从当代的道德价值观来看，在传统社会中的青年人反抗长辈对自己婚姻的安排，追求和向往婚姻自主，恰恰代表了道德发展的方向，因而有着十分可贵的道德价值。尽管这种追求可能玉石俱焚，但这样做则体现了当事人自我所认可需要维护的最重要的价值如爱情。这样的看法无疑不符合规则功利主义的观点，并且如果站在当代道德立场上认可规则功利主义立场，也是不可理解的。因而在某些体现了对旧制度起维护作用的规则面前，不是遵循而是抗拒才是体现了社会发展的方向或社会发展的进步趋势，在这样的规则面前，不是遵守规则的最大化后果，而是不遵守规则然而则有可能导致的对于当事人的坏的后果，通过悲剧性（如梁山伯与祝英台）的毁灭才体现了无比重要的道德价值。

简单规则功利主义还有一个问题，与行动功利主义得出同样结论的"外延等值的问题"（the problem of extension equivalence）。如遵守诺言是一个大家公认的可接受的道德规则，在康德伦理学意义上，一个可能的规则就是要求遵守所有诺言而没有例外。在简单规则功利主义的立场上，认可这样一规则在于遵守这样一个规则的后果好于不遵守这样一个规则。然而我们知道，任何规则都有例外。那么，在什么情况下说谎、在什么情况下不说谎，就要依据行动功利主义的后果论来考虑了。换言之，当我们遵守规则（不说谎）不能有好的后果，而只有不遵守规则才有好后果时，简单规则功利主义就让位于行动功利主义了。如医生应当与病人建立互信关系。然而，当某个医生知道某个病人的严重病情如查出结果为癌症，但是医生知道，如果告知这个病人，可能会导致病人精神心理的崩溃，从而使他可能过早离开人世。那么从尊重病人的生命出发，可能医生会做出不如实告知病情的决定。换言之，当我们说谎比遵守诺言能够有更好的后果，也许我们就有了不遵守诺言更充足的理由。这也就意味着，当遵守规则与功利原则发生冲突，我们就不遵守规则，因而简单规则功利主义可以表述为：遵守该规则，除非不遵守该规则会产生更大的好的社会后果。这与行动功利主义在原则上没有区别。

二 可普遍化的规则功利主义

可普遍化的规则功利主义。"可普遍化"（generalization）规则是20世纪50年代以来功利主义发展的方向之一。黑尔（Hare, Richard M.）、马库斯·辛格（Marcus Singer）以及霍斯伯斯（Hospers, John）等人都探讨了功利主义的可普遍化问题。黑尔从道德语言的特性讨论出发，提出伦理学语言是一种规定性语言，并循此提出规定或规则的可普遍化问题；马库斯·辛格从规则与后果的意义上探讨了可普遍化问题。马库斯·辛格在《伦理学的可普遍化》（generalization in Ethics, 1961）中开篇就提出了一个可普遍化论证："如果任何人做那个，其后果将是灾难性的（不可欲的），因此，没有人应当做那。"这个论证变成积极论证，也就是"没有任何人做 X 的后果是不可欲的，那么，任何人都应当做 X"。他认为，这个具体论证可以广泛运用，这个论证可以确定所有道德规则和确定作为道德判断的理由所有相关考虑。霍斯伯斯（Hospers, John）则从规则的可普遍化来进行论证。简单规则功利主义力图解决行动功利主义所产生的问题，但由于简单规则功利主义无法阐明功利原则与道德规则之间的关系，仍然无法避免行动功利主义的问题。对于这样的问题，霍斯伯斯着手进行改进。霍斯伯斯意识到，简单规则功利主义的问题在于仅仅从履行简单规则的后果来与人们的某个行为相关联，而没有从规则本身来进行考虑。在他看来，克服行动功利主义的关键在于要看到规则的可普遍化特征。霍斯伯斯说："在道德生活中，每一个行动都受某一个规则的支配，而我们判断该行动是正确还是错误，不是根据该行动的后果，而是根据它的普遍化的后果，即根据采纳该行动的规则的后果。"① 实际上，霍斯伯斯对于简单规则功利主义的改进主要是在规则的意义上增加了"可普遍化"。所谓可普遍化，也就是对于我们行动所采取的规则，霍斯伯斯要我们问一个这样的规则是否可普遍化，然后再依据其来进行行动，并且由此来评价我们行动的后果。

　　规则或道德法典的可普遍化实际上是康德义务论伦理学的基本要求。在康德看来，一个行为是否具有道德上的充足理由，在于行为主体所采取的道德法典是否可以普遍化，或者说，只有当我们把自己行动所依据的准则上升到可普遍化法典的层次，依据这样的法典或在这样的法典指导下的行动才是正当合理的，或在道德上才是可辩护的。康德义务论伦理学与简单规则功利主义的一个重要区别在于，康德强调行动所依据的法典的可普遍化；后者则强调遵循规则所产生的后果。霍斯伯斯将简单规则功利主义与康德义务论结合起来，将规则的可普遍化作为条件来看它的后果，即行动所遵循的可普遍化规则所产生的后果。因而，霍斯伯斯的规则功利主义可以这样概括——当我们要选择一个行动时，我们应当这样提出问题："我在这样一种情形下采取的道德规则如果普遍化，其社会后果如何？"霍斯伯斯这里包括两层意思，一是这一行动的直接后果；二是从普遍化来看

---

① John Hospers, "Rule – Utilitarianism", *Ethical Theory: classical and contemporary*, Louis Pojman, ed., Wadsworth Publishing, 2002, p. 204.

待的社会后果。换言之，在霍斯伯斯看来，如果我采取可普遍化的规则，即使是直接后果并非最好，但如果从社会后果来看其结果或后果为最好，那么我们应当采取这样的规则。反之，如果在我当下的处境中，虽然我所采取的行动可能产生好的结果，但就一般而言，更有可能带来坏的结果，那么即使是这个行动对我现在来说会产生好的后果，这样的规则也是不可取的。如康德所举的借钱许假诺的例子。我明知我没有能力还钱，但如果不许假诺，我肯定借不到钱，于是我就许假诺。在康德看来，这里包含着这样一条规则，即如果对我有利，我就许假诺。然而，这样一条规则不可普遍化，如果普遍化，那意味着所有人都处于相互欺骗之中了。因此，即使是对我有利，我也不可许假诺，而这才是合乎道德的。还有，斯马特所举的那个第二次世界大战期间伦敦的法国人为了自己取暖偷电的案例，他使自己的利益最大化，但简单规则功利主义无法回答这样的行动不正义的问题，因而可能会滑向行动功利主义。不过，霍斯伯斯提出可普遍化作为标准，而法国人偷电的案例无法通过可普遍化检验，因而可以回答人们对功利主义的诘难。

我们前面指出，简单规则功利主义会犯类似于行动功利主义问题，因而被人们称为"外延等值"。那么，可普遍化的规则功利主义会出现这样的问题吗？霍斯伯斯认为，之所以出现这样的问题，在于任何规则都有例外的问题。如我们上述所说的医生说谎的案例。简单规则功利主义认可这样的做法，从而也就为滑向行动功利主义开了方便之门。在霍斯伯斯看来，这是由于他们没有处理好规则例外的情况。在霍斯伯斯看来，"例外"实际上是一种规则现象。规则往往会有例外，这些例外日常道德往往又都认可，那这是为什么？以"不许杀人"这一道德禁令来说明。一般而言，"不许杀人"指的是不许杀害无辜者。这里的无辜者不仅包括没有犯罪记录的好人，也包括那些没有犯杀人罪的罪犯，或罪行没有严重到足以判处死刑的罪犯。并且，即使是那些犯了死罪的罪犯，也不是平民百姓来处置他们，而是要由公共权力机构来处置。因此，"不许杀人"对于普通人来说就是一条禁令。然而，如果一个罪犯正要侵犯你，并且他手中的凶器可能置你于死地，那么这时如果你不杀死他，他就有可能杀死你。这时，杀死罪犯也就有正当理由，即正当防卫。在这样的情形下，杀人就成为一个例外。霍斯伯斯把这种情形看作一个例外，认为这种例外可以成为一条规则：不许杀人，除非正当防卫。霍斯伯斯认为之所以这能成为一条规则，是因为可以普遍化，即处于这样情形中的任何人，都具有破规或如此例外的正当理由。还有，我们前面所说的医生说谎，也可以成为一条例外规则：不许说谎，除非为了他人保全生命。在他看来，这样的规则也是可以普遍化的。即如果仅仅强调例外，而不可普遍化，那也不是霍斯伯斯认可的。在霍斯伯斯看来，这样可普遍化的规则功利主义也就回避了简单规则功利主义向行动功利回归的外延等值问题。然而，霍斯伯斯的规则例外或例外规则也成了他的一个问题，因为我们知道，凡事往往有例外。如果像霍斯伯斯那样处理，那么例外规则将会无穷之多。规则太多等于没有规则。同时，可普遍化规则功利主义与简单规则功利主义一样，都是对于单个的行动或行为的后果作为处理对象，对于行为主体的行为或行动，或者对于道德规则，既没有从行为主体之整体，也没有从规则系统来进行研究。

三 理想的规则功利主义

在规则功利主义理论中，最有影响的理论是布兰特提出的"理想的规则功利主义"（Ideal Rule – Utilitarianism）。前文我们引用布兰特的话来说明我们应当做什么，是因为某个规则（rule or prescription）要履行。为什么我们要履行那个规则？布兰特说："一个行动是对的，当且仅当它与一套道德规则一致，并且，对规则的承认将有最好的后果。"[1] 换言之，履行规则是从后果来考虑的。"最好的后果""最大化的后果"或"最大化的效用集"都是布兰特对行为后果的说法，在他这里，这些说法没有边沁与密尔的区分。另外，布兰特讨论规则与行动或行为的关系，并非像霍斯伯斯那样，仅仅将行动或行为与某个规则联系起来，而是"一套规则"。他有时又把这套规则称为"道德法典"（moral code，或"道德法则"）。这套规则，也就是一个社会的规则体系。但这是任何一个社会既存的规则体系吗？不是，因为布兰特有时把与行动或行为相关联的规则称为"理想的规则体系"，是一个共同体稳定的实践所确立的理想的规则体系。布兰特说："从总体上看，对于一个行为者来说，他的义务是做 A，当且仅当那个规

---

[1] Stephen Darwall, *Consequentialism*, Blackwell, 2003, p.220.

则要履行（做 A!），这是从逻辑上遵从对一个行为者的处境的完全描述，加上对他的共同体的理想规则的描述；并且，他的共同体的理想规则是一套普遍命令（这个命令式的形式是：在环境 C 中做 A!）。"[1] 现实可能不尽人意，但是在布兰特看来，任何一个共同体总有那种人们所向往的理想规则，所谓"理想规则"，也就是最好的规则。这类理想规则也就是对于人们的行为的绝对规则或绝对命令。不过，从道德生活的实践来看，布兰特的说法过于理想化。因为在现实的道德生活中，并非理想的规则，而是很不理想但很现实的可履行的规则才是可通行的规则。如中国社会几千年到处通行的是"潜规则"，而不是儒家那套理想规则，虽然人们要把儒家的规则都背诵下来。把道德生活理想化，认为理想规则是绝对命令，即最必需履行的规则，则往往会使得这样的要求在现实面前失去它的效力。但布兰特没有这样的认识。在布兰特看来，一个共同体的成员的共同生活，就在于有这么一套理想规则在维系着共同体成员的生活秩序。他认为，对于与人们的行为对错评价相关的这套规则系统，一个共同体的理想规则系统可能不同于另一个共同体的，因而对于任何一个特定的行为者来说，道德行为主体遵从什么理想规则，取决于他所处的那个共同体。此外，理想的规则系统不仅是有简单的规则，如不说谎、遵守承诺等，而且有着复杂的规则。这是因为行为主体总是处于复杂的情境之中，面临着多重利益的冲突，因而包含着对于冲突处境给予指导的规则。

　　布兰特对于行为主体如果面临冲突处境的问题有着很多的关注。如他指出，人们有着遵守诺言的义务（这是一条规则），然而可能这个规则系统还有其他规则，如任何时候都要做那种尽可能后果最好的事，而这两者就可能发生冲突。因此，在他看来，一套规则系统如果不包括在某些具体情况下出现这样问题的规则就是不完全的。或者说，理想规则作为一套完全的规则系统，必然包括多层次的规则和原则。在他看来，有着类似于罗斯所说的"自明义务"这样的最低层次（the lowest level）的规则，如不要撒谎、遵守诺言、尊重生命等等。我们知道，罗斯认为自明的义务是常识告诉我们的许多最简单也是基本的义务，但这些义务可能会发生冲突，因而只有那些在当下情境下我们选择必须做的才是实际的义务。那么，怎样

---

[1] Richard B. Brandt, *Ethical Theory*, Prentice–Hall, Inc., 1959, pp. 396–397.

才可在这些义务中进行正确的选择？在布兰特看来，这就需要第二层次的规则（the second order），即由更高层次的规则来解决哪个义务具有选择的优先性问题。

无论是什么规则，都有一个是否可为人们所接受，或是否可普遍化的问题。布兰特提出的方法路径是社会成员对理想规则的承认。在他这里，"承认"具有认知的意义，即是"可学习的"或"可理解的"，在他看来，道德规则是具有正常理智的人都可以理解，并且因此也是可以接受（absorb）的，从而人们可以采纳规则系统的规则作为指导行为的规则。人们能够学习和相信规则的规定性，并且使行为与它一致。"也就是说，我们能够期望有着一般良知的人把他们的行为与规则一致，他们相信规则是关于行为对错与必须履行的行为的原则。"① 布兰特不仅诉诸人们的道德良知，而且在他看来，规则功利主义的理想系统规则之所以能够为人们所采纳或接受，还在于这套规则蕴含着后果的"最大化内在价值"。布兰特告诉人们，规则功利主义仍然是后果论的功利主义，而由于遵循规则将产生最好后果，因此，人们遵循这样的规则并不需要更多的心智上的考虑。② 然而，布兰特也意识到，所有规则都能够为人们所承认或接受这只是一种理想。实际上，在任何社会共同体，都只有一部分规则为这个共同体的全体成员所认可或接受，如禁止谋杀和乱伦等，而还有许多规则并不为这个共同体的全体成员所接受，如素食主义者的规则。实际上，就禁止谋杀这一几乎为任何共同体成员都接受的禁规而言，也有人不时在违反。因此，就"良知"本身来看，在一个共同体内也分布在一个相当宽泛的范围内。因而，布兰特自己承认，他的理想的规则体系与现实社会共同体成员的普遍认可或接受之间存在着距离，所以它的理论具有某种乌托邦性质。我们在后面要讨论的胡克以及墨菲的理论也遇到了这个问题。实际上，从规则意义来看待后果问题，作为一种经验性论证，而不像康德从纯粹理性意义上进行论证，必然遇到的问题是规则在一个共同体或一个社会中可接受或能够接受的人口比率的问题。

与简单规则功利主义相比较，布兰特的理想规则功利主义是将道德主

---

① Stephen Darwall, *Consequentialism*, Blackwell, 2003, p. 220.
② Stephen Darwall, *Consequentialism*, Blackwell, 2003, pp. 220–221.

体的行动或行为与整个社会共同体的理想规则体系联系起来，并且虽然是从道德行为者的个别行动或行为出发，但他的规则功利主义所考察的整个社会共同体成员对规则的遵守问题，因而其规则功利主义已经主要不是单个行为者的单个行为的规则问题或后果问题，其规则功利主义又可被称为"集体性的规则功利主义"。

第二节 胡克的规则后果主义

胡克（Hooker，Brad）为近期最重要的规则后果主义者。他最有影响的著作是《理想的法典，现实的世界》（*Ideal Code, Real World: A Rule - Consequentialist Theory of Morality*，2000），这是一部当代规则后果主义的重要著作。胡克的规则后果主义是对布兰特的规则功利主义的继承和发展。胡克自称从布兰特那里学到了不少东西，但他同时也推进了布兰特的相关论点。

一 可期望的价值

胡克的规则后果主义的形式化表述是："规则后果主义：一个行动是错的，当且仅当为这种规则的法典（code）所禁止，这种规则为任何地方每一新生代中任何人的压倒性多数（overwhelming majority）所内化，在这里，任何人依据福祉（well - being）（对于处境最差的人具有优先性），有着最大化的可期望价值。对规则的可期望价值的计算包括规则内化的所有代价。如果依据可期望价值，两个或更多的规则比其他更好，但与其他规则相等同，那个最接近日常道德的规则决定什么行为是错的。"[1] 胡克全面而简明地阐述了他的规则后果主义的基本主张。首先我们看到，胡克在这里的表述与其他后果主义最突出的不一样地方，即其他人所说的是行为的后果或规则导致的行为后果，而胡克则说是"可期望的价值"。他为什么这样说？在另一个地方，胡克解释道："我依据可期望的规则价值而形式

---

[1] Brad Hooker, *Ideal Code, Real World: A Rule - Consequentialist Theory of Morality*, Oxford: Clarendon Press; New York: Oxford University Press, 2000, p. 32.

化 formulated（或译'公式化'）的规则后果主义，不是依据实际导致的后果。我这样做是因为，道德许可（对和错）并不系于事实——它们是太困难了以致于无法发现（确实是实际上不可能）。"① 胡克对行为的实际后果在评价中的作用表示怀疑，认为很难确定真正的行动后果或依规则而产生的后果。胡克确实注意到了前人所没有注意到的问题，这是因为，如果把功利主义或后果主义作为一种行为决策理论，所依据的行动或行为"后果"并不是实际上已经发生或已经成了后果的后果，而是人们在预测中的后果。因此，如果不是对已经发生了的行动或行为的后果进行事实性评价，那么作为决策理论的后果主义，其"后果"只能是可期望或预测中的后果。

胡克的理论整个地可以看作一种预测性决策理论，而不是作为一种对于既有行动后果的评价来讨论问题。胡克在与他的著作《理想的法典，现实的世界》同一年发表的一篇题为"规则后果主义"的论文中，说明了他为什么要这样做的理由。他比较行动后果主义与他所主张的规则后果主义，他说："行动后果主义主张，当且仅当有某种特别行为所产生的实际（或可预料的）善至少和该行为者所易于采取的其他行为的善一样大，该行为才是道德上正当的。"② 行为的实际善也就是实际后果的善，这是行动后果主义，实际上也是所有功利主义所采取的道德标准。而"与之相比，规则后果主义主张，当且仅当某行为由规则所准许，而这个规则能够合理地被预想到所产生的善与任何其他可识别的规则能够合理地被预想到所产生的善一样多，该行为就是得到许可的"③。胡克的这个比较是告诉我们，他的规则后果主义与行动后果主义之间的重要区别之一，在于不是以实际后果而是以可预期的后果来评价行为。从这一对比我们可知，胡克并不是不知道功利主义和后果主义同时也是一种对于已经发生了的行动后果进行评价的理论。胡克明确地拒绝了把规则后果主义看作一种行为事后评价理论的说法。但胡克为什么要拒绝以往功利主义和后果主义的一贯主张而进

---

① Brad Hooker, *Ideal Code*, *Real World*: *A Rule - Consequentialist Theory of Morality*, Oxford: Clarendon Press; New York: Oxford University Press, 2000, p. 72.
② ［美］胡克："规则后果主义"，杨豹译，载［美］休·拉福莱特主编《伦理学理论》，龚群主译，中国人民大学出版社 2008 年版，第 219 页。
③ ［美］胡克："规则后果主义"，杨豹译，载［美］休·拉福莱特主编《伦理学理论》，龚群主译，中国人民大学出版社 2008 年版，第 219 页。

行这种修改？胡克说："因为如果行动后果主义声称我们应该总是重视计算什么使公平地所设想的善达到最大化，并以此为之，许多哲学家一直认为这是荒谬可笑的。"① 从边沁以来，功利主义对于后果善或后果善的最大化就强调计算，边沁在他的《道德与立法原理导论》中就详尽地讨论了快乐与痛苦的量的问题。当然，边沁没有说这是在预测性地进行计算还是对于行动或行为所产生的实际后果进行的计算。不过，在边沁的心目中，他就是把人们的快乐与痛苦看作人们利益的根本所在，因此他是把行动或行为所产生的快乐与痛苦作为可计算的量来考虑的。当代哲学家认为，这等于把伦理学等同于计量工程学了。虽然我们可以说我有很大的痛苦或很大的快乐，但是快乐与痛苦作为一种内在的心理感觉或心理体验是难以计算的。胡克拒绝边沁式的说法，把对后果的计算换成对后果的预测或预期性后果，他是想避免这样的笑话。按胡克的说法，我只是预测或预期性的考虑后果，因而谈不上计算。当然，如果胡克仍然沿着功利主义的思路，只是把实际后果改为可预期价值或预期后果，仍然会遭受到人们同样的诘难，即预期或预测不是也可以进行某种计算吗？这也就是他为什么不沿用功利主义的"幸福"概念作为其可预期的价值，而是改用"福祉"（well-being）这一概念，这个问题在进入相关讨论中我们再展开。

将"福祉"与"可预期价值"或预期后果联系起来，实际上还表达了胡克的另一隐含的想法，即福祉是在总体性意义上讲的，而"预期"表明的是，规则后果主义是一种行为或行动决策理论，即在行为者的具体行动之前，人们进行行动或行为选择的理论。但是，如果人们的预期与实际后果不一致，或者说差别很大，那么如何评价人们所选择的规则？人们的预期可能会不准确，甚至可能会失败，这是因为从动机到后果是一系列的行为过程，而在行为过程之中，则有可能发生不可预测的事情，但如果在进行行动选择时，能够得到充分信息或缜密考虑，即使是最后行动的结果或后果完全不同，或差距巨大，那只能说明有许多不可控因素的存在，而从预期本身来看，人们的行动或行为决策仍然是可辩护的。这与功利主义依据实际后果作为评价标准不同。

---

① ［美］胡克："规则后果主义"，杨豹译，载［美］休·拉福莱特主编《伦理学理论》，龚群主译，中国人民大学出版社2008年版，第219页。

不过，值得注意的是，胡克在酝酿他的规则后果主义的过程中，在早先发表的论文中，并没有提出"可预期性价值"（或可期望价值）这一说法，这是需要引起我们关注的。胡克在一篇简明地阐述他的观点的论文《规则后果主义》中，指出他所持有的这种规则后果主义的两个关键性特征："其一，这种理论评价任何特定行为的正当与错误，不是直接根据行为所产生的后果，而是间接地由每个人拥的一系列的欲望、倾向与规则所产生的后果来判定。其二，它评价行为的正当性，不是根据行动者本人持有那些欲望、倾向与规则所产生的最好的总体后果，而是根据每个人持有它们所产生的最好的总体后果。"① 这段话是胡克早期关于他的规则后果主义的规定性的界说。我们注意到这里有几个很鲜明的与他人不同的特征，首先他不认为后果仅仅是个人行为的后果，而是所有持有相同规则的人的行为的总体后果；其次，不仅仅是把规则，而且也像亚当斯将欲望和倾向这样的心理因素纳入后果考虑之中；最后，我们看到，他强调的是后果，而不是后来所说的"预期后果"。就强调规则在行为后果中的作用而言，这与他在《理想的法典，现实的世界》一书中的界定基本相同，但除了增加了内在心理倾向方面的内涵外，最值得注意的是，他在这里的表述不是"可期望价值"，而是后果主义一贯的说法"后果"。我们知道，他的著作出版于 2000 年，而其论文发表于 1990 年，因而他在书中的观点可以看作进一步考虑成熟的观点（胡克在这篇文章中表明，对于他所持有的后果主义应当起什么名称还在考虑之中）或者说是在长期考虑后修改了他原来的主张。因而我们在这里的讨论，仍以他在他的书中是以"可期望价值"这一观点来进行，即我们对于他的观点的讨论，仍然以他在书中的表述为主。并且对于总体性后果问题我们在下面相关部分将进行讨论。

我们再回到本节最前面胡克对规则后果主义的形式化定义上来。我们看到，这里的表述是从消极方面来进行规定，即为规则所禁止的行为是错的。在这个意义上，为规则所禁止的行为是不考虑其福祉后果的。什么是"福祉"？我们稍后对胡克的福祉进行讨论。那么对于遵循或接受规则的行为怎么看待？在这里我们要看到，胡克的规则后果主义与行动功利主义

---

① [美] 胡克："规则后果主义"，陈江进译，载徐向东编《后果主义与义务论》，浙江大学出版社 2011 年版，第 148 页。

(或称"行动后果主义")或简单规则功利主义(即为"简单规则后果主义")的重大不同,在于他不是要对行为进行评价,而是对规则进行评价,或者说是对履行规则所产生的后果进行评价。① 另外,胡克说"规则的可期望价值",即依据规则的可期望价值来对行动或行为后果价值进行评价。对于规则,胡克是在法典名下来说的,即胡克所说"规则的法典"(the code of rules)。具体指导行为的是规则,然而法典则是更高一层次的规定,类似我们所说的道德根本原则,或从法学意义上看,类似于法律制度规定的宪法。胡克说"这些规则为具有最大可期望价值的法典所规定"②。法典这一概念应当直接来自于布兰特。在布兰特那里,道德法典是一个理想性的社会道德体系,"理想性"在胡克这里也就是"最大可期望价值"。从布兰特那里来理解胡克,胡克所说的规则也并非类似于简单规则功利主义,他们只是以单个行动的规则来讨论问题。

对于规则的可期望价值,还有一个问题,这个价值是一个固定的价值,还是一个动态的价值?如当我们遵守某个规则,最高的可期望价值是在星期一,而不是星期二或星期三;如我们遵守契约合同,合同到期是星期一,过了星期一,我说我们还是遵守了合同规则,但是其预期价值已经不存在了,那么规则后果主义如何看待?胡克说:"规则后果主义有较好的方法来处理规则在星期一而不是星期二、星期三等有最高的可期望价值的问题。如果这个理论没有办法来处理规则在不同时间[预期价值]的问题,那么,它是自败性的理论。"③ 而所谓"较好的方法",也就是胡克认为,遵守规则的某次行为的最高的可预期价值并非一成不变的。但是,无论是怎么变化的单次行动的可预期价值,实际上都汇集为或累积为一个更高的价值形态,这就是"福祉"(well‑being 或译为"好生活")。

---

① 胡克在另一处说:"恰恰是什么把道德正当与后果联系起来?近半个世纪以来,由于这个问题,后果主义自身已分化成不同的派别。行动后果主义者相信,行为的道德正当性完全取决于该行为的后果是否至少与任何可选择的行为后果一样的好。规则后果主义者相信行为的正当并不取决于行为自身的后果,而是取决于准则或规则的后果。"胡克:"规则后果主义",载[美]休·拉社莱特主编《伦理学理论》,龚群主译,中国人民大学出版社 2008 年版,第 214 页。

② Brad Hooker, *Ideal Code, Real World: A Rule‑Consequentialist Theory of Morality*, Oxford: Clarendon Press; New York: Oxford University Press, 2000, p. 36.

③ Brad Hooker, "Reply to Arneson and McIntyre", *Philosophical Issues*, Vol. 15, Normativity (2005), p. 275.

福祉概念是胡克理论中占有重要地位的概念。胡克说:"我感兴趣的这种版本的规则后果主义,评价规则仅仅依据规则内化所致的累积性(aggregate)的福祉(最不利者具有某种优先性)有多少。"①"累积性"是功利主义所使用的计算总体福祉的一个概念,表明胡克的规则后果主义所关注的不是单个行为或单个人的福祉,而是总体性福祉。胡克提出"最不利者(或处境最差者、境况最坏者等)具有某种优先性"(some priority for the worst off)的问题,表明他的后果主义受到了罗尔斯的正义原则的直接影响。罗尔斯的两个正义原则是他的正义论的根本原则,其第一原则是平等自由原则,所关涉的主要是政治领域和主要的立法领域;而第二原则则是分配正义原则,其分配正义原则为两部分所组成,即机会平等和分配正义。分配正义体现为差别原则,即一种分配如果是正义的,都必须确立社会最少受惠者,并且要在分配政策上向最少受惠者倾斜,即惠顾最少受惠者。在罗尔斯看来,只有能够惠顾最少受惠者的分配才是正义的分配原则,当社会分配做到了这一点的话,那么最少受惠者的社会期望值就会提高,而在最低层次的社会最少受惠者之上的那一次的社会成员,也会相应地提高自己的社会期望值,由此依次进递,整个社会的福利水平也就相应提高。胡克把罗尔斯的最少受惠者在分配上的优先性作为总体福祉的一个必要条件,表明他接受了罗尔斯分配正义的差别原则,因此,在胡克的概念里,总体性福祉包括了福祉的分配。质言之,总体性福祉就是人人享有的好生活。对于这个问题,胡克有进一步的解释,我们稍后涉及。此外,胡克强调的总体福祉,是接受或遵循规则产生或带来的事态,从接受的意义上看,也就是胡克所说的"内化"。胡克的这一说法,较之规则功利主义,已经更为明确。如在简单规则功利主义那里,他们只是说行为所遵循的规则,而胡克强调是内化规则所产生的总体后果。并且,这一后果并非仅仅是从某一行为所产生的事态来进行分析和评价,而是总体的"福祉"。我们认为,胡克使用"累积"这一概念,不仅蕴含着功利主义所理解的将每个人的福祉相加,而且也蕴含着将所有内化规则所产生的任何行动或行为的福祉进行加总。

---

① Brad Hooker, *Ideal Code, Real World: A Rule - Consequentialist Theory of Morality*, Oxford: Clarendon Press; New York: Oxford University Press, 2000, p. 33.

规则后果主义或规则功利主义，一般而言，都已经将规则而不是行为本身产生的后果当作对与错、正当与否或善与恶的评价标准。胡克认为他所赞成的这种规则后果主义，将这个问题说得更清楚。他说："我感兴趣的这种版本的规则后果主义，评价规则仅仅依据规则内化所致的累积性（aggregate）的福祉（最不利者具有某种优先性）有多少。它并不主张，规则应当依据规则内化所致的友善、正义、遵守诺言、忠诚等的行为有多少。它也不主张，依据不友善、不正义、不遵守诺言和不忠诚的结果来评价规则。我感兴趣的这种规则后果主义将福祉（处境最差者具有优先性）作为具有内在价值的基本物，而不把任何一种行动的内在道德价值或非价值作为基本物。"①"内在价值"这一概念，在功利主义和后果主义那里，是作为道德评价所使用的终极性意义上说的。就规则而言，行为本身的后果可分为两种，一是行为或行动之后引起的这个现实世界上的事态改变，即后果；二是由于内化了规则而产生的行为，如胡克上述所说的友善、正义、遵守诺言、忠诚等等行为本身。功利主义和后果主义一般将行动或行为的后果（行为引起的事态或事态改变）作为评价行为的唯一标准或尺度，因而并不考虑行为本身具有的内在价值。不过，胡克在这里所说的是不把"任何一种行动的内在价值或非价值作为基本物"，即不作为评价的基本物，因而在这里胡克并不是不承认行为如体现忠诚、勇敢的行为本身具有内在道德价值，而是说不把具有内在价值的这样的道德行为作为评价物。因而胡克与以往的后果主义理论有了区别，一般而言，以往的功利主义或后果主义就道德评价而言，唯一认可的就是行为后果，而对于行为本身的内在价值则不在考虑之列。在这里，胡克明确承认了那些体现道德（如友善、忠诚、勇敢、正义等等）或具有道德意义的行为具有内在价值，但只是后果主义不考虑而已。不过，胡克承认某些具有道德意义的行为具有内在价值是有前提的，因而这与传统意义上其他哲学家使用这一概念有着重大区别。我们知道，一般而言，西方哲学中的"内在价值"概念就是说某物因其自身而固有其价值，但胡克认为承认道德行为的内在价值需要前提，实际上已经从关系意义上而不是从其真正内在意义上来讨论内在价

---

① Brad Hooker, *Ideal Code, Real World: A Rule - Consequentialist Theory of Morality*, Oxford: Clarendon Press; New York: Oxford University Press, 2000, p. 33.

值了。道义论如康德伦理学则强调行为本身具有内在价值，并且将这类内在价值作为评价行为的标准。我们已述，功利主义和后果主义一般使用的"内在价值"概念的内涵为因其自身而具有价值。如摩尔的理想功利主义把诸多人生之物如友谊、美的享受、人类的交往、某些类型的个人关系（如情爱、亲情等）、对好人的热爱以及道德的情操等看作具有内在价值的事物。不过，在摩尔这里，并非像后果主义那样，仅仅把这些理想事物看作某单个的行为，而是看作人生目标，它是人的行动所追求的最后目标。亚里士多德也在这个意义上将幸福作为唯一具有内在价值而不是具有工具价值的理想目标。因此，我们在这里要注意区分西方伦理学家对于"内在价值"这一概念在不同哲学家那里的不同用法。胡克强调总体性的福祉作为唯一具有内在价值的总体事态，而不考虑某个行为本身的道德价值，同时，也不是只考虑单个行为所产生的后果事态，而是把规则所引起的总体事态性福祉作为具有内在价值的基本物。胡克的做法类似于亚里士多德，也类似于摩尔。

那么，友善、正义、信守承诺等行为本身不具有道德价值吗？胡克无疑不会不承认这些行为具有道德价值。但在功利主义和后果主义的概念意义上，承认道德行为具有内在道德价值并不等同于承认它们具有最终意义的内在价值。像这类行为具有道德价值以及相反的行为，如待人不友善、不诚实、不忠诚等有着负道德价值，我们要看到这是在什么意义上讲的。胡克不像康德，康德的道义论承认像正义、守信、诚实的行为具有内在的道德价值，是就其体现了理性存在者的本质而言；但后果主义不承认它们具有内在价值或内在的道德价值吗？胡克认为，这样的行为具有内在的道德价值，在于"某些行动本身在个人的生活价值方面起了一种建构性作用。例如，如果友谊和成就是福祉的两个要素，并且，如果一定的行动对于友谊和成就是构成性的，那么，这些行动在福祉方面起到建构性作用。可能规则后果主义需要允许，在这个方面，[非道德的]行动有内在的非道德价值"[①]。胡克的意思是说如果体现了某种道德要求从而也就对于总体福祉具有建构性作用，从而一定的行为具有内在价值或内在道德价值，但

[①] Brad Hooker, *Ideal Code, Real World: A Rule-Consequentialist Theory of Morality*, Oxford: Clarendon Press; New York: Oxford University Press, 2000, p. 33.

是，如果没有体现这样一种道德要求，即与此相反的行为就具有内在的非道德价值或没有道德价值，因为这些行为对于福祉所起的是破坏性作用。但是，胡克不赞成因为某些行为具有内在道德价值而将内在道德价值作为其根本属性。胡克说："请考虑一种版本的规则后果主义：提出不同种类行为有积极和消极的内在道德价值。这种版本认为，不同种类行为有积极或消极的地位是超出了解释范围。也就是说，这种版本提出，一定种类的行为有内在负道德价值也就是'解释'了为什么杀人、伤害、抢劫、不守诺言等等是错误的。根据这种版本的规则后果主义，它们是错误的是因为它们的内在负价值。同样，这类版本的规则后果主义把内在道德价值归之于一定的行为，因而能够'解释'为什么做这些行为是道德上正确的。根据这种版本的规则后果主义，它们是正确的因为它们的道德内在价值。"[1]胡克的这种说法是说，仅仅说某类行为具有内在积极的道德或内在负道德价值实际上什么也没有说明。胡克认为，说某种类型的行为具有内在道德价值或内在负价值，都是在是否对总体福祉具有建构意义上说的，胡克只是将福祉作为终极性的内在价值，因而认为道德行为具有内在价值，那是因为它们是人类福祉的建构性要素。胡克还认为，如果在其他方面一样，那些不把道德的善和恶作为行为属性的规则后果主义也能解释为什么有的行为是错的或对的。也就是说，不需要再加上什么"内在价值"这样的概念来解释某种道德行为或不道德的行为。如果一个理论用较少的假设与那些更多假设一样恰恰能够解释行为的对错，那么更少假设的理论更好。不仅如此，胡克还认为，按照功利主义或后果主义的理解，将某种事态理解为具有内在价值，不仅仅是承认它具有内在价值，而且也追求它的更大量。胡克说："不提出行为有内在的价值和负价值还有另一个理由。道德要求行为的某些主要特征不太可能有这种价值要求。例如，如果遵守诺言有内在积极价值，那么这种价值使得我们遵守诺言，并且要求增长遵守诺言的量。而这样一种蕴含是疯狂的（不可思议的）。"[2] 不过，我们看到，康德伦理学并不会有这样的蕴含。而按后果主义的理论逻辑，必然有这种

---

[1] Brad Hooker, *Ideal Code, Real World: A Rule-Consequentialist Theory of Morality*, Oxford: Clarendon Press; New York: Oxford University Press, 2000, pp. 33-34.

[2] Brad Hooker, *Ideal Code, Real World: A Rule-Consequentialist Theory of Morality*, Oxford: Clarendon Press; New York: Oxford University Press, 2000, p. 34.

蕴含。换言之，按照后果主义的理论融贯性要求，既然你承认某种行为或某种事态具有内在价值（善），那自然也就要求行为者增长或增加其量。然而，有些具有道德价值的行为可以从质上进行规定，但并非可以从量上来给予规定，如守信或遵守诺言等。

总的来说，胡克只承认道德行为在建构福祉意义上具有内在价值，而不承认道德行为本身具有内在价值的属性，并认为在讨论道德行为时如果再加上这样一种说法是多余的。在建构意义上具有内在价值，但实际上并不承认在其属性上具有内在价值，而只是因为其在分享福祉内在价值的意义上具有内在价值。但实际上，这应当看作工具价值而不是内在价值。即道德行为作为人类福祉的建构因素具有工具价值。

胡克不承认道德行为本身具有内在价值，但是，人的德性品格也没有内在价值吗？如慷慨、诚实、忠诚和类似的德性品质难道没有内在价值？胡克认为，德性品格具有内在价值。胡克以品格性情（dispositions）这一概念来表述人的内在德性品格，以罗斯的案例来说明这一问题。试比较两个想象的世界。在这两个世界中，其中的一个所有人都非常邪恶，但有着相当的福祉水平。在另一个世界，所有人都很有德性，但这个世界的福祉水平和另一个世界一样。然而，一个满是德性之人的世界较之一个满是邪恶之人的世界，无疑前者包含着更多的快乐和更少的痛苦。但是，如果两个世界有着同样的快乐，那么我们会选择后一个邪恶的世界吗？在罗斯看来，那个有德性的人的世界无疑更好些。[①] 胡克指出，这个案例似乎意味着德性不仅是工具性的也具有内在价值。如果我们接受罗斯的结论，那么必然得出结论，德性具有内在价值。但胡克认为，我们也可能不会接受罗斯结论中的蕴含。"如果德性有内在价值，那么，假设它总是与其他内在价值一样重要。但是，其他价值的损失能够为德性方面的所得所弥补甚至超过。这威胁到了这样一种隐含：在这个世界中，坏事情的发生是对有感知的存在物而言的，但人们有德的响应那些坏事比在一个没有坏事因而没有机会去这样响应更好些。这相似于基督教的这个问题：如何解释一个全

[①] W. D. Ross, *Right and Good*, Oxford: Clarendon Press; Oxford University Press, 1930, pp. 134 – 135.

能、全善的仁慈的上帝，他创造和允许受难和其他罪恶。"① 因为对于基督教来说，这是一个悖论。如果上帝真的全知全能全善，而这个世界又是由他创造的，那么一个全善的上帝怎么可能会创造充满罪恶的人间世界呢？基督教的原罪说就是为了解释这个重大问题的，而奥古斯丁在《上帝之城》中也给予了一个全面的解释。在奥古斯丁看来，一切罪恶都在于自由意志的自主性，即自由意志转向背离上帝。上帝创造了人，同时也给了人的意志自我选择的权利，这个权利从亚当、夏娃那里，上帝就给了人，即为善为恶是由人的自由意志所决定的。正因为人由这样的意志决定的自由，同时又由于天使以及人的骄傲（在奥古斯丁看来，在亚当、夏娃那里就已经是由于骄傲而背叛了上帝从而犯下了违背上帝意愿的事），从而转向背离上帝，即作恶。然而胡克认为，基督教怎么解释，也让人难以相信。就胡克所说的德性内在价值的这个蕴含而言，也是一个悖论，即本来一个完全没有罪恶的世界是比一个充满罪恶的世界更好的世界。但是，在这样一个世界中，却没有了以德性来应对罪恶从而彰显德性伟大的机会。不过，胡克认为，即使如此，德性还是有机会表现自己。如果你认为我在受苦受难（虽然我并没有真正在受苦受难），你可以想方设法帮助我来实践你的友善的德性。也就是说，如果坏事并没有真正发生，你只要认为有坏事发生，那么你就可以有机会来践行德性。然而，一个完全没有罪恶的世界真的能够存在吗？或真的能够降临这个世界上吗？在佛教的净土宗那里，这就是阿弥陀佛所许诺的西方极乐世界，在那里，所有人或佛都已经完全没有罪恶和邪恶的心灵，而且生活在那里永远快乐幸福。在胡克的规则后果主义的意义上，这涉及好的道德规则是否可以百分之百地内化的问题，即如果一个社会百分之百的人都接受了理想的道德法典之下的规则，并且人们在实践中不会由于各种原因（如认知或信息等）犯道德错误，那么也许这才是一个真正没有任何罪恶的世界。我们知道，佛教设想的这样一个完全没有罪恶并且永远快乐的极乐世界，凡人能够进入这个世界，不仅在于自己的努力，而且在于阿弥陀佛的神力接引。不过，此岸世界则是一个不清净的世界。胡克同样认为，现实世界不可能是一个完全没有罪恶

---

① Brad Hooker, *Ideal Code, Real World: A Rule - Consequentialist Theory of Morality*, Oxford: Clarendon Press; New York: Oxford University Press, 2000, p. 35.

的世界，这样一个世界并不可能存在，也不可能在哪一天降临。这个问题稍后在涉及规则内化问题时再讨论。因而，从胡克的规则内化可普遍化问题上看，德性即使是在对待罪恶的问题上，仍然具有其价值。也可能是在这个意义上，胡克不得不同意罗斯的观点：德性具有内在价值。因而他说："除德性之外，福祉和它的分配的某些性质是唯一其他具有内在价值之物。"[①] 但这样承认，问题来了，后果主义不是在终极后果意义上来看待后果事态的吗？并且，因为如此才把后果，不论是行为后果还是规则的后果看作评价行为或规则的唯一标准吗？我们在前面也引用了胡克的话说："我感兴趣的这种版本的规则后果主义，评价规则仅仅依据规则内化所致的积累性的福祉（最不利者具有某种优先性）有多少。"[②] 然而经过胡克自己的论证，反而说明他没有坚持自己的论证起点了。

二 福祉

在前文我们已经指出，福祉概念在胡克的规则后果主义中占有很重要的地位，它是在胡克的规则后果主义中唯一具有内在价值的概念。那么，进一步讨论福祉就很重要了。胡克说："既然这个版本的规则后果主义依据福祉来评价规则，我们就需要问，准确地说，什么是福祉。"[③] 在功利主义那里，"功利"概念是其理论的基石，功利主义对于行为进行道德评价，是以行为所产生的功利后果为标准或依据。而功利概念则又可以与幸福概念相等同。边沁说："功利原理是指这样的原理：它按照看来势必增大或减少利益有关者之幸福的倾向，亦即促进或妨碍此种幸福的倾向，来赞成或非难任何一项行动。"[④] 换言之，功利概念是以幸福是什么来说明的。而"功利是指任何客体的这第一种性质：由此，它倾向于给利益有关者带来实惠、好处、快乐、利益或幸福（所有这些在此含义相同），或者倾向于防止利益相关者遭受损害、痛苦、祸害或不幸（这些与含义相同）；如果

[①] Brad Hooker, *Ideal Code, Real World*: *A rule - Consequentialist Theory of Morality*, Oxford: Clarendon Press; New York: Oxford University Press, 2000, p. 36.

[②] Brad Hooker, *Ideal Code, Real World*: *A rule - Consequentialist Theory of Morality*, Oxford: Clarendon Press; New York: Oxford University Press, 2000, p. 33.

[③] Brad Hooker, *Ideal Code, Real World*: *A Rule - Consequentialist Theory of Morality*, Oxford: Clarendon Press; New York: Oxford University Press, 2000, p. 37.

[④] [英] 边沁：《道德与立法原理导论》，时殷弘译，商务印书馆2000年版，第58页

利益相关者是一般的共同体,那就是共同体的幸福,如果是一个具体的个人,那就是这个人的幸福"①。这里所说的"实惠、好处、快乐、利益",在功利主义那里,也可以以一个概念来代表,即"快乐",而"损害、痛苦、祸害或不幸",则可以以"痛苦"来代表,换言之,功利原理也就是苦乐原理。而"快乐"相关的那些概念在一起,也可以称之为"幸福"。而胡克则对这一基本概念进行转换,将其称之为"福祉"。胡克对什么是福祉进行了功利主义的历史考察。自边沁以来,功利主义就把幸福作为最高目标来追求,这无论是讲个人幸福还是最大多数的最大幸福,都是如此。而幸福概念的内涵也就是快乐与免除痛苦。追求快乐与免除痛苦是功利主义的幸福目标所在。胡克指出,所有功利主义都认为,快乐和没有痛苦至少是福祉的大部分。由于功利主义把快乐和免除痛苦看作幸福的代名词,因而在功利主义那里,快乐和没有痛苦是唯一实质性的事情。当代哲学家称这种观点是快乐主义(hedonism,或译为"享乐主义")。并且,当代哲学家持续地批判古典功利主义快乐论,如布兰特、帕菲特以及格里芬(Griffin)、诺齐克(Nozick)②等人。胡克承认,快乐主义有不少困难,首先就是人们对于快乐的感觉是共同的,但对于痛苦的感觉则不是相同的。但我们认为,实际上,不同的人们对于快乐的感觉也是不一样的。如长久处于贫困中的人们如果生活有所改善而得到的快乐,与生活无忧者的快乐并不是相同的,具有不同偏爱如喜爱运动的人的快乐与喜爱艺术的人的快乐也是不同的。因而快乐与痛苦由于个人的体验或经验的不同,从而具有不同的特征。并且不仅个人的快乐与痛苦的体验不同,而且,有些快乐并不构成福祉,或不影响到你的福祉。或者说,并不是所有快乐都具有福祉的蕴含。胡克指出,有时候真实会给人很大的伤害,一个欺骗性的生活充满着快乐的精神状态,这一状态好于没有欺骗而备受折磨的生活。关于快乐主义还有一个反对意见,如巨大的妄想带来更多一些的快乐生活。③ 正

---

① [英]边沁:《道德与立法原理导论》,时殷弘译,商务印书馆 2000 年版,第 58 页。
② Brandt, Richard B., *A Theory of the Good and the Right*, Oxford: Clarendon Press, 1979, pp. 35 – 42; Griffin, James, *Well - Beijing: Its Meaning, Measurement and Moral Importance*, Oxford: Clarendon Press, 1986, p. 8; Nozick, *Anarchy, State, and Utopia*, Blackwell, 1974, pp. 42 – 45; Parfit, Derek, *Reason and Person*, Oxford: Clarendon Press, 1984, p. 493.
③ Brad Hooker, *Ideal Code, Real World: A Rule - Consequentialist Theory of Morality*, Oxford: Clarendon Press; New York: Oxford University Press, 2000, pp. 38 – 39.

是因为有这样一些反对意见，许多哲学家才放弃了快乐主义的福祉观。

　　随着对快乐主义的质疑与批判，20世纪后半叶以来，当代哲学家将福祉的内涵转向欲望，即将福祉或功利看成为人的欲望实现所构成，"即使这些欲望是除了快乐之外的事物。甚至当许多人被完全告知或经过了认真思考，他们仍然坚持需要除了快乐之外的事物。比如说，他们关注掌握重要的真理、实现有价值的目标，获得真诚的个人关系、过他们的生活——广泛地根据他们自己的选择而不是常常根据别人的选择"①。对于将福祉看作欲望的实现也遭到一些反对意见，如说我们的某些欲望与我们的福祉没有直接的连接，因而对于我们的善并不起直接的决定作用。胡克认为，实际上有两类欲望，一类欲望的事态是实质性地构成了你的福祉；另一类则不是。前者如你欲求画一幅画、你有真正的朋友、你知道宇宙的真正起源（这使你的心情愉快）等；后一类如你希望在车站所见到的生病的陌生人恢复健康、无辜者获得自由等，或者说这是与个人自己的善不无相关的欲望。胡克说："实现你的欲望自身构成了你的利益，这种观点——如果它完全看上去有理——将限制所讨论的欲望。唯一的欲望，其实现构成了你的利益，它就是你对事物状态的欲望，在这种状态中你是基本的要素。但在素不相识者痊愈的事情状态中，你不是基本的要素。因此，她的痊愈自身不构成你的利益。"②然而，胡克指出，还有一类欲望，这类欲望的实现是在有着欲求的某人死后实现的。如某人以自己的生命为代价换来家中自己孩子治病急需的钱财。③这无疑是一个悲剧，但这个悲剧中包含的那个愿意以自己的生命来换取孩子的生命和幸福，也确实就是那个长辈的福祉所在。还有战场中的胜利，战士用自己的生命获来了胜利，这个胜利是战士欲望的实现，但他却已经不在人世。这样的欲望实现也应当看作他的福祉所在。胡克说："一个人的欲望是他的福祉的一部分，当且仅当没有他

---

① ［美］胡克："规则后果主义"，杨豹译，载［美］休·拉社莱特主编《伦理学理论》，龚群主译，中国人民大学出版社2008年版，第215页。
② ［美］胡克："规则后果主义"，杨豹译，载［美］休·拉社莱特主编《伦理学理论》，龚群主译，中国人民大学出版社2008年版，第215页。
③ 参看"深圳63岁母亲为给儿子治病跳楼自杀获取保险金"，http://news.hljtv.com/2016/0329/806909.shtml。2016年3月27日，为获得30万意外保险赔偿款帮儿子治病，63岁的母亲跳楼自杀。殊不知保险早已过期，而自杀也更不可能获得这种赔偿，该消息发出后引起各界的广泛关注，网友们深深为这位老母亲的行为所感叹。

在某个时间的存在,其事态逻辑上就不能存在,虽然不是必然的个人与那个事态同时存在。就这个标准而言,某些对事态的欲望是在死后才与行为者的福祉相关。"①

将欲望与欲望的实现与福祉联系起来,这是一种关于福祉的主观主义理论。这种理论认为,一个人的福祉是否实现,取决于个人的主观精神状态,即如果个人在主观上得到了满足,也就是福祉的实现。与此相对的是"客观列表"理论,客观列表理论则将一系列客观清单内容作为福祉要素。这种理论认为,福祉不在于个人主观上认为怎样,而在于客观实际上有没有这些清单上的物件或东西。"客观列表"理论则宣称:"诸如重要的知识、重要的成就、友谊和自主性这些事情对个人的善的贡献并没有因这些东西带给人们的快乐和实现欲望而耗尽,这些事情能够构成超出快乐之外的益处,即使当它们没有涉及快乐时。同样,即使它们不是欲求的目标,也构成益处。当然,这些列表理论典型地将把快乐作为一个欲求的目标。列表理论也认为,像妄想、失败、无朋友、奴役、痛苦等构成了客观的伤害。"②还有主观主义与客观列表两者的混合理论,这种混合论既承认主观欲望实现的必要性,同时也认为,从某种事态的实现得到益处、满足或快乐并不是福祉实现的充分条件,福祉的充分实现还有赖于客观环境提供给你的作为福祉要素的客观善的实现。

那么,胡克持有一种怎样的福祉观呢?在胡克看来,他不排除把快乐放在福祉的内涵之中。快乐与个人欲求目标的实现或人生的成功,都应看作福祉的重要组成部分。不过他认为:"最适当形式的规则后果主义涉及某种适度形式的对福祉的客观列表说明。这样一个说明将承认自主的中心性作用。同样,它将承认在人们的资质、能力、偏好方面的差别的重要性。还有,有比快乐更重要的,并且,某些被欲求的事态并不使得它有价值。"③胡克将自主性放在福祉的中心地位,说明他承认的福祉是以精神生活或意志自主为核心。胡克在这里所表达的福祉是一种个人福祉,但他

---

① Brad Hooker, *Ideal Code, Real World: A Rule-Consequentialist Theory of Morality*, Oxford: Clarendon Press; New York: Oxford University Press, 2000, p. 40.

② Brad Hooker, *Ideal Code, Real World: A Rule-Consequentialist Theory of Morality*, Oxford: Clarendon Press; New York: Oxford University Press, 2000, p. 41.

③ Brad Hooker, *Ideal Code, Real World: A Rule-Consequentialist Theory of Morality*, Oxford: Clarendon Press; New York: Oxford University Press, 2000, p. 43.

认为他的规则后果主义是将总体性的累积福祉作为对内化规则的总体评价。从这样一种理论抱负来看,胡克的福祉观是从个人福祉出发得出他的总体福祉,即累积性的福祉。在这个意义上,他仍然是边沁式的社会幸福论。边沁认为,社会幸福是个人幸福的一种集合,边沁说:"共同体是个虚构体,由那些被认为可以说构成其成员的个人组成。那么,共同体的利益是什么呢?是组成共同体的若干成员的利益总和。"① 联系胡克的累积性福祉观,如同边沁,胡克的福祉基点仍然是在个人福祉。

胡克的福祉观有一个鲜明的中心论点,即强调个人自主。自主也就是行为者依据自我意愿,在没有压制的情况下自由地选择自己的行为或行动方案。行为者如果没有自主、没有自由、没有相应的对于自己生活重大决策的自主权,那么个人的福祉就存在被剥夺的状况。因此,他突出了自主性在个人利益或个人幸福中的重要价值。而他对能力、偏好等的强调,反映了当代福祉讨论对他的影响。如阿玛蒂亚·森就强调能力在个人福祉中的地位。森考察了美国以及他家乡印度存在的种种处于能力不足或能力被剥夺的社会状况,指出如果没有正常的维持自己的生命或生活的能力,那么这就是严重的社会不公正或不正义的现象。不过,他在他的重要著作中虽然较详尽地讨论了功利主义福祉观的发展历史,但他并没有提出一个较详尽的客观列表清单。努斯鲍姆从可行能力的角度提出了一个客观列表清单,这个清单包括十个方面,包括生命,身体健康,身体肢体健全,有正常的感觉和思维能力,有情感所依系的事和人,有正常的实践推理能力,以及以他人和环境友好相处的能力等。② 在努斯鲍姆那里,这样一些能力是考察一个社会正义实现的指标,但也可以看作社会福祉的具体清单。因此,就福祉的主观理论与客观理论而言,其涉及面是相当广泛的。阿拉特(Allardt, Erik)从客观列表理论指出,人类的福祉包括三个方面:1. 生存所需的物质方面的所有,包括收入财富、住房、职业、工作状况、健康以及教育状况等,在这个方面,可能经济发展水平不同的国家有着不同的指标体系,这些指标体系用于描述某一国之内人口的福利水平;2. 社会交往关系的需要,在这个方面包括:家庭与亲属关系、当地社区中的交往关

---

① [英]边沁:《道德与立法原理导论》,时殷弘译,商务印书馆2000年版,第58页。
② Martha Nussbaum, *Frontiers of Justice*, Cambridge, Massachusetts: The Belknap Press of Harvard University Press, 2006, pp. 76–78.

系、建立与维持友谊的交往活动以及与同事的关系等。阿拉特又将这个方面称为"爱的需要";3.存有的需要,代表人融入社会以及与自然的和谐相处的需要,包括在何种程度上一个人能够参与到影响他的生活和决定与活动中,如从事政治活动、参与闲暇活动的机会等。① 福祉的客观列表包括这样几个方面,都有客观和主观方面的指标。不过阿拉特认为,"客观"和"主观"这两个概念并不完全清晰。一般而言,客观指的是事实状况和外显行为;而主观则代表行为者的态度、欲求倾向等。运用主观指标是研究人的欲求,而运用客观指标则有时指人的需要,有时也指人的欲求,或在客观上需求是否得到满足等。阿拉特说:"当我们运用客观指标时,不要求回答评价他们生活状况的好坏,满意与否。他们只要根据一些既定的衡量标准汇报他们的生活状况或者外显行为即可。"② 但这里的困境非常具体,如衡量住房标准,我们应当依赖住房可用空间和家用电器数量之类的客观测度,还是应当询问人们对他们的住房状况是否满意?结合主观与客观列表,阿拉特提出了一个指标系统:

运用不同的指标研究生活状况③

	客观性指标	主观性指标
所有(物质的和非个人的需要)	生活水平和环境状况的客观的衡量指标	对生活状况不满意/满意的主观感觉
爱(社会需要)	与其他人关系的客观的衡量标准	有关社会关系的不幸福/幸福的主观感觉
存在(个人成长的需要)	人们与(1)社会,以及(2)自然相关的衡量标准	异化/个人成长的主观感觉

我们认为,阿拉特的这一综合性指标系统是考察福祉的全面性指标。

---

① [芬兰]阿拉特:"所有、爱、存在:瑞典福利研究模式的可替代方式",载[美]阿玛蒂亚·森和努斯鲍姆主编《生活质量》,龚群等译,社会科学文献出版社2008年版,第98—101页。
② [芬兰]阿拉特:"所有、爱、存在:瑞典福利研究模式的可替代方式",载[美]阿玛蒂亚·森和努斯鲍姆主编《生活质量》,龚群等译,社会科学文献出版社2008年版,第102页。
③ [芬兰]阿拉特:"所有、爱、存在:瑞典福利研究模式的可替代方式",载[美]阿玛蒂亚·森和努斯鲍姆主编《生活质量》,龚群等译,社会科学文献出版社2008年版,第103页。

规则后果主义以福祉概念取代古典功利主义的快乐概念，应当看到是当代哲学家长期讨论推进的结果。

胡克对规则后果主义的福祉概念的发展是将罗尔斯的差别原则纳入其中，提出社会福祉的公平分配问题。换言之，胡克正视当代人类社会福祉人均占有的不平等，他不像古典功利主义，仅仅将一个社会福祉总量的增长看作社会发展和社会正义的要求，而且认为只有社会福祉得到公平正义的分配，这样的福祉分配状况才是公平合理的，才是可以得到辩护的。较之前面胡克仅仅从个人欲望等方面讨论福祉问题，当胡克将分配正义引入福祉讨论时，他已经将视域转向社会整体。不过胡克的这一理论的两个方面并非完全分离开的。这是因为，他强调分配正义是援引了罗尔斯的差别原则，即他所强调的个人累加性福祉，是在最少受惠者能够受益或其福祉水平能够提高的意义上讲的。那么，胡克怎么看待福祉公平问题呢？

规则后果主义与简单规则功利主义的重大区别在于，规则功利主义的评价对象是规则，规则后果主义评价规则依据的是规则所产生的累积性福祉。在胡克看来，规则后果主义评价规则的唯一依据是累积性后果。这种累积性的福祉后果，不仅要看它所产生的是多少，而且还要看它是如何分配。胡克说："道德法典（code）应当依据普遍内化的效果来评价，这个效果也就是累积性的福祉以及它的分配的某些性质。"[1] 在胡克看来，福祉如何分配是为法典所决定的，因而可以从分配看出福祉对于社会成员的意义。胡克所赞同的是罗尔斯差别原则意义上的优先性，即通过对最不利者或最少受惠者的惠顾（priority to the well‑being of the worst off），来实现社会公平。

胡克举了两个例子来说明福祉的分配：

> 一个社会中有两个群体，一个群体 A 有 1 万人，另一个群体 B 有 10 万人。考虑一下法典的内化所导致的福祉状况。前者 A 的福祉单位是平均每人为 1，后者 B 为 10。这样，前者的福祉累积总和为 1 万，后者为 100 万，两者相加为 101 万。不过，功利主义所关心的是累积

---

[1] Brad Hooker, *Ideal Code, Real World: A Rule‑Consequentialist Theory of Morality*, Oxford: Clarendon Press; New York: Oxford University Press, 2000, p.36.

性的福祉总和，而不是如何平等地分配福祉。另一个社会则为这样两个群体，一个群体 A 的人数为 1 万，另一个群体 B 的人数为 9 万。前者 A 的福祉平均数为 8，后者 B 的福祉平均数为 9，两者的福祉累积总和为 99 万。从功利主义的总和来看，无疑前一个社会好于后一个社会。然而我们看到，这两组数字表明，前者处境最差或处于最不利地位的人要多于后者，而且后者的两个群体的平均福祉指数比较接近，这说明这个社会的贫富差别不大。但从福祉指数最好方面看，则第二个社会不如第一个社会。

那么，针对社会群体 A 的不平等怎么实现公平正义？是把那些个体福利指数为 10 的降下来，从而实现公平？胡克以帕菲特向下拉平反驳来说明问题。帕菲特设计一个案例，一个社会一半天生是盲人；另一半天生是正常视力者。如果追求平等，那么或者视力正常的人把一只眼睛给盲人，或者是让他们都成盲人，这显然是很荒谬的。① 胡克认为帕菲特所设计的这个典型案例说明，重要的不是每个人的福祉平等，而是改善最不利者的福祉。不过我们认为，帕菲特所设计的这个案例有它的问题，即实现社会公平的分配，并非像盲人要求正常眼睛的人都把自己变成瞎子，或要把自己的一只眼睛捐赠给盲人，这个案例的隐喻也就是我们不能因为惠顾最不利者，从而将福祉水平高的社会成员的福祉水平或福利水平降低。而这个隐喻明显是有问题的，即当社会累积福祉总量一定，而且目前的分配现状决定了富有者占有的福祉指数为 10，而贫困者的福祉指数为 1 的情况下，面对如此不平等的财富分配和占有情况，我们如何改善最不利者的处境和提高其福祉水平？当代福利国家的税收政策就是收入水平越高者其税负越重，而多交的税款在相当数量上都进入二次分配，即提升社会低收入者的福利或福祉水平。然而，帕菲特在这里则说这是如同盲人要求正常视力者捐赠他的眼睛给盲人。但这里明显是不同类的事物，不存在可比性。不过，帕菲特所设计的这个案例确实引起了广泛的讨论，也对公平正义的分配原则观念给予了很大影响。胡克就认同帕菲特这个典型案例所传达的观念，即分配正义所追求的不是平等，而是优先性，即累积福祉公平分配的

---

① Derek Parfit, "Equality and Priority", Ratio, No. 10, 1997, pp. 202–221.

原则也就是对最不利者的优先性原则（priority to the well-being of the worst off）。回到胡克所设计的两个案例。在第二个社会中，其法典所导致的社会无疑比第一个更平等，处境不利者无疑会好于第一个社会中的同样处于社会底层的人。因此，第二个法典比第一个法典更吸引人。然而，我们如何改进第一个社会中的分配状况，实现社会公平？

胡克的方案是，按照罗尔斯的差别原则，给予处境最不利者或福祉水平最低者双倍的权重，这又被称为"优先性原则"。如果按照每个所得的福祉水平进行不偏不倚的累积计算，那么第一社会中的福祉水准最低者为1，现在，胡克给他们双倍的权重，即在原有基础上再加一倍的计算量，假设这些人为1万，福祉指数即由原来的1万在计算上变成了2万。[①] 胡克指出，这样计算并非仅仅是在演算意义上，而是优先性规则指导下的社会福利分配方案。换言之，优先性原则允许通过提高最不利者的社会期望来改善他们的福祉水平和社会期望。但是，胡克的这个优先性原则的实施是有问题的。他现在给了最不利者或处境最差者双倍的福祉，如根据原来最低福祉水平，这些处境最差者从政府所领取的生活津贴每月是500元，但现在给予双倍的福祉待遇，即1000元。但问题是，这多给予的政府津贴从哪里来？因为胡克赞同帕菲特，从富人那里拿了他们的财富（通过税收）就等于是盲人要眼睛视力正常者变成瞎子，或摘掉他们一只眼睛。因而，胡克不赞成把富人的福利指数降下来。但这样做没有操作上的可能性，因而这是得不到辩护的。任何国民财富的二次分配都需要额外的财富来源，这个来源不是别的，只能是税收。因为如果不是像当前福利国家所实际的高额累进税，那就意味着胡克要对最不利者进行双倍的权重福祉就变成了一句空话。

然而，罗尔斯的差别原则或优先性原则也召来了人们的异议。认为优先性原则将对规则产生不利影响，将产生更多的懒汉，朝着处境最差者的优先性越多，这种异议将越大。内格尔说："为当代的证据所证明，在经济学方面的有意义的私人方面的优势是巨大的，可为生产所测量，其创新、多样性与增长。竞争市场的生产性优势是由于人们所熟悉的个人贪欲

[①] Brad Hooker, *Ideal Code, Real World: A Rule-Consequentialist Theory of Morality*, Oxford: Clarendon Press; New York: Oxford University Press, 2000, p. 56.

动机。"① 在内格尔看来，人们工作努力从而得到物质回报，就使得努力工作的人有一种好的感觉，这种感觉是一种成就感，并且是社会给他们的回报。这种回报的前景越是充分，则激发人们工作的动因也就越大。然而，现在对于那些待业、失业或因各种个人原因而处境最差者进行优先性关照，这是在奖励懒汉。

胡克要采用罗尔斯的差别原则或优先性原则，就要应对这类异议。胡克认为，实际上，给予处境最不利者优先性考虑或双重福祉，与激发经济增长的动因这两者不是不相容的。胡克说："一方面，认为当我们判断一个法典，我们应当对处境最差者给予特别的利益；另一方面，考虑经济的动力是可以得到辩护的。这也是罗尔斯所教给我们的。对最不利者一个合理程度的优先并不会使得这工作提供动力的压倒一切的长期的利益变得模糊。"② 前文已述，胡克的问题在于没有实际考虑补偿机制所需要的资源从哪里来的问题。一些发展中国家的经验都已经证明，如果仅仅是强调激励机制，强调满足富人的欲望或许可以产生更强大的经济动力，但是，如果不考虑最少受惠者如何更多受惠的问题，贫富差别必然在经济发展中进一步拉大。实际上，为什么要给予处境最不利者福祉水平最差者双倍的权重，这是由现代民主社会公民的平等权利和平等地位决定的。现代民主社会的政治基础在于尊重每个公民不可转让、不可剥夺的权利，这些权利就是生存权、自由权、财产权以及其他民主社会给予公民应有的权利。这些权利在罗尔斯那里，是以基本善（primary goods）来表达的。罗尔斯所说的"基本善"，包括自由、机会、收入、财富以及自尊的基础等。罗尔斯说："所有社会价值——自由和机会、收入和财富、自尊的社会基础——都要平等的分配，除非对其中的一种价值或所有价值的一种不平等分配合乎每一个人的利益。"③ 罗尔斯把这看作一般正义观。在这里，罗尔斯的让步从句所表达的，在罗尔斯的正义论中，也就是差别原则的内涵，即并非实行完全的平等，而是实行差别原则。差别原则一方面承认在当代市场经济条件下部分社会成员的财富占有高于其他社会成员；另一方面也认为，

---

① Thomas Nagel, *Equality and Partiality*, Oxford University Press, 1991, p. 91.
② Brad Hooker, *Ideal Code, Real World: A Rule - Consequentialist Theory of Morality*, Oxford: Clarendon Press; New York: Oxford University Press, 2000, p. 56.
③ John Rawls, *A Theory of Justice*, Mass., Harvard University Press, 1971, p. 62.

对于处境最不利者应当进行补偿，从而不断提高他们的社会期望值。而之所以要对社会处境最不利者进行补偿，在于公民的权利平等。换言之，既然每个社会成员的权利平等，那么也就没有理由让一部分社会成员生活在贫困线下或过着不体面的生活。因此在这里，我们要特别强调罗尔斯在基本善清单中的"自尊的社会基础"这一项。这是因为，如果让一部分社会成员生活于贫困线之下，而社会听之任之，那就会使这些人过着没有尊严的生活。现代社会的经济发展，尤其是发达国家的经济发展，已经能够使得所有社会成员或每个公民过上有尊严的生活，即其物质基础并不缺乏。然而即使如此，在发达国家里仍然有生活于贫困线之下的人，这些生活于贫困线之下的人，可能有他们本人的原因，如上文所说的"懒"。但是，对于人们自己的生活态度（如懒）社会并没有更多可干涉的理由，因为那是人们的选择自主权所决定的。只要人们的自我选择自主权所产生的行动没有妨碍和侵犯他人的自由权利以及社会的利益，人们或社会（政府）就没有干涉的理由。但是，由于其生活态度（如懒）所导致的失去工作、没有生活资源从而落到了一无所有而失去体面生活的能力，社会则应当给予救济（当然，落入贫困线之下的人并非完全是由于自身原因，甚至主要不是自身原因）。保障所有社会成员的基本生活权利，是所有现代进入发达国家或正在进入发达国家的国家，甚至仍然比较贫穷落后的国家，对社会贫困线下的国民进行救济的社会福利政策目标。现代社会的经济发展水平能够使得这些人（即使是由于他们自身的原因导致落到这个地步）过上体面的生活，而过上体面的生活是他们的权利，即任何人（包括懒人）都具有的对这个社会的要求权。当然人们可能会因此而从道德上指责他们，但在道义上并不否认有给予援助的必要。人的生存并非动物的生存，人的生存除了最基本的物质需要，还有尊严生活的需要。因此，尊重人的生存权，也就应当满足人的尊严生活的需要。罗尔斯的差别原则强调对于处境最不利者给予补偿或给予优先权，其意义在于从制度上保障所有公民这一权利的实现，而这也就是罗尔斯所说的"自尊的基础"，即从社会制度上来保障人的尊严或自尊，或者说，为人的尊严实现提供一个社会基础。此外，在现代市场经济条件下，处于最不利者地位的人主要并非个人原因，如市场经济导致的破产或失业，会将人残酷地打入社会底层。因而，社会有责任创造条件使他们不失去尊严，并能够重新站起来。在这个意义上，给予处境最差者或最不利者优先性完全可以得到辩护。同时，胡克将罗尔斯的差别原则结合进后果主义的福祉概念中，体现了罗尔斯的道义论的正义原则对后果主义的深刻影响。不过，胡克的问题在于受到帕菲特的影响，从而使得如何才可从资源上保障罗尔斯的优先性原则，他无从给予理论上的说明。

最后，关于胡克的"福祉"概念还有一个问题，即胡克的理论中有没有后果最大化的概念？在胡克的规则后果主义的理论中，福祉是处于他的理论中的后果概念的地位的。功利主义、后果主义与道义论的不同在于它们是目的论的，即行动或行为的可预期目标也就是要实现的后果。传统功利主义和布兰特时期的规则功利主义所要实现的都是后果最大化善或好。那么，胡克是怎样看待这个问题的呢？首先，胡克的福祉目的论，我们从上述胡克关于福祉公平分配（对于处境最差者的优先性）原则可以看出，虽然他的福祉概念是以个人福祉为基础，但同时在他那里，又是一个集体性的概念（当然，在他看来，他的集体性福祉是累加性的，不过从他强调这样一种累加是在惠顾最少数受惠者的前提下的累加，说明并非边沁式的集体概念），以下观点更进一步说明了这点。胡克说："规则后果主义挖掘和发展了熟悉的和直觉上看似合理的道德观点。道德被理解为社会规范，一项集体性的事业，人们一起要追寻的事业，人们公正地考虑个人间的福利的全面后果以及公平性来评价社会规范的各个要素。"[1] 因此，胡克又是从社会总体意义上来考虑规则的后果或福祉。而他对于规则后果的总体意义，是在规则得到内化或接受这一前提上来讨论的（关于规则内化的问题我们在下面进入讨论）。胡克说："如果有一种道德规则是世界上的每个人都能接受的，那么遵从这一规则就会带来最大化的后果。"[2] 这里的假设条件是所有人都接受。他还说："根据简单的规则后果主义的观点，最佳系列的规则、欲望与倾向指的是，如果每个人都绝对接受这些规则、拥有这些欲望和倾向，那么相比人们绝对接受其他规则、拥有其他欲望和倾向来说，产生的后果更佳……即那些倾向如果所有人都拥有的话，它将会产生

---

[1] ［美］胡克："规则后果主义"，杨豹译，载［美］休·拉福莱特主编《伦理学理论》，龚群主译，中国人民大学出版社2008年版，第226页。

[2] ［美］胡克："规则后果主义"，陈江进译，载徐向东编《后果主义与义务论》，浙江大学出版社2011年版，第153页。

最大善。"① 最大化善的后果是与规则的普遍内化相关联的,这是胡克的后果最大化的必要条件。在胡克看来,这是理想化的状态,但现实中他并不认为会有如此理想的状态。由于最大化善的后果是与规则的普遍内化关联在一起,因此胡克并不认为规则内化可达到这样理想化的程度,从而全体接受理想规范意义上的最大化善的后果在现实中就不存在。胡克明确地说:"我们不从实现整体善的最大化的至上承诺开始,实际上,我们没有这样的承诺。"② 但问题是,既然没有这样一种承诺,那为什么还要从规则为所有接受这样一种可能后果最大化方面来提出问题?应当看到,这只是胡克所提出的一种理想标准。

还有一个问题,胡克的后果概念是两个层次,即个人遵守规则的行为对于个人而言的后果和社会总体的后果两个层次。就个人行为者层面来看,胡克也没有提出个人遵守规则后果最大化的追求目标,没有严苛性要求。他类似于斯洛特,只是有着适度好的行动目标或评价标准。在胡克的心目中,之所以提出规则后果主义,是要反对行动后果主义。胡克指出,他反对行动后果主义的两条理由是:1. 行动后果主义要求你做出巨大的牺牲,如行动后果主义要求我们为了实现饥荒救济捐助的最大化,而要求我们做出巨大牺牲。2. 行动后果主义要求你牺牲你自己的利益,即使整体善将仅仅由于你的牺牲而略微提高。③ 胡克指出,他的规则后果主义在这样两个方面都没有像行动功利主义那样要求人们,即没有像行动后果主义那样的严苛性要求。胡克让我们考虑这样一个案例。假设你是某个公司职位最高的管理者,而办公室房间是按职位高低来分配的。公司现在新租下一层办公公寓,里面有一间位置最好的办公室,即角落办公室,按职位当然归于你。但是,另有一个职位比你低的管理者,你知道她每天在办公室的时间比你多10%,因而我们可以合理地认为如果她搬进这间角落办公室,她所获益将比你更多。不过,如果她没有得到这间办公室,并不会因此而心情低落,或因此而影响到她在公司能力的发挥。尽管如此,相对于你而

---

① [美]胡克:"规则后果主义",陈江进译,载徐向东编《后果主义与义务论》,浙江大学出版社2011年版,第153—154页。
② [美]胡克:"规则后果主义",杨豹译,载[美]休·拉福莱特主编《伦理学理论》,龚群主译,中国人民大学出版社2008年版,第227页。
③ [美]胡克:"规则后果主义",杨豹译,载[美]休·拉福莱特主编《伦理学理论》,龚群主译,中国人民大学出版社2008年版,第230—231页。

言，如果她得到这间办公室，无疑会比你得到多一些的乐趣。但你还是把这间办公室留给了自己。这样做，公司里的人并不会说你不道德或不合理，规则后果主义也不会因此而批评你。"规则后果主义并不要求你放弃角落办公室，让你的同事占据它，如果你需要，规则后果主义的确同意你这么做，但规则后果主义并不要求在你用你自己的时间、精力、金钱或相应地位做决定时这样公正。规则的内化被合理地设想成产生最大的善。这样的规则也允许每个人对自己的相当的偏爱（甚至需要对朋友和家庭的偏爱）。"① 胡克以这个案例说明，规则后果主义不像行动后果主义那样要求，仅仅为了得到更多一些善的后果，或如在这种案例中的善的最大化，而放弃自己应当有的享受条件。不过，胡克说"规则的内化被合理地设想成产生最大的善"，这不是与他所举的例子相矛盾的吗？从逻辑上看，这样的放弃最大化好是不可理解的。从实质上看确实如此，因为把最好办公室留给自己并非实现了善的最大化。然而他还是认为，规则后果主义不会像行动后果主义那样因此而批评当事人。但为什么？为什么不实现最大化善规则后果主义不批评这样的行动？胡克没有给出任何理由，这样讨论问题是不可能服人的。可能稍后我们要讨论的谢夫勒才说明了这个问题。不过，胡克所说的"规则内化所产生最大善"已经并非行动后果主义仅仅从某次行动的意义上来看待的最大善，而是对于规则整体以及其内化的程度上讲的。如何看待胡克的这个说法，需要我们对于规则内化问题进行深入讨论。最后，关于规则内化所产生的后果是否是最大善的问题，在胡克这里，并不仅仅是依据行动后果来评价，而是依据规则内化的成本与收获之比来进行评价。

三 规则内化问题

对于胡克的规则后果主义，还有一个问题需要进一步讨论。胡克说："我感兴趣的这种版本的规则后果主义，评价规则仅仅依据规则内化所致的累积性（aggregate）的福祉（最不利者具有某种优先性）有多少。"②

---

① ［美］胡克："规则后果主义"，杨豹译，载［美］休·拉福莱特主编《伦理学理论》，龚群主译，中国人民大学出版社2008年版，第231页。

② Brad Hooker, *Ideal Code, Real World: A Rule – Consequentialist Theory of Morality*, Oxford: Clarendon Press; New York: Oxford University Press, 2000, p. 33.

"规则内化"（internalizaion of rules）是胡克规则后果主义的重要问题。规则内化首先意味着规则是外在于行为者的社会规则，这些社会规则需要经过行为者自己心理、情感的认同或接受，并化为自己的意愿行动，因而规则内化也就是社会道德规则转化为行为者的内心自觉遵守和履行的规则。道德规则与法律规则的不同在于前者强调的是行为者的自律，后者则是他律；前者是自愿履行，后者是一种具有社会强制力的社会他律。当然，法律规则也不仅仅是他律，人们的自觉遵守主要是靠人的内心的自觉接受并自觉遵守。然而，规则内化也是一个复杂的问题。如对于原始社会时期的禁忌规则，外在强制力十分强大，人们的遵守是因为内化了还是由于外在强制？当然，现代社会更多强调的是在没有外在压力之下人们对规则的自我认同，从而内化为自己的内心准则。在胡克看来，他对福祉的理解是从内化的规则这个方面来进行的，即通过人们自觉自愿的履行道德规则从而达到一个好的社会效果。对于规则内化，他还有一个说法，即"压倒性多数"（overwhelming majority of everyone）。因此，他的规则内化概念还有一个量化的内涵。我们先讨论胡克的规则问题，再回到压倒性多数的问题上来。

对于规则内化，首先要回答后果主义的规则性质，即不偏不倚（impartiality）。不偏不倚的规则是后果主义所坚持的一个基本立场或基本特色。自从古典功利主义以来，功利主义和后继发展的后果主义坚持以不偏不倚的立场来看待规则或后果。如我们在谈到斯马特的行动功利主义的后果定义时，斯马特就是从全球背景或全球所有人类存在者的视域来看待行动的后果。斯马特说："大致地说，行动功利主义是这样的观点：一个行动（an action）全部的好或坏唯一地依据它的后果，即该行动对全人类的存在者（或一切有知觉的存在者）的福利（welfare）产生的效果（effect）。"[1] 从全球一切人类存在者的视域来看后果，这也就是"不偏不倚"。换言之，后果主义的规则不偏倚任何人，包括行为者本人和行为者所亲近的人，它对待任何人的有利或有害没有任何区别。我们前面的讨论中提到，当你作为一个后果主义的信奉者，你可能事事处处都要以这样一

---

[1] J. J. C. Smart and Bernard Williams, *Utilitarianism, For and Against*, Cambridge University Press, 1973, p. 4.

种行动规则来要求自己,结果则是你的所有的行动计划都会受到影响或干扰,从而使你无所适从。行动功利主义又称"简单后果主义",而简单后果主义的不偏不倚规则遭到了很多人的批评与攻击。我们前面相关部分也讨论了相关问题。对后果主义的反对意见也认为,不偏不倚就是在你自己和任何他人之间严格地不偏不倚。另一个反对意见是,要求你在所有他者之间不偏不倚,而不管是否这里有的人与你有关。如你的朋友和陌生人同时落水了,后果主义的规则告诉你,对待两个落水者应当一视同仁,而不是因为你与你的朋友有情感,所以你必须先救你的朋友。那么,胡克所内在的规则是这样一种规则吗?或者说,胡克怎样看待后果主义的不偏不倚?

不偏不倚是后果主义的基本立场,胡克认为,他也应当承认他的后果主义的规则是"不偏不倚"。那么什么是"不偏不倚"?在胡克看来,所谓"不偏不倚"是指对规则的运用对所有人都一视同仁,如同裁判员对于所有在场球员都一视同仁,即使是在场的某个运动员他更熟悉。一视同仁地运用规则也就是提供了在相同情景下这样做的道德理由,换言之,道德理由运用于相关相似的环境。他认为:"道德理由和规则是普遍的,在范围上与这个观点是相容的:相同的道德理由仅仅运用于那些相关相似的环境,只要'相关相似环境'不参照特殊的个人、地点或时间。总之,道德理由必须运用于那些有着相同普遍特征的所有案例。这个观点是,例如,对于每一个人来说都是正确的:当她能够以对她而言的适度或小的代价来帮助那些需要帮助的人,她这样做就有道德的理由。同样,对于每一个来说都是正确的:他有道德理由关注他的朋友的福利(welfare),如果他这样做的话。"① 胡克强调的是,对于规则或道德理由的无偏见的、一致的和普遍的运用。换言之,对于在相似相关环境中的所有人来说都如此。然而我们注意到,胡克对"不偏不倚"的这个界定与斯马特在对后果进行界定时的说法是不相同的,或者说,胡克的不偏不倚并非以往功利主义和后果主义的不偏不倚。这是因为,胡克的界定已经把偏倚性而不是不偏不倚包括进了他对"不偏不倚"的范围内。传统功利主义和后果主义的不偏不倚

---

① Brad Hooker, *Ideal Code, Real World: A Rule - Consequentialist Theory of Morality*, Oxford: Clarendon Press; New York: Oxford University Press, 2000, p. 25.

是行为者中性的，即行为者没有理由将自我的特殊关切放在一个比全球其他人类存在者更重要的地位来进行道德考量，而胡克的这个定义，则是明显地将行为者的关切置于其中。在他看来，所谓"不偏不倚"，就是同样的道德理由，对于所有人都是一视同仁。如果作为行为者应当偏倚自己或自己亲近的人，当且仅当这样的理由对于所有行为者都有效的话，那么这样的道德理由就可以成立，而这也就是胡克所说的"不偏不倚"。因此，胡克对于后果主义的"不偏不倚"的重大改进是把个人偏私性也放在了不偏不倚的范围内。在他看来，以往的后果主义理论，由于坚持的是行为者中性或行为者中立的不偏不倚，从而导致对于常识道德的否定。这是因为常识道德认为，我们更多的关心我的亲人、我的朋友这是很自然的，尤其是朋友在危急时给予比陌生人更及时的帮助，这恰恰是道德情感的体现。在胡克看来，一定的巨大的善部分地为对特殊他人的特殊关心所构成。也就是说，它在一定程度上为偏倚所构成。例如，友谊为对朋友的特殊关照所构成，因此，他的不偏不倚论不应当排除直觉中重要的这点。胡克说："如果一个理论要求你做出任何决定都基于平等地考虑任何人，这是可怕地反直觉的。"[1] 接受直觉，将行为者相关性置入他的后果主义理论中，在他看来是很合理的。如前面胡克所举的角落办公室的案例，把角落办公室留给自己是合理的，直觉可以接受的。因为一个公司内部按照职位高低来分配办公室是一个公司内部的规则。当然，如果从行动后果主义出发，打破这一规则，不偏不倚地进行分配，可能带来更大善，但胡克说："一个不偏不倚的理论并不足以使我们接受，如果它有着严重的反直觉的蕴含。"[2] 胡克认为，以往的后果主义理论将行为者自我以及行为者的相关者放在一个与所有人类存在者同等的位置来考虑，没有为你自己，你的家庭、朋友、利益相关者等留下空间，这样的理论本身是得不到辩护的。他说："我们确实希望发现一种理论，一方面，选择有着不偏不倚视域的道德规则；另一方面，选择那些能够部分地朝向我们自己、部分地朝向那些

---

[1] Brad Hooker, *Ideal Code, Real World: A Rule-Consequentialist Theory of Morality*, Oxford: Clarendon Press; New York: Oxford University Press, 2000, p.28.

[2] Brad Hooker, *Ideal Code, Real World: A Rule-Consequentialist Theory of Morality*, Oxford: Clarendon Press; New York: Oxford University Press, 2000, p.29.

特别与我们有关的人的规则。"① 但实际上，胡克的不偏不倚已经并不可能像以往的后果主义那样来理解了，他仅仅是从规则对所有人一视同仁的意义上来谈不偏不倚，而不是从行为选择时依据不偏不倚的视域来进行选择的那种视域。胡克说："规则后果主义在可期望的价值和不偏不倚的计算基础上选择规则。因此，在规则选择的层次上，规则后果主义理论很清楚是不偏不倚的。我以后将要论证到，对规则的不偏不倚的评估将有利于规则，1. 在有限的范围内允许对自己的偏倚；2. 在有限的范围内，要求对家庭、朋友等的偏倚。这部分地朝向自我和所爱的人将被允许指导更大数量的人（当然，不是所有人），指导他们进行日常生活的决定。因此，当规则后果主义选择规则的基础层次上完全是不偏不倚的，这样，选择的规则对行为的要求，是适当的和直觉上可行的。规则后果主义是基础性的不偏不倚；但没有不可能的要求。"② 因此，我们清楚了，胡克的规则后果主义是在规则层次的不偏不倚，即选择规则遵从的是不偏不倚的立场，而不是在全球所有人类存在者意义后果上的不偏不倚。如我们所有人都遵循公司内部按照职务高低来分配办公室，这是不偏不倚，但我作为最高职位者也同时是分配权握有人，把最好的办公室留给自己，这又是对自己的偏倚，这种偏倚行动也是可以得到辩护的。因此，这样的不偏不倚能够与偏倚相结合。当大家都接受了这样的规则，无疑能够产生最大的善。

关于规则的第二个问题即在何种量上的内化？对于规则内化为一个社会中的多少比例的人口内化的问题，在胡克那里首先有一个他所提出的"理想法典"（ideal code）问题。他说："一个道德法典，或至少是最基本的道德法典，应该为每一个所内化和遵从，不是仅为你或我，或为任何整体中的亚层次的人遵从……规则后果主义评价法典依据它们的后果。规则后果主义认为，法典的集体性内化有最好的后果就是理想的法典。法典的集体性内化意味着一种共享良知的建立。"③ 胡克"理想法典"的说法继承了布兰特的说法，但对于其界定进行了实质性改变，他不再强调理想法

---

① Brad Hooker, *Ideal Code, Real World: A Rule - Consequentialist Theory of Morality*, Oxford: Clarendon Press; New York: Oxford University Press, 2000, p. 28.

② Brad Hooker, *Ideal Code, Real World: A Rule - Consequentialist Theory of Morality*, Oxford: Clarendon Press; New York: Oxford University Press, 2000, pp. 29 – 30.

③ Brad Hooker, *Ideal Code, Real World: A Rule - Consequentialist Theory of Morality*, Oxford: Clarendon Press; New York: Oxford University Press, 2000, pp. 1 – 2.

典的理想性，而是强调为所有人内化。但是胡克认为，这种理想不现实，因而提出一个更现实的说法："压倒性多数"（overwhelming majority of everyone）。这是在什么意义上讲的？胡克指出，他所说的"压倒性多数"也就是一般性内化。然而，这里所说的一般性并非指普遍内化。"一般性"是从概念意义上讲，即从理论上看，如果认为人人都有理性，那么理想法典应当为所有人所接受或内化，然而在现实性上，不可能所有人都普遍内化或接受。胡克说："我所说的压倒性多数内化而不是普遍内化，因为我们不能想象，法典的内化可能扩展到儿童、精神上残疾者，以及甚至每一个'正常'的成年人。一个道德法典应当适应于现实的世界，在这里，很可能，充其量对于任何道德法典也只是部分的社会接受。一个适当的伦理必须提供这样的处境，这个处境是为这样一些人所创造的，他们是恶毒的、不诚实的或只是被误导等。总之，对于这个现实的世界，一个道德法典需要为处理非服从而准备方案。"[1] 换言之，我们必须承认和接受这样一个不完美甚至残酷和黑暗的人类现实。而在这样一个充满恶人或罪恶的世界里，希望所有人都能内化理想的道德法典无疑是天方夜谭，或者说是一个太理想化的乌托邦。实际上，承认人性中有幽暗的一面或罪恶的一面是西方文化的传统。几千年来的基督教的原罪说就是向人们宣示，人在本性上具有劣根性的一面。即使是从先验的层面强调人的本性是理性，因而人从本性上能听从理性的绝对命令的康德，当他的视野下降到经验层面，鸟瞰人类历史，他也不得不承认人的自私以及恶的一面。然而，康德认为这是人类精神中的最有辩证性的一面，即由于虚荣心、权力欲和贪婪心的驱使，人类才由野蛮迈入文明。他说："让我们感谢大自然之有这种不合群性，有这种竞相猜忌的虚荣心，有这种贪得无厌的占有欲和统治欲吧！没有这些东西，人道之中的全部优越的自然禀赋就会永远沉睡而得不到发展。"[2] 当然，康德也并非不承认人的天性中有向善的一面，但是我们不得不面对人性中恶的一面。然而，人类并没有由于从野蛮到文明的发展而使得人性之恶得到多少收敛，康德甚至说道："鉴于人性的卑劣在各个民族的自由关系之中可以赤裸裸地暴露出来（可是在公民—法治状态之下它却

---

[1] Brad Hooker, *Ideal Code, Real World: A Rule-Consequentialist Theory of Morality*, Oxford: Clarendon Press; New York: Oxford University Press, 2000, p. 80.

[2] ［德］康德：《历史理性批判文集》，何兆武译，商务印书馆1990年版，第7—8页。

由于政权的强制而十分隐蔽),所以权利这个字样居然还能不被当作迂腐的字样而完全被排斥在战争政治之外,并且也没有任何国家敢于公然宣扬这种见解,那就太值得惊异了。"① 人性的卑劣在强权状态下或战争政治状态下暴露无遗,从而使得每个人所拥有的权利成为多余的奢侈品。因此,在这样一个不完美的世界里,我们怎么可能希望理想的道德法典能够得到所有人的内化呢?

如果我们接受胡克对这个现实世界的看法,那么胡克所说的"压倒性多数",具体来说,是否可以有一个百分比来说明,如是60%、70%,还是80%是压倒性多数?对于这个问题,胡克也没有回避。他说:"'压倒性多数'是否意味着所有人的70%,或80%,或90%?对这个问题回答的第一部分是:某些规则的可欲求性不精确地依赖于规则为多大数量的人所内化。反对任何伤害他人的规则,反对偷窃、不守诺言等类似的规则,明显是可欲求的,而不论它们是为70%或99%人所内化。对这个问题回答的第二部分是,其他规则的可欲求性恰恰精确地依赖于多大比例的人内化了这些规则。"② 胡克所说的第一部分,也就是我们通常所说的"道德禁规"或"消极部分"。这一部分是日常道德中的道德底线。对于道德禁规,不论有多少人已经内化为自己的道德动机和道德要求,都是一个人类社会最基本的道德要求。因此,胡克对于这部分的规则问题,并不讨论一个社会中有多大比例的人能够将这类规则内化。对于第二部分,也就是一个社会所提倡的道德或积极道德。这些道德规则在基督教社会中,如爱你的邻人,仁慈待人;在中国传统社会中,如儒家的仁爱、忠孝等。但这类道德中有些道德规则对人的道德境界的要求很高,如中国古代就有圣人、贤人或君子道德之分。对于圣人的标准一般认为是超出了常人的道德要求,就是孔子自己也认为,他也不够圣人的道德标准要求(不过,后人把他看作圣人)。在西方社会,也有类似于圣人的道德要求,也就是圣徒的要求,圣徒的要求类似于特雷莎这样的道德典范的行为所体现的要求。但是,这类超出常人的道德要求或道德规则是一般人很难将其内化为自己的道德动机的。

---

① [德]康德:《历史理性批判文集》,何兆武译,商务印书馆1990年版,第111页。
② Brad Hooker, *Ideal Code, Real World: A Rule-Consequentialist Theory of Morality*, Oxford: Clarendon Press; New York: Oxford University Press, 2000, p. 83.

胡克认为，这类道德规则的内化问题，有一个收益与成本或代价的关系问题。如我们可能有多大希望能够将某个社会总人口中的百分之几或几十的人培养成特雷莎或中国古代式的圣人？我们可以想象这里的难度，胡克把它称为成本与收益的问题。从这个意义上看，太崇高的规则对于人类存在者的普遍接受来看，是不现实的。即使是我们希望当下社会人人都成为圣人，但从规则内化的角度看，如何能够做到这点，其成本将是无比巨大。真正能成为道德圣人的人在任何社会永远是少数。而如果一个社会的决策层由于其崇高的理想而驱使他们下决心要把这个社会的多数人都培养成道德圣人，但其努力很有可能收效不高。这是因为，所有现实中生活的人们都有自己的生活计划或生活谋划，让人们放弃自己的生活规划或个人利益而去完全献身于如慈善或完全投身于与自己毫无关系的他人与社会福利事业，并不是所有人都可能做到。换言之，普通人的人性更多是考虑自己正从事的工作并挣钱养家糊口。由于与大多数人的人性倾向有着巨大的反差，如果一味要求所有人当圣人，那么则很可能形成巨大的伪善。当然我们不怀疑在人群中有那种类似特雷莎那样的圣人潜质的人，但是，我们不可能希望大多数都是如此。因此，从成本与收获的后果主义意义上看，在社会成本与大多数人的人性倾向相符的意义上，必须现实地下降到大多数人都可能接受的程度或符合大多数的道德期望。另外也要看到，从圣人的标准到不偷盗、不杀人、不伤害他人等日常道德所要求的消极道德规则之间，确实还有不少中间层次的道德要求。这些中间层次的道德规则都具有可欲求性。胡克指出，对于规则的可欲求性取决于到底多大百分比的人口内化的问题，即我们是在99%、90%或80%，还是更少的百分比基础上来进行考虑？不过，他认为，任何精确的数量都有点任意性。但有些相关的因素还是值得考虑的。胡克说："一方面，我们想要一个足以接近100%的百分比是想持有这样一个观点：道德规则是为人类存在者的全社会所接受；另一方面，我们想要的一个百分比是不足于达到100%的，表明部分服从的问题是突出的，而这样的问题不应被当作事故来看待。"[1] 换言之，从胡克的愿望出发，无疑他所提倡或赞成的规则（如果内化，能够

---

[1] Brad Hooker, *Ideal Code, Real World: A Rule - Consequentialist Theory of Morality*, Oxford: Clarendon Press; New York: Oxford University Press, 2000, p. 84.

为人类带来最大可期望值）希望所有人都能够将其内化，而其内化为所有人的动机，无疑将带来最大化的人类的福祉水平或最高指数。但是，这样的想法是不现实的。如不能够做到这点，我们不应把它看作偶然的，而是必然的。

然而，胡克终究还是给出了一个在他看来应当内化的总人口百分比。他说："我提议，以每一新生代［人口］的90%的［规则］内化作为用来进行代价与收益的数字。"① 在这之前，他反复说任何一个数字都是任意的，不是必然的，但他仍然给了我们一个百分比数字。他之所以把规则内化定在90%，没有给出任何理由，在这个意义上，他确实是任意的或武断的。胡克这样说有没有什么人类社会发展阶段的前提？不过，他在这里使用的是"每一新生代"这样一个概念，即他的心目中是超历史的因而具有普遍性。实际上，纵观历史上不同历史时期的不同人类社会，一个社会（不是站在人类历史发展的更高发展阶段来评价其好坏，如在一个尊重人权的时代来评价一个不尊重人权的时代，无疑会发现许多问题）到底会有多大百分比的人在完全没有强制的社会条件下接受这个社会的道德规则并内化为自己的内心准则及其行为动机，并不可能是完全一致或相当一致的。因而胡克所说的道德规则为任何一个新生代的90%的人口所内化，是一个相当高的理想化的数字。往往有那种道德败坏或道德滑坡的历史时期，如在马基雅维利的时代，人们称"这是一个骗子和冒险家乐园的时代"。如果处于这样历史时期的人类社会，社会普遍的道德败坏将使得这个社会总人口中的相当一部分人口不可能将道德规则内化。因此，胡克这样说也是有社会条件的。麦金太尔说："在社会秩序相对稳定的时期，所有的道德问题都可在社会所共有的准则的背景中提出；而在社会秩序不稳定的时期，这些准则本身便会受到质疑。"② 如果道德准则（规则）本身都处于被质疑的状态，怎么可能说会为人们接受并内化为自己的行动准则呢？

在前文我们提到，胡克认为除了那些禁规性的消极道德规则，其他道德规则的内化都需要成本。胡克对于这样一个观点也有更多说明。胡克设

---

① Brad Hooker, *Ideal Code, Real World*: *A Rule - Consequentialist Theory of Morality*, Oxford: Clarendon Press; New York: Oxford University Press, 2000, p. 84.

② ［美］阿拉斯代尔·麦金太尔：《伦理学简史》，龚群译，商务印书馆2003年版，第180页。

计了一个案例。试比较法典 A 和法典 B。首先，我们看看各自后果的期望价值，即法典完全内化之后的后果期望价值。假设法典 A 在内化后的可期望价值是 N。法典 A 比法典 B 更为简单和要求更少。假设法典 B 内化后的可期望价值是 N+5。其次，我们再看看各自在内化过程中所需的代价。既然法典 A 比法典 B 简单和要求低，那么法典 A 内化的代价也就比法典 B 低。现假设法典 A 内化所需的可期望代价为 -1，而法典 B 内化所需的代价为 -7。现在我们考虑两者的总体值。法典 A 的总体可期望值是 -1+N，而法典 B 的总体可期望值是 -7+N+5。① 胡克以这些数字形象地说明如何来表述不同法典和规则内化所需的代价。他认为，更复杂、要求更高的法典或规则，其代价则更高。但实际上胡克的这两组代价数字是有问题的。内化法典 B 的数值与内化法典 A 的数值相比，不仅代价或成本更高，而且总体的社会效益比法典 A 低。即我们假设 N 为常数项，其自然数相减，必然得出这个结论。然而，这并不能反映法典 B 的效益的真实状况。这是因为如果某些规则或法典对人有更高的要求（在对人性一般要求可能接受的前提的高要求），那么如果这类规则内化，其所带来的社会效益必定更大。我们在前面说到，道德规则从对圣人的要求到日常道德的消极规则，中间层次应当有好些层次。不过，一般而言，我们认为，道德规则对人们的行为规范可分为三类：一类是规则所禁止的，即道德禁规，如不许杀人、偷窃、撒谎等，这类道德规则对于人们的行为而言，是不应当的。第二类为合理正常的行为要求，如遵守规范、遵守法规、遵守纪律、诚实、善良等，这类规则要求为正当的行为要求。第三类为对人的行为更高的要求，如当你所不熟悉的他人陷入困境或危难时，道德要求为了他人利益做出某些力所能尽的帮助甚至牺牲某些利益，这类要求中还有更高的要求，如在某些危险场合，可能只有冒着生命危险才有可能对处于困境中的他人给予帮助，在这种情境下，完全有可能因此而献出自己的生命。第一类规则是胡克所说的不需要计算代价的；而第二类、第三类则需要。我们认为，第二类道德规则是维持一个社会正常秩序所需要的，第三类道德规则则体现了一个人的道德境界，对于一个社会来说，内化这类道德的人越

---

① Brad Hooker, *Ideal Code*, *Real World*: *A Rule - Consequentialist Theory of Morality*, Oxford: Clarendon Press; New York: Oxford University Press, 2000, p.79.

多，这样的社会越有人情味，越能彰显出一个社会的道德情境，这样的社会比仅仅有第一类与第二类道德规则的社会更值得人们向往。诚然如胡克所言，这类道德规则或道德法典的内化所需代价应当比前两类更高，但是其收益是无法与前两类的收益进行比较的。2006年发生的南京的彭宇案，让对于陌生人的帮助一度成为禁区。然而，在陌生人孤立无援的情景下人们见死不救，如2011年10月13日在广东佛山市发生的小悦悦事件，则会令人感到这个社会道德和人心的冷漠。小悦悦事件之所以很说明问题，在于两岁小女孩两次被车碾压，7分钟内18个路人无一施以援手。当高阶的道德要求在这个社会变得相当稀缺之后，必定是社会道德出了某种问题。小悦悦事件也从反面告诉人们，社会高阶道德是何等重要。这种重要性并非胡克的内化计算能够反映出来的。实际上，规则内化的成本往往是难以计算的。胡克承继功利主义的传统，喜欢以计算来表明，恰恰是一个错误。胡克自己也说，道德规则是为家庭、教师和社会文化反复灌输的。而社会文化的灌输往往是潜移默化的。不过，仅仅讲灌输并不一定正确，因为道德教育还需要讲理，即启发式的教育，动之以情、晓之以理。但如果儿童或青少年在家庭、学校的道德教育所接受的道德规则，发现在社会上并不是那么回事，或者说他们按规则办事使得他们往往吃亏，或被人们嘲笑为傻，他们就会怀疑家庭或教师所教给他们的人生或道德的真理。换言之，一个社会生活本身有着某种道德文化的特征。实际上，胡克自己也意识到了这点。他接受科比（Copp）的这一观点："假定人类的心理学是如此，在一个社会中，一个法典不可能为社会所施加和被广泛地接受，除非它是或成了文化的一部分。"[1] 像比尔·盖茨和巴菲特那样进行捐赠，代表了西方文化几千年来在基督教教义的影响下所产生的仁慈精神。而形成一种道德文化的成本是难以估计的。然而，在我国生活的现实告诉我们，很少有富人会像比尔·盖茨和巴菲特那样进行捐赠，并且有些富人即使是捐赠也不捐赠给国人或国内教育界，而是捐赠给外国。西方社会几千年来在基督教的教化之下，形成了一种慈善捐赠的文化心理和文化传统，但在中国文化背景下，则没有这样一个传统。因而我们需要从现在起来培育这样

---

[1] Brad Hooker, *Ideal Code, Real World: A Rule-Consequentialist Theory of Morality*, Oxford: Clarendon Press; New York: Oxford University Press, 2000, p.79.

一种慈善文化，其成本远比西方文化背景下形成这样一种慈善之风高得多。

对于胡克来说，规则内化还有一个问题，即行为者将规则内化了，能够接受并按照规则行事，因为规则已经成为他的动机或动机的一部分。在这样的情况下，行为者还会犯道德错误吗？胡克认为，这是一个十分复杂的问题，这涉及错误与责备的关系。这里我们首先看一个事例。在荷马史诗《奥德赛》中，奥德修斯为特洛伊之战中阿加门农的主将之一，是希腊本土的一个富有的领主，曾献木马计攻破特洛伊城。战后历经艰险，回到故乡。然而，在他未归期间，他的妻子一人在家，传回家乡的消息是他已经亡故。由于人们误信奥德修斯已死，因而大批求婚者住在奥德修斯家中，向他的妻子求婚。奥德修斯乔装打扮回到故乡，设计杀死所有向他的妻子求婚的求婚者，他对这些求婚者说，你们的末日到了，你们竟然在我活着时就向我的妻子求婚！然而，求婚者之所以向他的妻子求婚，在于他们误信奥德修斯已死，换言之，如果这些求婚者知道奥德修斯还活着，则是不可能会来向他的妻子求婚的。在当代，对于行为者的行为可以说清事情原委的，在道德上的错误就不能责备行为者。荷马史诗则站在奥德修斯一边，以赞赏的笔触描写了奥德修斯精心准备的这样一场屠杀。荷马告诉我们，即使是你有某种道德信念，但是如果没有相应的信息，也会犯道德错误。我们这里的问题是，如果一个已经将规则内化了的行为者，在道德上犯了错误，我们是否应该像荷马或奥德修斯那样去处理？

前文已述，胡克的规则后果主义进行评价所依据的是可期望的后果，而不是实际后果。在他看来，实际后果是很难发现的，甚至是不可能发现的。那么，这在行为者的行为上，就可能会出现这样的问题："如果不知道恰恰是哪一条规则可产生可期望的最好后果，并且，如果确实没有人知道这点，那么，如果不遵从这些规则，也没有人应受责备。这样，对于道德上值得责备的说明，将与那实际上产生最好后果的规则无关。"[①] 应当看到，人们在进行行为选择时，所依据的确实就是可预期的后果，因为在没有开始行动之时或行动之前，确实并不存在实际的后果。可预期的后果一

[①] Brad Hooker, *Ideal Code, Real World: A Rule-Consequentialist Theory of Morality*, Oxford: Clarendon Press; New York: Oxford University Press, 2000, p. 72.

定是可预期的，但是，如果并不是可预期的，即使这样的规则不被人们所遵循，那么胡克认为，也是没有理由来责备人的。当然，胡克这样讨论有一个前提，也就是认为人们是内化了这样的规则的，但在行为者所处的特殊环境条件下，行为者并不知道是否能够产生最好的后果，或者，行为者可能因此而犯了道德错误。或者是，你可能认为遵循某个规则，将给你带来最好的后果，但是却导致你得到最坏的后果。像买股票一样，你认为你所选的这只股肯定会涨，结果你一买进就被套住了，但你还不死心割肉出局，最后赔得一塌糊涂。投资者的预期错误与实际事件的发生发展之间的距离，如同道德行为在某种规则的指导下所发生的事情一样。在这里，我们应当对行为者的错误进行道德责备吗？

　　胡克指出，将责备与错误区分开来，似乎是反直觉的（胡克的讨论在一定意义上是回应帕菲特的"无责备的过错"之说）。"他们认为错误取决于有关处境的真正事实，但不是行为者如何看待这个处境。就这个观点而言，错误可能特别依赖于事情如何在不同的可选物那里真实地发生，而不取决于行为者希望它如何发生。但如果责备行为者没有能够合理地期望什么似乎是很荒谬的。如此责备将分摊性地取决于行为者实际期望什么，或也许是行为者将能够合理地期望什么。"① 胡克这里所说的涉及主观预期与客观事件的实际发生两者之间的关系，如果我们的预期与实际发生不符，从而表明我们犯了错误，直觉认为我们应当受责备。如同我们的预期与股票的走势相反一样，因为我们的预期错了，因此我们应当受责备。胡克认为，我们多数人都相信，道德责备是与道德错误非常密切地联系在一起的，但胡克不这么认为。他认为，只有那些真正能够负责任的行为者，或充分负责的行为者，才可以这么要求。然而，什么样的行为者是真正能够负责任的行为者呢？胡克给出的条件是"无责备的动机"和"无责备的信息缺陷"。就这样两个方面，胡克举了两个案例。一是关于动机类问题的。假设你从不饮酒，因为你知道这将使你富有攻击性。不过，在一次集会上，你显然被人秘密地换成了烈性酒，结果你非常愤怒，并打了某人。②

---

　　① Brad Hooker, *Ideal Code, Real World: A Rule – Consequentialist Theory of Morality*, Oxford: Clarendon Press; New York: Oxford University Press, 2000, pp. 72 – 73.

　　② Brad Hooker, *Ideal Code, Real World: A Rule – Consequentialist Theory of Morality*, Oxford: Clarendon Press; New York: Oxford University Press, 2000, p. 73.

在这个案例中，打人是错误的，但并不是真正可受责备的。不过，我们认为，胡克的这个案例是关于信息的，因为集会上的这个行为者，并不真正知道他所饮用的东西已经被人偷换成了烈酒。所谓"无责备的动机"，也就是我们常说的"好心办坏事"。胡克还举了一个信息缺陷的案例。假设你在对环境的虚假信息情况下行动。你正在大街上行走，你发现有一个人显然在被人打，然后你上去力图阻止那个攻击者。假设你所看到的这个情景实际上只是街头剧，所以你所看到的显然是一个戏剧行为。你伤害了这个行为者显然是错的，但在这个环境中你是不能被责备的。[1] 胡克说，在这种情景下，你所遵循的规则有两条：一是"避免伤害无辜者"，二是"如果你帮助正在受到攻击的无辜者而没有什么危险，那你应当这样做"。你由于不知道那只是正在上演的街头剧，所以你用了第二条规则而不是第一条规则，但实际上，你应当用的是第一条规则。这是因为你的实际情景无知，从而你实际上破坏了避免伤害无辜者的规则。但由于你是在对实际情景无知的情况下做出来的，因而虽然你的行动是错误的，但你不应受到责备。胡克所设计的这两个案例都是行为者在对于情景中的关键信息完全无知的情况下做出来的，这相似于荷马史诗中的奥德修斯妻子的求婚者。由于行为者在这些关键信息方面的完全无知，从而使得行为者做出了错误的行为，这是不应承担道德责任的。胡克指出，他的规则后果主义鲜明地区分是否一个行为是错的和是否这个行为值得受责备这两个问题。不过，对于是否充分知情的问题，行为者如果并不是不可能知道，然而，他并没有尽其可能地去获取相关信息，在这样的情况下，我们认为，行为者的行为错误仍然是负有责任的。如医生开出药方，但是如果他问诊不认真，对于患者的病情并不是充分知情，那么这样使得病人的病情加重，医生就负有责任。同样，股市的投资风险确实很大，但是，如果你的预期并非建立在一定的前提或预先充分研究的基础之上，你的判断可能是轻率的，如此导致的投资失败，无疑你的判断负有一定的责任。因此，胡克认为信息不对称或对关键信息无知，应当是合法的无知。但如果你本应当知道，而你却没有知道，就不是合法的无知。最后，他归结道："一个行为是错的，

---

[1] Brad Hooker, *Ideal Code, Real World: A Rule – Consequentialist Theory of Morality*, Oxford: Clarendon Press; New York: Oxford University Press, 2000, p. 73.

当且仅当规则的法典所禁止,这些规则为压倒性的多数所内化,这种内化实际上将导致最好的后果。但行为者没有遵从最好的规则将不受责备,因为这些失败是由于合法的无知,包括对最好规则是什么的合法的无知。"[1]然而我们发现,最后胡克的结论式的归纳却把动机好而可能办坏事的问题给放过了。

最后,胡克的规则后果主义涉及规则与行为的关系还有一个问题,即接受与遵从规则的问题。在胡克看来,当规则已经从外在的社会规则内化为人的内心自我所遵循的规则或准则,这意味着社会规则已经成为行为者的动机或动机的内在部分。这是胡克所说的接受。另外,则是遵从规则。遵从规则则是仅仅在行为层面做到了规则所要求的,而并非由于从内在心理上认同和接受了规则。胡克说:"遵从正确的规则具有第一优先性。但遵从不是唯一重要的事情。我们也关心人们的道德关怀。所以我们也较好地考虑不仅是遵从,而且是适当的道德动机的代价。从规则后果主义的观点,道德动机意味着接受正确的规则。并且,接受正确的规则不仅意味着有着遵从规则的品格性情(disposition),而且也涉及鼓励他人遵从,这种品格形成友好的态度朝着那些也遵从的人,并且,当人们没有遵守时,使人感到内疚或羞愧,并且谴责和怨恨那些破坏规则的人,所有这些品格情性和态度得到了信念的支持,因而它们是可辩护的。"[2] 胡克这里说"不仅是遵从,而且是适当的道德动机",意思即为遵从规则并非意味着内化了规则,如果内化了,那么就成了动机。换言之,规则内化也就成了行为者的道德心理的一部分,成了行为者内在品格特征的要素,这个要素也就是以品格德性表现出来的道德心理和性情。胡克说:"规则后果主义长期以来强调这一点:接受规则是一个与动机和信念相关的问题,并且确实还有一定的品格和良心涉及在内。因此我们能够依据良心来勾画这个理论,它的社会优势能够合理地预见到,至少是与其他对规则认同[的理论]一样好。以这种方式勾画这个理论意味着,我们可称它为'良心后果主义'来取代规则后果主义。但是,'良心后果主义'将仅仅是一个旧理论的新名

---

[1] Brad Hooker, *Ideal Code, Real World: A Rule - Consequentialist Theory of Morality*, Oxford: Clarendon Press; New York: Oxford University Press, 2000, p. 74.

[2] Brad Hooker, *Ideal Code, Real World: A Rule - Consequentialist Theory of Morality*, Oxford: Clarendon Press; New York: Oxford University Press, 2000, p. 76.

称，而这个旧理论已经有一个确定的名称。即使是旧名称不理想，但保持它比换一个新名称要少一些混乱。"① 因此，相比较对规则的遵从，胡克更为重视的是规则内化，规则内在所产生的结果是形成内在良心，因此，规则后果主义也许没有良心后果主义对这个学说来说更为明确。

同时，胡克指出，规则是直接与行为相关的，但道德规则还有更高层次的规定，即道德法典。他说："使某些品格成为德性的东西是，这些品格性情是接受规则的本质部分，这些规则为具有最大可期望价值的法典所规定。"② 胡克强调接受规则实际上也就成为行为者的品格德性，或成为行为者的良心。在这个意义上，胡克实际上以后果主义理论来解决德性伦理学与以规则为中心的规范伦理学之争。规则是外在的，德性是内在的，这两者有一个由外到内的过程，即内化。通过内化，规则成为人的内在德性品格的本质部分。因此，这两者并不是截然二分的，而是可以朝内朝外打开的。内在品性的开放性和规则可内化的特性，使得这两者可以结合起来。但胡克也认为，如果仅仅只是遵从规则，规则没有成为行为者的德性品格的本质部分，那意味着规则没有内化。胡克的这个区分，类似于康德所说的出于责任（Pflicht，又译为"义务"）与合乎责任的区分。在康德看来，如果一个商人为了赚更多钱而做到了童叟无欺，这是合乎责任，而如果他是因诚实做人而这样做，即使是不赚钱也诚实经商，这就是出于责任。在康德看来，仅仅合乎责任（由于自利的意图）的行为没有道德价值，而只有出于责任的行为才有道德价值。③ 康德指出，虽然这两种道德行为在表现形式上是一样的，但是，在道德价值意义上则有着本质的区别。胡克则从人的德性心理意义上指出，如果仅仅是遵从规则，但不是从内在的品格德性出发来遵从，其意义是完全不同的。胡克说："假设你接受了一个规定你可反击攻击者的规则，并假设你是通体透明的，在这个意义上，人们能够准确地看出你的品格性情是什么。如果每个人知道你有反击的品格性情，那么，就绝不会有人攻击你。这样，在阻止人们攻击你这

---

① Brad Hooker "Rule - Consequentialism, Incoherence, Fairness", *Proceedings of the Aristotelian Society*, New Series, Vol. 95 (1995), p. 21.
② Brad Hooker, *Ideal Code, Real World: A Rule - Consequentialist Theory of Morality*, Oxford: Clarendon Press; New York: Oxford University Press, 2000, p. 36.
③ ［德］康德：《道德形而上学奠基》，杨云飞译，人民出版社2013年版，第17—18页。

方面你接受规则是如此成功,从而使得你没有机会去遵从规则。你接受规则明显是重要后果,完全不能从你遵从规则来行动去设想,因为事实上你绝没有这样做。"① 胡克从后果上说明两者的差别,他所假设的例子很有说服力。胡克说:"接受规则,就品格性情而言,至关重要的是,不仅是以一定的方式行动,而且是以一定的方式感觉。因为接受一个规则,最好说一个规则的内化,能够有超出遵从规则之上的后果。"② 胡克指出规则内化是从内在品格性情上来选择不同的行为方案和践行一定的行为方案。不过,在这里他仍然强调后果的不同。然而,从内化规则所产生的后果如何比仅仅遵从规则更好或更多?胡克没有进一步讨论。即使是能够有超出遵从规则的后果,胡克不是说了规则内化需要成本吗?如果计算成本,两相比较,那么到底哪种行为方式更合算?因此我们认为,这里反映了后果主义思考方式的问题。康德从两种行为性质上进行界定,使得两种行为的高下昭然显现。无疑进行性质的分析比较更显优长。不过,就接受规则而言,胡克问,有没有接受规则(规则内化)所产生的后果不如完善地遵从规则的后果好的情况?"有",胡克说,"可能人们会犯错误,经不起诱惑等"。如一般要求驱车不超过每小时30英里,但有些路段则要求不超过25英里,这样,我们可能就会被判没有遵守规则,但实际上我们是接受了规则。胡克的这个观点有着一般意义。胡克承认即使是内化了规则,也可能会有不遵守规则的时候。不过,总的来看,在胡克这里,规则内化相比较仅仅遵从规则,是规则后果主义的目标所在。因为一个规则不能仅仅是行为遵从而不将其内化。只有将规则内化,才可更好地遵从。同时,内在规则也就表现为人具有相应的德性或相应的良心,从而规则后果主义也与德性伦理学联系起来。

四 批评与回应

胡克的规则后果主义是对布兰特等人的规则功利主义的继承与发展。布兰特等人发展规则功利主义,是应对人们对行动功利主义的批评。那

---

① Brad Hooker, *Ideal Code, Real World: A Rule-Consequentialist Theory of Morality*, Oxford: Clarendon Press; New York: Oxford University Press, 2000, p. 77.

② Brad Hooker, *Ideal Code, Real World: A Rule-Consequentialist Theory of Morality*, Oxford: Clarendon Press; New York: Oxford University Press, 2000, p. 76.

么，规则后果主义能够回应人们对行动功利主义的批评，从而不犯类似错误吗？其次，胡克的规则后果主义本身所提出的理论假设，也激起了人们的批评，胡克是否能够应对这些批评呢？

我们已知，对行动后果主义的一个著名的批评，由于它所持有的不偏不倚的立场，从而忽视了与行为者有着特殊关系的人所负有的责任，同时，由于从后果最大化好出发，因而对于那些即使是伤害无辜者的行为，只要是能够带来总体好的后果，那么，这些行为就被证明是正当的。胡克说："许多人肯定相信许多行为本来就是错误的，如谋杀、虐待他人以获取信息、诬陷无辜之人、偷窃、违诺、对与自己有特殊关系的人不能给予特殊的关照等，即使是其中的任一行为从无偏倚的角度来判断的话，都能在某种程度上产生更好的后果。"[①] 而行动功利主义或行动后果主义由于仅仅从后果来考虑一个行为的正当性，因而就会把在某种情形下能够产生好后果的这样的行为都看作正当的。当我们对于这样一种论点进行质疑时，行为后果主义可能会做出这样的辩护：上面提及的那些给予特殊关照的行为，很少能够产生从不偏不倚观点看是最大的后果善。并且，人们由于自己的局限性和人们的偏见，对于自己行为可能产生的各种预期后果，可能并不能做出准确的判断。正因为如此，一些精明的行为后果主义就会规定，一是我们必须要不做上述那些诬陷无辜之人、偷窃、违诺等坏的行为；二是要谴责做出上述那些坏行为的人。不过，胡克认为，行动后果主义即使是这样来回答人们的批评，并没有从根本上来反驳人们的批评。因为在他们看来，正当的行为是那些能够产生最大总体善的行为，而只是人们可能计算不到，才使得人们没有去追求这样的行为。换言之，如果能够计算准确，那不就意味着上述那些坏行为如果真能产生最好的后果，也不就是行为后果主义应当赞许的行为？因此，胡克指出，行动后果主义的这种论断是与他的规则后果主义的信念尖锐冲突的。胡克说："规则后果主义就不会做出这种有问题的论断。相反，规则功利主义认为，个别的谋杀、虐待、违诺等行为，即使它们在有时候比其他行为能产生更好的后果，那也是错误的。因为规则后果主义判断特殊行为的正当与错误，不是

---

① [美] 胡克："规则后果主义"，陈江进译，载徐向东编《后果主义与义务论》，浙江大学出版社2011年版，第149页。

根据个别行为所产生的后果,而是根据它们是否符合一系列的较为一般的规则,如果所有人(或差不多所有人)都接受这些规则的话,一定会产生最好的后果。接受这些禁止谋杀、虐待与违诺等较为一般的规则,相比每个人接受允许这些行为的较为一般的规则来说,肯定会产生更好的后果。"[1] 胡克在这里指出了规则后果主义与行动后果主义的根本区别,行动后果主义是从某次或单个的行为后果来评价行为,从而可以往往会把道德上否定的行为认为是好行为,而规则后果主义则是从总体行为后果来评价,并且是从履行规则的意义上来评价;其次,规则后果主义是从规则总体上被接受所产生的后果来进行评价,因而不会像行动后果主义那样滑入到为不道德的行为辩护的地步。

行动功利主义或行动后果主义还面临着人们对其所指责的要求过于严苛的问题。如我们知道,在那些贫困地区和经济不发达国家,物品的价格相对便宜。如一美元在赞比亚、埃塞俄比亚等非洲落后地区的国家,相比在发达国家能够更值钱,可买到更多食品。如果我们有善心去捐赠,放弃自己的一些财产拿来给那些处于饥饿状态中的贫困者,那么,这应当符合行动后果主义对行为的要求。但我们知道,很多富人实际上都不会这么做。因而为了解救更多处于贫困中的饥民,我有着这样的爱心,因而我应当比我现在捐赠的更多。而我只有尽最大可能地放弃自己的大多数物品去捐赠,才可能导致在我所有的财产状况实现这样从全人类的不偏不倚观点来看的后果最大化好。然而,这将使我的生活处处不是从自我的生活计划和要求出发,而是从如何最大化好出发。换言之,行动后果主义或行动功利主义要求我们为了那些全球贫困者要持续不断地做出牺牲,除非直到这样牺牲从长远上看会导致总体福利的减少。

胡克认为,他所提倡的规则后果主义不会对人有这么严苛的要求。他说:"要求一定程度的自我牺牲并非不合理……如果每一个相对富有的人贡献自己相对一部分人收入来缓解饥饿,那就足以保证这个世界的温饱。其次,从每个人的财富中抽取十分之一可能就足够了。尽管这样做对我们大多数人来说可能都是相当困难的,但这种要求似乎并非不合理。因此,

---

[1] [美] 胡克:"规则后果主义",陈江进译,载徐向东编《后果主义与义务论》,浙江大学出版社 2011 年版,第 150 页。

规则后果主义能够避免要求过高的反驳意见。"① 但实际上，胡克所提出的十分之一的财产捐赠，不知是依据什么原则或规则来制定的？胡克想避免人们对行动功利主义或行动后果主义的最大化要求从而导致的严苛性指责，从而提出一个十分之一的捐赠比例。也许胡克心中还有一个内化成本的考虑在内，即十分之一的捐赠如果成为一条道德规则，将比要求你捐赠十分之二，甚至十分之五的道德要求的内化成本更低。但如果胡克仍然是一个后果主义者，追求后果的最大化好，我们不能怀疑这不是后果主义所追求的。但是，规定一个十分之一的比例，难道就能达到最大化好的后果吗？我们已述，胡克可能会以规则内化来说明这个问题，即如果百分之九十的富人都内化了这一规则，即就意味着富国中富人的90%都能拿出十分之一的财产捐赠给贫困国家和地区的人，那无疑这样的后果是最好的，即全球处于贫困线下的人都可得到解救。但很显然这仍然是一种理想的假设而不是现实可达到的目标。因而，胡克只以一种理想性的假设来回应人们对后果主义的批评，从而认为他的规则后果主义能够克服这一问题，明显是不现实的，只是一种理论虚构。

对于胡克的规则后果主义来说，一个重大理论问题是部分服从的问题。在胡克看来，任何道德规则都需要人们来接受，而接受规则也就需要规则内化。但是，不可能想象一个所有人都接受规则的世界。因此，他的理论就有一个部分不服从的问题。他提出的规则内化的要求是百分之九十。这一理论观点所蕴含的，实际上是如果一种道德规则能够得到世界上所有成年人或有理性的人的接受，那么，对这一规则的接受将会带来最大化的后果好。但在现实中，实际上并不可能做到这一点。一种反对意见认为，由于实际上只有一部分人会接受这一规则，从而按这一规则来行动会产生"无效果或反效果"。规则后果主义面临着这样一种反对意见，那么，胡克怎么回应呢？

胡克假设，由于他人不接受因而不遵从而只有我们接受并按规则行动，这种反对意见：

一、可能提出，在做事时，你有时可能为某些规则所要求，而这些规

---

① [美] 胡克："规则后果主义"，陈江进译，载徐向东编《后果主义与义务论》，浙江大学出版社 2011 年版，第 152 页。

则的出现会产生最大善,但由于其他人并不服从,从不偏不倚的角度看,最后产生的是稍微差一些的后果。

二、也可能是,规则有时要求你去做某事,但由于其他人不服从,最后的结果可能是对你有害或不利,而对那些不服从的人是有利的。

三、也可能是,规则有时要求去做的某事,但由于其他人不服从,那么,最后从不偏不倚的角度看,产生的是非常错误的后果。①

胡克认为,如果是第一种反对意见,那意味着这并非很严重的问题,而且实际情形很可能如此(并非反直觉的)。因此,他觉得没有必要进行更多的解释。因此,必须针对第二、第三种反对意见进行辩护。这三种反对意见实际上是依据不好后果的程度进行区分的。在胡克看来,第一种不利情况有可能出现,但因不是很严重因而可以不考虑,但后面两种需要分析。不过,我们首先应当看看为什么会出现这样的问题。在人们看来,即使遵循规则出现对行为者不利的情况,也要遵循,实际上是一种"规则崇拜"。规则崇拜是指,"尽管规则后果主义声称要把道德[规则]与产生最好后果结合起来,但这种理论在关键时刻会提倡遵守规则,哪怕这样做只是次优化的结果"。② 这里不仅仅是次优化的情况,而是讲遵守规则将对行为者产生不利甚至糟糕的情况。换言之,即使是出现因遵守规则对行为者不利的情况,我们也要遵守规则,因而人们称这是规则崇拜,这种规则崇拜也可以说是一种乌托邦崇拜。"说它是乌托邦的这种反对意见,指的是它被认为是规则崇拜的情况中最坏的一类。规则后果主义认为,如果所有人都接受(或遵守)规则,那么人们应当遵守它,这将导致最好的后果。但是这一规则似乎教导人们,即使当其他人并不接受(或遵守)理想规则时,人们也应当遵守规则。"③ 人们把胡克的规则后果主义就看作一种规则崇拜和规则乌托邦。由于胡克不断发表文章反复对于他所提倡的规则后果主义进行辩护,人们也把他的规则后果主义称为"精致的规则后果主义"(sophisticated rule consequentialism)。那么,胡克是怎样应对这种批评

---

① [美]胡克:"规则后果主义",陈江进译,载徐向东编《后果主义与义务论》,浙江大学出版社 2011 年版,第 154 页。

② [美]理查德·阿尼森:"精致的规则后果主义:一些简单的非议",陈江进译,载徐向东编《后果主义与义务论》,浙江大学出版社 2011 年版,第 160 页。

③ [美]理查德·阿尼森:"精致的规则后果主义:一些简单的非议",陈江进译,载徐向东编《后果主义与义务论》,浙江大学出版社 2011 年版,第 160 页。

的呢？

胡克的规则后果主义的特点是不仅仅从某一次行动或行为的对错、好坏来对规则进行评判分析。换言之，即使是某一次行动或行为给行为者带来了不利的后果或糟糕的后果，但这并不意味着这类规则是不好的，也不能因此而认为这次行动或行为是不好的。也就是说，仅仅从某次行动后果来评价履行规则所产生的后果是不能说明问题的，而需要对人们对于某一规则履行的总的后果来进行评价。

胡克的这样一种观点体现在胡克以布兰特的动机论来回答这个问题上。胡克指出，规则后果主义规定我们具有一系列的道德动机。这些动机包括：一、与正常的、简单的道德规则相适应的一些长久存在的动机（例如，公平对待他人的长久存在的欲望，还有不伤害他人、不偷盗、不违诺、不说谎等长久存在的欲望）；二、那种避免大的伤害的长久存在的欲望；三、那种促进更广泛地接受最优化规则的长久存在的欲望。[①] 我们在前面也已经讨论到，胡克强调规则的内化，而规则的内化将形成内在的道德情感以及道德良心。规则为何可能内化？在胡克看来，这与人类基于本性的欲望内在相关。这些欲望与动机实际上是人类希望和平安宁的生存和美好生存的欲望。其次，这样的欲望动机与人类社会和平有秩的运行相关，因而与此相关的规则后果，是从人类生活总体后果意义上讲的。

胡克认为，在上述三种欲望中，避免大的伤害（或防止灾难）的动机可能是更深层的动机。胡克说："规则后果主义赞同阻止灾难的动机。这个动机应当是强于其他动机的。如果人们能够更多关注防止灾难而不是破坏其他规则，从长远和从整体来看，这将是更好的事。防止灾难的欲望应当是比遵守诺言和避免撒谎的欲望更强。规则后果主义也应当认为，如果防止灾难是必要的话，将赞同不守诺言和说谎。"[②] 胡克在这里将人类的不同欲望和动机进行比较，认为防止和避免灾难是最深层的动机。并且，由于人类的动机层次或重要性不同，因而与此相关的规则也处于不同的位置。在前面，我们谈到胡克说到，即使是内化的规则，由于环境或行为者

[①] ［美］胡克："规则后果主义"，陈江进译，载徐向东编《后果主义与义务论》，浙江大学出版社 2011 年版，第 155 页。

[②] Brad Hooker, *Ideal Code, Real World: A Rule – Consequentialist Theory of Morality*, Oxford: Clarendon Press; New York: Oxford University Press, 2000, p. 98.

本人（如受到诱惑）等因素，也可能不遵守相关规则。在这里，胡克提出了不同规则的遵守问题。胡克指出，这个问题实际上也与人们所提出的对规则后果主义的反对意见有关：有人认为信奉规则后果主义使人们事无巨细好坏都履行这样一种要求，从而其行动将导致灾难。这是人们对规则后果主义最常见的一种反对意见。这种反对意见认为，如规则后果主义赞同"说真话""遵守诺言"等规则。但是，如果规则后果主义认为作为其信奉者，应当无条件地遵守这样的规则，那么，这样盲目遵守规则将导致灾难。如果你告诉杀人犯他的目标在哪里，这将无疑对那个被害者来说是灾难。如果你遵守诺言将一把斧头还给你的疯狂的邻居，而他将用这把斧头来杀人等等。"所以，如果规则后果主义要求坚定不移地遵守诸如'说真话''遵守诺言'这样的好规则，那么是荒谬的。而更荒谬的是这个想法：规则后果主义要求人们盲目服从这些规则。"① 胡克指出规则后果主义并不是机械地、不问时间地点条件环境而遵守规则，在这里他提出了一种对于规则后果主义的理解：即如果不同的规则之间在权衡对于行为者的利益大小面前，那些如果遵守规则将可能造成伤害或不利于行为者的行为规则，或严重造成对行为者或他人伤害的行为，规则后果主义并不认为就一定要遵守。换言之，人类需要规则是与人类希望避免大的伤害的长久欲望相关的。但是，如果是某次遵守规则的行为将造成对人的伤害或显明的灾难，那么，规则后果主义所遵循的是更深层次的规则：避免灾难。在这里，实际上胡克提出了一种解决不同层次规则之间的冲突问题。即避免灾难的规则与遵守诺言的规则这两者在特定的环境条件下可能发生冲突，那么，我们只能遵循那更为重大的规则，而不是细小的规则。在这个意义上，胡克的规则后果主义没有退回到行动后果主义。因此，胡克认为，规则后果主义者不仅不是盲目地遵守规则，而且如果遵守规则将带来灾难或问题，那么，规则后果主义者还会援引更为重要的规则如避免灾难来拒绝履行某种可能导致灾难的规则。因而规则后果主义者并没有规则崇拜，而是强调后果的重要。

胡克认为，在道德生活中，人人都要遵守规则，或总要遵守规则，而

---

① Brad Hooker, *Ideal Code, Real World: A Rule - Consequentialist Theory of Morality*, Oxford: Clarendon Press; New York: Oxford University Press, 2000, p. 99.

完全不遵守规则的道德生活现象只能是恶的现象。当然，有时遵守也会带来问题，如上面所说的问题，但还会有其他问题。如还有一些遵循规则的行为，在某些环境条件下，并非给行为者或他人带来灾难，而是带来不好的结果。或者说，遵循某些规则的某一次行动或行为的后果对于行为者来说并不好，但从人类长远利益的需要来看，则不可能这么说。如康德所说的善良意志的善良，并非依据在善良意志（意愿）之下的行为的后果，而是其本身就足以证明其价值和意义。如我们说某人看见有人落水了，然后奋不顾身地跳下水去救人，但最后，并没有将人救上来，我们并不能根据这次行动的后果，而是因这次行动的善良动机或善良意志我们应当称这样的行为是善的。但因此我们看到了这次行动对行为者本人不利甚至糟糕的后果，如弄湿了全身，甚至因此受凉而伤风感冒，更为严重的后果则是有可能把自己的性命都牺牲了，那么我们能说这次行动或行为不是一种善行吗？从人类社会生活整体来看或从人类社会的长远需要来看，如果这是一次失败的救人举动，但它却是人类爱心的体现。这样一种爱心体现了人类存在者在他人有危难时，总有人不顾个人安危地进行相救。这恰恰是人心同此理的体现。胡克的规则后果主义将道义论的要求与功利主义的后果论结合起来，我们认为，从人类社会长远的需要和人类存在者的长久存在的动机需要来看，是可以得到辩护的。

不过，胡克不是从康德式的道义论来为自己辩护。他仍然是从后果主义的后果论的角度来进行辩护。从他所列的三个动机理由来看，两个理由都是从消极方面进行规定的，即遵守规则与行为者本人或人类社会的所有存在者避免遭受到伤害或重大伤害的问题。而胡克之所以这样认为，规则后果主义是有着重大理由的。如果在一个社会中生活的人们，相互伤害他人、偷盗、违诺、说谎，以及相互之间更大的伤害，换言之，如果道德规则完全失灵，那么，人们生活在一个充满罪恶的世界里，这样的生活并非人们所想要的。这也就是需要道德规则，或尤其需要简单的、常识性的道德规则的理由，这一理由是人类生存或生活的长久存在的动机，也是人类美好生活的本体性需要。胡克说："规则后果主义者有可能说，如果某种行为为这一系列的动机所反对的话，那么它就是道德上错误的。我将把这种对部分服从的反对意见的回应做如下归纳：在规则后果主义者们所赞同的规则中，一个特别强有力的要求就是人们应当避免大的伤害，如果在有些情境中，我们坚持规则只会导致更糟糕的后果，那么规则后果主义就无须认为只有坚持（通常是最优化的）规则才是道德上正当的。"① 胡克这样说，仍然是从后果论来提出问题的。前面也指出，对于"糟糕的后果"至少是在两个层次上说，一是如简单规则"承诺"等的后果，二是从更为长远的意义上看，如果出现较少的或局部的糟糕后果因此而可以避免更长远的、更大的灾难，那么，那局部的或较小的不好后果并非完全是坏事。在生活中，确实有这样的情形：即从消极规则的意义上看，可能会存在这样的情况，如果别人对我撒谎，而我绝不对他撒谎，但事实上由于他对我撒谎（不遵守规则）从而使他占了便宜，而我则不可能因为诚实（遵守规则）而使得我得到什么益处。生活中这样的实例几乎每天都发生。如有人知道我是一个诚实的人，也不会不相信他不是一个诚实的人，但他却利用我对他的诚信来从中得到好处。换言之，由于我遵守规则，反而对我不利，而他由于不遵守规则，反而对他有利。但如果整个道德环境都变坏了，所有人都那么不诚实，其境况就不是对某个人不利，而是所有人都可能对于处于这样恶劣的道德环境从而感到是一种灾难。

当然，如果就是前面所说的那种情况：有一部分人遵守规则，而另一部分人不遵守规则，这也就是胡克所说的由于部分服从而导致的对遵守规则的行为者不利的反对意见。对于这样的反对意见，胡克首先从人类的普遍欲望（避免伤害）来给予回答。但是，如果确实像我们所说的那样，处于遵守规则反而使我们受到伤害的处境中，胡克告诉我们，你可以不遵守规则（即前面所引文："坚持规则只会导致更糟糕的后果，那么规则后果主义就无须认为只有坚持（通常是最优化的）规则才是道德上正当的。"这也就是我们所说的，以其人之道，还治其人之身。前面我们说了胡克对于遵守规则可能产生不好的后果问题实际上有两个层次的理解。但如果以此说法来看，胡克的动机说（避免更大伤害的欲望等）就完全让位于实际后果了。胡克这样做，还是规则后果主义吗？我们认为，胡克由于坚持后果主义的后果论立场，使他在遵守或坚守规则的问题上后退了，这一后退实际上也就暴露了他的规则与后果二元结构之间的张力。前面说到，胡克

---

① ［美］胡克："规则后果主义"，陈江进译，载徐向东编《后果主义与义务论》，浙江大学出版社 2011 年版，第 156 页。

对于规则遵守对自己不利的问题，也提出了即使对自己不利也应遵守的问题，从而导致人们批评他是"规则崇拜"。现在，他明确地说如果因遵守规则反而对自己不利，他人利用我们对规则的遵守来伤害我们，我们也应像那些不遵守规则的人一样行动。这已经不是规则后果主义的意义上的问题了。

坚持后果而不坚守规则，使人们感到胡克的规则后果主义有退回到行动功利主义或行动后果主义去的内在坍塌的可能。胡克自己也提出了这个问题。如我们在前面讨论到的避免灾难的问题。人们认为，这仍然是以后果来取舍规则，那是不是退回到了行动后果主义？胡克说："行动后果主义是不论什么时候，只是不遵守诺言能够带来更好些的后果，就违背诺言。所以，当违诺能够产生的只是一点点好结果，那么，行动后果主义就告诉我们打破诺言。"① 但是，规则后果主义只是在如果类似于遵守不撒谎的规则可能给某人造成生命危险的情况下，我们才告诉人们不应遵守规则。胡克认为，这是规则后果主义与行动后果主义的重大区别。然而，在某些情形下，规则可以例外地不遵守，这不是与行动功利主义或行动后果主义一样吗？如果说行动功利主义或行动后果主义是在那些稍许有好后果的情况下都允许人们打破规则，而规则后果主义则是在有重大坏或好的后果条件下才打破规则，但在"打破规则"这一点上，只不过是"百步笑十步"而已，并非两者有着本质的差别。

最后，胡克指出，人们误认为规则后果主义会滑向行动功利主义或行动后果主义，在于人们认为规则后果主义坚持后果最大化的标准来评价行为。早在20世纪60年代，大卫·莱昂斯（David lyons）就提出了规则功利主义退回到行动功利主义的问题。以他看来，规则功利主义（规则后果主义）在实践上与行动后果主义没有差别。他说："理想的规则功利主义的要点是最大化功利，但理想规则功利主义的应用不产生最好可能的后果，这是说，当它不被普遍接受时。这样规则功利主义就不是一个可接受的道德原则，既然在某些情形（当它不是一般被接受——这是一个正常的状态），应用它和按照它来行动也就导致自我挫败。"② 我们知道，胡克恰

---

① Brad Hooker, *Ideal Code, Real World: A Rule-Consequentialist Theory of Morality*, Oxford: Clarendon Press; New York: Oxford University Press, 2000, p. 99.

② Lyons, David, *Forms and Limits of Utiliarianism*, Oxford University Press, 1965, p. 142

恰接受了规则不可能被普遍接受或内化的人类道德生活的事实，因而这一批评并不能成立。胡克所提出的规则后果主义，在他看来，仍然需要面对这样的批评。胡克说："指责规则后果主义沦为行动后果主义的另一种版本认为，规则后果主义必定仅赞成一个简单规则：这个简单的规则就是我要经常按照善的最大化要求做。这种反对意见认为，如果每个人都能成功地遵守需要最大化的规则，那么，善就能最大化。对于善在这些情况下能实现其最大化的主张，一直受到挑战。但是，无论每个人遵守行动后果主义的原则是否会使善最大化，我们应该再次考虑规则内化的广泛成本和利益。"① 这里的"利益"（benefits），实际上指的是内化所产生的收益。如果将规则后果主义简化为一种只追求最大化后果的简单规则后果主义，那么，势必退化到行动功利主义。在这些批评者看来，也就意味着规则后果主义与行动后果主义没有区别。在这里，胡克没有直接应对这样一种批评意见，而是让人们考虑规则内化所需的成本与内化的收益。换言之，不能简单地从遵守规则是否可最大化来考虑问题，而应考虑如何才能最大化，即规则普遍接受才可产生最大化，而这是需要成本的。但因为人们忽略了这一点，从而认为胡克的规则后果主义也可以看作简单规则后果主义。

在胡克看来，规则内化并不仅仅是规则从社会的、非个人的规则转化成了个人内在的行动要求，在规则内化转化为个人的内在行动要求时，胡克认为更重要的是形成了某种道德品格气质（moral disposition）。这比直接后果更重要。在胡克看来，内化行动后果主义的规则形成行动后果主义的内在品格气质，这个成本要求很高。"因为形成一种气质倾向必然要克服人们对他们自己的和所爱者的强大而有力的自然偏见。确切地说，尽管存在使人们关心他人，并且愿意为素昧平生者做出牺牲所带来的巨大利益；但是，我们想想需要多少时间、精力、专心和心理冲突使人们内化一种完全压倒一切的公正（an overriding completely impartial）的利他主义（如果甚至这是完全可能的话），如果要是这样，想要使人类都成为圣人的成本太高昂了。"②（这里译为"公正"的一词，在我们的文中为"不偏不倚"）

---

① ［美］胡克："规则后果主义"，杨豹译，载［美］休·拉福莱特主编《伦理学理论》，龚群主译，中国人民大学出版社 2008 年版，第 221 页。
② ［美］胡克："规则后果主义"，杨豹译，载［美］休·拉福莱特主编《伦理学理论》，龚群主译，中国人民大学出版社 2008 年版，第 221 页。

换言之，胡克承认，依据行动后果主义的不偏不倚的立场，人们在每做一件事时，都从全人类存在者的视域来思考，如果按照这样的思考来行动，个人的巨大牺牲无疑会带来巨大的收益或最大化的好结果。但是，当人们在这样思考行动后果主义时，实际上并没有将造成这样思考的内在道德品格气质所需的成本。在胡克看来，正因为需要高昂的成本，所以我们不可能把所有人都培养成像特雷莎那样的道德圣徒。但是，实际上，并非所有人类存在者都想当圣徒或圣人，并非完全是由于社会教育或社会成本不到位，我们认为那是由于人类存在者都有个人利益或自我利益需求，这是任何个体存在的本体原因。完全舍弃自我而为了他人幸福或福祉，这确实是道德高尚或崇高的壮举，但这与普通人的生存需要相抵牾。依胡克之见，如果有极高的成本，那么，很有可能全人类都可以成为圣人了。而我们认为，即使是花费高昂的成本，普通人中的大多数也绝对不可能成为圣人。

胡克想象这样一种情景。他描绘我们所有人都成为规则后果主义者，即所有人都有这样一种道德品格气质，而且这种品格气质具有压倒其他一切气质的强大力量。他说，想一想使所有人都具有这样压倒一切的关心他人的气质，要使不偏不倚的善最大化，这样的世界难道不是理想世界，以至于为了进入这样一个世界而值得付出任何代价？胡克不认为这样一个世界是一个理想而美好的世界。他还是从成本角度来进行思考。在他看来，培植这样一种牺牲自己而专为他人着想的品格气质，不是一代人能够解决从而一劳永逸的事，而是要代代进行这种对于"深藏于人性中的某种东西进行激烈地再塑造"①，因为不偏不倚的从全球所有存在者的角度进行思考并不可能成为基因而遗传给后代。并且，他认为，如果真正普遍实现了这样一种具有这种压倒一切的、自己每做一件事都为全球所有人着想的品格气质，那么，这不仅要把自己人性中具有特性的东西连根拔除，而且其生活也必定是枯燥无味。"如果有令人信服的规则后果主义理由内化地达到一种压倒一切的公正，那么，就有令人信服的规则后果主义的理由来反对内在化地达到一种压倒一切的气质倾向来实现公正善的最大化。"②（在这

---

① ［美］胡克：“规则后果主义”，杨豹译，载［美］休·拉福莱特主编《伦理学理论》，龚群主译，中国人民大学出版社 2008 年版，第 222 页。
② ［美］胡克：“规则后果主义”，杨豹译，载［美］休·拉福莱特主编《伦理学理论》，龚群主译，中国人民大学出版社 2008 年版，第 223 页。

里,"公正"即为"不偏不倚","气质倾向"disposition 即为品格气质)并且,胡克认为,如果规则后果主义像行动后果主义那样要求最大化善,必定成本高于收益。因此,规则后果主义不会坍塌为行动后果主义。我们认为,胡克从内化成本角度对行动后果主义进行的分析以及对规则后果主义进行的辩护是成功的。

然而,胡克的论证和辩护实际上隐含着这样一种观点:即行动功利主义和行动后果主义所追求的最大化善实际上是达不到的(行动功利主义或行动后果主义当然不会这样认为),但是,对于行动后果主义和规则后果主义来说,都是追求最好的事态,或善的最大化,只是行动后果主义的思路不通。因此,艾恩·劳说:"既然 RC 的关注和 AC 一样就是增进'最好的事态',那么 RC 如果能够内在一致地宣称正当的行为可以是不必带来最好后果的行为?它如何能够内在一致地保留这种关于正当行为的标准呢?这种标准无疑会认为正当的行为可以不是那种导致最大后果的行为。但是如果它屈服人,并承认规则可以改变以避免这种结果,那么,它最终又会退化为 AC。"① 在这里 RC 代表规则后果主义,AC 代表行动后果主义。换言之,虽然胡克宣称规则后果主义正当的行为可以不必是带来最好后果的行为,但是,如果人们认为这导致了理论内部的不一致,并且承认可以改变以避免这样的结果,那就最终又退化成了行动后果主义。这里的问题是,胡克的规则后果主义放弃了最大化善作为行为评价的标准吗?我们在"福祉"那部分已经讲到,胡克在社会福祉整体意义上,实际上没有放弃最大化善的概念。胡克说:"许多规则后果主义者(布兰特是其中之一)认为,错误的行为是那些为这种道德规则所禁止的行为,这种规则如果在具有自然偏见与局限性的人们之间得以流行,它一定会产生最好的后果。"② 这是说,那些禁规性的规则得以在普通人中流行,那么,自然会产生最好的后果。而那些要求极高的道德规则,需要付出高昂的代价才可能为人们所接受,因而从总体上并不能够产生最好的后果。"因此,将方方面面考虑进去的话,某种要求不是太强的道德得以流行就会产生更好的后

---

① [美]艾恩·劳:"规则后果主义的两难困境",陈江进译,载徐向东编《后果主义与义务论》,浙江大学出版社 2011 年版,第 176 页。

② [美]胡克:"规则后果主义",陈江进译,载徐向东编《后果主义与义务论》,浙江大学出版社 2011 年版,第 157 页。

果。也就是说，如果我们不考虑维持成本的话，那些要求不是太高的道德规则之盛行就能产生最大的整体善。"① 实际上，胡克的这整个说法是考虑了成本的，即那些要求不太高的道德规则的盛行其内化的代价并不大，但其产生的社会整体的善应当是最大的。然而，在反对行动后果主义对于个人行动选择方案中追求最大化善，胡克则是持一种完全反对的立场的，他在对行为者如何对他人施以善行方面的讨论反复证明了这点。因此，我们至少可以看到，胡克的理论内部并不是融贯的。不过，胡克复活了布兰特的规则功利主义，推进了当代对于后果主义的讨论。并且，胡克对于行动后果主义的批判是深刻有力的。还有，他突出了在行为评价中规则的重要性。胡克将规则放在评价行为的重要地位，显然使人感到有着规则与后果二元结构的内在张力，但同时也表明了功利主义和后果主义持续向道义论方向靠拢的努力。

---

① ［美］胡克："规则后果主义"，陈江进译，载徐向东编《后果主义与义务论》，浙江大学出版社2011年版，第157页。

第七章 墨菲的集体责任后果论

当代学者墨菲（Murphy，Liam B.）在对斯马特的行动功利主义或行动后果主义的普遍仁爱的最高原则的批评与反思浪潮中，对于斯马特所提出的"普遍仁爱"原则进行了深入细致的哲学分析，他既站在反对者的立场上分析了为什么这一原则的要求是严苛性的，同时又从自己的严谨分析指出，这一要求的严苛性是值得商榷的。同时，他还提出一种可替代方案，即以集体责任后果论的仁爱集体原则来替代这一后果主义的原则。

第一节 对斯马特最高原则的批评分析

在对于斯马特的批评中，人们提出两个最主要的异议，即其要求的严苛性问题以及对危及人的生活规划或人格完整性的问题（即导致人的异化，这两个问题内在关联），被认为是对行动功利主义或行动后果主义的最尖锐的批评。在行动功利主义或行动后果主义从全人类视野出发的普遍仁爱这一最高原则，为何会造成这样的问题？在墨菲看来，在于其要求过高，一个并非人们能够做到的道德要求，而一个并非人们能够做到的原则看来是不对的。墨菲把斯马特那样的普遍仁爱原则称为"仁爱的最优原则"（optimizing principle of beneficence）。他说："仁爱的最优原则总是要求行为者尽其最大可能来为他人。这个原则有其简单性的优点，但其严苛要求对于每个人来说都是荒谬的，正如我们所说的，一个原则有这样的要求不可能是对的。"[①] 墨菲认可人们对斯马特原则的批评，即这一普遍仁爱

---

① Lian M. Murphy, *Moral Demands in nonideal Theory*, New York：Oxford University Press, 2000, p. 6.

原则的要求过于严苛。墨菲认同布兰特的说法，布兰特说："行动功利主义对个人提出了极端的、压迫性的要求，所以几乎不能被严肃对待，正如基督的登山宝训所说的，这是一种仅仅对圣徒才有用的道德。"① 布兰特指出，如果人们愿意，时时事事都按照行动功利主义的最大化好（善）的仁慈行善原则去行动，那可能只有像照基督的登山宝训的道德训律那样行事，而完全能够那样做的人只有道德圣人。斯马特的普遍仁爱原则从全人类的所有他者视域出发来看待行为者行为的好坏善恶，要求人们以这样一个标准来行动，应当看到，确实在现实社会条件下普通人一般都是难以做到的。

一 理想条件下的理想原则

这样一种普遍仁爱的原则无疑是一种很高要求的标准，从一种道德理论的角度提出了一种道德理想。然而，为什么一个这样高要求的仁爱或仁慈原则则往往是做不到的？墨菲认为，这样一个仁慈或仁爱原则所需要的是我们要关心那些在社会中处境差的人，或我们所说的弱势群体的苦难或不幸。但是，在社会生活中，我们对于亏欠他人什么一是没有一个统一认识，二是人们往往并没有这样的意识。实际上我们并不认为对于那些生活中陌生的不幸人有什么我们是欠他们的感觉或想法，因而我们并不认为我们需要对他们做什么。墨菲认为我们就是处于这样一种社会处境之中。墨菲把它称为"非理想"的社会处境，应对这样一种社会处境所需要的是"非理想的理论"，斯马特的最高原则应当看作一种只有在理想社会状态下才可能人人都做到的行为标准，因而斯马特的道德理论可以看作一种理想理论而不是非理想理论。非理想理论面对非理想的社会道德和人的精神状况提出非理想条件下可能为人们所履行的道德原则或标准。

不过，墨菲也承认，即使是在"非理想的"社会状态，仍然有人会服从那种要求很高的道德原则，如在任何社会的任何时代，都会有像圣者如基督教的特雷莎那样的道德典范人物。墨菲把这种现象称为部分服从。即那种对人的道德要求很高的道德原则，在非理想的社会里，也有部分人服从。墨菲说："仁爱的最优原则在部分服从的处境下它所施加的要求是不

---

① Richard Brandt, *A theory of the Good and the Right*, Oxford: Clarendon Press, 1979, p. 276.

公平的，最优原则的要求所产生的这个真正的问题是在非理想理论的领域，如果我服从最优原则但其他人不服从，我不仅要做我那份慈善事，而且还是要承担那些不服从最优原则的人所要承担的那些份额。因而我认为是不公平的。我主张的服从条件大致是这样的：对正在服从的人的要求不得超过对原则的充分服从所要求的。我对最优仁爱原则的诊断表明，它是荒谬的：它侵犯了服从条件。"① 在这里，墨菲指出斯马特的问题在于仅仅是一种部分服从理论，而正确的原则应当是能够充分服从的原则。

二 理想而非现实的奇特性

在墨菲看来，仅仅只能够部分服从的伦理最高原则，不可能说是合理的原则。然而，墨菲认为这个问题并非出在原则本身，而是因为社会环境（包括道德环境）所致。对于如此崇高的道德原则只能部分服从这一事实，他说："道德理论的这个事实的重要性部分在于相关环境的性质。严苛性要求仅仅发生在非常奇特（exotic）的环境下，因而也许可能这样认为，没有产生任何有压力的规范问题。但在这样的环境下，最优仁爱原则施加了极端要求，而这种环境并没有比它已经有的那种奇特性更多的东西。"② 墨菲这里所说的有这样两层意思，一是斯马特的行动功利主义或行动后果主义的这一最优原则即普遍仁爱原则，其问题在某种程度上是相关环境因素的问题，二是说，在这样的环境条件下，其最优原则施加了它的极端要求，但这种环境并没有比它已经有的那种奇特性更多的东西。而在这样的环境条件下，信奉者会认为实施这样的规范是没有压力的。也就是说，只有在那种奇特的环境中，这样的极端要求是可以被普遍服从的。那么，怎样的环境是一种他所称之为"奇特"的东西呢？

墨菲指出当前对于这个行动后果主义的最优仁爱原则来说，所面对的现实环境最明显的问题是世界贫困或全球贫困。现在的问题是，并非所有富裕的人都认为我们对处于世界性的贫困中的那些人亏欠什么，即我们对陌生他人负有什么责任。这是我们当前现实的道德精神状态或者说环境。

---

① Lian M. Murphy, *Moral Demands in nonideal Theory*, New York: Oxford University Press, 2000, p. 7.

② Lian M. Murphy, *Moral Demands in nonideal Theory*, New York: Oxford University Press, 2000, p. 11.

不过，假如每个人都接受行动后果主义的最优仁爱原则，"每一个适度富裕的人已经处于这样一个位置：通过对慈善机构捐赠去救成千上万人，如救治生病的儿童、给那些饥饿的人食物，要不，他们会饿死。除了拯救生命之外，每个有资源的人，在所食、所穿以及所住方面有多余资源的人，以及那些在现金流之外还有额外富余的人，他们通过把这些资源给生病的人、饥饿中的人和无家可归的人，从而促进了总体的福利。"① 这就是墨菲所说的"奇特"环境。在墨菲看来，并非一定要说到全球贫困及我们身为富人的责任，就是对于20世纪末的发达国家来说，我们有这样的道德精神，以限定意义的最优仁爱原则来对待自己国家的弱势群体或生活中不幸的人，也就能促进自己国家的善。

墨菲也认可威廉斯对斯马特的批评，即行动功利主义或行动后果主义的最优原则即普遍仁爱原则不仅要求的是人们所富余的财产，而且是因此造成的生活规划等异化问题，即破坏了人的完整性。他说："最优原则的严苛性要求不仅仅是财产上的，它还增加了由于［捐赠］额外金钱所带来的或多或少的快乐方面的损失，也涉及不能够按照自己的选择来生活的损失。"② 对于我们大多数人来说，难以表明对于我们凭本事过的这份生活没有选择，而且恰恰相反，因为我们有了更多的钱或资源，才能更好地促进了自己的善。如果践行这个最优原则，不仅是在资金上投入，因而在个人福祉方面将带来较大的损失，而且也需要在行动上投入。"最好的可能是，即使是我们保持我们现在的工作或生活规划，我也要为无家可归的人做自愿服务或从事政治活动。当然我需要时间休息，以及跑步出汗，或从总体上看，可得到较少的善，但很明显，大多数适度富裕的人会失去一些闲暇时光但不会减少他们对善的有效促进。"③ 麦克里威曾设计了这样一个案例：某人放弃他的大多数闲暇时间和钱财去帮助远方的穷人：可能捐赠他50%的钱财和每周4个晚上去帮助那些比他穷的人，但不过，他没有尽到他的最大可能。这样一个人的善举，以最大化后果好的原则来考虑，那

---

① Lian M. Murphy, *Moral Demands in nonideal Theory*, New York：Oxford University Press, 2000, p. 11.
② Lian M. Murphy, *Moral Demands in nonideal Theory*, New York：Oxford University Press, 2000, p. 12.
③ Lian M. Murphy, *Moral Demands in nonideal Theory*, New York：Oxford University Press, 2000, p. 12.

么,他在道德上就不是恰当的或是错的。① 很明显,墨菲意识到这里的困境,因而他改变了斯马特的普遍仁爱原则的后果最大化追求,设想适度践行行动后果主义的仁爱的最优原则的普遍可能性,他也确实意识到了这里存在的实际困难,但他仍然认为富裕的人们适当地从事这样的善事并非不可能。即在现实条件上并非不可能,而是在道德意识上可能存在问题。但实际情形是,普遍的适度践行斯马特的原则的现实可能都难以设想存在。

墨菲设想了一个理想环境条件下富有的人们可能适度践行斯马特的行动后果主义最高原则的情形。前面已指出,墨菲认为完全遵循斯马特的最高原则情形称之为"奇特"的情形,即并非有很大的现实可能性。墨菲说,他并不主张所有那些除了自己的生活所需还富有资金的人都把钱捐出来,放弃他们的闲暇,从而最好地促进总体福祉(overall well-being),他的主张是,"每个适度富裕的人(each moderately well-off agent)假如他们这样做了,但其他人(not many others)并没有像他们那样做,那就能最好地促进总体福祉。"② 墨菲的"每个适度富裕的人"与"其他许多人"的这一说法本身自相矛盾,这是因为,斯马特的普遍仁爱原则并非要求那些处境不好的人也要进行捐赠,一般理解只是要求那些"适度富裕的人"甚至更为富裕的人进行捐赠,而在财富意义上归为其他范畴的人则不在此例。但如果理解为墨菲心目中所想的只是少数人而不是所有有经济能力的人都进行捐赠,就正好与上面他所说的相反。即他认为如果在富人中有一部分人这样做就够了,就能最好地促进总体福祉而不是所有富人都这么做才能有效促进总体福祉。

墨菲的这一观点在于他可能还有一个考虑,即他认为,假设如果在富有国家或发达国家中的整个富人群体以及那些拿高薪的熟练技术人员或工人都这样做了,以及所有富人在使用他们的资金方面都从世界贫困或国内处境最不幸的人着想,那么,"全面性变化将会带来总体经济效果问题,因而也会产生所有发展政策的一般性问题。"③ 同时,墨菲也肯定,越多的

---

① Brian McElwee, Consequentialism, Damandingness and the Monism of Practical Reason, Proceedings of The Aristotelian Soceity, New Series, Vol. 107, 2007, pp. 359-374.

② Lian M. Murphy, *Moral Demands in nonideal Theory*, New York: Oxford University Press, 2000, p. 12. 我们的分析表明,墨菲的这一说法是有问题的,与他的主旨观点不符。

③ Lian M. Murphy, *Moral Demands in nonideal Theory*, New York: Oxford University Press, 2000, p. 12.

人们依据最优化原则行动，每个人力图行动最优所带来的牺牲会越少。但同样很清楚的是，按照最优仁爱原则行事在资金、闲暇时间等方面的要求，以及威廉斯所说的对于个人职业和个人规划的要求，都有可能带来非常不好的结果。很直观地说，如果要求发达国家的人们（每个适当富裕的人）放弃他们的工作，以某种更直接的方式力图去促进总体的福祉，那么，发达国家的生产或经济增长将会停滞。如果出现这样的结果，"我们可以假定对最优仁慈原则要求的完全服从将会戏剧性的下跌，并且将持续性的下跌，直到仁慈［捐赠］的高水平降到将后仁慈需要时为止。确实可以猜想，我们称之为最优完全服从，即最优改善世界的完全服从，则是巨大的减少对仁慈的需要，因而最优仁爱原则的要求应当是适度的［不应是严苛的］。"[1] 斯马特的最优仁爱原则的极为严苛的要求，在目前的处境之下，对于行为者的个人以及对于当前发达国家的经济发展来说都是不现实的，因而则成为这样的事实：最小化的可期望的服从。从墨菲的推论来看，无疑将只有少数富人的部分服从才是可行的。如果忽略了这样一个事实，就容易导致低估了最优原则对个人的要求。这是因为，这样严苛的要求，所产生的只是部分服从的行为。如果想象那种奇特的处境，即所有人都可能普遍充分服从，则意味着所有富裕国家的社会生产力的下降以及人们生活方式的完全改变，而如果真正发生这样的情形，严苛性要求则必然降低。换言之，斯马特的最优仁爱原则要求的严苛性，实际上也只能产生于部分服从这样的环境条件下。斯马特的普遍仁爱原则对个人的极端严苛性要求在很大程度上在于最小可期望的服从这一事实。而如果忽视这一事实，则会低估了这一原则对个人要求的严苛性。

第二节 对斯马特最高原则的辩护

墨菲不仅有为斯马特的最高原则即最优仁爱原则进行批评分析的说辞，同时他更多的是为这一原则进行了辩护。

---

[1] Lian M. Murphy, *Moral Demands in nonideal Theory*, New York: Oxford University Press, 2000, p. 12.

一 行为者的实质性牺牲或损失

墨菲从人们对斯马特的普遍仁爱原则是一种严苛性要求入手,指出这条最高原则之所以被认为是严苛的,在于信奉者要履行它,必然带来损失,或者说,后果主义的道德总与行为者的牺牲相关。然而,在什么意义上我们可以说道德实践中人们的牺牲?这里的牺牲必然与福祉(well-being)或人的好生活相关。怎样评判人的福祉或好生活?墨菲指出,有两种相关理论,一是强调偏好、欲望满足类型的好生活理论,另一种则仅仅把偏好和欲望满足看作其中的一个成分,但主要是强调实质性好生活理论,如经济收入、财富、住所等的事实性状态。就前一种福祉或好生活理论而言,如斯坎伦所说的,为我所崇拜的神灵建造纪念碑,是我的偏好或欲求的最大满足,对我的好生活有着巨大贡献,但同时并不认可我的好生活在于最大限度地促进他人幸福;但从后一种实质性好的福祉理论看,这种心理偏好并不包括在它所说的好生活的要素之中,就后果主义的福祉论而言,肯定也是这种情况。那么,我们怎么选择?墨菲认为,应当以一般福祉理论而不是某种特殊理论来进行选择。所谓福祉的一般理论,也就是"对于一个人来说,什么样的生活是好生活"这一问题一般回答的理论,而不是对于特殊的人而言的特殊需要的理念。当然,对这一问题的回答,应当有着道德理论背景的限定性条件。这也就是当我们问到一个人的实际福利水平时所用到的理论。然而,这种一般性理论有一种偏好选择的成分,但适合于后果主义的普遍仁爱原则的福祉理论则没有。墨菲提出的问题是,一般好生活或福祉理论是否适合于评价后果主义的普遍仁爱原则给行为者所带来的损失或牺牲的问题。对于一个人来说的好生活这样一个一般性问题,以及对这个一般问题的回答,是否能够评价行为者的牺牲?也就是我们怎么从福祉意义上来看待服从斯马特的普遍仁爱原则给行为者带来损失的问题?很明显,这里的"损失"也就是减少了行为者的实质性福祉或善目,如捐赠所涉及金钱、食物、财富等,而不是偏好意义上的福祉,那种行为者心理满足意义上的福祉。墨菲说:"实际上那些遵从这一原则的人并不因此而过上了更糟糕的生活。因为那些使他们自己遵从最优仁爱原则的人是已经具有偏爱、欲望和规划的人,在他们那里是以这一原则相容的。这应当不与心理利己主义的主张相混淆,心理利己主义断言人们不可能做对自己不利的事。这个主张对于最优仁爱原则来说，恰恰是富有戏剧性的要求，这种要求在实践中将被那些人所遇到，这些人的善目中的最大部分将与这种要求重合。这似乎是可能的，但并没有削弱我的主张：最优原则的要求是严苛性，它将给大多数人带来大的损失。事实上，这个原则是如此要求，对大多数人来说，他们是不可能服从它的，而这个事实并没有削弱这个主张：这个原则确实是非常严苛的。"① 换言之，选择践行斯马特的普遍仁爱原则行事的人，必然会带来实质性的福祉牺牲，但从偏好满足意义上看，这种牺牲或损失并非对于行为者来说是一种福祉意义上的糟糕生活，而是实现了某种道德心理的满足。然而，即使如此，从实质性牺牲或损失的意义上看，仍然是一种过度严苛的要求。这个问题的产生，在于目前人类福祉的现实状态，即成千上万的人处于饥饿、无居所以及缺衣少穿的生存状态。墨菲指出，即使不说全球世界贫困问题，就是一国之内仍然是有相当多的人处于贫困线下这一点也就够了。假如我们的邻居的生活状态都比较好，那么，斯马特的这一原则对于富有的人们的要求就会减轻。

二 当下事实基准线

因此，从实质性的福祉理论来看，无疑践行斯马特的普遍仁爱原则（墨菲称"最优仁爱原则"）将带来实质性福祉的损失，因而这里首先就有一个是否可量度的问题。就实质性意义的福祉而言，其损失也就涉及一个程度的问题，即怎么测度这个损失的大小？就损失的量度问题，还涉及一个基准线（baseline）的问题，即在多少实质性福祉意义上，我们可以说这是一个损失或没有损失？墨菲说："不仅要测度他服从这一最优原则给他的福祉带来了多少损失，而且要知道如果他不服从这一原则他的好生活的状态。换句话说，我们需要一个基准线来评估损失。"② 换言之，我们只有比较他服从与不服从后果主义的最优仁爱原则也就可以知道他损失的度量问题。因此，这是一个可测度的问题。就此而论，墨菲提出"当下事实

---

① Lian M. Murphy, *Moral Demands in nonideal Theory*, New York: Oxford University Press, 2000, p. 19.

② Lian M. Murphy, *Moral Demands in nonideal Theory*, New York: Oxford University Press, 2000, p. 34.

基准线"（The baseline of factual status quo）的概念。墨菲以当下事实基准线来考量人们的损失，指出某人的邻居越不富有，其所面对的来自于一定道德原则的要求将越低；相反，那些更富有和有权势的人，其道德原则对他们的要求就比我们更大，那些有更多钱财可支配的人，对于大的偷盗行为就有更大禁止的要求。因此，所谓"当下事实基准线"，实际上是根据人们自身的状态以及所处的社会环境条件来决定的。他说："作为在当下环境下服从道德理论可期望发生的结果是，以当下事实性基准线来算行为者的全部损失。这样假如要求我放弃在我支配下的以及在我的环境条件下我希望继续持有的我的善，这是一个对我施加的要求，假如那些善目将在任何情形下都被拿走，那么，这就不是什么严苛要求。"① 这一基准线是衡量服从某一理论所导致的全部损失。然而，这样一种损失是否仅仅由于服从这一道德理论而导致的，或在所有道德服从中都可能导致的，或假如这一损失是在我的环境条件下的任何其他情况下也会发生的，那么，服从这一理论要求导致的损失就不应算是一种要求。换言之，假如在我的现实条件下，只有服从这一道德理论才可发生的损失，那么，就应当算作是一种要求或严苛要求。其次，"如果要求我以毕生的精力来从事缓解饥荒的工作，只是要我还希望做别的事的话，算是一种［严苛］要求。"② 这里的意思是对于斯马特的普遍仁爱原则的信奉并非那么坚定的话，那么，会认为这样一种道德要求是一种严苛的要求。但墨菲又指出了另一种情形，"如果我想去杀人，那么，对杀戮的限制就给我施加了严苛要求"。③ 这种要求是一种禁令，而禁令是要严格执行的，如果得不到执行，则就意味着触犯法律，而我触犯法律，无疑是代价很大的一种损失。在这里，墨菲从经验性事实层面枚举了不同的当下事实，一是道德的消极意义上（禁令），二是积极意义上的，即服从道德理论而做善事，如果服从，在墨菲这里都有损失，因此，可以说，根据当下事实基准线，"一种道德理论对行为者

---

① Lian M. Murphy, *Moral Demands in nonideal Theory*, New York: Oxford University Press, 2000, p. 35.
② Lian M. Murphy, *Moral Demands in nonideal Theory*, New York: Oxford University Press, 2000, p. 35.
③ Lian M. Murphy, *Moral Demands in nonideal Theory*, New York: Oxford University Press, 2000, p. 35.

所施加的要求，他将有所损失，是因为他服从这个理论。"①

墨菲认为无论什么人，在生活中总是在服从某种道德理论，这种理论建构了他的生活。墨菲说："我们不能说一种他在实际生活中总是遵循的道德理论对他没有要求。"② 人们服从任何一种道德理论，都有因这样一种道德理论的要求而产生或带来的损失。怎样评估人们因为服从某种道德理论所带来的损失？墨菲提出人们对某种道德理论的服从有三种情况：完全服从、不完全服从和完全不服从（假设有这种可能）。这里的三种情况是从社会成员总体意义上讲的，即在一个社会群体中，有可能会出现对于道德原则或规则的服从或不服从的三种状况。在墨菲看来，处于这三类情况中的人们对于自己的好生活（福祉）都有某种期望。同时，他认为，对道德原则服从与不服从之间在个人实质性福祉上将产生变化，但是影响到多少善目（如财富、金钱、住所、汽车等）以及其善目上的数量变化是否可以度量？前面指出，墨菲提出事实基准线作为衡量标准的问题，但这个问题为他以下的说法复杂化了。基于事实基准线，是基于有着生活期望的完全服从的人与有着生活期望的不完全服从的人的比较，还是基于有着生活期望的不完全服从的人与有着生活期望的完全不服从的人的比较？墨菲强调"可期望的生活"，即任何人都有某种人生规划，这种规划与服从某种道德理论从而做出某种自己的财富安排是相关的。不过，这样两种比较在墨菲看来都成问题，并且，既然不完全服从比完全不服从道德理论为好，那么，这样进行所谓服从方面的损失就是扭曲了问题。这是因为，既然对任何道德理论的服从都意味着某种损失（因为任何道德理论对人都有要求），③ 那么，任何服从所带来的生活都意味着更糟。但问题可能并非这样

---

① Lian M. Murphy, *Moral Demands in nonideal Theory*, New York: Oxford University Press, 2000, p. 35.

② Lian M. Murphy, *Moral Demands in nonideal Theory*, New York: Oxford University Press, 2000, p. 42.

③ 当然，墨菲并不认为由于服从某种道德理论的要求而产生的损失并非完全不可测度，但这种测度并非在人际比较中得出，而是通过自身行为的比较而得出，他提出是服从道德理论的要求与最优审慎生活的不同，即这个差就是损失。而所谓最优审慎生活，也就是并非机械地服从某种道德理论，而是根据自己的需要来进行生活选择，如同我们所说的"精致的利己主义"。（Lian M. Murphy, *Moral Demands in nonideal Theory*, New York: Oxford University Press, 2000, p. 42）。其次，墨菲提出任何对道德理论或道德原则的服从都可能给行为者带来损失，实际上是以这样的说法来为斯马特的普遍仁爱原则将使行为者产生损失进行辩护。

简单。在大多数社会环境条件下，存在着法律系统，如果完全不服从，对于许多行为来说，就意味着犯罪，并且常识道德总是认可对这样的行为的惩罚的。因而就是常识道德也对人们有着潜在的要求。如对于穷困中的人们来说，就是禁止偷窃和暴力犯罪。在墨菲看来，这仍然是很苛刻的要求。偷窃的问题又涉及财富占有的合法性问题。

墨菲认为，个人在实质性财富方面拥有多少的问题是与规范理论的认可相关的。质言之，即使你拥有或占有了大量财富，但是你所信奉的规范理论不认可、不承认其合道德性或合法性，那么，你的拥有并非能够说明你有资格拥有。如果你服从某种道德理论，如基督宗教伦理的要求，要你在你还健在时散尽你的一切财产，从而能够得到上帝的宽恕和拯救，那么，你已经损失了全部财产，这是否意味着这样做不对？墨菲以一个窃贼偷来的物品为例来说明这个问题，人们一般都会认为，如果那个窃贼归还他偷别人的东西，这不叫损失。但是，如果你因为信奉了斯马特的行动功利主义，从而履行他的最优仁爱原则（普遍仁爱原则），因而将你富余的钱财捐赠给了慈善机构，通过他们去捐赠给非洲穷困中的人们，你这里的损失是否还是损失？

对于从实质性财富占有现状的考虑，引向了对于道德要求的考虑。墨菲说："有更进一步或更深的理由来对基准线提出异议。要求一个窃贼归还主人的东西，这个要求对遵守的窃贼来说施加了损失，但很显然，这个损失与把钱给予发展帮助并不是一回事。考虑到这个问题，马上就会提出，我们应当考虑的不是事实的基准线，而是规范的基准线。一种道德需要（requirement）对于某个遵从它的人施加了某种要求（demand），因而他将失去他有资格（entitlment）拥有的东西，但窃贼没有资格拥有他偷的东西，当他应当归还时，并没有让他损失的要求。"[①] 一个窃贼把偷来的物件归还给主人，这是道德要求他只要这样做了才是对的，因而这也是他必须履行的。现在的问题来了，那应归还的东西是窃贼有资格拥有的吗？资格概念是一个目前在政治哲学中所运用的基本概念之一，它和权利（rights）这个概念一样，是表明人人所具有的最基本的东西，即只要是你

---

① Lian M. Murphy, *Moral Demands in nonideal Theory*, New York: Oxford University Press, 2000, p. 36.

有资格拥有的,那就意味着不可剥夺,而只能是在拥有者自愿转让的前提下,才可以出让你有资格拥有的东西。在当代政治哲学领域里,诺齐克是这一理论的最著名代表,他以"资格"这一概念取代人们所运用的"权利"这一概念,来论证在什么意义上对于人们所拥有的是应当或不应当被人们以任何理由拿走的,如国家以没有经过人们同意的税收将人们的一部分财产拿走的问题。在诺齐克看来,只有当事人同意自己的财产拿出去交换或同意某种税收比率,这样拿走人们所拥有的财富才是符合正义的。并且,诺齐克认为,现在所有政府的税收都是按照一定比例来收取,而按照一定比例,也就是根本不会过问当事人是否同意,而并非每一个相关交税人认为这是合理的,但却是必须缴纳的。在诺齐克看来,这侵犯了当事人的所有权,即当事人有资格拥有的财物,只有当事人自己的意愿才可决定是否捐赠或交一定比例的财物给政府。对于当事人所拥有的财产的资格,诺齐克认为,为自己的劳动挣来的,为合法继承来的,或通过合法转让而来的,都是自己有资格拥有的。然而,现在墨菲提出了一种新的"资格"论,即是否合乎道德地拥有某物,在于你所信奉的道德理论的要求或规定。如窃贼必然归返所偷的东西,这是因为,所偷的东西在道德上是不允许的。还有,他提出,假如富人的财富是靠剥削来的呢?要他们拿出来给穷困中的人就不是什么严苛的要求。正是在这个意义上,墨菲提出可能那种只讲实质性福祉的基准线并不符合这里的要求,应当有的道德基准线是依照某种理论的要求而划定的,即有什么样的道德理论,应当有什么样的道德基准线。如对于偷窃,则不论是偷窃了什么财物,都应当归返物主。这就是一般道德理论的要求,这一要求也是很严格的,并没有可讲的条件。

斯马特的后果主义的普遍仁爱原则,要求信奉者捐赠出自己的富余所有物,如果他做到了,无疑相比较没有捐赠之前是财产损失或做出了牺牲,正因为如此,人们才说这是某种极端的要求。然而,如果这是道德理论的要求,而且如果你按照这样的要求去做了,那怎么可能是一种过分严苛的要求呢?这个要求也就像道德理论要求窃贼将其所窃之物归还物主一样,同时是一种道德要求。墨菲也意识到,依照后果主义的普遍仁爱的道德原则去捐赠,与窃贼将自己所窃之物归还物主并不是一回事。但墨菲强调,任何道德理论都有要求,如医生不能杀一救五,这不是很严苛的要求吗？墨菲说："假如我们用这个资格理论来确定我们的评估要求的基准线，功利主义在占有方面绝对没有任何要求，因为行为者对于那些要求他们放弃的善目绝对没有任何资格。确实，这是易于认识到的，思想的这个倾向导致界定任何要求。假如要求我做什么，我在道德上没有任何资格来做别的，因为既然我的道德理论支配了我的生活。所以当我被要求那样来行动时，我所失去的并不是我有资格拥有的，因而并不是什么严苛要求（no demand is made）。"① 如果是道德理论要求我们放弃的，那么，也就没有理由再拥有它，因而对于那种理论要求而言，它需要人们做出牺牲或损失，也就没有理由说这是严苛性要求。

墨菲还从多个方面讨论了道德要求是否严苛性的问题。如前面所说的当下事实基准线，他认为还涉及一个服从某种道德理论要求的时间问题，这里的时间并非以每分钟来计算，而是指少于人的一生的某个时期这样的时间单位。如已经成年的可负责的年龄开始。其次，他提出通过时间维度来计算，即服从某种道德理论使得某人可期望的好生活与从现在开始向前的那个差别。如某人希望依照行动功利主义的普遍仁爱原则来行动，他将他的百万财产捐赠出去，这是他现在的损失，但同时使得百万人的生活福祉得到了改善或提高。换言之，评估一种道德理论对于行为者的要求是否严苛，或如何测度的问题，是以行为者在道德上可负责的生活来作为适度的评估点。因此，他提出评估要求的 the start of life，即我们并不知道某人完全服从某种道德理论是否是在整个一生中，因而这样一种要求是否对他而言是严苛的，就要确立一个开始点，从这个点开始来测度。不同的道义论理论从行为者负责任的生活的开始点，都对行为者施加了某种要求。就行动功利主义或行动后果主义的普遍仁爱原则的要求来说，墨菲认为，当代成年人生活得好而且有能力生活得好，他们面对的是最优仁爱原则的极端要求，"但对于这些人一个显著的事实是，在他们的生活中，他们最多是不完全地服从了最优仁爱原则，假如他们早就已经完全服从了这一原则，他们现在肯定不会感到这个原则有那么严苛。我们假定，一个终生都服从这一原则的人，到了四十岁，肯定比那些不完全服从或完全不服从的

---

① Lian M. Murphy, *Moral Demands in nonideal Theory*, New York: Oxford University Press, 2000, p. 36.

人在这个年龄已经没有多少资源可以损失，就消费而言，这些完全服从的人失去的机会也会少些。"① 并且，一个终生都服从这一原则的人对于自己的需要比那些不完全服从的人更容易得到满足。当然，这里所说的"终生"（a lifelong），实际上是指一个人负责任的时期开始。但并不意味着在这样一个开始点他就完全服从行动功利主义的普遍仁爱原则。然而，从这样一个能够为自己的行为负责任的年龄或时期开始，实际上也就是各种道德理论，人们都在自觉或不自觉地遵从，只是服从的程度不同而已，但不同的道德理论都对人们施加了要求，从而都会有不同种类的损失或牺牲。换言之，一个人如果不是遇到行动功利主义的普遍仁爱原则那样的过分要求，也必然遇到各种道德理论对你所提出的要求。墨菲这样的说法实际上只是说到了道德理论或道德原则对人要求从而服从的一面，即带来或多或少损失的一面，而没有看到，我们只有服从某种道德才可能获得什么的问题，如道德自由与在社会秩序中自由生活的问题。

三　主动要求与被动要求

墨菲还指出了一个为大家所忽视的问题：主动要求（active demand）与被动要求（passive demand）的问题。主动要求是行为者自己自愿追求的目标所产生的要求，如某个行为者自愿捐赠财物去援助远方的穷困人士，这种自愿行动所服从的要求就是主动要求。这可以看作自我的道德对自己的要求。什么是被动要求？墨菲指出，如国家法律对人的行为的要求：禁止偷窃。因而国家在法律上要求惩罚对人们的财产进行偷窃的犯罪。墨菲分析道，大多数人既不是很穷也不是很有权势，他们可能失去的比小偷从偷窃所获得的要少。而道德要求对不偷的人来说，其要求几乎不存在。但税收呢？现代国家的税收系统对于每一个人来说都是有力的强制系统，对每个公民都施加了要求，不论你是否愿意，都将按照一定比例从你这里拿走你的财富，当然是你的财富收入达到了一定水平的情况下。但如果说道德施加了要求而法律没有施加，这样的说法是很荒谬的。墨菲认为这样两种要求是不同的要求，自愿（voluntarily）行为，从直觉上看是道德施加给

---

① Lian M. Murphy, *Moral Demands in nonideal Theory*, New York: Oxford University Press, 2000, p. 45.

人们的要求，主动要求服从的是自己；如不是通过我们自己的服从，但是通过他人的服从产生的要求可称为被动的服从。如大家都交税，我虽然不想交，但这样的情形下也就不得不服从。墨菲认为，制度性所施加的要求是被动要求。墨菲要我们注意这两者之间的巨大的不同。内格尔说："有时候适当地迫使人们做点什么，虽然这不是真的：他们会没有被迫使而做什么。通过自动的（automatic）税收迫使人们对扶助贫困做出贡献，但不是合理地坚持，缺乏这样一个系统，他们应当自愿地做出贡献。后者为过度要求的道德，因为要求自愿贡献，这是相当困难的。大多数人将忍受普遍所施加的税收系统而不感到有什么抱怨。而当要他们自愿贡献同样数量时，他们拒绝则感到可以辩护。这部分原因在于不能确保其他人也能这样做，对相关的不利感到担心，而且也是对意愿过度要求的敏感拒绝，这比在钱财方面的自动要求更让人心烦。"[1] 这里的"自动"，即我们的收入到手之前就已经被税收系统扣走了。内格尔将因国家税收系统而每个人产生损失与人们的自愿捐赠或在类似于斯马特的普遍仁爱原则之下的仁慈行为上的失去财产，指出两者假设从自己这里失去的资金是一样的，但对于当事人来说其感受则相当不同。墨菲以此进一步论证他所说主动与被动要求的不同，但他强调不是量的不同，而是在所谓严苛性上并没有什么不同。墨菲说："这两种要求并没有相对的不同。"[2] 实际上，税收的要求更为严苛，因为如果你违反税法不仅要处罚，重者甚至要进监狱。然而，大多数普通人并不会认为这比斯马特的普遍仁爱原则的要求更为严苛。从主动要求与被动要求的区分上，墨菲还指出，系统性的被动要求是从人们出生起就存在，主动性的要求则是在人们的道德意识成熟之后才会产生的问题。墨菲的这一区分是合理的。实际上，有主动性要求从而承担相应的道德责任，是具有一定的道德意识倾向才可能产生的问题。不过，墨菲提出这个问题的用意还是在于强调人们从小就处于系统性的被动要求之下，因而这样的对比在于更突出了被动要求对行为者的作用。

就此而论，墨菲的论证完全走到了最初所说的功利主义这一最高原则

---

[1] Thomas Nagel, "Libertarianism without Foundations", *Yale Law Journal*, 1975, No. 85, pp. 145 – 146.

[2] Lian M. Murphy, *Moral Demands in nonideal Theory*, New York: Oxford University Press, 2000, p. 49.

的要求是严苛的反面。墨菲说,"我已经有力地削弱了在严苛性问题上的有力的直觉,我们讨论资格基准线问题,企图解决的问题是,道德原则而不是仁慈的严苛性问题……我们面对的是这样的事实:对最优仁爱原则的异议毕竟不能简单地看作要求太多的问题。……我们几乎没有理由相信,是潜在的极端要求使得最优仁爱原则显得很荒谬。"① 墨菲这里论证的做法,其前提是确立所有道德理论对于人们的行为都有要求,而斯马特的行动功利主义或行动后果主义也不例外。

第三节 严苛性问题及解决出路

从所有道德理论、道德原则对行为者都有某种要求来说,并没有从根本上回答人们对斯马特的普遍仁爱原则的严苛性异议或批评。目前的学术界几乎一致认为斯马特的行动功利主义或行动后果主义的普遍仁爱原则是过于严苛的要求,墨菲从斯马特的普遍仁爱原则本身以及相应的解决方案来直面这一问题。

一 斯马特普遍仁爱原则的问题

那么,这个问题出在哪里?墨菲说:"最优仁爱原则显得是荒谬的,因为这样一个简单的理由:它的要求过分严苛。但过分严苛的要求问题远不是一个简单的问题。我们努力给予的说明表明这根本不是问题。"② 墨菲通过考察指出,所有那些与行为者相关的道德理论包括日常道德在内,其原则都不被认为是过分严苛的,而说某种道德原则是严苛的,最突出的也就是斯马特的行动功利主义或行动后果主义的普遍仁爱原则,即墨菲称之为的最优仁爱原则。墨菲指出,当认为这种严苛要求只来自于最优仁爱原则时,我们的反驳需要对仁爱的原则给予一个特别的说明。是不是在其他的道德理论中,没有这里的原则的特征。墨菲说:"我们可能发现、在多

---

① Lian M. Murphy, *Moral Demands in nonideal Theory*, New York: Oxford University Press, 2000, p. 41.

② Lian M. Murphy, *Moral Demands in nonideal Theory*, New York: Oxford University Press, 2000, p. 74.

元性的道德理论中的那些原则，唯有仁爱原则是行为者中立形式（an agent – neural form），在这个意义上，它给了我们所有人同样的目标。相反，道义论限制和典型的义务论是行为者相关的（an agent – relative），它们给了我们每个人不同的目标，指导他或她做这不做那等等。"① 在墨菲看来，这是斯马特的普遍仁爱原则之所以被人认为是严苛的根本原因。行为者中立或行为者中性立场，即完全不从自我的利益、情感、欲望等出发，而从普遍利益或福祉出发来考虑问题；行为者相关，则从行为者个人的立场出发来考虑自我利益、欲望等以及从这样一种立场来权衡自我利益的得失。并且，即使是由于我的得益而导致从总体上看的所有人的利益受损，我们仍然坚持这样做。墨菲认为，行为者中立或行为者相关的问题，还与道德原则所服从的群体或个体相关。当一个道德原则涉及群体福祉时，必然采用的是行为者中立的立场，而当一个道德原则旨在个人福祉或好生活时，则采用的是行为者相关的立场。他说："一种仁爱原则指导着的作为一个群体的行为者，而其他的道德原则则指导着作为个体的行为者。一个群体作为整体其行动是最优地促进好生活，个人则对他的仁爱负责。假如这受益更多的是来自于他人而不是他自己，从道德上看，这不关他的事。相反，对行为者相关的原则来说，实际上就是'不得杀人''关心他们的孩子'等，以及作为每个行为者的财产［的东西］。"②

在墨菲看来，斯马特的普遍仁爱的原则是一种关涉到群体福祉或好生活的原则，而不是一种指导个体福祉或好生活的原则。涉及群体福祉的道德原则指向一个群体全体成员的共同目标或共同善，这与一个共同体或一个群体全体成员对原则的服从内在相关，这样一个原则是否有可能为全体成员都自愿服从？在当代社会贫富差别如此严重的现实面前，全体服从实际上是指那些富裕的成员全体都履行或践行这一原则，将自己的部分所得或资产捐赠给穷困中的人们去解救他们的困苦。如果所有富人都这么做了，世界贫困将得到缓解，这一原则对所有富人的要求并不是很高，很严苛，而是并不高和并不严苛。然而，现实的情况是，只有部分人服从这一

---

① Liam B. Murphy, *Moral Demands in Nonideal Theory*, New York: Oxford University Press, 2000, p. 75.

② Liam B. Murphy, *Moral Demands in Nonideal Theory*, New York: Oxford University Press, 2000, p. 75.

原则。假设某人 A 已经信奉了斯马特的普遍仁爱原则，她意识到必须促进他人的福祉直到她的好生活的水平很低时为止，她也意识到她是少数几个这样走在前面的人，而且她也意识到她的服从将导致巨大的牺牲，恰恰在于只有少数几个人服从这样的事实。她意识到，假如所有人都遵从这一原则，对她的要求将大大降低。她问道：是不是因为别人应当做而没有做因而我应该做得更多？或者因为他人的逃避因而我应当弥补？或者我仅仅应当负我那一份的责任？在墨菲看来，每一个信奉这一原则的人在这样的部分服从的现实环境下都会提出这样的问题。墨菲认为，某人应当仅仅负她那一份公平的责任，但由于他人的错误负这样的公平责任是不可能的，因而要求她来补偿因为他人的不服从而产生的问题，从而这样的要求是严苛的。这样严苛的要求就使得充满异议。墨菲认为他找到了人们所认为的"严苛性"的根本原因所在。

墨菲认为，普遍仁爱原则对于个体行为者的要求，如果每一个能够承担起责任的人都承担他的责任，那么，这个要求是一个有限度的仁爱要求。但在现实部分服从的社会条件下，要求那些信奉这一原则的体面的富人去承担因为他人逃避而承担更多责任，必然是过分的要求。我们不能把别人的份额也看作我们自己的份额。因而在部分服从的现实条件下，是不适当地施加了服从者的责任。那么，服从的条件是什么？这个条件前面已引墨菲在 1993 年发表的一篇文章中的界定条件，在 2000 年出版的书中，他进一步完善了这一说法："一个行为者中立的道德原则，当其他行为者减少的时候，应当不增加服从者的要求。在部分服从而其他所有方面的情况相同的条件下，从现在起，对行为者的要求不应当超过在充分服从的条件下的要求。"① 把墨菲的这个条件具体量化，假设全部人类的总数为 200 单位，其中 100 为富人，另 100 为穷人，那么，每个富人的责任是对应提升一个穷人的福祉，这是完全服从的条件下的要求。墨菲认为完全服从条件下每个人只承担他那一份责任，这就是公平份额。但是，如果只有 5 个富人自愿服从呢？墨菲的回答是，那还是每个人只践行他那一份的责任。墨菲说："就服从 [最优仁爱原则] 的行为者在部分服从的条件下，其服

---

① Liam B. Murphy, *Moral Demands in Nonideal Theory*, New York: Oxford University Press, 2000, p. 77.

从的效果（effect）不应当比他在完全服从的处境下更坏。"① 这里所说的服从的效果，是指当我们在部分服从的条件下遵从了这一原则之后，对我们自己而言所产生的效果，如因此我们做出了多大的损失，从而会不会因此而导致我们的福祉下降等。这是因为，富人们主动服从普遍仁爱原则就意味着放弃自己的部分财产，但墨菲强调的是在完全服从条件下每个人所分摊的那一份。但如果是部分服从，以世界贫困的严峻性来要求他们，那些意愿服从的人将失去更多（即更坏）。墨菲说："在部分服从的条件下，行为者中立原则不应当要求行为者的牺牲算在总体服从（total compliance）的效果方面他本人的账上，如果这样，这将比完全服从（full Compliance）条件下的状况更坏。"② "总体服从效果"，是假设所有人都服从的条件下，所能达到的效果，如拯救世界贫困。但如果是在部分服从的条件下，对于那些服从者来说，要达到这样的效果，则无疑是一种无比严苛的要求。墨菲还说："服从的条件：对仁爱原则的服从，在其他行为者减少的情况下，不应增加［服从］对行为者的要求。"③ 从这样一种要求看，斯马特的普遍仁爱原则不符合这样的条件（稍后将进一步讨论他所提出的服从条件）。墨菲认为，服从的条件不要求我们认同在部分服从条件下的服从的效果。我们所要知道的是，在部分服从和充分服从的条件下，服从的效果是不同的。换言之，不能要求对这一普遍仁爱原则的信奉者承担比公平的一份更多的负担。在他看来，行为者中立的道德原则是给了所有人一个特别的道德目标，因而必须有着一定条件的限度。一个充分服从条件下的个人份额是一个公平的份额，而如果要求补偿那些逃避责任所留下来的份额，则是一种过分的要求。墨菲强调服从的条件是不得补偿因为有人逃避而留下的那份责任，因此，行为者不应当要求随后除了自己那份公平份额之外的责任。但实际上将这样一种仁爱责任具体量化是难以操作的，人们指出，墨菲的原则显然是难以做到的。马尔甘指出，首先富裕国家的富人，并不可能准确地知道现在这个世界上有多少富人。假设阿芙伦特要对世界贫困地

---

① Liam B. Murphy, *Moral Demands in Nonideal Theory*, New York: Oxford University Press, 2000, p. 78.

② Liam B. Murphy, *Moral Demands in Nonideal Theory*, New York: Oxford University Press, 2000, p. 80.

③ Liam B. Murphy, "Demands of beneficence", *Philosophy & Public Affairs*, 1993, Vol. 22, No. 4, p. 278.

区捐赠。假设现在只有发达世界的富人，一、只有100万人，二、5000万人，三、25亿。马尔甘（所引译文名为"马尔根"）说："假设阿芙伦特必须捐赠收入的10%。如果5000万人的10%的收入足以消除贫困，那么25亿人的收入总和的1%的五分之一同样也是足够的。因此，在存在许多富人的情况下，阿芙伦特只要求捐赠自己的1%收入的五分之一。相比之下，如果发达世界只有100万，他们就必须牺牲一切或者牺牲他们的所有收入与资源。在存在较少富人的情况下，要求阿芙伦特做出这样的牺牲实在是太苛刻了。"[①] 马尔甘还指出，还有对于这个世界上如果发生饥荒或灾害，有多少人受难以及受难程度和需救济的人数等，阿芙伦特都不可能准确地知道，因此，在她要捐赠之前，知道捐赠多少，除非她成为一个政治经济学方面的专家。

前面指出，从墨菲的理论设想来看，他是希望，斯马特的普遍仁爱原则的信奉者如果在部分服从的条件上践行了这一原则，那么，他的损失或牺牲不应当有比完全服从条件下的更大或更多。墨菲认为，这样的损失并不应当降低行为者的福祉或好生活水平，如果使得行为者的福祉或好生活的水平实质性的下降，则意味着违背了服从的条件。如果所有富人都像是税收中的被动服从那样承担自己那一份（即像那样去主动服从），他们的福祉水平或好生活的水平并不会因此而降低。不过，在部分服从面前，这样的要求是巨大的。实际上也是不现实的。墨菲认为，他提出的完全服从的条件，既是对行为者的主动要求而言，也是对于行为者被动要求而言，即这一要求既是对于行为者的主动要求的条件，同时也是被动要求的条件。不过，从现实性上看，我们觉得更应当是如国家税收系统这样对于全民都具有普遍要求的、对于行为者来说的被动要求。只有这样的被动要求是公平合理的。这是因为，现代国家的税收制度，都规定了一条收入水平线，即低于一定收入水平的社会成员，不但不交税，而且国家还将给予一定补贴。这恰恰是高收入者转移过来的收入，从而实现了普遍仁爱原则的要求。

普遍仁爱原则的目标在于群体的福祉和共同的善，斯马特的普遍仁爱

[①] 马尔根："仁爱的两种概念"，载徐向东主编《后果主义与义务论》，浙江大学出版社2011年版，第274页。

原则是一种行为者中立的集体（群体）原则，这一原则是关涉到群体福利的。墨菲认为像胡克的规则后果主义，也是一种集体原则，因为规则后果主义所要求的也是一种社群成员的服从问题，即不是某个行为者，而是涉及一定群体成员的服从才可成立的规则以及规则服从的效果。在墨菲看来，所有需要群体成员服从的规则都是一种集体性原则，但是，由于有部分成员不服从从而造成对群体福利的损害，这种损害不应当加在少数服从者的身上，从而使得他们的福祉下降。过分要求或严苛要求的问题恰恰在此。在墨菲看来，不仅个人行为者方面的有这样的问题，而且在被动服从方面也存在这样的问题。如果挪威政府为了解救世界其他地区的贫困，而希望将其税收增加到收入的75%或更高，从而使得挪威人承担更重的税负，或对他们施加了一个牺牲，那么，这就违背了服从的条件。

墨菲强调对于任何道德原则的服从都必须遵循服从条件。他提出了对于道德原则通过服从条件的第一人称和第三人称检验：

"一个原则符合服从条件的，也将通过如下检验：

第一人称：在部分服从（partial compliance）的条件下，原则不要求行为者牺牲可期望的福祉水平，假如算上他的牺牲，行为者的可期望的福祉行为会比在完全服从（full compliance）的条件下（他的处境在其他所有方面相同）更低［则没有通过检验］。

第三人称：在部分服从的条件下，原则绝不要求行为者这样行动，从而将一个损失施加在他人头上，假如把这个损失算上，其他人的可期望的福祉将比在完全服从的条件下更差。"[①]

第一人称的服从条件即为主动服从，即为自愿或主动服从，而第三人称则为被动服从，即为被要求的服从。然而，这样一种服从所造成的损失或牺牲，都不应当是造成服从行为者的福祉水平的下降。墨菲指出，斯马特的普遍仁爱的道德原则，是行为者中立的原则，墨菲认为，行为者中立考虑的全体的福祉，但绝不能因此而使得行为者本身的福祉下降，因而墨菲是把行为者中立拉回到行为者相关，从行为者相关的角度来考虑普遍仁爱原则的正当合理性问题。

---

① Liam B. Murphy, *Moral Demands in Nonideal Theory*, New York: Oxford University Press, 2000, p. 85.

斯马特的行为者中立的普遍仁爱原则实际上是一种关涉到群体福祉的原则，然而，由于它完全是在一种理想化的完全服从条件下的原则，从而并非能够适用非理想状态下的服从条件，即将完全服从条件下对这一原则的践行不加限制地转换到现实的非理想条件下的信奉者的服从，墨菲称斯马特的功利主义为"理想版本的集体功利主义"，墨菲说："任何理想的集体版本的功利主义诉诸每个人遵循一定的规则（或者有了某种行为，或者有了某种动机）的后果来决定行动的正确性，即使是在那种很清楚并非每个人都会遵循规则的环境条件下也都是如此。完全服从的理想化确保在部分服从的条件下要求每个人的行动就像是在完全服从的条件下一样。"① 墨菲认为，理想版本的功利主义并非满足了服从的条件，因为这一原则将完全服从与部分服从混为一谈，既然没有足够的他人像我们这样行动，因而服从不仅是完全没有意义的，而且只能带来更大的损失或使得福祉更差。墨菲说："理想服从理论要求行为者的牺牲，使得他的服从的效果比在完全服从的条件下收益差。"② 因而理想版本原则指导的行动或行为没有其正当性。

二　非理想的仁爱集体原则

墨菲认为，我们应当放弃斯马特的普遍仁爱原则，取而代之的则是非理想的仁爱的集体原则。他说："当我们问一个行为者应当做什么的时候，我们正在寻求的原则应该不再是理想化的，而应是非理想世界中的现实性的原则。在这个意义上，我们需要非理想的集体仁爱原则（a nonideal collective principle of beneficence），或简短地说，仁爱的集体原则（the collective principle of beneficence）。"③ 墨菲提出"仁爱的集体原则"来取代斯马特的普遍仁爱原则，认为他所提出的原则才是在非理想状态下的可行的道德原则。他的仁爱的集体原则，不是从理想状态出发，而是从行为者实际所处的环境下可能产生的可期望的利益来评估其行为的正当性，而不是要

---

① Liam B. Murphy, *Moral Demands in Nonideal Theory*, New York: Oxford University Press, 2000, p. 85.
② Liam B. Murphy, *Moral Demands in Nonideal Theory*, New York: Oxford University Press, 2000, p. 86.
③ Liam B. Murphy, *Moral Demands in Nonideal Theory*, New York: Oxford University Press, 2000, p. 86.

求总是促进最好后果。他的原则要求是"每个人在部分服从的条件下促进福祉,为如下条件所决定:在完全服从的条件下,在他的处境的所有其他方面相同的条件下,要求每个行为者的牺牲仅仅当可期望的福祉水平不再可能更高。大致地说,仁爱的集体原则认为,一个人绝不需要牺牲如此之多以至于最终使他生活得不如从现在起在完全服从条件下好。而在这个限度条件下,一个人应当尽可能地做得更好。"① 这是他认为他所提出的原则不同于或区别于斯马特的根本所在。在这里,他无疑承认了服从仁爱原则必然带来某种损失或牺牲,但他同时强调,做出牺牲并不意味着要损害他现有的福祉水平。在另一处,他再次简短地表述为:"仁爱的集体原则的基本观念是如此简单,一个人绝不可能牺牲得如此之多以至于比他从现在起在完全服从的条件下的福祉更差。而在这个限度条件下,一个人应当尽可能地做得更好。"② 这里要注意,墨菲认为斯马特的普遍仁爱原则是一种理想化的条件下的原则,即假设是完全服从条件下应当履行的原则,但墨菲自己没有放弃"完全服从"这一假设条件,而且把这一假设条件看作他的集体原则的基本假设,只不过,他不因部分服从而增加服从者的负担。

墨菲认为就此他已经改造了斯马特的普遍仁爱原则,认为经他如此改造的原则能够为行为者的正当性提供原则依据。我们看到,他在这里所标明的是"集体"原则,但他的立足点恰恰是"行为者相关",即从行为者出发,来重新改造斯马特的普遍仁爱的功利主义或后果主义原则。我们所理解的集体原则,一般而言,则是从集体出发,或共同体出发,并依此立论。如集体主义强调集体的利益高于一切,而个人利益只有与集体利益相统一或相一致,才是合理的、正当的。墨菲认为就是斯马特的普遍仁爱原则也可算是一种集体原则,不过是一种理想化的集体原则,因为它强调无论是在其成员完全服从还是部分服从的条件下都要达到后果的最优,但在现实条件下,无疑是理想化的,并且因此而造成对行为者的严苛要求。墨菲改造斯马特的原则,强调其牺牲或损失不以服从者的福祉水平或好生活水平下降为条件,因而不以后果最大化为正当性要求。从后果意义上看,

---

① Liam B. Murphy, *Moral Demands in Nonideal Theory*, New York: Oxford University Press, 2000, p. 86.

② Liam B. Murphy, *Moral Demands in Nonideal Theory*, New York: Oxford University Press, 2000, p. 117.

不强调最大化好的后果,而强调对于行为者本身的关照。实际上也隐含了当代后果主义改良的方向,即回到行为者本身来考虑如何改进后果主义。但墨菲认为他的原则是一种集体仁爱原则,则开启了一个理解集体原则的方向,即不是从集体利益,而是从个人利益或个人的福祉尤其是信奉者的福祉意义来理解集体。那么,怎么理解墨菲的这样一种视域?

墨菲认为,斯马特的普遍仁爱原则内在蕴含着一个基本假设,即如果所有人完全服从这一原则,那么,真正普遍仁爱的境界或理想就会实现。因而墨菲认为这是一种集体性原则,但是一种理想性的集体原则。他继承了这样一种集体性品格,而认为应当将理想性转变为"非理想"的现实条件下的原则,即他所提出"仁爱的集体原则"。他的转换同样也继承了斯马特的从行为者出发这样一种理论视角,但他认为,他所强调的不是对于行为者的牺牲要求,而是一种共同善。他说:"仁爱应当依据分享的合作目标来理解……假如我们有一个合作的目标来促进善……我们就不会认为我们正在从事一项分离开的事业……我们每个人把他自己看作与他人一道来促进善。而对每个人目标的最好描述是:与他人一道促进善。"[1] 因此,在他看来,他的仁爱的集体原则所涉及的是一项相互有益的规划,这项规划为所有参与者所分享。这样一种共同善的共同分享,当代社群主义者如麦金太尔、桑德尔以及沃尔泽等人都提出了这样一种社群主义的理念,墨菲则从斯马特的后果主义出发,提出他的仁爱原则是一种关涉到共同善的原则,他与社群主义的不同在于,墨菲蕴含共同善的仁爱集体原则,所关注的重心在于牺牲或损失的问题。他与斯马特的普遍仁爱原则一样,面对的是群体内或全人类范围内的福祉不平等问题,斯马特的方案是在全人类意义上的后果最大化好,而墨菲则加上了服从条件,提出有限度的牺牲或损失的问题,即墨菲并不认为部分服从条件下能够解决全球贫困或饥饿问题,但在那些自愿服从这一原则的人那里,承担公平的一份而不是达到后果最大化好是他提出的解决方案。或者说,墨菲认为共同善的获得是一种共同协作努力的结果,而不是靠少数人自愿牺牲能够实现的。在没有所有富裕的人们自愿服从的前提下,人们只应承担那公平的一份(如全球富人

---

[1] Liam B. Murphy, "Demands of beneficence", *Philosophy & Public Affairs*, 1993, Vol. 22, No. 4, pp. 285–286.

是 100 人，每个人 1% 的份额，不论别人是否捐赠，我捐赠自己那份份额），虽然这对于全球贫困问题的解决是有限的。在这个意义上，墨菲所说的协同性的共同善就是一句空话。因而我们可能要转向他所提出的"被动服从"的问题，即靠国家制度的规定如税收进行二次分配来解决国内贫困问题。这个问题应当看到，在福利国家内部已经有了成熟的经验，在像北欧这样的地区，高税收与高福利使得下层民众的收入或福祉得到了应有的保障，而国民的被动服从应当看到并没有自愿主动服从从心理上产生那么大的抵触情绪。然而，就全球范围而言，我们还看不到哪一个国家能够以税收来分担世界其他地区和国家的贫困问题。因而人类共同善的实现仍然是一个可望而不可即的目标。不过，在这一方面，我国走在世界的前列。以习近平总书记为核心的党中央不仅提出了人类命运共同体的理念，而且对于世界贫困地区如非洲等地区的援助都为其他国家树立一个表率。

墨菲对牺牲或损失的关注以及他的"公平份额"的负担问题，还存在着操作性问题。马尔甘举了这样一个图表式情况来说明：

一、少数人贫困：有一百万人在挨饿，

二、中等贫困：有五千万人在挨饿，

三、大量贫困：有两亿五千万人在挨饿。

在这三种情形中，墨菲的集体原则信奉者 A 对于饥馑的消除来说其能力几乎微乎其微，他只能对总体性的困难给予小小的一份帮助。马尔甘说："就墨菲的观点来说，对于总体的善来说，要求每个人的牺牲是平等的，这是一定数量的行为者所产生的善分割而为每个人所得到的量。就这个论证而言，让我们假设，在现实世界中，对规则的完全服从要求捐赠每个人收入的 10% 将产生最大可能的好的结果。在现实世界中，A 将遵循这个规则和将捐赠出 10% 的收入。"[①] 但马尔甘指出，这样的算法是有问题的。首先，如果应对饥荒的救济人数改变，那么，捐赠的量也要改变，其次，三种不同程度的饥荒所需要的捐赠的量也是不同的。在参与救济的人数一定的情况下，假设在第一种饥荒情况下，只要 A 的收入的 1% 给予捐赠，而在第三种饥荒情况下，即使是墨菲的公平份额中的一份，所要求牺牲的是他的全部收入，而这显然是不合理的。马尔甘谈到第二种情况，即

---

① Tim Mulgan, *The Demands of Consequentianism*, Oxford: Press, 2001, p.107.

可能墨菲原则的信奉者所得到关于发达国家的信息不充分，A 只知道他处于这三种情形中的一种：

一、富人不多，假设在发达国家的富人只有一百万；

二、富人数量还算多，假设在发达国家有五千万；

三、富人很多，假设在发达国家有两亿五千万。

当 A 想在遵循墨菲的原则进行捐赠时，他必须获得准确的信息，假如是一百万人，只要每人捐赠收入的 10% 就足以除去世界贫困，而假如是五千万人，那么，只要收入百分之一的 1/50 也就足够了。所以，如果在第三种情况下，他仅仅被要求捐赠第二种情况的 1/5。相反，假如是有两亿五千万富人，可他获得的信息是一百万人，因而要按照第一种情形去捐赠，这显然是不合理的。马尔甘从遭受饥荒和发达国家的富人这样两个方面所进行的假设表明，墨菲的仁爱集体原则几乎没有可操作性。

墨菲认为斯马特的行动功利主义或行动后果主义的最大化好的后果要求的问题，在于在非理想的现实条件下，并没有多少人真正会按照最大化好的标准要求去做。其次，全球贫困的现状又给这个世界的富裕地区或发达地区的人们提出了一个严峻的现实问题，即有如此数量巨大的贫困和饥饿人口（上十亿）在等待着救济（并且墨菲也意识到，就是他们本国也有需要救助的人），然而，富裕国家和地区的富人们并非所有人有这样的觉悟愿意去捐赠救助他们，不仅有这样意愿的人很少，而且有意愿的人也并非能够像斯马特所说的那样，能够把他们的普遍仁爱原则作为所有行为都遵循的原则。墨菲承认这样两个方面的现实，即现实的需要和现实的人们行动。墨菲指出，在现实条件下实现理想原则是不现实的。因此，如果某人真正是斯马特的行动功利主义的信奉者，那么，如果仅仅是履行他那一份责任，则不会产生对他的生活的压力，同时也不会使他的完整性受到挑战，这样，斯马特的行动功利主义的要求也就不是严苛的了。但是，正如人们的批评，墨菲的方案是无法操作的。当然，墨菲也意识到，像对于穷人尤其是遥远地区的穷人捐助这样大规模的资助，根本不是个人能够完成得了的，这应当是政府的职责。因此，在他看来，这是集体的责任，而集体的责任首先体现在对于国内弱势群体的保护和关照上，这也就是税收和国民收入再分配的问题，而这并不主要是国际捐赠。墨菲对斯马特的普遍仁爱原则的批评以及他所提出的非理想的仁爱集体原则，都是从所有人的集体性后果出发，批评斯马特和提出自己的可替代原则。面对学术界的主要批评（严苛性批评），墨菲的解决方案主要专注于斯马特的普遍仁爱原则给信奉者可能带来的损失或牺牲，对于完整性异议则鲜有涉及。在他看来，将过量负责所产生的严苛性问题解决了，完整性问题也就不存在了。这一认识是有道理的，他仍然认可普遍仁爱这样的道德原则的价值方向，因而提出为实行仁爱原则而限定牺牲或损失的问题，从而提出他的改良版的仁爱原则，这样一种努力是值得肯定的，但就其现实性而言，虽然不会遭受到类似于斯马特的普遍仁爱原则的严苛性异议，但却存在着操作性困难。

第八章　客观与主观后果主义

当代后果主义的诸多种形式之一，就是客观后果主义（objective Consequentialism）。客观后果主义是对行动后果主义的又一种修正形式。客观后果主义批评行动功利主义或行动后果主义为主观后果主义（subjective Consequentialism）。客观后果主义与主观后果主义这两个概念得到比较系统的阐述的是莱尔顿（Railton,[①] Peter）。莱尔顿早在1984年所发表的论文中就提出了这样两个相对的概念，此论文后收录2003年出版的《事实、价值与规范：导向一种后果主义道德的论文》（*Facts, Values and Norms: Essays Toward A Morality of Consequence*, Cambridge University Press, 2003）一书。在书中，他更系统地阐述了他的客观后果主义理论。

第一节　道德异化

莱尔顿的客观后果主义和主观后果主义这两个概念，是在对于威廉斯等人对行动功利主义或行动后果主义的批判思考中提出的。威廉斯对行动后果主义的一个重要批判，就是认为行动后果主义的最大化善（好）的追求，将导致损害人的完整性（integrity），因而产生了行为者的异化（alienation）。如何克服道德异化？在莱尔顿这里，就是将行动后果主义转化为客观后果主义。客观后果主义与行动后果主义（莱尔顿称之为"主观后果主义"）的区别还在于，在莱尔顿看来，后果主义并不必然以直接的方式

[①]　"Railton"，又一译法为"雷尔顿"。应当看到，后一种译法是通行的，但因为本书所引译本译为"莱尔顿"，为保持一致，故采用之。

受到后果主义的后果最大化标准的指导，而是以一种间接的方式过一种客观后果主义的生活，因而莱尔顿的客观后果主义又被人称为间接后果主义。①

一　两种相对的后果主义概念

在当代后果主义的讨论中，客观后果主义与主观后果主义这两个概念主要为莱尔顿的使用而引起了大家的重视。不过，他认为，在他之前，功利主义的伦理学家就已经有了这一方面的思想观点。在莱尔顿看来，他以往的后果主义（主要指行动后果主义）理论都是一种主观后果主义，而不是客观后果主义。那么，什么是主观后果主义和客观后果主义？关于主观后果主义，莱尔顿的界定是："主观后果主义是这样一种观点：一个人不论何时面对什么行为的选择，都力图决定这些行动中的哪个行动最能促进善，并且使之相符。"② 这也可以被称为直接后果主义。如果我们要像主观后果主义那样来行动，也就必然导致一种主观后果主义的生活。实际上，我们看到，莱尔顿的这个主观后果主义的定义，所说的就是行动功利主义或行动后果主义，即以最大化善的后果为行动选择目标的后果主义。当我们是主观后果主义时，那应当遵循的是一种怎样的生活呢？"使用和遵循鲜明的后果主义的决策模式，有意识地将目标定在总体善上，以及尽可能以自己的良知使用最好的可获得的信息来追求最大化善。"③ 以莱尔顿的理解，作为一个行动后果主义或主观后果主义的信奉者，那必须是体现在你的行动上，你的生活计划或意图上。那么，什么是客观后果主义呢？莱尔顿说："客观后果主义是这样一种观点：一个行动或行动过程正确的标准是，是否事实上最能促进为行为者可获得的那些行动的善。"④ 在这里，我们看到莱尔顿对主观后果主义和客观后果主义的区别，一个是有意图或有

---

① 间接后果主义有多种形式，在前面所讨论的欲望满足的后果主义、动机后果主义和德性后果主义，都是间接后果主义，因为它们都是相对于行动后果主义这样的直接后果主义而言的。

② Peter Railton, "Alienation, Consequentialism, and the Demands of Morality", *facts, Values and Norms – Essays Toward a Morality of Consequence*, Cambridge University Press, 2003, p. 165.

③ Peter Railton, "Alienation, Consequentialism, and the Demands of Morality", *facts, Values and Norms – Essays Toward a Morality of Consequence*, Cambridge University Press, 2003, p. 165.

④ Peter Railton, "Alienation, Consequentialism, and the Demands of Morality", *facts, Values and Norms – Essays Toward a Morality of Consequence*, Cambridge University Press, 2003, p. 165.

意识地去追求最大化善的后果，或直接将后果主义的价值承诺作为动机与目标；另一个则是强调"事实上"（或实际上）最能促进的善是什么，在这里，莱尔顿并没有说是否"最大化的善"。这里强调"客观性"，即不是直接把后果主义的价值承诺作为内在心理的动机与目标，而是将客观事实条件放在首位，再来看事实上怎样才可最有效地促进善。因此，人们又将莱尔顿的客观后果主义称为"间接后果主义"。像主观后果主义一样，莱尔顿又称客观后果主义是一种生活方式，这种生活方式并不是像行动后果主义那样，要对具体的行动进行某种价值估算，因而也就不必然寻求过一种主观后果主义的生活，即在行动之前并不为每个行动进行有意识的计算。莱尔顿的这两个定义最早见于1984年发表的"异化、后果主义和道德要求"一文中，后来书中出现的这两个定义也就是在所收录的这篇论文之中。这表明他多年的观点没有改变。

那么，莱尔顿为什么提出要区分"主观后果主义"与"客观后果主义"？这是因为，在莱尔顿看来，主观后果主义所要达到的目标，实际上或客观上是不可能达到的。即当行动后果主义以最大化的善来确定自己的生活计划，就意味着他将自我挫败。这种自我挫败也就是他所说的"异化"。所谓"异化"，即自我与自我的疏离、异己化。在他看来，那些总是力图以最大化善作为目标的人，其结果则往往是比那些非后果主义者所实现的目标还要糟。客观后果主义，则是他所提倡的。客观，也就是实际上可达到的目标，主观，则是行为者所意图的目标。不要以意图中想象的结果或后果，而要以实际上的客观目标或后果来思考。正因为人们长期以来都是以主观想象的后果来思考，从而也就产生了他所说的"异化"。因此，要理解他对后果主义进行主观与客观的区分，也就要理解他所说的"异化"问题。[①]

二 异化

在当代对后果主义的批评中，其中最重要的批评之一就是按照后果主

[①] 我们注意到，莱尔顿这样说是，与前面的胡克并与"可预测"的价值说法是不一样的。在胡克那里，用莱尔顿的话来说，就是主观，虽然胡克用了"可预测"这样的说法，但是，他仍然是在主观层面而不是像莱尔顿所说的后果是客观实际的后果。因此，就胡克来说，在莱尔顿这里，也成了主观后果主义。

义的最大化善的要求，将导致"异化"。这一批评为威廉斯所提出，后来引起了学术界的广泛关注。威廉斯在与斯马特辩论中，两次指出了行动功利主义或行动后果主义导致的异化问题。威廉斯举了一个吉姆的案例。在这个案例中，上尉要吉姆充当一次刽子手、杀人犯，但却因此而使得其中的 19 个印第安人都能得救。但吉姆从来没有杀过人，更不用说杀无辜的人。因而如果让他杀人，这无疑会产生非常痛苦的体验和情感。然而他的情感与其他生死攸关的事情相比，几乎没有什么价值。功利主义的请求似乎是强有力的，吉姆的拒绝则被认为是一种任性的过分拘谨。但是，威廉斯认为，我们与这个世界的道德联系，恰恰是这种情感所赋予的。并且，正是这种情感，是我们感到能与他人在一起或不能和他们在一起。因此，后果主义从最大化要求出发，完全不考虑道德自我的情感要求，从而使得行为者失去了个人的完整性，丧失道德同一性（identity），并使他与自我的道德人格、道德情感相异化（to alienate）。这种异化不仅仅使得人们的道德情感在道德考量中没有价值，而且是与他的道德同一性、道德身份相异化。

那么，行动功利主义最大化善的考虑又是怎么使得一个人与他的行动相异化的呢？威廉斯认为，个人的生活计划、事业、一个人对自己的诚实等都构成个人生命的重要部分，人们追求自己的事业或维护自己的个人关系等，都是有价值的个人幸福部分。然而，我们每个人都处于与他人的相互关系之中。个人的意图受到他人意图的消极或积极的影响，或受到他人意图的消极或积极的限制。如果我的意图所导致的行动与其他人的意图发生冲突怎么办？行动功利主义或后果主义的方法就是通过计算的方法，看是否能够实现最大化的好的后果。然而，威廉斯问道，我们怎么能够使得功利主义的计算能够起作用，从而仅仅因为其他人的意图构成了因果关系的舞台，从而把我们自己的满足看作其他满足中的满足，或看作不重要的满足？威廉斯认为，我们每个人都有自身的情感与态度，我们把自己的目标追求看作生命的重要部分，"当总和来自于功利网络，而其他人的计划部分地决定了这个总和时，要求这样一个人这样做是荒谬的：要求他置身于自己的计划和决定之外，而承认功利主义的计算所得出的决定。这是在现实意义上与他自己的行动和他自己的确信之源的行动的异化。这使他处于这样一个通道之中：一端是输入每个人的规划，包括他自己的，而另一端是输出最优决定;而在他的行动和决定被看作最接近于他所认同的规划与态度的行动和决定的意义上,则是否定性的。因而,这在最直白的意义上,是对他的完整性(integrity)的攻击。"① 威廉斯认为,我们每个人都处于一种关系网络中,从功利主义的观点看,也就处于一种功利计算的网络之中。所谓"功利网络",也就是类似于吉姆在那个小镇上所遇到的情景,他人的作用使我们处于一种更大的功利计算网络之中。如果我们是一个行动功利主义者或后果主义者,按照这样一种功利网络计算的结果来指导我们的行动,那么,这样一种加总的结果可能就会威胁到我们自己作为生命或生命计划重要部分的规划,也就是说,如果我们接受行动功利主义或后果主义的最大化后果善(好)的后果论,那么,也就必须导致我们与自己本身的存在相异化,破坏我们的同一性和完整性。总的来说,威廉斯认为行动功利主义或后果主义将导致我们的异化在于这样两个方面:一是与自己的情感、态度的异化,二是与自己所认同的行动或作为自己行动计划或规则一部分的行动的异化。

莱尔顿从威廉斯的异化论出发,提出了他自己的异化论。在他看来,道德异化不仅仅是发生在行动后果主义的道德背景条件下,异化不仅仅是行动功利主义或行动后果主义的最大化后果善(好)的追求所导致,在类似于康德的道义论责任、命令的履行中,也将产生异化。莱尔顿举了两个这样的案例:

案例一:约翰是一个模范丈夫,他几乎总是对妻子的需要表现出极大的敏感,并且愿意想尽各种办法来满足这些需要。当约翰的朋友谈及他关心他的妻子的非凡品质时,他先从大道理上讲,人都需要相互帮助,而且他很爱他的妻子,这种爱对他来说不是重负,相反,他感到很大的满足。他的朋友认为他这样说过于谦虚了,但约翰的态度使人们相信他说的实话。

案例二:利萨在经历了一系列的失望之后,情绪极为低落。不过,最后,他从漫长的焦虑和犹豫中解脱出来。现在她可以坦然地与

---

① J. J. C. Smart and Bernard Williams, *Utilitarianism, for and against*, Cambridge University Press, 1973, pp. 116 – 117.

朋友谈心了。她找到老朋友海伦，想用某种方式来感谢她，因为在整个过程中，海伦几乎是她的精神支柱，而这几个月下来，也给海伦很大的拖累。然而，海伦则说，你不必感谢我，我们是朋友，朋友就应该相互帮助，而也许会有一天，我也会求你做同样的事情。利萨想知道海伦是不是为了避免她产生内疚感才这么说的。而海伦回答说，她说的全是实话。①

莱尔顿认为，约翰的态度具有仁慈、后果主义的特征，而海伦的态度则体现了义务论的特征，但莱尔顿认为，这两个人的回答都有某种问题。如我们可以换一个角度，即约翰的妻子如果听了约翰的话会怎么想呢？约翰确实照顾了她，但她可能认为约翰对她的关照伤害了她。"好像约翰在审视她，审视他们两人的关系，甚至审视他对她的爱情的时候，都是在从一种冷淡的、客观的观点出发——这是一种道德观点，根据这一观点，理由必须是任何有理性的人的理由，因此即使在处理个人事情时，也必须具有一种非个人的特征。"② 所谓"非个人的特征"，是指这个丈夫说法好像就只讲大道理，而这个大道理就是他要这样做的理由，如果是这样，那么，作为妻子的她就会认为，她的丈夫只对她有某种不得不做的义务，但他的妻子可能需要的是一种直接的特殊的相关性，即不是为义务而义务，但是，如果是对妻子的真实情感促使他这样做，才会让妻子感动。不过，莱尔顿说这个丈夫的态度具有一种后果主义的特征，是指约翰因为这样做了感到满足，即他的满足感在于好像他完成了他的使命，从而具有这样一种后果。

关于第二个案例：莱尔顿认为，在海伦对她为什么帮助利萨的解释中也缺少了同样的东西。"虽然我们理解她对利萨的特殊义务依赖于他们关系的特殊特征，但是如果利萨发现海伦对她的感激相当冷淡，甚至令人寒心，我们可能不会对此感到惊讶。"③ 莱尔顿说这个案例体现了一种义务

---

① ［美］彼特·莱尔顿："异化，后果主义与道德要求"，解本远译，载徐向东编《后果主义与义务论》，浙江大学出版社 2011 年版，第 215 页。
② ［美］彼特·莱尔顿："异化，后果主义与道德要求"，解本远译，载徐向东编《后果主义与义务论》，浙江大学出版社 2011 年版，第 216 页。
③ ［美］彼特·莱尔顿："异化，后果主义与道德要求"，解本远译，载徐向东编《后果主义与义务论》，浙江大学出版社 2011 年版，第 216 页。

感。所谓义务感也就是出于某种义务责任而不得不做的事。不过，从莱尔顿对案例的设计来看，海伦的回答使利萨伤心，并非因为海伦的某种义务感，而是她想到可能每个人都会有困难的时候，因此，当朋友有困难，我要帮助她，但不是为了朋友，而是为了今后她记得我的帮助，从而在我需要帮助的时候她会帮助我。应当看到，这也是一种后果考虑，而不是一种责任义务在起作用。但莱尔顿为什么说是这一种义务论的案例呢？我们认为，是海伦把朋友的相互帮助看作一种义务或责任，不过，海伦确是从她自己的角度进行思考的。莱尔顿认为，这两个案例他们都是从某种最一般的道德理由出发来履行自己的某种道德责任，如康德所说的对于所有有理性的存在者都适用的道德绝对命令。如果我是一个康德式的道德行为者，那么，我就应当按照康德的绝对命令行事。就像我有一个老朋友正在住院，我从对于朋友的责任出发，去看望我的朋友。即如果我不去看望她，我就好像没有尽到应有的责任。当我的朋友表示很感激我来看望他时，而我却说，你不用感激，作为朋友，这是我的义务（责任）；或我加重语气说：这是我的义务！那么，我的朋友对我的回答将会很失望。朋友会想，你并不是真正关心我，而是你自己心中的某种道德义务要求才使得你来看望我。莱尔顿说："约翰和海伦都显示了异化：在他们的爱和他们的理性的、慎思的自我之间似乎存在着异化：一种抽象的、可普遍化的观点在他们对其他人的回应和他们对自己情感的回应中间进行调解。"① 莱尔顿的两个案例和我们所说的看望朋友的问题所表明的，实际上，这些关怀、照顾、看望都符合道德，但是，我们明显地感到缺少了点什么：缺少真正的私人情感。莱尔顿把它称之为"异化"。莱尔顿认为，如果没有异化，约翰的妻子和利萨会感到更幸福。在这里，我们明显地感到莱尔顿在沿着威廉斯的思路说"异化"。当我们以一种普遍性的道德标准，或超出自我的个人情感、态度之外的要求或约束我们的道德行为，并且这样的行为并不是我们的情感、态度的体现，而只是一种普遍性道德标准的体现时，我们的行动已经是一种"异化"的行动。按照莱尔顿的理解，这样的异化到处存在。他说："如果一种道德观点本质上必须排除那些缺少普遍性的考虑，

---

① ［美］彼特·莱尔顿："异化，后果主义与道德要求"，解本远译，载徐向东编《后果主义与义务论》，浙江大学出版社 2011 年版，第 216 页。

那么任何真正的道德生活方式似乎都有可能产生前面所提到的各种异化。"[1] 在莱尔顿看来，由于人们将道德普遍的观点与个人的观点（包容个人情感、态度等）相分离，而只强调普遍性的标准和要求，就将导致异化。

第二节 快乐主义与后果主义

在莱尔顿看来，无论是对行动后果最大化的追求还是按照普遍性的道德标准来要求自己，如果与自我同一性相分离，都将产生道德异化。而异化不仅导致的是对个人完整性的攻击或破坏，而且也将导致其功利目标或后果目标的流产。莱尔顿对于后果主义进行区分，即区分为主观后果主义与客观后果主义，而他所说的主观后果主义，也就是那种把目标定为后果事态最大化的后果主义。在他看来，克服异化和实现真正的最佳后果，不是主观后果主义，而是客观后果主义。

一 快乐主义悖论

莱尔顿以异化的思路来看待行动功利主义和行动后果主义，他发现，那种追求最大化的后果的理论所导致的并非真正可实现最大化。古典功利主义是一种快乐主义，也是一种最大化后果的后果论理论。然而，在莱尔顿看来，古典功利主义的快乐主义方案由于追求最大化的后果，从而出现的是快乐主义悖论。莱尔顿说："所谓的'快乐主义悖论'的一种形式是：将最大化幸福的追求看作生活的唯一最终目的，同样可能阻止人们拥有某些体验；或者阻止人们参与一定种类的关系或承诺，而这些关系和承诺，是幸福的最大来源之一。快乐主义者环顾四周，可能会发现，尽管他在苦苦地追求幸福，但那些比他较少关心自己幸福的人，以及那些与他相比较，没有像他那样把人们或计划视为工具的人，实际上过得比他更幸

---

[1] ［美］彼特·莱尔顿："异化，后果主义与道德要求"，解本远译，载徐向东编《后果主义与义务论》，浙江大学出版社 2011 年版，第 217 页。

福。"① 这种快乐主义的悖论就是一种异化，那些信奉最大化后果好或快乐的人，苦苦地把这个当作唯一目标，结果则是反而没有那些不把最大化快乐当作目标的人的生活幸福。古典功利主义将快乐量的最大化（或者在快乐与痛苦的量的比较中，快乐的量大于痛苦的量）作为最大化善（好）的指标，因而古典功利主义又称之为功利主义的快乐主义。而行动功利主义同样将快乐或快乐的最大化看作行动的目标所在。并且，他认为，边沁是最早的行动功利主义的快乐主义，以斯马特为代表的行动功利主义也可看作是快乐主义。莱尔顿深入讨论了威廉斯对行动功利主义的批判，他不仅推进了威廉斯的"异化"说，而且进一步指出，最大化的快乐作为一种普遍性的道德要求，所导致的不仅是对人的完整性的扭曲和攻击，而且也将导致人们实际上比那些不追求最大化幸福快乐的人更少幸福快乐。在这个意义上，他提出了"快乐主义悖论"（paradox hedonism）的问题。莱尔顿指出，正是因为人们对于最大化快乐的追求，从而使得人们不能够真正成为一个快乐主义者，阻止了人们对其所追求的目标的完全充分的实现，人们的追求与实现的目标之间异化了。

莱尔顿的"主观快乐主义"（subjective hedonism）和"客观快乐主义"（objective hedonism），正是在这样一种背离基础上提出的。在他看来，正因为有这样一种背离，那么，一个明智的快乐主义者可能就不会使他的感情和承诺永远服从行动功利主义的快乐最大化的计算，不会让自己按照这样一个目标来行动。在这个意义上，莱尔顿就把那种总想快乐最大化的快乐主义称之为"主观快乐主义"。他说："主观快乐主义是这样一种观点：一个人应当在行动中采纳快乐主义的观点，也就是说，他应当在任何可能的时候都努力决定哪个行动看上去最有可能对他的幸福做出最优贡献，并相应地采取行动。"② 什么是"客观快乐主义"？"客观快乐主义是这样一种观点：一个人所遵循的行为过程应当事实上能对他的幸福做出最大贡献，即使是这样做涉及并不采取快乐主义的观点。"③ 这两者的区别看上去

---

① Peter Railton, "Alienation, Consequentialism, and the Demands of Morality", *Philosophy & Public Affairs*, 1984, Vol. 13, No. 2, pp. 140 – 141.
② Peter Railton, "Alienation, Consequentialism, and the Demands of Morality", *Philosophy & Public Affairs*, 1984, Vol. 13, No. 2, p. 143.
③ Peter Railton, "Alienation, Consequentialism, and the Demands of Morality", *Philosophy & Public Affairs*, 1984, Vol. 13, No. 2, pp. 143.

似没有什么区别,两者最大的区别在于前者是"看上去"有可能,而后者则是"事实上"能。"看上去"是主观上想有那么一个好结果,而"事实上"或"实际上"是告诉你不要更多地从主观上去想,而是要更现实地谋划。不过,他所说的"主观快乐主义"也就是行动功利主义或古典功利主义的最大化量的快乐后果追求。莱尔顿在这里告诉人们,你不是要追求幸福吗?请不要按照行动功利主义的最大化后果的目标来追求,因为这会使你的行动实际上远离你的目标。如果真是要追求你的最大可能的幸福,那么,按照客观快乐主义行事,即使这样做有可能并不是行动功利主义所要求的最大化量的后果,但确实能够使你达到目标。总之,如果一个行为者的行动最有可能有助于实现他的幸福,不论这个行动是按照什么观点去做的,都可称之为客观快乐主义。而快乐主义的悖论也可以说是:某些行为或做法不是主观快乐主义时,才可能是客观快乐主义。莱尔顿以一个网球运动员的例子来说明主观快乐主义与客观快乐主义的区别。如果这个运动员的目标只是一心想赢球,这很有可能会阻碍他发挥出最佳水平,或不能使他的水平提高。但如果他专注于如何打好球,而把输赢放在一边,这种专注和全身心的投入使得他的水平得到提高,从而使得他在比赛场上赢得更多的球。不过,莱尔顿的这个案例只是一个类比,但他认为,这样的案例在生活中到处存在,这些问题都可以说明他对快乐主义的区分。如一个人可能认识到对待朋友的工具性态度阻止他获得友爱所提供的更完善的幸福或幸福感。因而他可能会更加关注他的朋友,而不仅仅是有需要时他才显得对他特别热情、关心和友好。而当他真正是把朋友当朋友而不是当作自己所利用的工具时,他不仅发现他与朋友的关系更好的,而且发现自己感到更加幸福。

在这两者的区别基础上,莱尔顿还提出了一种"精致的快乐主义"(a sophisticated hedonist,"sophisticated"这一概念,也可译成"老练")的说法。所谓精致的快乐主义,也就是致力于过一种客观快乐主义的生活,或在最有可能的情况下过他所能得到的最幸福的生活,但不承诺一种客观的快乐主义。理解"精致的快乐主义"的要点在于,一个人过着这样一种客观快乐主义的生活,但有可能是与客观快乐主义的观点相冲突的,如果发生这样的情况,那么,他就有可能避开这样的观点。就像一个人想要得到某种荣誉或拼命要保持某种位置,用尽了心机,最后实现了她的愿望。然而，当人们问她时，她则说，我并不想得到它啊（但实际想法是她时时都在维持她所得到的或以实际上可行的方式去追求他所想要的）。换言之，这种精致的快乐主义根本就没有什么承诺，她所想要就是实际上的一种快乐生活，或最快乐的生活。莱尔顿所说的这种"精致的快乐主义"，也就是对于实际能得到的快乐有着很现实的手腕，即如有可能与客观快乐主义相背离时，则掉开那不切实际上的方式或手段。这也就是莱尔顿所认为的并非古典功利主义所追求的那种最大化快乐主义的态度，但莱尔顿认为，这种精致的快乐主义者并没有最大化的快乐追求，但确实得到了最切实际的快乐。

应当看到，莱尔顿对古典功利主义或行动功利主义的快乐后果论的分析是深刻有力的，他从威廉斯的异化论出发，揭示了追求最大化快乐论本身可能是一个悖论的问题，同时，他向人们提示了真正获得快乐主义所期许的幸福生活恰恰并不是按照快乐主义的最大化要求去生活，而是应当按照客观快乐主义的方式去生活，甚至精致的快乐主义只追求幸福而不理什么快乐主义理论观点的要求或限制，这样的观察是合理的，也是符合人们在现实中追求自身幸福的客观实际的。不过，莱尔顿所刻画的"精致的快乐主义"，则像当代中国现实生活中的精致的利己主义，他只追求自己的利益或维护自己的利益，并且能够总是恰到好处。这样的精致快乐主义确实没有边沁式的快乐观念，尤其没有边沁所提出的"最大多数的最大幸福"这样的理想主义观念。也就是说，古典功利主义和行动功利主义的快乐量最大化的问题，还应当与道德的观点联系起来看，即人们追求自身的幸福或快乐，如果与更普遍的道德观点相联系，将会呈现什么状况？同时也要看到，如果脱离了一种普遍的道德观念，精致而客观的快乐主义本身是否也是一种异化？而这恰恰是当代后果主义所要回答的。

二 道德异化与后果主义

行动后果主义与古典功利主义的区别，是将最大化量的快乐转换成从全球存在者的视角，来看待最大量的善或好的事态。莱尔顿的研究表明，个人对自我最大化快乐的追求，往往达不到这样的目标，反而那些不以这样的目标来追求快乐的人，能够达到较完满或最完满的幸福（不过我们看到，莱尔顿的这种最完满的幸福只是从行为者个人视角看问题）。后果主义的最大化事态追求,是一种超越个人的普遍化视角,在斯马特那里,称之为"普遍仁慈"的视角。当代许多哲学家对于行动后果主义的最大化善的事态的追求提出批评,其中批评之一就是后果主义的要求太严苛,按照后果主义的要求去行动,将破坏个人完整性,从而导致异化。莱尔顿说:"后果主义的正确性准则同对善的最大限度的贡献相关联,无论何时,只要一个人没有履行他能做的最好行为,他就要对由此引起的总福利的任何缺失'消极地负责'。伯纳德·威廉斯已经指出,接受这样一种责任的负担会迫使我们大多数人放弃或准备放弃我们许多最基本的承诺,使我们与那些对我们来说最为重要的东西相异化。"[①] 莱尔顿的客观后果主义意识到了这种指向普遍化仁爱最大化所造成的对个人完整性的异化问题,从而转向客观后果主义,是否也意味着放弃行动功利主义或行动后果主义的"普遍仁爱"的承诺?

就行动后果主义而言,莱尔顿考虑了这样一种批评。不过,莱尔顿认为,他的客观后果主义能够克服威廉斯所说的这种异化。正如前面我们所讨论到的,他认为存在各种异化。他在讨论后果主义时,也提出了他所认为的一种异化,即道德异化。即从道德观点来看的异化,而不是从个人完整性角度来看的异化。在他看来,所谓道德观点,也就是后果主义的观点,因为在他看来,最合理的一种形式的道德就是后果主义道德。因此,莱尔顿承认威廉斯所说的异化,而克服这种异化,也可能导致其他种异化。从他的观点看,他认为后果主义是一种正确的道德原则,因此,人们不遵从后果主义的要求本身,也是一种道德异化。莱尔顿以如下这样一个案例来说明问题。

> 胡安是一个模范丈夫。当一个朋友评论他对他妻子的超乎寻常的关心,胡安会说,他爱他的妻子,为她做事已经成了他生活的一部分。同时他的朋友知道胡安是一个讲原则的人,就问胡安,他的婚姻怎样符合一个更大的规划,如以后果主义的观点来规划他的生活,像后果主义那样以全人类存在者的视域来看待每一个行动或行动计划,

---

[①] [美]彼特·莱尔顿:"异化,后果主义与道德要求",解本远译,载徐向东编《后果主义与义务论》,浙江大学出版社2011年版,第235页。

那会怎样呢？胡安的回答则是强调他与妻子的良好关系，在他看来，如果人们都能够像他那样拥有良好的夫妻关系，那么，世界将变得更为美好。如果每个人都问谁是最贫困的，更关心的不是自己最亲的人，那么，就没有人能够拥有这种关系。而在他看来，人们最好能做的就是建立像他这样的关系。如果为了更高的目标而结束这种关系，你就会把事情弄得更糟。虽然我们不可能总是把家庭放在首位，但是，无论如何你需要那个小圈子。如果人们试图通过自己拯救全世界，那么就会被拖垮。

这个案例所表达的是，那些不关心自己而完全思虑和关心远在天边的他人并不能真正为他人着想。而关心自己的亲人或身边的人，从我做起，才可真正使得这个世界变得更为美好。胡安作为丈夫的案例与前面约翰作为丈夫的案例的不同，约翰作为丈夫关心他的妻子，是从一种普遍的观点或非个人的道德责任的观点出发，而在这里，胡安作为丈夫则是从他对妻子的责任出发，强调丈夫对妻子的关心与爱的情感和行动的重要。在约翰的案例那里，是类似康德式的普遍责任或道德与个人情感的异化，而在这里呢？莱尔顿认为，胡安认为道德上应当做的事，与对他人的关心并非完全排斥的。"如果别人要求他对自己的行为提出一个超出个人层面的辩护，那么他完全没有被难倒，他并不只说'当然了，我关心她，她是我的妻子！'或者'那是琳达'，并拒绝听取他的朋友所提出的更加非个人的考虑。"[1] 但莱尔顿认为，他对他妻子的爱并不意味着淹没了对他人的爱，也不意味着排除了世俗的责任。正因为如此，所以莱尔顿认为胡安与他的妻子关系中也存在着一定的异化。那么，这里的异化是什么意义呢？即胡安可能可以为了非亲密关系中的他人来牺牲某些对他妻子的关注。但莱尔顿认为，他没有与亲密关系之外的其他人产生异化。这里的"异化"是什么意思呢？即行为者与亲密关系的人疏远，使自己与他人的道德关系异化，不使自己承担相应的道德责任或义务。莱尔顿认为，这种异化对于很多人来说是存在的。

---

[1] [美]彼特·莱尔顿："异化，后果主义与道德要求"，解本远译，载徐向东编《后果主义与义务论》，浙江大学出版社2011年版，第228页。

莱尔顿指出，有些人不愿意或不能从一个更广泛的视角或立场出发来看待自己的行为，"这些人在一种很重要的意义上就切断了他们与他们的群体和更大世界的联系。他们可能不会以任何的直接方式被这一异化所困扰，但即便如此，他们可能无法体验到对目的和意义的那种更为有力的感受，而这种感受就来自于认为自己属于某个东西的一部分，这个东西比一个人自己或者比一个人的亲朋好友的圈子更大、更持久。"[1] 莱尔顿在这里指出我们与这个广大世界的关系或关联，正是从自己身边那些亲密接触的人那里从外展开的。但如果我们不从这样一种世界观出发，也就意味着我们的存在方式已经被异化了。这里是说，我们任何一个人，本来是与更广大的世界相联系或联系在一起的，但由于我们的立场或出发点，使得我们与这个更广大的世界的联系切断了，从而也就是发生异化了。因此，所谓异化不是说我们因为对身边亲朋的关心或联系，而没有像行动功利主义或行动后果主义那样从全人类普遍的观点出发，将遥远地方的穷人作为自己首要关怀的对象，因此，就发生了道德异化，而是说，恰恰是我们如果切断了自己与周围人的道德关系，就是异化了。

在莱尔顿看来，如果完全从一种非个人的立场或行为者中立的立场，将自己或自己的小圈子置于更广大的世界之中，把自己或自己的私密圈子看作更大群体的一部分，因而希望导致的后果，也就是行动后果主义所提倡的最大化后果事态。十分吊诡的是，它所得到的是类似于主观快乐主义一样的结果，这也就是所谓的"主观后果主义"。他说："主观后果主义的观点认为，无论何时当一个人面临行为选择时，他应当尝试决定，在他可以采取的行为中，哪一个最有可能促进善，并且应当相应努力行动。"[2] 那么，"客观后果主义"呢？他说："客观后果主义的观点认为，一个行为或行为过程的正确性的标准是：它是否实际上最能促进行动者可以采取的那些行为的善。"[3] 这两者的差别看似不大，前者是主观认为是那么回事，后者则是"实际上"可以是那么回事。在莱尔顿看来，主观后果主义就是使

---

[1] [美] 彼特·莱尔顿："异化，后果主义与道德要求"，解本远译，载徐向东编《后果主义与义务论》，浙江大学出版社2011年版，第228页。

[2] [美] 彼特·莱尔顿："异化，后果主义与道德要求"，解本远译，载徐向东编《后果主义与义务论》，浙江大学出版社2011年版，第229页。

[3] [美] 彼特·莱尔顿："异化，后果主义与道德要求"，解本远译，载徐向东编《后果主义与义务论》，浙江大学出版社2011年版，第229页。

用一种明显的后果主义决策方式，有意识地以全体存在者的总体善为目标。在这里，莱尔顿把主观后果主义看作一种后果主义的决策程序，即对总体善的追求是一种决策程序而不是一种评价标准，也可以说是一种慎思模式。客观后果主义则不同，客观后果主义是一种行为正确与否的标准，即一种行为是否实际上促进了某种善，或最能促进某种善。这里的问题是，客观后果主义只是一种行动之后或事后的评价标准？而不是一种运思模式吗？但从莱尔顿的案例以及他对案例的分析来看，他同样把这看作一种运思模式。这就是，我怎么可能做到实际客观上的后果是好的，或最有可能是好的。从决策程序来看，客观后果主义不过是更现实地看待自己的环境条件以及可能有的信息情况，而不是从行动后果主义的最大化善的愿望来制订行动方案。他的客观后果主义没有从"最大化"来定义这个后果"好"，但无疑他的定义中有这样的倾向。不过，从莱尔顿的观点看，主观后果主义往往并不能够达到最大化的后果善，但客观后果主义才可能达到。这是因为，那些从最大化后果立场进行追求的行动，就像网球比赛中的那位一心想赢的球员一样，这样的心态并不可能真正使他能赢。

在莱尔顿看来，这两者不仅可以看作对于某次行动的决策慎思或后果评价，而且可以看作一种"生活方式"，即主观后果主义的或客观后果主义的生活方式。如果主观快乐主义和客观快乐主义一样，这两者之间还有一种"精致的后果主义"（或者说，是精致的客观后果主义）。莱尔顿说，胡安就是精致的后果主义，"因为他似乎为了最好而行动，但是好像又感到对他的每一个行为都进行后果主义的计算是不合适的。"[①] 从这样一种直观的描述，我们知道莱尔顿所说的"精致的后果主义"是什么。即精致的后果主义不会为了遵守后果主义的最大化要求而去慎思或计算不同的行动方案的可能最大化后果，虽然他可能说他相信或希望按照行动后果主义的最大化要求去做。换言之，他不会在到底要花多少时间来慎思一个可能最大化后果的行动这个问题上花费不必要的精力，而是会发展出一种气质或性情（disposition），有了这样一种性情，到底在某次行动上花费多少时间来慎思其可能实现的最大化，取决于他所观察到的重要性程度，以及他所

---

① [美] 彼特·莱尔顿："异化，后果主义与道德要求"，解本远译，载徐向东编《后果主义与义务论》，浙江大学出版社 2011 年版，第 230 页。

能够获得的信息。换言之，精致的客观后果主义，按照莱尔顿的描画，已经形成了一种道德心理素质，他不是像行动后果主义那样，将对于后果最大化的承诺作为他的行动动机和目标，而是以一种间接的方式，以一种适合于他的道德心理性情的方式来过一种客观后果主义的生活。因此，可以肯定的是，他拒绝主观后果主义。而说他是"精致的后果主义"，是因为他虽然信奉客观后果主义，但不给予任何决定程序或原则的特殊地位。换言之，这比莱尔顿所说的客观后果主义可能更实际，而不讲什么原则。但这并不意味着莱尔顿的客观后果主义或精致的后果主义是不要道德原则的，恰恰相反，这是因为，客观后果主义或精致的后果主义所追求的后果为善或好，而不是坏或恶。

当然，这种后果的好或善主要是从行为者本身着想，而不是从行动后果主义的全球存在者的视域出发。莱尔顿以胡安与他的妻子为例，继续设计了一个案例：这是一对通勤夫妻，即分隔两地在不同的城市工作和生活，只能每周见面一次。但是最近，他的妻子心情很低落，因此，为了使他的妻子心情好起来，他决定陪伴妻子进行一次额外旅行。他知道，他如果将这笔钱捐赠给慈善机构，将使一些处于饥饿的人摆脱处于死亡边缘的境地，但是，他认为，如果他这时不与他的妻子旅行，他的妻子的心情将更糟，从而这会使得他的幸福大打折扣，并最终影响到他的实际经济能力。因此，他不将这笔钱捐赠给慈善机构，这样的后果对他更好。因而，如果按照行动后果主义的要求，在莱尔顿看来，这样追求善的最大化恰恰没有或不可能达到善的最大化后果。然而，如果我们不按照行动后果主义的最大化要求去行事，那么，从行动后果主义的道德原则来看，则意味着我们的行动处于一种道德异化之中。在这个意义上，无论是客观后果主义还是精致的后果主义，都是脱离了最大化后果追求但却实际上能够达到好的后果的"异化"。因此，虽然异化无处不在，但并不意味着道德的异化就是坏事，至少从后果上看，并非完全是坏事。

就胡安的案例所描画的精致的后果主义而言，科金和奥克利这两位学者认为这是"行为者中立"的后果主义。认为胡安既承诺了后果主义的最大化价值目标，同时又不影响他对琳达的爱。他们说："提供精致后果主义立场有一种有效的方式，即将行动者中立的价值最大化作为他的规范性的理念"（regulative idea）。① 然而，我们知道，行动者中立的价值立场恰是斯马特的行动功利主义或行动后果主义的立场，正是从这样一种立场出发，才可将所有存在者置于一种一视同仁的地位，从而得出他所说的"普遍仁爱"的道德，即从全球所有存在者的视角来看待一个行为的最大化后果。他们还说："像胡安这样的人，他的生活是为行动者中立的后果主义的规范性理念所控制，他能够拥有一些关系，因为他可以将更多的时间、关爱与资源投给某个特殊的人。这一点可能是正确的。"② 然而，从莱尔顿明确地说胡安对琳达的关爱在某种意义上是与后果主义道德相异化来看，这样的观点是站不住脚的。我们只能说，作为精致的后果主义者的胡安，他具有从行为者中立出发的最大化倾向，但他不会在追求后果主义道德所要求的最大化目标的过程中放弃自己的特殊关系，甚至以特殊关系的考虑为先。因此，我们认为，胡安这种精致的后果主义之所以是"精致的"或老练的，也就是说，他虽然自称是一个后果主义者，但不会像斯马特所说的那样，为了遥远的陌生人的生命安危（普遍仁爱）而放弃自己对具有特殊关系的人的关爱。

不过，科金与奥克利对于"行动者中立的价值最大化"可能与行动后果主义的理解不同。在他们的理解中，"规范性理念"（regulative idea）是一个关键性概念。他们所理解的规范性，不同于伦理学的规范，而是指与任何类型的活动相关联的规则性概念，如音乐、体育竞赛以及语言语法规则等。当我们的行动符合这些深蕴于这些类型活动中的规则，从而也就具有了某种行为的正当性或合法性，而当我们在遵守这些规则的前提下追求这些活动的利益，也就是追求卓越时，那么，我们也就可获得相应的最大化利益。科金和奥克利说："说行动者具有规范性的理念也就是说他已经把某种正当性和卓越的概念内化了，这样他就可以调整动机与行为以使之与那种标准相符合——至少不会发生冲突。例如，规范理论的原则、自然语言中的语法规则、音乐类型中的卓越性的标准或者友谊中的概念都可以在不同的行为者的心理学中作为规范性的理念发生作用。而且，规范性的

---

① ［美］笛安·科金、加斯丁·奥克利："间接后果主义、友谊和异化问题"，陈江进译，载徐向东编《后果主义与义务论》，浙江大学出版社2011年版，第450页。
② ［美］笛安·科金、加斯丁·奥克利："间接后果主义、友谊和异化问题"，陈江进译，载徐向东编《后果主义与义务论》，浙江大学出版社2011年版，第452页。

理念可以为我们的行为提供指导，同时又不会成为行为所指向的目标。例如，希腊语的语法规则为我们与希腊人的交流提供指导，但是我们交流的目标可能仅仅是为了找到一个好的旅馆，而不是为了表明我们掌握了希腊语语法。"[1] 这段话是紧接在上面所引的"行动者中立的价值最大化"作为规范性理念之后的。但这些解释表明，在科金和奥克利的心目中，这一规范性理念与希腊语法规则是一回事，即当我们把这样的规则内化了，我们在这样的行动领域中就会将其称为心理动机的组成或构成部分，或作为我们行动的心理背景条件发生作用。而这种规范性理念发生作用的范围，可以是一般化的，也可以在特定领域中起特殊作用。但在这个意义上，我们认为，科金与奥克利对于规范性理念的问题进行了转换，即他们已经不仅仅是在对行动者中立的价值最大化作为规范性理念来讨论，因为在不同的行为领域里都有相应的规范性理念，如夫妻关系领域里的关爱概念，作为调节这一领域里的关键性规范理念，它所起的作用对于这个领域而言，就是一般性的，也是可以追求其最大化的。并且，这也可以从行动者中立的立场上来讨论。在这个意义上，胡安对他的妻子的关爱以及将其最大化，优先于对遥远的陌生人的生命安危的关爱也就具有了正当合理性。不过，我们认为，这大概并不是莱尔顿心目中所要表达的意思。因为莱尔顿所想要说的是，胡安虽然有后果主义的最大化价值目标的倾向，但他不放弃对自己亲友的关爱，并且认为只有这样，他才能够有条件或有可能从事后果主义所赞许的最大化目标的追求。因此，在莱尔顿看来，客观后果主义或精致的后果主义并不强调后果主义的目标总是后果最大化，也不必直接以追求善的最大化为动机，但从他个人来看，他总能成功，或将自我的利益最大化。精致的后果主义者之所以精致，就在于不像行动后果主义或主观后果主义那样（主观上）去追求最大化的善，因为那样的行动方案总以异化或破坏完整性等相关联，从而往往并不成功，即他们的行动往往达不到最大化好的后果。

三　对客观后果主义的异议

莱尔顿的客观后果主义提出之后，引起了人们的关注和讨论。对于莱

---

[1] ［美］笛安·科金、加斯丁·奥克利：《间接后果主义、友谊和异化问题》，陈江进译，载徐向东编《后果主义与义务论》，浙江大学出版社2011年版，第450页。

尔顿的客观后果主义提出异议的人之中，霍华特－斯奈德（Howard－Snyder, Frances）的观点值得注意。她这样界定了"客观后果主义"："在行为者可选择的行为中，行为者应当履行的行为是至少与其他她可履行行为的后果一样好。"① 我们注意到，霍华特－斯奈德的定义与莱尔顿的定义并不一样，莱尔顿强调的是实际上可实现好的后果，甚至是最好结果；霍华特－斯奈德只是认为能够达到与行为者可选行为中没有选择的行为一样好就是客观后果主义的要求。在她看来，这是与"主观后果主义"相区别的，所谓"主观后果主义"。她的定义是："在行为者应当履行的行为，是在行为者可选择的行为中，她相信（或至少有好的理由相信）将产生至少与其他她可履行行为的后果一样好。"② 这两者的区别，前者在于实际上可实现的好，后者则是主观上相信有其他没有采取但可以采取的行动或行动方案一样好的后果。我们在前面指出，莱尔顿的客观后果主义是从行为标准的意义上提出的，但也不排除它是一种行为者在行动之前的一种运思模式，即以心中的这样的标准来衡量将有选择实施的行动或行动方案。

霍华特－斯奈德正是在一种运思模式或决策程序的意义对于客观后果主义提出批评。她举了这样一个案例：

> 如果我与卡尔波夫对弈国际象棋，我只有不断地下手打击他才能将他打败。卡尔波夫是世界冠军，棋坛宿将，以其布局严谨，算度精确著名。因此，要我出手击败卡尔波夫则是不可能的。尽管从身体体能或智力上，我有可能走动那些可能击败卡尔波夫的棋的步骤，但是，实际上我没有这个能力知道，我走哪一步才能够击败卡尔波夫。因此，由于我们对于一定距离的将来不可忽略的无知，从而使得"客观后果主义"必然失效。因为这侵犯了"应当"意味着"能够"。

在霍华特－斯奈德看来，人们普通的选择处境就如同我们与卡尔波夫对弈，充满了未知情境，她甚至认为，我们日常生活中的情境给我们制造

---

① Frances Howard－Snyder, "The Rejection of Objective Consequentialism", *Utilitas*, 1997 (9), p. 241.
② Frances Howard－Snyder, "The Rejection of Objective Consequentialism", *Utilitas*, 1997 (9), p. 247.

的困难比击败卡尔波夫更复杂,而将选择导致最好后果应当比战胜卡尔波夫的情境更难,因而不可能有什么客观的后果主义所想象的实际后果。①霍华特－斯奈德强调后果的不可预测性,她抓住了行为是依动机—过程—后果(结果)这样一个模式展开的,这一过程充满了不确定性。所谓客观后果,莱尔顿所设想的是好像人们可以通过自己的心理预设直接把握到后果似的。因此,客观后果主义应当被拒绝。

霍华特－斯奈德对客观后果主义的批评激起了人们的讨论。基齐勒巴什(Qizilbash, Mozaffar)认为,霍华特－斯奈德通过这样一个案例提出拒绝客观后果主义的理由并不充分,因而他的拒绝是失败的。基齐勒巴什指出,"第一,击败卡尔波夫走哪一步棋的选择与通常情境下的选择并不相同;第二,并没有足够解决对客观后果主义的最好辩护:人们的行为仅仅应当产生与可选择的其他行为至少一样好的后果。"②霍华特－斯奈德通过以卡尔波夫下棋无法走赢为理由说客观后果主义必须失败,基齐勒巴什认为这个案例说明不了通常人们所遇到的情境。在基齐勒巴什看来,日常生活中的情境通常并没有像普通人下棋击败卡尔波夫那么复杂,这是因为,在日常生活中,通常人们对于自己的行动情境并不会如同面对卡尔波夫那样,无从知道在自己行动或移动棋子之后,有可能出现的情境是什么。其次,霍华特－斯奈德认为,既然人们必定赢不了卡尔波夫,因而我们作为普通棋手,任何一步行动都不可能产生最好后果,客观后果主义必然失败。确实可以认为,由于我们无法具有卡尔波夫在什么情况下将下下一步棋的信息,从而我们无法赢;但是,这并不意味着我们在日常生活中没有任何信息,也不意味着我们在日常生活中可选择的行动无法做到与其他方案一样好。这样一种反驳建立在常识所认为的日常行为具有一定的可预测性,而并非像霍华特－斯奈德认为的那样充满不确定性。

霍华特－斯奈德反驳客观后果主义的中心论证是"应当"(ought)蕴含"能够"(can)的问题。基齐勒巴什认为她的论证存在问题,问题主要在于她所说的"能够"的含义不清。在基齐勒巴什看来,我应当把事情做

---

① Frances Howard－Snyder, "The Rejection of Objective Consequentialism", *Utilitas*, 1997 (9), pp. 242 - 243.

② Mozaffar Qizilbash, "The Rejection of Objective Consequentialism: A comment", *Utilitas*, 1999 (11), p. 98.

好，或做到最佳，我应当赢卡尔波夫，这些说法都没有问题，并且，这样的说法是客观后果主义可以接受的。不过，霍华特－斯奈德认为，像一般人下棋赢卡尔波夫根本是不可能的，因此，这样的应当与能够放在一起，是很荒谬的。因此，客观后果主义失败了。基齐勒巴什认真分析了霍华特－斯奈德"能做什么（某事）"的问题，指出"能够"包含着两层意思。第一层意思是，我能做某事也就是说，这是在我的力所能及的范围之内。第二层意思是，做或不做某种，此事是在我的支配控制之下。在霍华特－斯奈德的案例中，说那个想下赢卡尔波夫的人有力量也有智力来移动棋子，也就是说，行为者能做某事，但不知道怎么去做。也就是说，卡尔波夫案例实际上并没有第二层意思的"能够"。而第二层意思的"能够"实际上是第一层意思的能够的必要条件。我当然还可以继续对弈，但如果说赢，那是全凭运气，或要非常好的运气。就如同打赌，看抛出的钱币哪面着地一样。知道怎么做某事对于某种我可能胜任的事来说是必要条件。在这里，击败卡尔波夫对于我而言，就像打赌能赢一样。而在这个意义上，是否能赢行为者并不负有道德的责任。也就是说，"行为者能够做客观后果主义所要求的事，但是，在这里的'能够'并没有用在与道德责任相关的属性意义上。"① 换言之，霍华特－斯奈德的"应当"蕴含"能够"的论证很拙劣，并没有证成她反对客观后果主义的论点。

卡尔森也认为，霍华特－斯奈德的论证是错误的。在卡尔森看来，霍华特－斯奈德的论证可简单地归纳为：客观后果主义告诉你，你的行动要产生最好的后果，但同时却要你做你所不能做的事，因此，客观后果主义应当被拒绝。这个论证的错误就在于它不同意我们能够获得最好后果，即使我们有了可以成功的充分条件。② 然而，卡尔森认为，实际上，客观后果主义并没有主张行为者一定要产生最佳后果。他说："典型地看，客观后果主义主张，具有产生最佳后果意图的行动不是我们应当做某事的必要条件。"③ 我们也知道，强调行动后果的最大化善（好）后果（最佳后

---

① Mozaffar Qizilbash, "The Rejection of Objective Consequentialism: A comment", *Utilitas*, 1999 (11), p. 101.
② Erik Carlson, "The Oughts and Cans of Objective Consequentialsim", *Utilitas*, Vol. 11, No. 1, 1999, p. 92.
③ Erik Carlson, "The Oughts and Cans of Objective Consequentialsim", *Utilitas*, Vol. 11, No. 1, 1999, p. 93.

果），是行动后果主义的后果追求，客观后果主义将这样一种追求看作主观后果主义。不过，客观后果主义认为，"你所履行的行为事实上（实际上）能够产生最佳后果的话，这就够了。既然这个理论不要求你有意图地去产生最佳后果，客观后果主义也许会说，你有这种意图的行动不成功也没有关系。"① 换言之，在客观后果主义看来，如果能够产生实际上的最佳后果，当然是支持的或不反对的，但如果不能产生，而能够事实上产生与其他选择一样好的后果，客观后果主义也不反对。

然而，如果说霍华特-斯奈德反驳客观后果主义并不成功，但不能说客观后果主义就没有遭受到更为严峻的挑战。安德里克（Andric, Vuko）抓住客观后果主义与主观后果主义区别的根本特征，指出客观后果主义可能存在的困境。安德里克说："如果你要在不同的可选择物之间进行选择，主观后果主义告诉你，你应当选择一种可期望的最大价值，相反，客观后果主义告诉你，选择最大化实际价值。"② 同时，无论是客观后果主义还是主观后果主义，都可以作为行为标准来衡量一个行为的对与错。客观后果主义认为，一个行为符合事实上的尽可能好或大的价值的行为是正当的行为或正确的行为，而主观后果主义则认为，一个行为符合所期望的价值或最大价值的行为是正当的行为或正确的行为。安德里克认为，这两者之间很有可能发生冲突。他举了一个这样的案例：

> 某行人在大街上拐过一个转角，发现一个人正用手枪指着另一个人，并恶狠狠地在对那人说话，看样子随时有可能对另一个开枪，因而他冲上前去，对这个拿着枪的人猛击一拳。那个人挨了他重重一拳倒下了。这个行人认为他做了一件英雄壮举般的义事。但对方则非常惊讶，"你为什么冲上来就打人？"因为这两个人实际上是在排演一出街头戏！

---

① Erik Carlson, "The Ooughts and Cans of Objective Consequentialsim", *Utilitas*, Vol. 11, No. 1, 1999, p. 93.

② Vuko Andrić, "Objective Consequentialism and The Licensing Dilemma", *Philosophical Studies: An International Journal for Philosophy in the Analytic Tradition*, Vol. 162, No. 3, 2013 February, p. 549.

第八章　客观与主观后果主义 265

从客观后果主义的标准来看，这个行人无疑做了一件错事，而从主观后果主义的标准来看，因为他主观上认为那个被枪指着的人会有生命危险，因而奋不顾身冲上去，这在主观上认为是做了一件好事。安德里克问道：这个行人的行为是错了还是对了？

安德里克还以杰克逊在"决策论的后果主义与有关亲友的反对意见"中使用的药物案例来说明客观后果主义的"许可"困境。我们先看看杰克逊的药物案例：

> 希尔是一名医生，她的病人约翰得了很严重也很麻烦的皮肤病，她要为约翰寻求好的治疗。她选择了三种药物，药物 A、药物 B 和药物 C。经过对这三种药物的研究，希尔得出了三种意见：药物 A 能缓解病情，但不能治愈；药物 B 和药物 C，一种能完全治愈，而另一种则会杀死患者，但这两种究竟哪种能完全治愈、哪种会杀死患者，她并不知道。其结果可能只有这三种方案：
> 方案一：用药物 A，约翰能够得到部分治疗；
> 方案二：用药物 B，约翰或者得到完全治疗，或者导致死亡；
> 方案三：用药物 C，约翰或者得到完全治疗，或者导致死亡。①

安德里克指出，根据客观后果主义，希尔应开出的药方是能够完全治愈约翰的病的药方。但这里的问题是，如果她想完全治愈约翰，就要冒治死他的风险。然而，从客观后果主义的立场看，如果希尔的药方有将约翰治死的风险，那就不应当采用这样的药方。那么，是否可选择药物 A 呢？药物 A 只能部分治愈约翰，显然不是客观后果主义应当采用的方案。那么，从客观后果主义来说，希尔几乎没有可采用的治疗方案。

就主观后果主义而言，应当采用怎样的方案呢？安德里克认为，主观后果主义会赞成使用药物 A 的方案，即部分治疗。即从药物 B 和药物 C 的

---

① 参见［美］弗朗克·杰克逊"决策论的后果主义与有关亲友的反对意见"，陈江进译，载徐向东编《后果主义与义务论》，浙江大学出版社 2011 年版，第 125—126 页；以及 Vuko Andrić, "Objective Consequentialism and The Licensing Dilemma", *Philosophical Studies: An International Journal for Philosophy in the Analytic Tradition*, Vol. 162, No. 3, February 2013, pp. 549–550。这个杰克逊所设计的案例前面决策论部分我们讨论过。

治疗问题来看，药物 A 明显好于后两者，因此，主观后果主义会选择有着较好后果的药物 A，因为药物 A 有可期望的最好后果。因此，在指导希尔的行为选择上，主观后果主义明显是正确的。

那么，我们能证成客观后果主义可以采取或"允许"采取药物 A 的治疗方案吗？安德里克指出，客观后果主义的策略之一就是将客观后果主义的行为标准改为决策程序，即成为决策程序的依据。这个决策程序是：既然药物 B 与药物 C 的治疗后果不确定，只有药物 A 的治疗后果是确定的并且可以有部分治疗的效果，那么，建议希尔医生开出药物 A 的治疗方案。但安德里克认为，在这里，客观后果主义的决策标准是与主观后果主义的行为决策标准一样，关于什么是对的行为的决策标准，一个决定是对的，当且仅当它最大化了可期望价值。但这明显是一种主观后果主义的决策说法。因此，安德里克说："如果你已经接受了关于什么是正确行为的客观后果主义的标准，当这种说法是有利于主观后果主义而不是客观后果主义的决策标准时，似乎不可能根本克服什么是适当的行为指导的问题。"① 应当看到，客观后果主义不仅反对主观后果主义关于什么行为是正确行为的行为标准，同时也反对主观后果主义关于什么行为是正确行为的决定标准，因此，在决策标准上采用主观后果主义的标准，这是很特别或很古怪的事。所以，安德里克说："将主观后果主义的决策标准与行为的客观标准相结合，就什么算作是有利于行为的客观标准而反对决策的主观标准而言，似乎是不一致的。"② 因此，在安德里克看来，客观后果主义对于希尔医生的治疗方案并没有适当的指导意见，实际上客观后果主义对于约翰的治疗陷入了许可的困境。

杰克逊在"决策论的后果主义与有关亲友的反对意见"中，也对莱尔顿的客观后果主义提出了批评。杰克逊的批评也是围绕安德里克所借用的案例展开的。杰克逊认为，客观后果主义在这个案例里面，按照客观后果主义的标准，会得出错误的答案。因为选择药物 B 和药物 C 作为处方，都

---

① Vuko Andrić, "Objective Consequentialism and The Licensing Dilemma", *Philosophical Studies*: *An International Journal for Philosophy in the Analytic Tradition*, Vol. 162, No. 3, 2013 February, pp. 551 – 552.

② Vuko Andrić, "Objective Consequentialism and The Licensing Dilemma", *Philosophical Studies*: *An International Journal for Philosophy in the Analytic Tradition*, Vol. 162, No. 3, 2013 February, p. 552.

可能产生最好的后果，希尔知道这一点，但她不知道哪一种能够产生，并且她也不知道哪一种将有致命后果。因而希尔对于哪种行为将产生最好后果，虽有意识，但并没有把握。"对希尔来说，开药物 A 可能是直觉上正确的行为过程，尽管她事实上知道这将不是最好的后果。相反，如果她开了药物 B 或者药物 C，我们就会觉得相当恐怖。"① 杰克逊指出："一种行为过程将会产生最好的结果这一事实就其本身来说并不是行为的向导，因为作为行为的向导在某种意义上应当是能够呈现在行动者的心中的。"② 当然，在这个案例中，选择药物 B 和药物 C 作为后果呈现在行为者心中的确实是一种模糊的形象，或不确定的形象。而且，这种不确定是在最好与最坏的两极。任何一种后果主义的行为标准，都要求行为的后果是可选行为中好（善）的后果，而不能是坏的后果。当遇到希尔所面对的药物选择案例时，这样的明确结果不能呈现，因此，对于行为的指导意义确实无法体现出来。这里我们需要指出的是，像希尔治疗约翰的皮肤病这样的情形，在许多实际上治疗中都存在，因而这样的案例设计并不是凭空编造出来的。但这样的案例完全击倒了客观后果主义吗？

安德里克和杰克逊以这个案例来质疑客观后果主义作为一种行为指导理论的合理性，在于他们强调药物 B 和药物 C 的效果的好坏，在希尔医生那里没有清楚的认知。这种情形对于某种新药来说完全有其可能，在某些疑难病症的治疗情形中也有可能出现。不过，两人都预设了一个前提，即客观后果主义的行为标准所要求的实际后果是行为所能产生的最好后果。因为我们知道，这个案例设计还有一种药物，即药物 A 是清楚疗效的，只是其疗效不是很好，只有部分疗效。在杰克逊和安德里克看来，从主观后果主义的标准来看，将赞成希尔使用药物 A。而这个潜在的前提在于，他们认为主观后果主义会赞同行为所导致的可预期的比较好而不是最好的后果，但由于药物 B 和药物 C 的疗效都没有明确的可预期性好或坏的后果，因此，主观后果主义将不考虑它们作为行为选择的对象。我们认为，莱尔顿的客观后果主义，并没有承诺最佳后果的价值诉求。而这恰恰是主观后

---

① ［美］弗朗克·杰克逊："决策论的后果主义与有关亲友的反对意见"，陈江进译，载徐向东编《后果主义与义务论》，浙江大学出版社 2011 年版，第 129 页。
② ［美］弗朗克·杰克逊："决策论的后果主义与有关亲友的反对意见"，陈江进译，载徐向东编《后果主义与义务论》，浙江大学出版社 2011 年版，第 129 页。

果主义的价值诉求。客观后果主义只是要求事实上能够产生最好后果，而不是期望中的最好后果。"事实上"产生，也就意味着如果我们有更高的期望和要求，如我们的期望是实现价值指数10，但是实际上只能实现8，那么，8就是最高或最佳后果了。同理，在希尔医生的案例中，药物A虽然只有部分的疗效，但是，相比较而言，则是明确的可比较的最佳效果，因此，客观后果主义也不会冒险选那个有可能导致最坏后果的选项。因此，卡尔森的理解是我们所赞同的，即客观后果主义所理解的"最佳后果"与主观后果主义所理解的并不是一回事，并且如果达不到主观后果主义所要求的"最佳"，而能够达到客观后果主义的"事实上"最佳，那么，这样的后果行为在客观后果主义看来，是值得肯定的行为。

莱尔顿对后果主义进行主观与客观的区分，经过他的分析论证，从而赞成客观后果主义而认为主观后果主义往往导致失败。莱尔顿提出主观与客观之分，在于他抓住了一个行为过程的动态性，以及后果主义本身具有决策程序论的特征。因而，是追求在主观上最好的后果还是实际可能的最好后果，是后果主义伦理本身所包含的问题，但是在他之前并没有人揭示出来。然而，不仅行为过程是一个复杂的过程，同时决策所面对的环境条件或事物往往是不同的，从而往往会影响到人们对于行为后果的判断，即使是在行为者的心目中有着那种实际可能达到的后果预期，而不是行动后果主义的标准来看的最大化好的后果，也可能往往会如同主观后果主义那样失败。在这一方面，许多学者给予了讨论分析，说明莱尔顿的客观后果主义在实践中面临着诸多问题。然而，莱尔顿的区分并非没有意义，他敏锐地提出行为后果存在着主观与客观区分的问题，认为以斯马特为代表的行动后果主义之所以失败就在于仅仅以主观上所认为的最大化好的后果为追求目标，从而导致失败。追求客观后果是他提出的解决方案。这一方案如同批评者所指出的，并非普遍有效，然而，批评者们实际上是承认了莱尔顿对行为后果的主观与客观区分的，即在前提上认可了莱尔顿的方法，这应当看作莱尔顿对后果主义研究的重要推进。

第九章　混合理论

谢夫勒（Scheffler，Samuel）是当代后果主义理论中重要的伦理学家，他在《拒绝后果主义》（*The Rejection of Consequentialism：A Philosophical Investigation of the Consideration Underlying Rival Moral Conceptions*，Oxford：Clarendon Press，1982，1994）一书中，提出对简单后果主义（或行动功利主义、行动后果主义）进行改进版本的"混合理论"，被认为是后果主义在当代的重要发展。在此书出版发表后，谢夫勒在这方面发表了一些论文对他的理论进行阐述和辩护，他将其中的三篇论文置于此书后面，作为第二版内容在书中发表。1993 年出版了《人的道德》（*human morality*，Oxford University Press，1993），对他在《拒绝后果主义》一书中提出的相关观点在道德理论上也进行了深入讨论。不过，他没有离开他在前一书中的基本点。[①]

第一节　威廉斯与罗尔斯对功利主义的批评

当代后果主义的发展在某种程度上都在于回应威廉斯对行动功利主义或行动后果主义的异议或责难，谢夫勒也不例外。不过，谢夫勒认为，罗尔斯对功利主义分配正义观的批评也是对功利主义和后果主义的重要异

[①] 谢夫勒是当代的一个重要哲学家、伦理学家，他在当代的影响是多方面的；以下是维基百科中所选的他的著作：*Death and the Afterlife*（Oxford University Press，2013），*Equality and Tradition*（Oxford University Press，2010），*Boundaries and Allegiances：Problems of Justice and Responsibility in Liberal Thought*（Oxford University Press，2001），*The Rejection of Consequentialism*（Oxford：University Press 2nd ed.，1994）（editor），*Human Morality*（Oxford University Press，1992）。

议。谢夫勒提出混合理论，就是为了回应威廉斯和罗尔斯对功利主义（包括行动功利主义和后果主义）的质疑。在这两种异议中，谢夫勒处理最多的是威廉斯的异议。威廉斯对行动功利主义的最重要异议，就是认为行动功利主义或行动后果主义的最大化后果追求破坏了人的完整性。谢夫勒承认，如果按照行动后果主义的最优后果或最大化后果事态行事，那么，必然破坏人的完整性。那么，怎么可能克服行动后果主义的这一问题呢？或者说，我们要完全拒绝行动后果主义或放弃行动后果主义？谢夫勒并非要完全放弃后果主义，而是改造后果主义，或者说，他从后果主义出发，提出了一种"混合理论"。这种混合理论包括两个方面的主要内容，一是"行为者中心限制"（agent-centred restrictions），二是"行为者中心特权"。在进入对他的理论讨论之前，我们看看他是怎样分析威廉斯和罗尔斯对功利主义的异议。

一 威廉斯的完整性异议

威廉斯提出的行动功利主义的总体最大化好的事态追求将导致对人的完整性破坏，当他提出这一论点时举的案例，最有名的案例是植物学家吉姆到南美洲亚马孙丛林里考察植物而遇到军人的案例，即让吉姆杀死一个无辜者的问题（这一案例前面已经提及，此处不展开）。吉姆认为如果让他亲手杀人，这是一件他从来没有想过的残忍的事，是违背他的道德良知的。但功利主义则从总和最大化好的事态追求出发，认为如果吉姆拒绝了这个要求，将是一种过于拘谨的任性（self-indulgent squeamishness）。换言之，在功利主义的道德标准面前，个人的道德情感并不重要。在这里，无论吉姆做与不做，都有了相应的道德问题：我们假设吉姆是一个仁慈的人，他完全反对杀害无辜者，而如果按照后果主义的后果最大化要求而杀了人，无疑是违背了他的道德人格、道德情感的承诺；其次，如果他坚守他的道德底线拒绝了那些军人的要求而不杀人，则意味着这20个人都要死去，那么，后果主义认为，吉姆负有不作为的消极责任。这个案例所反映的问题，恰恰在于吉姆感受到了消极责任给他的压力。在威廉斯看来，这样一种消极责任就是对人的完整性的攻击。威廉斯认为，由于功利主义从行动相关的总和意义上来看待后果事态，但由于构成总和后果事态的因素是多方面的，这些因素往往与个人的道德信念或价值观相冲突，然而，在总和后果事态面前，个人的道德良知或情感都只有从属性地位，但如果在这样的总和后果事态面前要人们违心地做自己不愿意做的事，这也就破坏了人的完整性。谢夫勒说："威廉斯依据很强的'消极责任'的观点，认为功利主义破坏了个人的完整性。依据这个学说，一个人如果没有阻止因他直接带来的后果是有责任的，即使是这个没有被阻止的结果中的至关重要的成分在于其他人做了某事。例如，某人必须放弃最关心的计划，阻拦某人恶的计划，任何时候这样做都将避免总体更坏的事态。作为这个学说的一个结果，威廉斯主张，最深的承诺和关心是这个方面，另一方面，一个人的行动则完全地和系统地被割断了。"① 所谓"消极责任"，也就是人们不做什么而产生的问题，对于这样的问题，人们应当承担责任。但如果放弃自己的人格完整性而听从功利主义的总体后果事态最大化好的要求，也就导致了行为者本身的异化，即行为者的行为与他自己的最深的承诺和关心相分离。

应当看到，威廉斯就这个案例所说的是有很强的理由的。然而，谢夫勒则把威廉斯的论点进行泛化，将它推及普遍意义来进行讨论。谢夫勒的问题是：在什么意义上，我们将允许人们追求自己的规划或计划？是否从非个人的观点看，任何个人的规划和计划都在道德上不可成立？如果任何理论都允许某种意义的个人规划或计划存在的意义，或值得追求，那么，是否任何这样的理论都将破坏人的完整性？因此，谢夫勒认为，威廉斯关于异化的观点是模糊的。他说："读他这些话的一个自然方法是这样一种主张：由于允许一个人将其能量致力于他的规划，同时其承诺又依赖于从非个人观点来看待的世界状态，功利主义异化了行为者。如果行为者自己的规划没有问题（no fault），但从非个人的观点看，事情已经很坏了，那么，他的规划变得可替代了。如果这就是功利主义的攻击个人完整性的特征，除了完全的自私论（complete egoism）外的任何理论都很难能够避免遭受这样的攻击。因为实际上任何道德理论，都将允许行为者的行动，至少部分依赖于从非个人观点看的世界状态，［从这样一种对世界的认识］来追求他自己的规划。实际上，任何道德观点都认为，如果事情从非个人的观点看已经很糟糕了（［完全背离了从普遍观点看的事态之好］），也就

---

① Samuel Scheffler, *The Rejection of Consequentialism*, Oxford: Clarendon Press, 1982, p. 7.

意味着行为者的规划变得可替代了。然而，在要求行为者放弃他的规划之前，事情是如何坏了，对这个问题不同的道德观点的理解是不同的。但是，如果从完整性而来的异议被解释为是对行为者的规划的原则性的可替代性，那么就必须看作对所有非自私理论（all non-egoistic theories）的一种批评，而不是一种对于功利主义来说特别易犯［问题］的异议。"① 在谢夫勒看来，任何行为者，或任何一种道德理论，除了完全的自私理论之外，不可以完全排除从非个人观点来看世界从而以此为依据来规划自己的行动。那么，威廉斯对功利主义的完整性异议，就是对所有这些理论的攻击。换言之，完全自私的理论完全不理会从非个人观点来的质疑，从而不可能要求他们做出什么牺牲，就如同杨朱那样的"拔一毛以利天下而不为"。但是，除了完全自私的道德理论之外，则是任何一种道德理论都不可能完全没有非个人观点，或普遍性观点，哪怕只是部分具有。因而威廉斯的完整性异议就是对所有这些道德理论或道德观点的攻击。在谢夫勒看来，任何非自私或非完全自私的道德理论都有两个方面，一是包括了对个人规划的合理性的认可，二是包括了某种（至少是部分地）从非个人观点看世界从而以此为行动依据的内容。换言之，个人规划或计划的合理性是两方面的，而不仅仅是从行为者自身的立场出发来做出的。而威廉斯恰恰没有认识到这一点。因此，说功利主义或行动功利主义（行动后果主义）为了最大化好的后果而产生了对人的异化或破坏了人（的计划、规划、人格或人的情感等）的完整性，这一观点是认为人们的规划或人格仅仅是以个人自我为中心，从而以普遍化或非个人化的观点来衡量时，就可能会产生冲突，在谢夫勒看来，威廉斯是没有看到行为者的心中还有非个人观点或从非个人观点出发的成分。因而，威廉斯的攻击论就并非针对功利主义的，而是所有非自私道德理论都可能在内。

在谢夫勒这里，个人规划、计划、承诺以及对个人利益的关注，是他为了克服威廉斯的异议而提出的"混合理论"的一些基本概念。在第二章中，我们集中讨论了威廉斯的异议，从那些讨论中可知，谢夫勒所使用的这些概念，都是在威廉斯的意义上使用的。因此，谢夫勒认可了威廉斯所

---

① Samuel Scheffler, *The Rejection of Consequentialism*, Oxford: Clarendon Press, 1982, pp. 8-9.

提出的完整性问题。不过他认为，个人规划、个人计划或对个人利益的自我关注，作为个人完整性的有机组成部分，是除了完全自私的理论之外的任何道德理论都承认的。但实际上，完全自私的理论同样也关注这些，完全自私论与其他道德理论的区别在于，完全自私的理论仅仅关注这些，其他道德理论则有着除了自我利益之外的其他关注，如儒家强调的对人的仁爱，基督教道德不仅强调爱自己，还强调爱你的邻人等。实际上，边沁的功利主义同样如此，这里既有对自我幸福的关注，也有对他人和社会幸福的关注，如边沁的最高原则是最大多数的最大幸福。但除了完全自私论外，所有道德理论的这两个方面，都可能犯威廉斯所说的那种对个人完整性攻击从而使得行为者丧失完整性的问题。这是因为，如果把对他人和社会的关注面强化，就可能压抑或压制行为者对个人规划、计划或自我利益的关注，从而破坏了个人的完整性。但谢夫勒认为，你不能因此而看不到这些因素它本来就有。

不过，谢夫勒认为他可以以某种方式重构这种异议，从而使它不至于对所有非自私论的异议。在谢夫勒看来，这样一种异议可以看作对这两者差异的响应："一是关涉与承诺是从行为者的观点自然产生的，它相当不同于从非个人的观点在总体事态排序中有分量的那些关注；二是功利主义要求行为者处理从他的观点产生的关注是依赖于就它们在排序中的权重而言的它们的道德意义。换言之，功利主义具体体现了一种正当（right）的观念：它要求所有行为者在所有处境中，产生最有可能的总体最佳后果。它要求行为者不论何时追求他的规划、承诺、和人的关系，都要有被判断为非个人的最好总体后果；并且不论何时忽略或放弃它们，都有被判断为非个人的最好总体后果。"[1] 谢夫勒还强调，行动功利主义是一种这样的要求：要求每一境遇中的每一个人，都要产生从非个人观点看的总体最好后果。但实际上斯马特自己也没有这样说过，威廉斯在提出这种异化观点时也没有这样说过。换言之，可能找不到这样一种完全彻底的行动功利主义或行动后果主义。不过，谢夫勒就这么认为。当然，谢夫勒这样理解也并非没有道理。这是因为，如果作为一个斯马特的行动功利主义或行动后果主义的信奉者，这样一种信奉就应当体现在自己的所有行动之中（前面许

---

[1] Samuel Scheffler, *The Rejection of Consequentialism*, Oxford: Clarendon Press, 1982, p. 9.

多人对于斯马特的行动功利主义的批评也有这种类似看法)。在谢夫勒看来,只有把功利主义理解为这样一种理论,才可说是有威廉斯所说的"异化"或对人的完整性的破坏、攻击。退一步说,也并非所有功利主义都持有这样一种行为正当的观念,而只是斯马特的行动功利主义秉持这样一种正当观念。如果这样来看待威廉斯的完整性问题,不仅把其他的非自私理论排除在外了,而且也把其他功利主义排除在外了。在谢夫勒看来,行动功利主义不关心那些从行为者本身出发的关涉和承诺,但这里涉及行为者的价值诉求,而行动功利主义典型地要求和关心的价值相当独立于这个价值或在这个价值的比例之外,"他们所有的价值和对价值的关心是被从一种非个人的总体事态排序来设定的。功利主义的这个特征可能与行为者'他的行为和他所确信的他的行为来源'之间相异化,并且因此削弱了他的完整性。"① 因此,在谢夫勒看来,是因为从行为者本身(谢夫勒称之为"行为者中心")出发,和从非个人观点出发产生的价值冲突,从而破坏了个人的完整性。

　　谢夫勒也承认,威廉斯讨论完整性问题或对功利主义的完整性异议,是集中在他的那两个案例上的。他对完整性问题的讨论,则并不特别依赖于那些案例,谢夫勒的讨论是响应功利主义的行为正当观念,即什么样的行为才是符合行动功利主义的总体最大化好的标准,"这种观念要求在每一境遇中每一个行为者产生总体上可能有的最好后果。它强调,这个正当观念认为,行为者允许追求他自己的规划和计划的能力是从非个人观点来看的世界状态的不可接受的人质(hostage)。"② 谢夫勒把威廉斯的讨论从那些具体案例中抽离出来,而把问题的焦点集中于行动功利主义的行为正当观念上,或者说,谢夫勒找到了行动功利主义导致完整性破坏或异化产生的根源。当个人的规划、计划或对自我利益的关注受到个人所处的外在功利网络总体影响时,行动功利主义的行为正当观念则要求人们放弃自我规划、计划以及个人的道德良知。但是不是如同谢夫勒所说的那样,是要求"在每一境遇中的每一个行为者"的每一个行为都如此,或时时以此标准来要求?这是因为,对于"总体"的理解可以认为,为了总体而牺牲某

---

① Samuel Scheffler, *The Rejection of Consequentialism*, Oxford: Clarendon Press, 1982, p. 9.
② Samuel Scheffler, *The Rejection of Consequentialism*, Oxford: Clarendon Press, 1982, p. 10.

些部分，也可以认为是所有行动每一个都在追求那个最大化好，这每一个构成总体最大化好。并且，如果将斯马特的行动功利主义的总体最大化好作为一种程序要求，可能我们不会认同谢夫勒的这种说法。不过，谢夫勒抓住了这样一个核心问题：行动功利主义的行为正当观念内在包含着的个人规划、计划、个人承诺以及道德良知与外在总体性事态后果可能处于一种紧张关系中，而他的理论也就是要解决这样一种问题。

二 罗尔斯的分配正义异议

谢夫勒认为，罗尔斯对功利主义的正义观的异议，是与威廉斯对行动功利主义的完整性异议一样，两个最重要的异议。我们知道，罗尔斯在建构他的正义论时，占统治地位的就是功利主义的正义观。在罗尔斯看来，功利主义的正义观是不可接受的，并且，在罗尔斯的批判功利主义的正义观的前提下，提出了他的正义论。

罗尔斯对功利主义正义观的异议，主要是批评古典功利主义的分配正义观。古典功利主义的分配正义与功利主义对福利总量或累加性的总和追求内在相关。换言之，古典功利主义不仅对于个人要求，对于个人行为的标准是追求总体最大化好的事态，把总体最大化好的事态看作行为正当的标准；对于社会而言，功利主义同样追求总体最大化的善或好。从边沁的正义观看，社会幸福也就是个人幸福的简单相加。换言之，社会福利总量是一种累加的量，而社会福利总量的增长是古典功利主义的社会幸福目标所在。功利主义正义观的主旨在于，如果一个社会的基本制度被安排得能够达到总计所有属于它的个人满足的最大净余额，那么，这个社会就是被正确的组织的，因而也是正义的。

功利主义的社会正义观所依据的是个人功利的满足。然而，社会是无数个人的一个群体，功利主义怎么来看待所有个人的功利满足呢？功利主义以一种理想的观察者或以一个不偏不倚的中立者来被所有个人的功利满足巡视一番，平衡在不同个人之间的满足与不满足，或者说，每个人只能算作一个，而不能算更多，因而在不偏不倚的中立者面前，每个人的福利量都得到公平的对待。在这个不偏不倚的中立者平等地巡视考虑所有个人的福利量之后，再总计所有个人满足的净余额。如果一个社会的最大满足净余额是不断增长的，那么，这个社会的组织安排就是合理正义的。罗尔斯说:"这样,通过这些思考,一个人就以一种自然的方式达到了功利原则;一个社会,当它的制度最大限度地增加满足的净余额时,这个社会就是安排恰当的。这样一个人类社会的选择原则就被解释为是个人的选择原则的扩大。社会正义则是应用于集体福利的一个集合观念的合理慎思的原则。"① 在功利主义看来,这样一种制度安排是正当合理的,因而是合乎正义的。功利主义慎思背景的方法是将所有个人都看作具有同样性质的追求快乐或满足的个人,因而认为可以将他们进行一视同仁的计算或加减。在这样进行加减计算中,如果社会安排得它的福利总量在增长,因而就符合功利主义的正义要求。然而,在进行这样的计算时,无疑许多个人的痛苦被总量的增长所忽略,或者说,作为总量增长的代价而计入其中。如果仅仅对于某一个人而言,人们可以为了长远利益而牺牲短暂利益,为了将来的快乐幸福而牺牲眼前的快乐,但这样一种计算作为对社会总体满足的方法,则完全抹杀了个人之间的区别,并且把少数人或部分社会成员的牺牲看作社会总量增长所付出的必要代价。这恰恰是问题所在。不过,我们在这里看到,从功利主义的累加总量最大化来看,是符合功利主义的正当标准的。那这是什么问题?这里的问题就是:这样的计算完全忽略了个人的分立性,分立的个人有分立的目标。罗尔斯指出,功利主义的错误在于只是把适合于个人的选择原则放大为社会的选择原则:"如果我们承认调节任何事物的正确原则都依赖于那一事物的性质,承认存在着目标互异的众多个人这种多元性是人类社会的一个本质特征,我们就不会期望社会选择的原则是功利主义。"② 把一个社会的选择完全等同于个人的选择,完全忽视社会是由众多目标相异并且其快乐与幸福的追求都有着自己目标的个人所组成,并且,在累加总量增长的意义上忽视部分社会成员的痛苦或不幸,有人甚至认为这是必要的牺牲,那就完全偏离了道义论的正义。

谢夫勒指出,功利主义在分配正义的问题上完全忽视了个人的分立性,"他们每个人都有合理的生活计划,加上执行这样的计划所产生的严肃的长期利益。作为分立的个人有着分立的目的,在最大化总体累加满足上,每个人有不可比的重要利益。所以不愿意接受牺牲某些人的利益而为

---

① John Rawls, *A Theory of Justice*, Mass., Harvard University Press, 1971, p. 24.
② John Rawls, *A Theory of Justice*, Mass., Harvard University Press, 1971, p. 29.

了仅仅增加总和的原则。"① 因此，他认同罗尔斯对功利主义的分配正义观的批评，强调每个人作为独立的个体的存在，每个人都有自己的规划和目的系统，人们并不会为了累加总和的增长而放弃自己的规划或计划。

在谢夫勒看来，罗尔斯的这个异议与威廉斯的异议联系，就很清楚了，这两者是内在联系的，即功利主义忽略了个人的分立性和人作为人的根本特性，人类作为个体存在的社会事实。当然，人们可能会说，个人不仅作为个人而存在，同时也作为社会成员、作为社会的一分子而存在，因而个人在某种意义上，与社会具有不可分离的性质。不过，虽然个人是作为社会的一分子而存在，但是，要求个人放弃自己作为个人存在的那些利益、愿望、情感或规划，使之服从整体的利益或福利的总量增长，实际上也就抹杀了个人仍然有着自己的独特性的一面。在完整性异议那里，威廉斯指责行动功利主义由于将总量最大化好作为行为正当的标准，从而以非个人的观点来看待行为者的行为，因而必然破坏个人的完整性，这也就是没有尊重个人的分立性。谢夫勒说："当与这种方式来理解这种异议，它与完整性异议的联系就清楚了。因为这个异议断言，有一定的相区分的规划与承诺的个人他们不愿意（但并不总是要求）自愿放弃他们的规划与承诺，为了最好的总体事态的实现。两个异议集中在两个不同方面，却制造了同样的错误：这两个不同的方面都没有充分说明分立性和个人的性质。在建构功利主义的分配原则时，被认为错误的是：具体展现了一个总体善的概念将事态排序依据他们所包含的总和累加的满足量，即使这是一个较高的满足总量，但要求完全牺牲某些个人生活规划。它所指导的是这种分配原则，即被解释为社会制度实际促进的最好事态，而这将否定少数人的生活必需品和追求它们的必要性。在满足的计算中，许多人的快乐在任何时候将超过它们对苦难的权重。在建构个人道德原则中，被认为错误的是：为一个正当的概念所体现的、它要求行为者任何时候都要为了某些可选择的活动将产生的更好事态，而放弃他或她自己的规划和计划。"② 因而，谢夫勒的努力方向，也就是克服这样两个重要异议所提出的问题，或避免这样两个异议，提出行为者中心在道德理论中的重要性，重构一种包

---

① Samuel Scheffler, *The Rejection of Consequentialism*, Oxford: Clarendon Press, 1982, p. 11.
② Samuel Scheffler, *The Rejection of Consequentialism*, Oxford: Clarendon Press, 1982, p. 12.

括行为者中心限制或特权的新的后果主义。

第二节　行为者中心限制

谢夫勒认为，行动后果主义是一种从非个人观点来追求或评价总体后果事态的理论，并且，行动后果主义追求最大化或最优后果，从而导致威廉斯所说的对个人完整性的破坏。克服威廉斯所说的问题，也就是从非个人观点转向行为者中心观点。

一　后果主义的非个人观点

在谢夫勒看来，作为规范伦理学理论，什么行为是正当（right）的行为是必须回答的关键问题。那么，行动后果主义给出了怎样的答案呢？谢夫勒指出，从古典功利主义以来，功利主义和行动后果主义就是以最大化后果善作为正当行为的标准。功利主义"要求在每一境遇中、每一个行为者产生总体上可能有的最好后果。它强调，这个正当观念认为，行为者追求他自己的规划和计划的能力是从非个人观点来看的世界状态的不可接受的人质（hostage），而不考虑这种状态已经为人的特别活动所形成。"① 理解谢夫勒的这个说法，所谓"个人观点"或"非个人观点"是至关重要的。个人观点与非个人观点是行为者中心或非行为者中心的另一种说法，非个人观点也就是行为者中立的观点。在谢夫勒看来，行动后果主义的正当行为的概念，完全不是在行为者中心意义上讲的，而是在非行为者中心或行为者中立意义上讲的。即当行动后果主义者下一个行为对错的判断时，不是从行为者本身的考虑出发，而是从与行为者无关的世界事态总体的考虑出发。然而，无论是从个人观点或非个人观点来看，都涉及对行动或行为的后果进行排序。谢夫勒指出，后果主义是从非个人的观点对行动或行为的后果进行排序，非个人观点也就是强调行动或行为所产生的事态（后果事态）不是从与行为者相关的立场或角度来进行评价，如果从行为选择的角度来看，也就是对于可选择的诸个行动或行为的后果善（好）进

---

① Samuel Scheffler, *The Rejection of Consequentialism*, Oxford: Clarendon Press, 1982, p. 10.

行排序，这种排序不是从行为者本身，而是从世界的观点在总体事态的层面进行排序。后果主义的判断并不体现什么总体事态对于具体的行为者而言是否是最好的，"而宁可说，是从非个人的立场判断（全面考虑）什么事态是最好的事态。在给出产生这样排序的原则之后，行动后果主义要求在所有的情形下的每个行为者，以这样一种方式行动，从而产生在他的位置上可能产生的最高序列的事态。"① 换言之，如果这样的排序对于行为者本身没有好处，但从所有存在者的视域来看，则其排序处于一种最好的事态价值位置，那么，这样的行为也就是行为者应当履行的行为。"世界状态的不可接受的人质"，说的是从非个人观点来看这个世界，这个世界状态就像是行为者不可接受的人质，但你不得不接受。谢夫勒指出，行动后果主义并不是唯一一种后果主义，还有规则后果主义、动机后果主义等，这些不同的后果主义确实对于行为者的要求有所不同，但是，按照谢夫勒的理解，对于事态的总体后果进行排序的非个人特征是一样的。不过，我们已经看到，实际上是，像动机后果主义、客观后果主义等，已经考虑了行为者相关因素对于行为后果的要求。而在谢夫勒看来，所有其他后果主义在这点上都是一样的。换言之，非个人、非行为者中心性或行为者中立是后果主义的基本特征。在他看来，这一特征是与道义论区别开来的。他说："相对于后果主义概念，标准的道义论观点（standard Deontological views）是，那产生总体可能的最好后果的行动可能是错的。这个观点所包括的是我称之为'行为者中心限制'（agent-centred restrictions）原则，这种限制是否定有任何非个人相关的原则来将后果事态从最坏到最好的排序。"② 他提出，道义论观点与后果主义观点的对立，这种对立也就是个人观点与非个人观点的对立，或与行为者是否相关的问题。个人观点在这里又以他提出的"行为者中心限制"这一概念来解释。或者说，个人观点即从行为者本身出发来考虑后果问题，因而是行为者中心。行为者中心则意味着对行为后果的追求不可能是从非个人观点看的最好事态，这被谢夫勒称之为"行为者中心限制"，即对后果追求和评价进行了限制，从而反对任何游离行为者中心而将后果事态进行排序的非个人观点。在谢夫勒看

---

① Samuel Scheffler, *The Rejection of Consequentialism*, Oxford: Clarendon Press, 1982, p. 1.
② Samuel Scheffler, *The Rejection of Consequentialism*, Oxford: Clarendon Press, 1982, p. 2.

来，这不仅是道义论的观点，也是他从后果主义出发而建构一种"混合理论"的一个基本方面。在具体分析"行为者中心限制"之前，我们先看看什么是道义论。

二 道义论

谢夫勒将后果主义与他所说的"道义论"（Deontology，又译为"义务论"）观点相对立，但这是一种什么道义论呢？他说是标准的道义论。然而，我们一般认为，标准的道义论是康德或罗斯式的道义论。那么，我们就先考察一下道义论。康德式的道义论是完全从行为者本身的处境或情况出发，来得出行为者的事态最坏到最好的排序吗？如果这样看待康德，我们就把康德当成是一个经验论者了。康德恰恰排除感性经验对道德原则的选择和道德行为的判断。在康德看来，我们只有完全将自己从一个感性经验的存在中抽离出来，只把自己看作一个纯粹理性的存在者，从理性原则或理性的表象出发，才可得出我们作为一个理性存在者的行动要求，这就是绝对命令的道德律令。绝对命令的道德律令并不考虑我们行动的后果，或不从行动后果的考虑出发（即不考虑行动后果事态的排序问题，不进行所谓的从最坏到最好的排序），如果那样，那就是后果主义而不是道义论。不考虑后果，不从后果排序，而只听从理性给予的绝对命令，那么，遵从绝对命令也就是从普遍的观点看待行动或事态。康德的绝对命令有几种表述，这里列举一二："我应当毫无例外地以这样的方式行动：按照这一方式，我也能够要求我的准则成为一个普遍的法则。"① 又说："要这样行动，使得你的意志的准则任何时候都同时被看作一个普遍立法的原则。"② 而所谓行动应当遵循"普遍法则"，也就是说，并非你自己所认为的主观准则，如果是主观准则，也就必须上升到普遍法则。普遍法则也就是从普遍的观点看，并非仅仅在某种处境中我认为这样做对我有利我就这样做，而是我不得不这样做，是从所有有理性的存在者的观点看，这样做是对的、正当的，即使这样做对作为行为者的我是不利的。在康德看来，行为的道德

---

① Immanuel Kant, "Groundwork of The Metaphysics of Morals", *Practical Philosophy*, edited by Mary J. Gregor, Cambridge University Press, 1996, p. 73.

② Immanuel Kant, "Critique of Practical Reason", *Practical Philosophy*, edited by Mary J. Gregor, Cambridge University Press, 1996, p. 164.

性，并不在于仅因为对行为者而言是有利的或好的，如果那样，就如我明知道自己没有能力还钱，但如果我不撒谎就不能借到钱，因此，我只有撒谎。因为这样做对我有利，但是，如果人人都像我这样，那么这个世界就没有诚信，人们所有的诺言都成为谎言，而这个世界上也就没有人会相信诺言了。在康德看来，我们不应当把"当对我有利我就撒谎"当成我们的行为准则，而应当看到，如果所有人都像我这样撒谎，那么，许假诺的行为就会不存在，因而这样的行为准则不可能普遍化，从而也就不可能成为行为的法则。因此，康德虽然不是从事态后果的排序来提出其普遍性观点，但同样是非个人的观点，因此，可以说与后果主义的普遍性观点是殊途同归（人们也可以说，康德这里也是一种后果论，即逻辑推论意义上的后果论，因为在经验世界里，我们还没有发现一个完全为谎言普遍弥漫或普遍化了的世界）。在康德看来，人们的行动遵循的准则（上升为法则）是应当成为所有理性的存在者都可以遵循的法则。如果像撒谎对我有利我就撒谎，如果对我不利，我就说实话，这样的行为所遵循的准则就不可能普遍化，因而不是道德的行为。一个行为是道德的或符合道德的，在于在这个世界上，从逻辑上看，每个有理性的存在者都有着将这个行为的准则上升为行为的普遍法则的内在逻辑必然性，并且应当按照这样的法则去行动。在这里，行为者的特殊情境并不在康德的考虑之中，行为者的利益得失也不在康德的考虑之中，而唯一考虑的是行为的准则是否可能成为普遍有效的法则。在这个意义上，康德的道义论，恰恰不是行为者中心，而且也没有受到"行为者中心限制"，而是非个人的立场与观点。

那么，罗斯的道义论呢？罗斯是 20 世纪重要的道义论伦理学家，罗斯在康德的基础上，推进了道义论的研究。康德强调绝对命令的绝对性，在康德看来，一个行为的正当合法性，在于是否该行为遵循了可普遍化的准则。如果行为者遵循的准则不能够普遍化，那么，就意味着这个行为本身不是正当合理的，或在道德上是错误的。康德认为，所有的道德行为都要经得起可普遍化检验，才可称这样的行为是合乎道德的行为。然而，人们发现，在实际生活中，往往并不是所有的行为都可以经得起康德的可普遍化检验。如在一定的情景条件下，只有撒谎才可救一个人的生命，那么，这必然违反了康德的绝对命令。如果是一个坚定的康德道义论者，那么，我们是坚持履行的康德的绝对命令，还是不顾康德的命令而救人？道德实践向人们提出的问题，表明了康德式道义论的困境。

遵循道德的绝对命令是我们应当履行的道德义务。罗斯认为，康德没有将自明的义务与实际义务进行区分，从而导致了道义论的困境。在罗斯看来，像康德所反复强调的不撒谎的义务，是道德自明义务。像"不许撒谎""不得作伪证""不许偷窃""不许杀人"等都是自明的义务。自明的义务具有普遍性，它们具有普遍法则的特性。这些自明义务都不是谢夫勒所说的从行为者中心的立场上界定的义务。在罗斯看来，存在着多种多样的自明义务，哪里有人的关系，在不同的关系中，也就有其中所相应的自明义务。如友谊中的真诚，家庭成员间的互爱等。然而，由于我们是处于不同的社会关系的整体之中，同时也是处于具有不同重要性的道德规范体系之中。在不同的情景条件下，不同的自明义务有发生冲突的可能。如我们前面所举的不撒谎可能就不能救某一个人的生命。在这里，生命的价值与道德的价值之间发生冲突。那么，我们在当下的情景中，应当履行哪种义务呢？罗斯认为，并非所有的自明的义务都是我们在任何条件下必须履行的义务，而只有在当下情景中必须履行的义务才是实际义务。因此，他将义务进行了自明的义务与实际义务的区分，认为只有实际义务才是必须履行的绝对义务。那么，自明的义务与实际义务是怎样区分开来的呢？如在某一情景中，A、B、C三者都是自明义务，但B才是在这样的情景下必须履行的义务，因此，在这里，B才是实际义务。罗斯举例说，如遵守诺言是自明的义务，但在一定情形下，我们可以为不遵守诺言进行辩护，如为了避免一场火灾因而不遵守先前的诺言，或者为了解除某人的痛苦我们不再遵守诺言等等，在这样的情形下，我们不会因为没有遵守诺言而感到愧疚。这是因为，我们会感到，像救火、救人生命是我们应当承担的更大的责任。也许我们因此而感到有所不安，因此，可能需要向我们承诺的那方做些解释。在罗斯看来，这个解释也就是"补偿义务"。换言之，在多种自明义务可能冲突的地方，我们选择那些在特定情境中不得不履行的义务，从而放弃了在这类情境中本应履行的义务，但通过解释，从而希望我们所承诺的对方谅解。如果对方与我们一样，有一种权重选择，也相信对方会理解我们的举动。罗斯将类似于康德的绝对命令的自明义务与实际义务区分开来，强调了行为者当下情境对于履行义务的重要性。这可以看作行为者中心限制在起作用。不过，罗斯的实际义务并非从后果论的意义上讲的，而是从哪种自明义务对于某种处境中的行为者而言，更为重要的意义上讲的。谢夫勒的行为者中心限制是指这一原则否定了非个人观点的后果总体排序。换言之，从行为者中心出发，也就必须考虑与行为者相关的利益或关注，而不是把行为者相关的利益与关注放在一边。但罗斯所说的，与康德一样，是一种指导行为的道德原则的选择问题，即在实际义务是什么的情况下，选择相关的应当履行的原则。

三 克服对个人完整性的破坏

在谢夫勒看来，道义论是行为者中心的（不过，上述讨论表明，道义论并非他认为的那样的情形），因而没有后果主义从非个人观点所要求为了总体最大化或最优后果而导致对个人完整性破坏的问题。而他所认为的道义论的行为者中心，也就是行为者的行为受到了行为者中心限制，从而使得人们不会产生威廉斯那样的异议。

那么，与非个人观点对立的、谢夫勒所说的"行为者中心限制"（agent-centred restrictions）的道德理论是一种什么理论呢？我们首先看看他对这一概念的界定。谢夫勒说这是一种道义论，在他看来，标准的道义论也就是一种完全的行为者中心理论，它包含了"行为者中心限制。这些概念否定了有任何非行为者相关的原则，以这样的原则来将总体事态进行从最坏到最好的排序，这样，它总是允许产生最有可能的最好事态。增加这些限制，这些概念也否定一个人必须做的，在所有可能的机会或场合，将有最好的总体后果。换言之，完全的行为者中心概念主张，假定任何将事态从最坏到最好进行总体排序的非个人原则，将是某种环境，在这种环境里，一个人将不允许产生最好事态，并且，在其他允许的环境里也不允许这样做。"① 为何最好事态是不被允许的？进行总体排序来决定哪种行为可产生最好事态，是从后果主义的非个人观点来看待的，而完全的行为者中心概念则不认可这样的排序。换言之，行为者中心限制的概念不允许对从非行为者中心出发而可能导致的最好事态的追求。谢夫勒在其后的一篇论文中进一步明确地说"以行为者为中心的限制是指，即使在违背它可以将对同一限制的总体违背降到最低程度并且没有其他相应的道德后果的情况

---

① Samuel Scheffler, *The Rejection of Consequentialism*, Oxford: Clarendon Press, 1982, p. 5.

下，它至少有时也是不允许违背的。例如，即使杀掉一个无辜的人可以把将要被杀的无辜者的总数降到最低，我们也要禁止杀掉这个无辜的人，通常把这种限制称为以行动者为中心的限制。"① 谢夫勒在这里所举的案例，是威廉斯在批评斯马特的行动功利主义时所举的那个面临着杀死一个无辜者将救出其他十九个无辜者如何选择的吉姆。可是，行为者中心限制将赞成吉姆做出不违背良心来杀死无辜者的选择，即使这个选择会导致更大的坏的后果。换言之，行为者中心限制使得我们有理由，不背负起威廉斯所说的后果主义要我们承担的，那种由于不做什么而必须承担的无限的消极责任。

那么，这是怎样一种"标准的道义论"呢？实际上我们看到，这并不是康德式的道义论，也不是罗斯式的道义论，因此，并不是一种真正标准的道义论。然而，这无疑具有道义论色彩。为什么我们站在谢夫勒所说的"行为者中心限制"的立场上，我们就不可做那种为了救其他十九个无辜者而杀人的行为？因为道义论要求我们尊重每一个人的生命权利，并且，不能因为为了其他人的生命而牺牲某一个无辜者的生命。后果主义最大化好的事态要求是，如果这种杀死某一无辜者能够换来更多人的生存，无疑是一种好的事态。但是，如果在我们的心中有着道德良知，我们绝不会忍心自己亲手杀死一个无辜者，即使是这样的行为能够换来更多人的生存。这也许是一个两难选择，但这种选择只能尊重自己内在的良知，否则，就会造成威廉斯所说的破坏了人的完整性。换言之，这是站在行为者道德良知的立场上，因而受到行为者的道德意愿的限制。谢夫勒说这是标准的道义论，但实际上是从行为者本身的道德感出发的。因而我认同他所说的"行为者中心限制"的说法，但不认同他所说的这是标准的道义论。这是因为，标准的道义论并非行为者中心，而是可普遍化。因此，这是十分有意思的理论现象，当道义原则或康德式的法则（如尊重每个人的生命，人是目的而不仅仅是手段）内化为行为者的准则，从行为者的道德良知出发，那么，也就将从可普遍化的道德法则转换成了从行为者的立场出发。不过，康德式立场所包括的内容与谢夫勒的"行为者中心"的内容是不同

---

① ［美］塞缪尔·谢夫勒："以行动者为中心的限制、合理性与德性"，陈江进译，载徐向东编《后果主义与义务论》，浙江大学出版社2011年版，第400页。

的。因为康德是从理性存在者的普遍性出发，将自己的准则上升为可以普遍化的法则，从而依照法则来行动才是在道德上合理的。因此，康德式的道义论虽然进行了一种从非个人观点到个人观点或以个人为中心的转换，但仍然是从普遍性或非个人性观点来看的、依照内化为个人行动法则的道德法则来行动，而后果主义则只是从一种非个人的观点，仅仅从全人类的普遍性意义来看其后果，从而在这样的意义上进行道德评价。不过，这里的根本点还是不同。即道义论所坚守的是道义论的道德原则，而后果主义所坚守的是后果最大化好的事态。谢夫勒强调行为者中心限制，也就是向道义论回归，不将后果主义的最大化好的事态看作行动正当的唯一标准。不过，谢夫勒仍然与真正的道义论不同，因为谢夫勒的意思只是说由于受到了行为者中心限制原则的限制，对行为正当性评价的标准不可能是行动后果主义所坚持的那种唯一的行为后果最大化好。或者说，当有某种道义论的原则在行为者那里起作用时，我们可以不以行动后果主义的正当性行为标准来衡量，即可以不实现最优后果，或只是次优后果，但如果符合行为者中心限制的原则，则同样是正当的行为。

　　谢夫勒也说到，这种行为者中心限制与日常道德很相似，或者说是体现在日常道德中的道义论。对于这一种说法我们赞同。卡根也在同样意义上谈到了"行为者中心限制"，而他就是在日常道德的意义上讲的。不过，他所用的英文概念与谢夫勒有所不同。谢夫勒所讲的"行为者中心限制"（agent-centred restrictions）与卡根所讲的"行为者中心限制"（agent-centered constraints）两者使用的英文概念有所不同。但实际上英文意思差别不大。卡根也指出，谋杀无辜者从而使得我有钱能够救助更多的人，日常道德也不允许我这样做。卡根是在日常道德的意义上讲的，谢夫勒则是在道义论意义上说的。谢夫勒认为，这样的行为者中心限制就是道义论的限制。在他看来，道义论与日常道德有很大的相似性。换言之，他并不是在日常道德意义上讲的，但这两者之间有相似性。谢夫勒的意思是指如果从行为者出发，就不会同意从非个人的观点来对后果进行总体从最坏到最好的排序，从而即使是后果主义认为最好的事态，从行为者中心限制出发，也不会去践行。卡根则认为，从行为者中心出发，在某些情形下，就会对后果最大化的行动追求产生限制。前面已述，如谋杀了我的叔叔我就可能得到他的遗产，从而我有更多的钱捐赠给慈善机构，因而可以捐助更多的穷人，拯救更多人的生命。但是，日常道德不可接受这样的谋杀行动。卡根指出，为什么日常道德会有这样的限制？在他看来，是日常道德里的道义原则。因此，卡根也在日常道德的意义上谈到了道义论。谢夫勒和卡根一样，行为者中心限制体现的道义原则，是对行为者不能做什么立下的禁令。

在谢夫勒看来，有了行为者中心限制，就可以克服威廉斯对于后果主义从非个人观点来追求后果总体最好事态从而导致对个人完整性的破坏。这是因为，处在这种道德困境的行为者，也就不会只服从后果主义的道德要求。也就是说，即使有可能选择那种获得最大最好后果事态的行动，但如果这样的行动将导致自己的良心受到折磨，将违背了自己在日常道德中所获得的道义准则，那么，处于该处境的行为者可以服从行为者中心限制，不遵从后果主义的最大化后果事态的道德要求。谢夫勒赞同福特的观点："当我们……在道德语境下并不给像'最好后果'与'好的事态'这些表达以任何特殊意义，除非德性给予它们以特殊意义时，我们就不会认为以下思想是矛盾的：即某种行为所产生的总体后果比任何其他行为的后果都要小，我们有时采取这一行为也是正当的。非后果主义者会说在这些语境下'好的事态'这一表达的作用是非常有限的。它只属于慈善自由地追求自己的目标和选择各种可能性的场合……理论上讲，一个慈善之人必须希望损失与伤害的最小化。但是，他并不希望去实现那种杀掉一个人可以把其他可能被杀的人的数量整体最小化，不论这是由他自己的行为还是其他人的行为实现的。所以，在这点上我们没有理由说他必须将它看作'好的事态'。"[①] 谢夫勒指出，福特在这里所表达的观点是："在道德语境下总体事态的比较只有在以下情况下才是有意义的：即行为的目标是增进其他人的善，但在行为违犯正义规则的场合它应受到禁止，而且在这种场合说所禁止的行为将比其他行为能产生更好的总体事态完全是没有意义的。"[②] 换言之，如果处于需要牺牲自己的道义原则或正义原则来追求最大

---

① [美] 塞缪尔·谢夫勒："以行动者为中心的限制、合理性与德性"，陈江进译，载徐向东编《后果主义与义务论》，浙江大学出版社 2011 年版，第 402—403 页；参见 [英] 菲利普·福特"功利主义与美德"，解本远译，载徐向东编《后果主义与义务论》，浙江大学出版社 2011 年版，第 212—213 页。

② [美] 塞缪尔·谢夫勒："以行动者为中心的限制、合理性与德性"，陈江进译，载徐向东编《后果主义与义务论》，浙江大学出版社 2011 年版，第 403 页。

化的总体事态,在这样的道德情境中,人们所需要的是坚守自己的道德原则,而不是放弃原则来追求最大化。因此,即使如果这样做,有产生最大化的总体事态的可能,也不这样做。在谢夫勒这里就是"行为者中心限制"。福特还谈道,当我们在说到总体好的事态时,心目中是对他人的仁慈的善。在许多情形中,我们是根据一般性的善或恶,当然也包括了总体性的好与坏或善与恶来考虑我们的行动或行为选择。然而,不能由此得出结论说,我们在任何情况下都应如此。这是因为,有时正义会阻止这样的行为,正如它阻止为了进一步的癌症研究而造成的伤害试验一样,不能因为如果继续进行这样的试验,从而获得成功,就能救更多的患者,因而认为让受试者牺牲是正当合理的一样。因此,我们不能问包含某个行为及其后果的"事态"是否比这一行为没有得到实施的事态要更好些。换言之,当我们有能力去拯救更多的人时,并不是因为我们不愿意这样做,而是如果这样做,就违反了正义的准则,那我们则不可能这样去做。当然,这是站在日常道德限制或道义论的立场上来看待这样并不追求最大化好的行动。但如果回到后果主义所说的后果事态最大化的立场上,而对我们因为有道德缺陷(甚至罪恶)的行动(如要吉姆杀一个无辜的人而救更多的人),从而使得更多人的生命得救这样一种最大化好的后果进行正面的道德评价,即后果主义会认为这样的行动是正当的(right)行动。但这样的行动无疑牺牲了个人道德的完整性。因此,实际上,我们往往处于道德的两难境地。

第二节 行为者中心特权

"行为者中心特权"(agent-centred prerogative)是谢夫勒混合理论的第二方面。所谓"限制"只是不能做什么,所谓"特权",则是可以做什么,或在道德上允许做什么,这种允许是特权所给予的。换言之,谢夫勒的混合理论有着消极与积极两个方面,消极方面也就是因为限制而不能做什么,积极方面也就是允许的特权使得我们能够做什么。

一 关于"特权"的解释

"行为者中心特权"是谢夫勒所提出的混合理论的重要方面,在他看来，他的混合理论不同于行动后果主义，尤其体现在这个方面，他说：混合理论"具体体现了某种称之为'行为者中心特权'（agent-centred prerogative）的东西。行为者中心特权其意思大致是，它否定那种总是要求行为者产生总体最好事态的指令，[或否定这样的道德要求]，因而具有某种完全的行为者中心概念的特征。不过，混合概念在拒绝行为者中心限制上也有类似于后果主义的概念，即在它们对这个观念的接受上：总是允许做将产生总体事态最好的事。换言之，混合理论像完全的行为者中心概念，不像后果主义的概念，因为它维持这样的观点：一个人不需要总是做将产生总体最好结果的事；但是，在接受似乎有理的这样的观点上：一个人总是永远做产生最好后果的事——它们像后果主义观点，不像完全的行为者中心概念。"① 谢夫勒这里的说法似乎是矛盾的，但他讲的是这样一个日常生活的事实，即一个人并不总是做产生从非个人观点看的最好后果的事，但好像是总在做从非个人观点看的最好后果的事。或者说，行动后果主义所提出的后果最大化好的标准如果套在所有个人活动上，是一种反直觉的原则。谢夫勒认为，在需要这样做而又不违反道义论原则或行为者中心限制时，我们将被允许去做从非个人观点来说是总体最好后果的事，但当可能这样的条件不能满足时，我们将允许行为者从行为者中心出发，做次于最优后果的事。

从行为者中心限制的原则，我们看不出谢夫勒说他的理论是"混合理论"的意思是什么，在这里，我们可知，谢夫勒实际上是想改进后果主义，即谢夫勒认为他的理论既有后果主义的成分，同时又添加了一些其他成分，如道义论的成分，还有一些从自我中心出发的，认为对于自我利益关照是合理的成分在内。因此，他将他所提出的理论称为"混合理论"。这种混合理论，既是为人们对后果主义的异议或责难所引发，同时，谢夫勒又并没有完全离开后果主义。因而又可说，这是一种改进版的后果主义。谢夫勒说："行为者中心特权，正如我将强调的，是对一定重要性的反后果主义直觉的响应。这种直觉在行为者中心限制这一极。但正如我也将强调的一样，在两种行为者中心的特征之间，有一种有意义的不对称性；即很容易为后者识别出一种可能的理论基础。这样一种行为者中心特

---

① Samuel Scheffler, *The Rejection of Consequentialism*, Oxford: Clarendon Press, 1982, p.5.

权，能够被推动和辩护不仅仅是表明在一定的案例中有直觉诉诸，而且也是证明，在这种限制之下有合理性的原则。这样一种特权似乎比行动后果主义更有吸引力。同时，对于与后果主义分离确实有可能提供一个有说服力的理论合理性这样一个事实，对于为行为者中心限制提供一种合理性说明则是困难的，不论什么样的直觉提供给这种限制。混合理论介于后果主义与充分的行为者中心限制两者之间，［大家］对它没有这两者熟悉，可能最终会使得大家还是偏爱这两者。最后，它将作为可选择者出现，我希望是如此。"① 反后果主义的直觉是在行为者中心限制那里，但行为者中心特权则可能为这样一种理论提供理论基础，即这样一种限制之下的合理性原则。换言之，谢夫勒在这里所说是两者之间的关系，限制在消极方面告诉我们不能做什么，但特权在积极方面将告诉我们应当做什么，它指向可以做什么的合理性原则。但他认为，他的理论是一种介于后果主义和充分的行为者中心限制之间的理论，即不是完全的行为者中心限制，如果完全的行为者中心限制，在谢夫勒那里就是一种完全的道义论了；但也不是完全的后果主义，而是这两者间的一种新的混合理论，即他允许从非个人观点出发的，对后果最大化的追求。但他强调人们并不总是如此。也就是说，我们的行动，并非总是遵循行为者中心限制，也并非总是遵循后果主义从非个人观点出发的对后果事态最大化的追求，因而允许有行为者中心特权，即从行为者中心视域出发，允许做并非为后果主义最大化好的追求所允许的事。谢夫勒认为，他的这样一种混合理论也可以说是一种适度道德理论。他说："虽然这一观点存在许多形式，这些形式存在着重要差异，不过它们在两个重要方面是一致的。一、有利条件下，道德允许人们在某些宽泛的限度内做他们想要做的事情，道德因此缺少了严苛性；二、道德确实向行为者提出了要求，施加了约束：它禁止某些事情，要求其他事情，并且将使行为者有所损失，有时是非常重大的损失。道德是适度的，这一观点因此介于最小化（minimalist）立场（道德没有向行为者施加独立的约束，没有要求行为者承担净损失）和最大化（maximalist）立场（道德是严苛的）之间。"② 修正行动功利主义或行动后果主义的严苛性要求，

---

① Samuel Scheffler, *The Rejection of Consequentialism*, Oxford: Clarendon Press, 1982, pp. 5-6.

② Samuel Scheffler, *Human Morality*, Oxford University Press, 1993, p. 100.

从而提出某种适度道德,是在回应威廉斯的批评之后坚持后果主义并进而改进后果主义的努力方向。谢夫勒指出,首先,既不对行为者施加最大化好的后果追求这样高的标准或严苛要求,同时也对行为者施加了某种限制,即行为者中心限制;其次,他从消极面进行规定,这是因为,某些限制可能会导致行为者承受一定的利益损失,因此,他指出,他的适度道德不要求人们承担净损失,换言之,如果道义论的约束可能带来一定的损失,但这样的要求不会不符合行为者的自身利益。

然而,谢夫勒认为,他的混合理论仍然是一种后果主义理论,也就是说,他提出行为者中心限制和特权,是要建构一种后果主义的理论。他说:"在这里,我所关心的不是这个问题:是否这些论证在建构一种后果主义的分配真正是成功的,这种分配致力于更多地关注个人自己而不是其他人的福利。也不是这个问题,是否这种分配可能为后果主义回应完整性异议提供一个满意的基础……这个论证只是打算,在后果主义观点的背景里,支持一种从非个人观点看的特别论点,这种论点是关于促进自己的善与促进他人善的相关权重的企图。"① 所谓的"行为者中心特权",也就是将行为者个人对自我利益、福祉以及相关亲近者的利益、福祉放在一个重要位置上,甚至是一个优先的位置上。"相对照的是,行为者中心特权有着这样的功能:否定一个人总是应当做总体最好后果的事。而这将否定从一种非个人的观点出发,一个人应当将自己的能量和关注以一种严格的比例给予他自己的计划和承诺。这将系统地允许人们,在一定的限度内,将他们的能力和关注给予他们自己的规划和承诺,即使他们这样做将不是平衡地促进最大化总体后果。"② 谢夫勒指出,他提出的"行为者中心特权",是给予行为者将自我利益、福祉以及他所亲近者的利益和福祉的考虑以适当权重,谢夫勒强调这有一种自我利益与他人利益的比例,但具体是怎样的比例,他没有也不可能具体化。所谓"比例",也就是行为者中心观点与非个人观点之间的比例。因此,"比例"的说法表明,他还为后果主义的考虑留有空间。其次,他强调他的行为者中心特权原则是不考虑总体最佳后果的,他认为,行为者中心特权将行为者关注他自己的规划与

---

① Samuel Scheffler, *The Rejection of Consequentialism*, Oxford: Clarendon Press, 1982, pp. 16 – 17.

② Samuel Scheffler, *The Rejection of Consequentialism*, Oxford: Clarendon Press, 1982, p. 17.

承诺放在重要位置，并非为了平衡地促进最大化的总体后果。

因此，在谢夫勒看来，他与这样两类功利主义或后果主义的考虑划清了界线：一是不同于斯马特等人的行动后果主义理论，在斯马特那里，后果主义体现的是一种"普遍仁爱"的观点，即从非个人观点或行为者中立场上，对总体事态的最好后果这一标准来评价个人的行为。因此，在行动后果主义那里，相对于总体事态的善或好，个人的善或好的后果则放在一种次要的位置。二是将行为者的利益或福祉放在重要位置，但不是从行为者本身出发，而是从总体最大化后果这一目的出发。这两者似乎是一个悖论，斯马特强调从全人类的存在者的总体事态来看待每个人的行为效果或后果，这种功利主义则认为应当将个人的利益或福祉放在一个比他人利益更重要的地位。但实际上这是功利主义的传统。西季威克等人提出，就个人的善或福祉与他人的善或福祉而言，行为者的位置使他将更好地促进他本人和与他亲近的人的善或福祉。西季威克说："功利主义给予每个有理性的成年人，以他自己的方式来自由地追求他自己的幸福的最明显和最明白的理由是：每个人最有资格来促进他自己的利益，因为即使当他不知道它们是什么和怎么获得它们时，无论如何他也是最敏于关心它们的。"[1] 并且，功利主义认为，人性决定了人们将更多精力致力于他们自己而不是其他人的福祉，否则人们不会有效率地做什么。我们知道，边沁的功利主义社会幸福就是建立在个人幸福的前提上，即社会幸福也就是个人幸福的简单累加。因此，也只有在普遍意义上个人幸福量增加了，总体累加的幸福总量才可增加。在谢夫勒看来，边沁传统意义上的这种对个人幸福或利益的重视，是在总体累加好或善的最大化意义上的。因此，个人幸福或利益只不过是社会累加总体善或好的工具而已。但他提出的"行为者中心特权"对个人福祉和利益的关注，也不是在这种意义上的。谢夫勒指出，他的行为者中心特权对于自我利益或福祉的关注和承诺，将行为者个人福祉放在比其他人更重要的地位，并非因为对行为者个人福祉的关注或承诺是产生总体福利的工具。或者说，并非把它放在一种产生总体好的事态的工具位置上。谢夫勒说："后果主义所寻求的表明，致力于更关注自己的规划比关注他人的福利，就后果主义的理由而言，通常是合理的。就行为者

---

[1] Henry Sidgwick, *The Methods of Ethics*, London: Macmillan, p. 431.

中心特权的功能而言,它将否定的是:允许将致力于自己的计划和承诺取决于这种活动作为总体利益的工具的效果。"① 行为者中心特权对个人规划、计划、承诺或自我利益、幸福的重视,并不是因此而能增加累加的总和幸福,而仅仅是将个人幸福或福利放在一个重要位置。从非个人的观点看,如果因为这种关注或重视而并非有利于增加累加的总量,也有正当合理的理由。

在这里,我们需要回到谢夫勒所说的"比例"或分配的问题来。他的意义是,通过对自我利益的关注来平衡我们从非个人观点看的总体最大化好的后果。同时,他也说到因为我们从行为者中心观点看,我们对自我规划或承诺的关注,以及我们在自我利益、自我规划与承诺上花费我们的能量或努力,可能并不能在非个人观点意义上产生总体最大化的好的后果。因此,谢夫勒的"行为者中心特权"在相对于行动后果主义的总体最大化好的后果意义上,实际上讲了两种情形。这两种情形可能是一回事,即对我们自我利益的促进是一回事;而对最大化的总体善的促进是另一回事。由于谢夫勒并没有完全放弃后果主义,他的心目中所要做的是将行为者中心特权或行为者对自我利益的关注和促进融入这样一种考虑之中。因此,所以提出比例或平衡的问题。那么,怎样做到这一点呢?谢夫勒提出了这样一种讨论:分配时间。谢夫勒说:"更具体地说,行为者中心特权是怎样操作的呢?不能以简单地确立一种'特权地带'(在这样一种地带中,每个行为者被允许做任何事)来操作,这是不合理的。这也就是说,不能合理地要他在百分之五十的时间里做产生最好事态后果的事,而允许在其他时间做任何事情都可以。这种精神分裂式的安排从道德上将一个分成两半:一个完善的自私者和一个完善的后果主义者。虽然这样的建议太荒唐可笑以至于不可讨论。"② 谢夫勒指出,他的行为者中心特权观并非要将个人分成两半,一半是一个完善的后果主义者,另一半是一个完善的自私者。这个自私的人可以摆脱道德的约束,任意追求他所欲求的任何计划和目标;而同样是一个人,则在另外的时间里又完全遵循后果主义的道德要求来行事。完全摆脱道德约束的问题和完全遵循后果主义道德要求的问题

---

① Samuel Scheffler, *The Rejection of Consequentialism*, Oxford: Clarendon Press, 1982, p. 17.
② Samuel Scheffler, *The Rejection of Consequentialism*, Oxford: Clarendon Press, 1982, p. 17.

实际上已经将个人的完整性分成了两半，而谢夫勒提出"行为者中心特权"原则恰恰是要保护个人完整性。所谓个人完整性是"在一种统一的人格结构中他的行为和价值一致性关系，而保护性地带特权削弱了人格的一致性和统一性，但人格的一致和统一是完整性生活的前提。"①

从完整性意义上，行为者中心特权原则是否可以为完全自私的人提出某种理由来为他们的行动辩护？如一个完全具有自私人格的人，他的行动完全不考虑一切道德要求或约束，一切以自我利益为中心，或在需要损害他人利益来实现自我利益时，也在所不辞。谢夫勒指出，如完全的虐待狂，或那些有着坚韧品格的雇佣兵，喜欢暴力和冒险，导致他作为一个杀人犯而将他卖给了开价最高的人。具有这样品格的人不能为任何道德留下空间。因此，如果说，行为者中心特权要使得任何一个行为者过一种完整性的生活，"而完整性应当被理解为比一致性更多的东西，或者说，它能够使得每一个人都过一种完整性生活，其前提条件是，要提供进一步得到满足的条件。一个保护性地带特权在这个意义上是太强了：它没有将道德的限制置于自私自我可能追求的规划和计划上。"② 这里通过一个完全自私的人或一个有着恶品质的人的人格完整性问题，将任何人的完整性人格是否都需要保护的问题提了出来。谢夫勒通过这样的事例指出，行为者中心特权所保护的人的完整性或人格的完整性，应当是那种道德人格健全的人的完整性。在谢夫勒看来，那些完全自私自利的人，那些有着恶的品格的人，其人格本身就不是健全的，因而也谈不上完整性的问题。当然，即使是对于一个有着健全人格的道德人，强调保护性地带特权也不意味着使他们的人格分裂。并且，行为者中心特权的原则并非要那些有着良好品格的人都放弃自己的道德原则而在某些特定的时间专做对自己有利的事。还有，所谓"完整性"还意味着个人生活规划、计划或期望能够自主地行使，而不至于由于某种道德信念而遭受破坏。因此，谢夫勒所认为的"更适当的行为者中心特权"有两个特征："第一，这样一种特权不仅仅是允许行为者以超出从非个人观点看的比例权重来将其能量和关注倾注在他自己的规划和计划上，而且宁可说，以这样一种方式这样做，是允许在一种

---

① Samuel Scheffler, *The Rejection of Consequentialism*, Oxford: Clarendon Press, 1982, p. 18.
② Samuel Scheffler, *The Rejection of Consequentialism*, Oxford: Clarendon Press, 1982, pp. 18–19.

统一人格之内将个人价值与行为一致性地整合起来。第二，一种可接受的行为者中心特权将把适当的限制置于价值与行为之上，它们的一致性整合和发展将得到保护。"①"行为者中心特权"是为了允许行为者以超出从非个人观点看的比例权重来将其能量和关注倾注在他自己的规划和计划上，而避免后果主义的最优总体后果给行为者产生的无限责任，从而导致如同威廉斯所提出的完整性异议，同时，行为者中心特权又是有着适当限制的，能够将个人价值与行为一致性地整合起来的特权，并非放任行为者的行为仅仅以自我为中心或甚至为对他人利益的损害或伤害行为得到道德辩护，因而那些完全自私自利的人或有着品格缺陷的人，不可能有因行为者中心特权的保护来为自己的不道德行为辩护的可能。

前文已指出，谢夫勒还认为，提出"行为者中心特权"的混合理论仍然是某种意义上的后果主义。谢夫勒强调，行动后果主义因为要求行为者在任何情形下都要促进最好的总体后果，因而产生了完整性异议的问题。因此，他说："我相信，假定在这样的条件下：去获得一个次于最优后果程度（degree，或译为'量'）的后果（要不，这个最优后果他是可以获得的，而且没有先例可以超过），以及他为促进最优后果的必要牺牲的程度大到多于特定比例，那么一个似乎合理的行为者中心特权将允许每一个人在对自我利益与他人利益进行比较时，将对自我利益设定一个更大比率的权重，这将允许行为者选择非最优化的后果；假如基于这些理由而排除这些对于行为者来说是可能的非最优后果，那么，就应当要求他促进最优后果。"② 在这里，他提出，他的行为者中心特权原则是允许行为者可以追求次于总体最优后果的后果，也就是不必任何时候都去追求总体最大化的好的后果，但同时，他又没有放弃总体最优后果这一目标，即如果条件不允许去追求非最优化的后果，那么，就应当追求总体最优后果。无疑，这样一种混合理论并不把自我划分为相互冲突的两半，而是将个人在统一的人格内进行价值与行为的整合，但同时又以非个人立场追求总体最大化好的后果，因而，"这样一种特权将能够使一种规范的观点容纳个人的完整性而不会坍陷于自私中"。③

---

① Samuel Scheffler, *The Rejection of Consequentialism*, Oxford: Clarendon Press, 1982, p. 19.
② Samuel Scheffler, *The Rejection of Consequentialism*, Oxford: Clarendon Press, 1982, p. 20.
③ Samuel Scheffler, *The Rejection of Consequentialism*, Oxford: Clarendon Press, 1982, p. 21.

那么,怎么可能将个人的规划、计划或期望给予比从非个人观点看的总体最大化好后果更大权重,从而还能与后果主义观点相融呢?在前面,谢夫勒一再批评了那种把对自我的规划、计划等个人利益的追求作为一种保护地带从而与对最大化总体好的后果的追求区别开来的说法,但是,他一直都在说一种权重比例,即两者的权重比例。也就是说,当我们把对自己的规划、计划等个人利益或个人情感放在比实现总体事态后果的最大化更重要的位置上时,我们在一定的意义上也就有了这样做的正当理由,但并非我们总是会这样做,当总体后果最大化好的后果在我们这里是更重要时,那我们也就应当追求总体最大化好的后果。谢夫勒有一个形象化的说法:"允许每个行为者将他自己的利益以 M 倍于任何他人利益的权重。这意味着允许行为者履行他所偏爱的行动 P,假定他没有选择项 A,这样,一、A 是有可能比 P 产生更好的总体后果,这是从非个人的观点给予每个人的利益平等的权重得出的;二、他履行 P 而不是 A 对其他人的总体的净损失将大于他履行 A 而不是 P 的 M 倍。这意味着,行为者总是被允许履行那从非个人观点来看将产生总体最好后果的行为——如果他希望这样做时。但要求他履行的行为,将是以非个人术语的最优结果,恰恰是在这种情形下,每个选择项涉及对他人的总体损失相比较他不选择履行最优行为的净损失大于 M 倍。"[1] 在谢夫勒这个以大致数字化的方式所说明的行为者中心特权的模式中,"假定他没有选择项 A"这一条件句十分重要。换言之,如果从非个人观点看的总体最优后果的行动没有现实可能,那么,行为者自身的利益需求的行动可以放大 M 倍来获得其正当理由。相比较严格意义上的后果主义非个人立场的严格计算,这是"成比例地将巨大权重放在他自己的利益上。"[2] 如果没有行为者中心特权的允许,在功利主义或后果主义那里,任何人的利益(包括自己的利益)都将得到平等的考虑,而不是可以放大 M 倍来考虑。不过,这里谢夫勒的后果主义思想仍然表现得很明显,即只要有可能或有条件能够实现总体最大化好的后果,那么,首选的不是个人利益的最大化,而是总体后果的最大化行动。当然,如同边沁所认为的那样,这两者也可能并非冲突的,而有可能是一致的。

---

[1] Samuel Scheffler, "Prerogatives Without Restrictions", *Philosophical Perspectives*, Vol. 6, Ethics (1992), p. 378.

[2] Samuel Scheffler, *The Rejection of Consequentialism*, Oxford: Clarendon Press, 1982, p. 20.

二 伤害问题

谢夫勒对混合理论中的"自我中心特权"的解释,所遇到的最大问题是(不)伤害问题。谢夫勒在讨论不伤害问题时,他对于不伤害的态度也使人感到他的态度有问题。谢夫勒指出,传统的非后果主义的观点认为,不伤害他人的责任要强于帮助他人的责任。他认为"这样一种观点只是在非常有限的意义上是可理解的。"[①] 他举出两种案例来说明。第一个案例是行为者只是不伤害某人,将能够避免一种不可欲求的总体后果;第二个案例是,行为者如果帮助某人,将避免同样数量的恶。他指出,在许多这样平行的案例中,伤害某人和没有帮助某人将导致同样不可欲求的总体后果,他所描述的这种行为者中心特权,事实上要求行为者不去伤害而不是帮助。然而,谢夫勒的讨论则表明,为什么在这样的情形下,不伤害的责任总是强于阻止伤害的责任?在他看来,这是传统的非后果主义所产生的一种根深蒂固的观点,而这样一种观点只是因为人们直觉上这样认为,但并非能够提出令人信服的理由。谢夫勒说:"确实,这个理论主张,不伤害的责任一般来说,至少在某种意义上强于帮助的责任,因此,如果两种责任发生冲突,至少有时它会胜出,即使这时很清楚,最好的总体后果是施加伤害才可获得。"[②] 谢夫勒举这样一个例证来说明,某个行为者有两种选择。他能够避免伤害某人,但如果他这样做,那么,更大的伤害将落到其他人头上,并且,也将不能够帮助他们。相反,如果他帮助其他人,但这样做将伤害第一个人。他不伤害的总体后果比帮助他人的总体后果更坏。谢夫勒这样说的意思是什么?从后果主义来看,难道不是说,将不伤害的责任看得比帮助他人更重或更强不是错了吗?或者说,谢夫勒不是在这样鼓动伤害吗?当然,条件是只要伤害的总体后果之好大于帮助他人的总体后果之好的话。然而,谢夫勒也指出,不伤害是体现道义论的行为者中心限制。但谢夫勒认为,即使如此,这样讲并不说明问题。

谢夫勒再次以杀一救五这一当代伦理学的经典案例来说明。例如,有某人这样论证:如果你能做这样两种事:杀一个无辜者或杀五个无辜者,

---

① Samuel Scheffler, *The Rejection of Consequentialism*, Oxford: Clarendon Press, 1982, p. 23.
② Samuel Scheffler, *The Rejection of Consequentialism*, Oxford: Clarendon Press, 1982, p. 24.

既然你唯一的责任是积极帮助这六个潜在的牺牲者，如果你能或者提供或多或少的积极帮助，那么，提供更多而不是更少就是合理的。如果你可能为了防止某人杀死那五个而杀死一个无辜者，但是，你不能这么做。为什么？因为不给自己施加伤害的责任比防止伤害的责任更强。谢夫勒说："这种主张的问题是，对于这些责任的来源和基础缺乏某种独立的说明。对于它支持要说明的问题没有提供一个真正的回答。它通过说某人不伤害的责任强于防止更大的伤害来回答这问题：为什么一个人不承诺这样的责任：为了防止五个人受到伤害而伤害某个人。但为什么一个责任强于另一个责任？而诉诸责任几乎不可能比如下主张有更多的信息：一个人必须不为了防止五个同样的人受到伤害而伤害一个人。"① 谢夫勒指出，明摆着如果我们杀了一个人而可以使得五个无辜的人免于灾难，但日常道德给我们的回答是不可能这样做。其理由是，一个人必须不得为了防止五个人受到同样的伤害因而去伤害一个人。承认不伤害的责任强于帮助他人的责任，这是道义论的行为者中心限制的特征，但他认为，仅仅指出这一点是不够的，因为这并没有比相反的说法提供更多的是为自己辩护的理由。谢夫勒说："它仅仅通过处理某种原初的消极和积极责任（作为更大或更小形而上学实体）的画面而创造了一个更多信息的幻象，更大的就更重，因此自然就更有影响。"② 恰恰是谢夫勒自己的这种说法，使人们感到，谢夫勒在为伤害而不是帮助他人提供辩护。卡根指出："这样一种特权不仅允许行为者放任伤害，而且还将允许行为者在追求他们的非最优计划时实施伤害（谢夫勒欣然允许最佳的伤害）。"③ 卡根在这样说时，还专门指出是他在讨论伤害的那几页（谢夫勒著作的第 23 页至 25 页）导致的问题。我们也感到，谢夫勒在这样说时，确实使人感到他好像是在为主动伤害辩护，当然，条件是这种伤害如果能够带来更大的好的总体后果。而当他这样讲时，是否是放弃了行为者中心限制的说法呢？或者说，行为者中心限制不合理吗？不是，他只是认为，日常道德或道义论的行为者中心限制没有更多的理由来为自己辩护，只是觉得不伤害的消极责任大于防止伤害或阻止

---

① Samuel Scheffler, *The Rejection of Consequentialism*, Oxford: Clarendon Press, 1982, p. 24.
② Samuel Scheffler, *The Rejection of Consequentialism*, Oxford: Clarendon Press, 1982, p. 25.
③ Shelly Kagan, "Does Consequentialism Demand too Much? Recent Work on the Limits of Obligation", *Philosophy & Public Affairs*, 1984, Vol. 13, No. 3, p. 250.

伤害的积极责任，但仅仅讲一个比另一个"大"就够了吗？后果主义的更大的总体好的后果不大吗？

谢夫勒认为，他可以提供充足理由来摆脱这里的困境，即行为者中心的特权可以把个人规划、计划或个人利益放大 M 倍，因而可以与后果主义的那个更大的好的总体后果抗衡或超过它。不过，即使如此，谢夫勒仍然认为还需要对不同方面的强度进行解释。然而，就是这样一些说法以及他关于伤害的说法，使得人们对他的理论有了直接攻击的靶子。

谢夫勒是从积极层面为自己的理论进行合理辩护的理由，即将自我利益放大 M 倍从而使得人们有了行为者中心特权，因而能够在不促进最大化总体后果的前提下人们有理由来从事自己的规划、计划等。卡根则从消极层面来责难谢夫勒。卡根设想行为者面临这样一种选择：选取行为 S 而不是 O 有更多的自我利益，并且客观上造成对他人的损失大于我所获的利益。但因为我能放大我的利益和损失比它们实际上大 M 倍，这样，我就有理由来履行 S，而不像后果主义所主张的，如果他人损失的与我的相比，等于或大于我所得，我的行为在道德上就没有正当性。然而，现在假设如果他人损失的尺度小于或等于我所获的 M 倍，那么，这就不是一次没有正当合理性的行为。正当行为的理由是他人损失小于或等于我的 M 倍所得。换言之，一种如此损人利己的行为也都可以通过谢夫勒的行为者中心特权的 M 倍来心安理得地为自己辩护。卡根还用了一个更具体的案例来反击谢夫勒。他举的是杀死叔叔来继承那一万美元的案例。他说："很明显，这将允许为了继承我叔叔的一万美元而杀死他……我们大多数人相信不会为了救陌生人的命而要那一万美元，而任何放大 M 倍都足以导致这样的结果。"① 谢夫勒面对卡根这样严厉的攻击，不得不为自己辩护。谢夫勒说，像卡根所说的行为者中心特权不仅允许行为者实施伤害，而且也允许行为者在追求自己的非最优后果计划时实施伤害，这种问题如果联系行为者中心限制，则不会存在。这实际上谢夫勒正在收回他在《拒绝后果主义》书中关于伤害所说的那些意思。他说："因为这样一种限制禁止伤害，即使是为了产生最优的总体后果，更不用说为了确保某种自己的利益。但是，

---

① Shelly Kagan, "Does Consequentialism Demand too Much? Recent Work on the Limits of Obligation", *Philosophy & Public Affairs*, 1984, Vol. 13, No. 3, p. 251.

批评者指责说，一种有特权而不包括行为者中心限制的理论允许得过多了。"① 但由于卡根"杀叔叔救陌生人"的案例是那么直观地违反日常道德，因而谢夫勒花费了相当的篇幅来讨论卡根案例的意义蕴含。

谢夫勒指出，卡根的批评使他注意到了这样一种放大 M 倍来为自己的行为者中心特权有利于自己的行动辩护所存在的问题。这样一种放大不仅可以从对自己有利方面来考虑，也可以从损失和对他人伤害方面来考虑。如行为者在没有非个人的更好选项而做行为者自己所偏爱的行为方案 P，但 P 方案如果偏向他人，也会对自己的利益有所损失，为了避免 P 对自己利益的损失，那么，把自己的损失放大 N 倍，但因此会对他人造成 N 倍的损失。因此，"这似乎意味着，为了避免 P 对他自己的损失，而允许 N 尺度对他人的伤害。"② 也就是说，为了避免 P 所造成的 N 倍的伤害，而直接把 N 倍大小的伤害施加给别人。谢夫勒说，这个对称条件是混合理论的麻烦所在，而这是卡根的观点引起他注意的。但谢夫勒在具体讨论这一问题前，希望我们注意，阻止伤害比直接施加伤害所付出的代价大得多。如我要阻止遥远地区因为饥饿而导致死亡的代价比我什么都不做任其死亡的代价大得多，并且，比我直接邮寄毒药食品将他们毒死的代价大得多。换言之，如果我因为要阻止那些遥远地区的人因饥饿而死亡代价太大而做不到，从而那些人必定死去；相比之下，寄毒药食物的代价则小得多，如果从代价上看，我们只选取代价小的行动，那就必须允许我寄毒药食品去饥饿地区。很显然，这是一个荒谬的结论。谢夫勒指出，他的放大 M 倍的行为者中心特权论，并不是从这样一种代价论出发。如果是从这样一种代价论出发，施加伤害比防止伤害的代价小得多，那我们就应当施加伤害了？

在这个意义上，谢夫勒认为，卡根的那个杀叔叔得一万美元遗产来救陌生人的案例具有误导性。不杀亲戚得不到那一万美元，从而不可阻止陌生人的死亡。在这里不杀和不能阻止死亡都涉及一万美元的得或不得。对于行为者来说，这两个行为过程的损失是相同的，都是一万美元。而如果我杀了叔叔从而得那一万美元遗产，因而救了一个陌生人的命，这个得与

---

① Samuel Scheffle, "Prerogatives Without Restrictions", *Philosophical Perspectives*, Vol. 6, *Ethics* (1992), p. 379.

② Samuel Scheffle, "Prerogatives Without Restrictions", *Philosophical Perspectives*, Vol. 6, *Ethics* (1992), p. 380.

失一样多，在卡根看来，由于得失一样大，因而在道德上不受谴责。如果叔叔得了不可医治的重病，而陌生人则如果得到及时治疗则可痊愈，那么，这在卡根看来，人们为了救陌生人而杀叔叔就可得到辩护。而如果杀一救五呢？不是更应当为之辩护？我们前面说了，谢夫勒《拒绝后果主义》中的若干篇幅的论述，使人们感到他有这样的观点。但谢夫勒在后来的论文中则说，他的行为者中心特权论并不是在提倡这样一种观点。现在，在他的论文中，他补充了对行为者中心特权的一个有利理由：行为者自身的心理、道德代价。在他看来，如果不是一个精神病患者，不会仅仅认为杀了叔叔得到一万美元就像自己已经拥有一万美元那样是一回事。当然，我们不是精神病患者，并且事情不会到此结束（要叔叔的钱去救陌生人）。然而，我们却会因此而产生"害怕、恐怖、羞耻、耻辱、厌恶、自憎、处罚性的良心攻击、社会放逐的危险、疏离了的爱、监禁、经济毁灭、人格的扭曲以及导致一种丰富生活的能力的扭曲。"① 这个代价并不会因为他帮助了别人而不存在或减少。因而他放弃这笔钱，比他有这笔钱或因这笔钱帮助别人过得更好。在谢夫勒看来，在卡根的这个案例里，这方面的代价问题他根本没有考虑。个人这个方面的代价根本无法从行为者中心特权来放大个人利益 M 倍来抵消。谢夫勒指出，行为者中心特权的观点本来就是从行为者的利益考虑出发，即个人在后果总体最大化利益面前，可以将自我的利益或获利放大 M 倍来为自我的行动辩护。但是，产生如此巨大的个人代价，则不是将自我利益放大 M 倍或 N 倍可以辩护的。假设这个行为者自己原来就有这一万美元，这是他合法拥有的，他放弃它或者说他将这笔钱用在救陌生人身上，则完全不同于因杀他叔叔而产生的那么多的道德心理的惩罚以及法律的惩罚，也不会因内疚而产生的或多或少的严重的苦闷。如果这笔钱是他合法拥有的，而他又是一个后果主义者，那么，他可能会因为没有救陌生人的命而多少产生内疚或自责，但却不会像杀死亲戚那样产生道德心理或法律的惩罚问题。

当谢夫勒这样为自己辩护时，他是不是改变了最初他在自己书中的说法呢？如前所述，谢夫勒在书中说："为什么一个人不承诺这样的责任：

---

① Samuel Scheffle, "Prerogatives Without Restrictions", *Philosophical Perspectives*, Vol. 6, *Ethics* (1992), p. 381.

为了防止五个人受到伤害而伤害某个人。但为什么一个责任强于另一个责任？而诉诸责任几乎不可能比如下主张有更多的信息：一个人必须不为了防止五个同样的人受到伤害而伤害一个人。"① 这样的说法已经对卡根引起了强烈的质疑，即认为他主张伤害。不过，当我们理解了谢夫勒在后来论文中的这些说法，即他所补充的自我辩护，我认为，谢夫勒并没有为有意伤害或为了救人而主动杀人辩护。谢夫勒的辩护使我们明白，他这样说是有他的道理的，而这些道理我们在道义论那里并没有得到，日常道德所体现的行为者中心限制，只是告诉我们这是道义论的限制，但并没有给出更多的理由来为我们的道义责任进行辩护。谢夫勒从行为者的道德心理以及法律惩罚的意义上提出，这样的代价是如此之大，从而并不是像卡根所说的那样，杀自己的叔叔去救陌生人在道德上可以得到辩护，或其代价仅仅是一万美元。不过，我们看到，谢夫勒的心理情感代价论仍然是一种后果主义的进路。正因为伤害有如此大的代价，因此，行为者中心特权论反对像卡根那样所说的可以杀亲戚去救陌生人。当然，如果没有这一万美元，那个患病的陌生人可能会因为得不到救治而死。谢夫勒说："行为者中心特权理论能够允许在阻止某人死亡上失败，但不承诺让他杀人。"② 这个问题我们又如何理解呢？这里有两种情况，一是卡根所举案例的情况，但因为遭受反对杀人而没有得到这一万美元；二是自己有一万美元，而不拿出来救人。因此，这两者结果都是让人去死。前者因为有强有力的道德理由我们可以不这样做，后者则在于我们要保持自己这笔财产而不这样做，但如果我们是一个后果主义，我们也许不可能将自我利益（一万美元）放大到与一个人的生命价值那么重要的地步，但如果我们同时又是一个有仁爱之心的人（不过，也是一个很爱惜自己钱财的人），我们会因此而可能有心理上的内疚，并因此而感到苦闷。但这里的情感态度不同于前者，即我因没有杀害我叔叔而没有得到那笔钱，从而不可能去救陌生人。但因此陌生人失去生命，我并不会像我有那笔钱那样感到内疚，我只是因我没有经济能力而感到痛心。谢夫勒说："并不意味着行为者中心特权能够不同对待这两个不同的行为过程。但这种不同对待的可能取决于情感和动机呈现

---

① Samuel Scheffler, *The Rejection of Consequentialism*, Oxford: Clarendon Press, 1982, p. 24.
② Samuel Scheffle, "Prerogatives Without Restrictions", *Philosophical Perspectives*, Vol. 6, *Ethics* (1992), p. 382.

的不同的规范模式,取决于杀和让去死这两种模式在特征上的不对称态度。"① 换言之,不仅反对伤害可以得到行为者中心特权论的辩护,而且在阻止某人死亡失败这种行为上的不同态度也是可以得到辩护的。这是因为,让去死这样一种不做什么的方式虽然也是应当谴责的,但由于其负面的道德强度不至于像主动杀人那样强,因而行为者中心特权论是允许的。

　　谢夫勒对于当代后果主义理论的贡献,在于他提出了行为者中心限制和行为者中心特权这样两种似乎是正相反对的观点,前者力图解释威廉斯对后果主义的后果总体最大化善所导致的个人完整性问题,后者为在后果主义的价值承诺的同时,力图为行为者的自我利益的合理空间进行辩护。然而,在他看来,人们对行为者中心限制的道义论解释并没有什么力量,在回答卡根的伤害论时,他进一步阐明了他的行为者的心理情感代价论,这既可以站在行为者中心特权立场上为行为者的不伤害论辩护,同时也可以站在行为者中心限制的道义论立场上来为这样的行为辩护。因此,谢夫勒的这两种论点在这样一种理论意义上得到了统一。

---

① Samuel Scheffle, "Prerogatives Without Restrictions", *Philosophical Perspectives*, Vol. 6, *Ethics* (1992), p. 382.

第十章　多维度的后果主义

当代学者彼得森（Peterson，Martin）与前文所有人的思路都不同，提出了一种多维度的后果主义。无论是欲望满足的后果主义、动机后果主义、主观与客观后果主义、混合论的后果主义等，都是接受威廉斯的批评，进而改进行动功利主义或行动后果主义，从而使得后果主义能够在接受威廉斯的批评前提下，还具有可辩护性。然而，彼得森则完全不从这一种思路来讨论或改进后果主义，而是将从边沁以来的功利主义的后果最大化仅仅作为评价行为的一个维度，同时他结合当代政治哲学的讨论，提出多维度的后果主义。彼得森说："多维度的后果主义在道德哲学上没有直接的前辈。这假设是：一个行为的道义地位依赖于几个不相干的方面，在后果主义伦理学上这是新的［说法］。"[①]

第一节　道德上的对与错

道德上的对与错是道德评价与道德判断的基本问题。人们认为，彼得森的多维度后果主义最重要的贡献就是提出了不同于传统的对错二分性判断，即对与错只是程度不同的问题。汉宁在对彼得森的《多维度后果主义》的书评中说："我认为，这本书最重要的贡献之一就是提出对与错不是二元性的，而是程度问题，虽然作者也承认，这也是他与他的后果主义

---

① Martin Peterson, *The Dimensions of Consequentialism*, Cambridge: Cambridge University Press, 2013, p. 17.

同伴们最有争议的主张。"① 不过，彼得森认为，道德评价与道德判断的对与错的问题，涉及道德领域里多方面的问题，因而他以"道义"（the deontic）这一概念取代了以往的"道德"概念。在彼得森看来，行为的对错问题是一个从一维性的视域还是多维度视域来进行的问题。转换视域我们就可能会得出不同的关于行为对错的判断，而其中最大的不同在于，前者执着于对与错是一种两极性判断；而后者则认为对与错是一个程度问题。

一 多维性评价

彼得森的讨论从什么使得一个行为是对的这样一个规范伦理学的基本问题开始。就这个最基本的问题而言，后果主义的行为对错理论认为，"一个行为在道德上是否是对的，唯一地取决于后果"②。然而，彼得森认为，仅仅是从道德上看一个行为的道德特性并没有抓住后果主义的全部中心性承诺。与道德意义的对与错相关的，后果主义还涉及义务、允许、禁止或超义务。因此，我们应当把后果主义不仅看作关于行为的道德性质的规范理论，而且还应当把所有这些相关要素都考虑进去。因此，我们就应该以"道义地位"（deontic status）来取代前者，这样我们就转换成"一个行为的道义地位仅仅取决于后果"③。彼得森将后果主义对于行为评价与要求放在一起，提出了一个对于后果主义规范理论的综合性主张，他把这个主张称为 C∗。这个主张也确实扩展了我们对后果主义作为一种规范理论的理解。不过，这只是他的理论起点。

在彼得森看来，传统后果主义从后果来确认行为的道德地位，仅仅是一维性（one-dimensional）的对于行为的道德地位或道德性质的判断或把握，因而是片面的。在他看来，一个行为的道义地位应当从多个方面来判断，这就是他所提倡的多维度的（multi-dimensional）后果主义。那么什么是他所理解的多个方面？这就是个人的分立性、福祉、平等以及行为后果的可预期性（或不确定性风险）等。典型的一维性后果主义，也就是传

---

① Brian Henning, "Review book: *The Dimensions of Consequentialism*, Ethics, Equity, and Risk by Martin Peterson", *Ethics*, Vol. 125, No. 3, April 2015, p. 901.

② Martin Peterson, *The Dimensions of Consequentialism*, Cambridge: Cambridge University Press, 2013, p. 1.

③ Martin Peterson, *The Dimensions of Consequentialism*, Cambridge: Cambridge University Press, 2013, p. 1.

统后果主义以行为产生的福祉后果总和的最大化这样一个单一的方面来评价行为。彼得森告诉我们，他这里所说的后果主义是包括所有当代学者所称之为"后果主义"的理论，如规则后果主义、行动后果主义等，以及从后果意义上来讨论的后果、内在价值等。以这些理论或后果概念来评价行为，不因它们的内部分歧是什么，而都是他所说的一维性的。多维性也就是从多个方面来进行行为的道德地位的评价。那么，是多少个方面呢？他认为他不可能列出这样一个清单，不过，他认为这个标准是简单的："［说是］一个方面，就是它能够直接影响到行为的道义地位的特征。"① 然而，他的讨论则把当代政治哲学中的优先论（prioritarianism）和平等主义（egalitaianism）加入传统后果主义的讨论中。换言之，彼得森把以优先论或平等主义所导致的政策或行为后果状态都考虑进后果主义这一范畴里。以任何一种政治的或伦理的考虑而导致的政治的或社会经济的后果都可以进行道德评价从而判断其道义地位。不过，在他看来，优先论的福祉总和与经过调整的平等的福祉总和，如果都从这些某一个方面来评价行为的道义地位都是一维性的。换言之，传统功利主义或后果主义，以及优先论和平等主义都是一维性的道德评价理论。但如果将它们与传统后果主义所体现的不同维度，如福祉平等、个人分立性以及行为评价困境等放在一起来进行行为道德地位的评价，则构成了多维度的评价。优先论和平等主义是当代政治哲学中两种突出的理论流派。优先论相信，将社会资源给那些生活处境差的人比给那些生活处境较好的人更为有益，而之所以会如此，那是因为那些处境差的人处于一个社会绝对低的水平线上。罗尔斯的差别原则提出惠顾最少受惠者，即一个社会资源的分配，只有优先考虑到社会弱势群体，或最低受惠群体，这样的分配才可说是正义的。因此，也可以说，罗尔斯是这样一种优先论者。平等主义有多种版本，如人们认为，罗尔斯强调对于社会基本善的平等分配，因而可以说是一种资源平等主义，阿玛蒂亚·森认为罗尔斯的正义论就是这样一种平等主义理论，而森认为，仅仅重视社会益品（公共善），认为只是做到平等分配社会益品的资源平等主义，没有看到每个人的能力的差别或不同，即同样数量或质量的

---

① Martin Peterson, *The Dimensions of Consequentialism*, Cambridge: Cambridge University Press, 2013, p. 15.

商品在不同身体状况的人那里对于人们所起的功效就不同,因而森提出能力平等。另外,罗尔斯也强调人们的原生运气的不平等是正义理论所必须面对的基础性问题,而社会正义就是要面对或正视由于人们的出身、社会地位以及个人天赋等方面的不同运气给人们带来的在社会生活的各个方面的处境或收入、地位的不同,消除由于运气的差别而带来的社会福祉等方面的差别,从而实现社会平等。这被人认为是运气平等主义,这些平等主义理论在当代的争论中都有发展。彼得森并没有这样来区分性地谈平等主义,而仍然聚焦于福祉。他说:"平等主义是这样一种主张:为不同的人所享有的福祉是如何积累的。平等主义有许多不同版本,简单地说,关键性的理念是,一个行为的道义地位至少部分地依赖于福祉的相关差别。"①换言之,平等主义者强调平等,从而正视人们在福祉水平上的差别,或平等主义者所关注的是人们之间在比较意义上的福祉差别。正因如此,彼得森认为,对于平等主义者来说,"把平等看作最重要的事情,但大多数平等主义者辩护一个更为适度的观点,即相对差别加上行为所产生的福祉总和,一起决定行为的道义地位。"② 彼得森的后一个补充,指出平等主义的行为评价强调了对福祉的影响。彼得森指出,如果一个特定行为比另一个行为导致一个人的生活更糟,那么它在道德上就是错的。然而,如果仅仅从这样一个维度来看待一个行为的后果,这也如同功利主义那样,也是一维性后果主义。换言之,即使是平等主义者,讨论行为不可能不看一个行为所产生的福祉影响以及这个影响所产生的在人与人之间的差别(更好或更坏)。

彼得森认为,多维的意思不是说从不同的视域看一个行为的道义地位就等于传统后果主义的一维视域。多维度的后果主义认为,不同维度本身不可归约为一维,从而对于行为的后果评价也不可能是相同的。彼得森指出,第二次世界大战期间美国在日本投下两颗原子弹,从传统功利主义或后果主义的视域来看,由于这两颗原子弹从而相对早地结束了第二次世界大战,因而减少了过多的人员伤亡,从人类的福祉总和意义上看,这一行

---

① Martin Peterson, *The Dimensions of Consequentialism*, Cambridge: Cambridge University Press, 2013, p. 5.

② Martin Peterson, *The Dimensions of Consequentialism*, Cambridge: Cambridge University Press, 2013, p. 5.

为在道义上是值得肯定的。然而，从平等主义的人际比较观点看，任何人的生命都只有一次，所有人的生命权都应当得到平等的尊重，两颗原子弹直接造成日本几十万平民的伤亡，以及长期的核辐射对于生命质量的严重影响，因而违背了平等主义的人人平等的生命保护原则。那么，我们需要什么道德理由来为这样的行为辩护？在彼得森看来，这表明了一个行为可能有多重功能，从而可以从不同角度来进行道义评价。而且这样多维度的评价是不可归约的。彼得森指出："我们开始考虑这个具有两个方面特性的基本案例是有帮助的。想象一下你进入一个世界，在这个世界里，艾丽斯得到100单位的福祉，而波波得到50单位，或者在一个世界里，两人各得到60单位的福祉。从道德观点看，哪个是最好的选择？很清楚，第一个选择福祉总和更多，而第二个选择更为平等。功利主义将把第一个选择列在前面，而平等主义将更喜欢第二个。优先主义的偏爱取决于使用所重视的福祉的优先功能的形式。"① 不过，多维度理论家相信，上述情形表明，冲突的两方面不可能有一个真正的妥协。在这个简单的例子里，我们不能最大化平等，也不能最大化福祉总和，但这两个方面直接影响到每一方面的道德地位。直觉地看，考虑到福祉方面，第一个选择是正当的；而考虑到平等方面，第二个选择是正当的。因此，当所有方面都考虑，没有一个选择是完全对的或错的。既然没有一个选择要优于另一个，那么每一个选择的道义地位在于两个道义方面的终极观点。

然而，这样两种相反的评价在对于一个行为的道义评价中是否需要一个排序呢？换言之，行为评价的二元关系是否有一个排序的可能？波特摩（Portmore, Doug）说："一个行为的可允许性是一种功能，即就其后果的排序而言，如何将它的后果与相关的那些可选择的行为排序（即原则排序）的功能，而这进而是两个算术排序：一个是依据一个行为者有多少道德理由想要获得这些结果，另一个是依据行为者不得不想要获得的多少理由来排序。"② 前一个理由序列是行为者自己行动的理由，而后一个理由序列则是面对现实不得不考虑的理由。彼得森认为，波特摩的这一说法显然是一种多维度理论，因为这一理论承认行为的道义地位取决于两个分离的

---

① Martin Peterson, *The Dimensions of Consequentialism*, Cambridge: Cambridge University Press, 2013, p. 2.

② Doug Portmore, *Commonsense Consequentialism*, Oxford: University Press, 2011, p. 118.

方面。但彼得森认为，这并不是一个完全的排序说法，甚至他认为，波特摩想要把这样两个系列整合为一个新的复合的方面，由此来最终决定一个行为的道义地位，因而仍然是一维论的后果主义。因此，人们的观点很容易还是停留在传统的后果主义思路中。彼得森再与上述艾丽斯和波波的福祉水平数进行假设：假设一：艾丽斯的福祉数为100，波波的福祉数为50，假设二：艾丽斯的福祉数为75，波波的福祉数为74，假设三：艾丽斯的福祉数为1，波波的福祉数为1。① 在这三个假设中，福祉总和最大的是假设一，从传统功利主义和后果主义的观点看，福祉总和最大无疑为最佳，其次为第二假设。如果从平等主义的观点看，最为平等的无疑是假设三，当然被认为是最佳，双方比较看出，这是一种彻底平等的福祉状态。因此，从不同维度进行评价，其道义地位同样是多维性的，而不是一维性的。并且，在不同的视域评价之间无疑是有"空白的"。

彼得森引入帕累托佳度原则进一步讨论一维性后果主义在平等与福祉总和两者上的评判。他假设第一个选择艾丽斯福祉数是100，波波的福祉数是110；第二个选择艾丽斯的福祉数是100，而波波是120。帕累托佳度原则是，一个状态是最佳的，即在让有人可以得到提高的前提下，而没有一个人处于原有水平之下。也就是说，帕累托佳度原则认为，只要在不使得所有人的状态（哪怕只有一个人）变坏的情况下，如果能够有人的状况变好，帕累托佳度原则都是认可的。但如果为了让某个人状况变好而令其他人的状况变坏，则不是帕累托佳度原则所认可的。现在我们看到，第二个选择中艾丽斯的状况没有变坏，不过波波的状况变得更好，并且尤其重要的是，从传统功利主义或后果主义来看，福祉总量也增加了。因此，传统功利主义或后果主义无疑会认为这个状况在道德上更值得肯定。然而，从平等主义的角度看，相比较第一个选择的状况，不平等增加了，因而平等主义肯定不会认同传统功利主义或后果主义的评判。彼得森指出："多维度的后果主义者相信，平等和福祉是两个分开的方面，并且这种处境是复杂的。因为不管如何选择，某些方面仍然没有完成，而不同的选择都有某些错误。帕累托原则所支配的选择产生更多福祉而较少的平等，所以虽

---

① Martin Peterson, *The Dimensions of Consequentialism*, Cambridge: Cambridge University Press, 2013, p. 13.

然在一个较高的程度上允许更多不平等可能是对的，但在某种明确的程度上仍然是错的。而且，第一个选择比第二个选择产生更多平等但更少福祉，所以这个选择在某种程度上是对的，也在某种程度上是错的。很清楚，这一结论比一维后果主义评判的结论有细微的差别。"① 并且在平等主义视角的意义上，以帕累托佳度原则来进行选择是错的，因为它将产生更多不平等，但一维性后果主义视角则不承认这个事实。不过，在前面的假设中，第三个假设艾丽斯与波波的福祉都是1的状况下，无疑是最平等的，但同时也是福祉水平最差的。因此，仅仅从平等主义角度而不考虑到福祉量的观点同样有问题。

二 对与错：程度的变化

彼得森提出的这个多维度的后果主义与传统的后果主义的不同，他认为突出地体现在这样三个主张上，第一，一个行为的道义地位取决于不可归约的几个道德方面。这是彼得森的多维度的后果主义的定义，前文已经讨论，但需要进一步进行规定使它更为清晰，因而他提出：第二，"至少如同什么一样好的后果"中的二元关系不是完整的序列（complete ordering），这一主张基于不同行为后果之间的比较。在彼得森看来，这是多维度的后果主义要面对的一个问题。彼得森举例说，如果某种福祉实际上为这个行为所产生，但同时也可能有一种危险潜藏于其中，那么，"'至少如同什么一样好'这种二元关系就是不完整序列，这意味着在某种程度上是虚假的"②。这里的二元关系，如作为后果的A与作为后果的B进行比较。彼得森假设了一个案例。想象一下世界唯一的超级大国的总统能够停止打击敌人的战争而拯救巨大数量的士兵的生命。从多维尺度的视野看，相对于行动所产生的福祉来看，不进行战争的后果将好于从一维尺度来看的后果，但不意味着就考虑到所有方面而言不进行战争是最佳的。假设，忽视从敌方来的侵略信息就是一个危险的战略。因此，相对于其他方面而言，一个短而成功的战争可能就是较好的：可减少一个国家所面临的总体危

---

① Martin Peterson, *The Dimensions of Consequentialism*, Cambridge: Cambridge University Press, 2013, pp. 24–25.

② Martin Peterson, *The Dimensions of Consequentialism*, Cambridge: Cambridge University Press, 2013, p. 9.

险。虽然不进行战争实际上能够拯救许多生命，但这个决定将可能导致更进一步的灾难。彼得森的这个案例显示，一个行为的后果本身可能具有多重可能性，仅仅比较一个行为与其他行为的好的后果，以及从多维度视角来看待这个不进行战争的决策行为，即不仅从最大化好的后果，也从平等主义的平等尊重生命的视角来看，都是一个好的决策。但是，背后所隐藏的坏的可能性则是这个决策所引发的。还有前面所假设的艾丽斯与波波的例子，从传统后果主义或从平等主义来看的 A 种分配方案与 B 种分配方案也是不可比较排序的。而所谓"不可比较排序"，是说如果你说 A 是对的，B 是错的，那么这两者就可以排序，但当我们说这两者不可比较排序的，即从多维后果主义的视角来看，我们无法进行这样的排序。第三，道德上的对与错，不是二元性实体，即道德上的对与错是在程度上的变化。实际上，彼得森的第二个主张蕴含了第三个主张。彼得森认为，在这个世界上，自然物如桌子、星系、电子等在道德意义上既不对也不错，人类的行为则有着道德上进行评价从而具有道义地位。人类的行为具有道义地位，是"指它们处于道义光谱的两个极端之间"①。所谓"道义光谱的两个极端"，即对与错。彼得森接着说："我主张这些行为最好被认为既不是完全地对也不是完全地错，但宁可说，是某种程度的对或错。"② 彼得森指出，这个主张听起来似乎有点怪，但对于多维度的后果主义来说是适当的。他指出在现实世界里，一个行为在某种程度上是对的，同时也在某种程度上是错的。如我们前面讨论的美国在日本投下两颗原子弹的后果。多维度后果主义的第三个主张反映了人类行为后果的这种性质。彼得森把这样一种多维视角判断中所产生的不一致或甚至完全相反性质称为后果系列的"空白"，如我们在前面所看到的艾丽斯与波波的三种福祉状态的比较。他认为这种空白在多维视域下是普遍存在的。

彼得森又把这种"空白"称为冲突，即在不同的评价视角下所产生的行为价值观点的冲突。对于评价冲突，传统的标准观点则认为，一个行为要不就是全对，要不就是全错。但假如从不同方面来看，两者得出对立冲

---

① Martin Peterson, *The Dimensions of Consequentialism*, Cambridge: Cambridge University Press, 2013, p.11.

② Martin Peterson, *The Dimensions of Consequentialism*, Cambridge: Cambridge University Press, 2013, p.11.

突的判断怎么办？持传统的一维性后果主义观点的人的解决方案，要不就是宣称道德上的对或错是两个二元性的实体，因而某些可行的行为是对的，而其他的行为则是错的，因为它们总是具有单一的道德性质；要不就是认为这是一种道德困境，不相容的冲突双方使得没有哪一种选择在道德上是对的。彼得森说："我的假设是：通过拒绝标准的观点从而使得有了第三种立场，根据这个立场，全面考虑的道义论的判断是，在许多情形中，这种判断是部分的［即持有一种有限程度的观点］。"① 彼得森的多维度后果主义就是在传统的观点之后，再加上一种观点，即在相当多的情形下，由于一个行为的多重性质，从而使得我们可以从不同维度来判断：它在某种程度上是对的，或在某种程度上是错的。在彼得森看来，传统的对错判断由于基于一维性的视角，从而总是在对立中思维。因此他认为，要将传统的对错概念扩展到以程度为基础的对错概念（传统的对错概念并不包含"程度"内涵），"这样我们对于一系列道德问题就获得更为精确的和道德上更为合理的分析。这特别是在传统意义上被认为是道德困境问题上"②。

多维视角所产生的评价冲突对于人们的行为也是有影响的，彼得森说："如果有两个或更多方面的冲突，那么，行为者有一个判断理由去履行一个行为，并且有一个判断理由不去履行这个行为。"③ 彼得森把这命名为"CA"。他认为，那些提倡这是一种困境的学者很容易接受这样一种说法。就他们的观点而言，对于为什么所有可选择的行为（行动）都是错的，回答是因为不同方面产生冲突。然而，那些认为这是一种二元对立情形的提倡者则不这么认为，他们拒绝 CA。因为他们认为，在冲突的双方或不同方面，至少有一个方面是对的。彼得森认为，人们对于冲突的不同方面提出的判断，是为人们的行动提出道德理由。因而我们可以从行动的道德理由意义上对行为的道德性质的判断给予界定。或者说，将行为的道义地位与道德理由联系起来。他说："一个行为的道义地位是与在那种处

---

① Martin Peterson, *The Dimensions of Consequentialism*, Cambridge: Cambridge University Press, 2013, p. 26.
② Martin Peterson, *The Dimensions of Consequentialism*, Cambridge: Cambridge University Press, 2013, p. 33.
③ Martin Peterson, *The Dimensions of Consequentialism*, Cambridge: Cambridge University Press, 2013, p. 32.

境中所获得的判断理由相符合的。更确切地说,……在某种(非极端地)程度上,有一种判断理由有利于采取一个行动,并且有另一个判断理由不利于采取某种行动。第二,一个行为整个地是对的,当且仅当行为者至少有一个判断理由去履行它,而没有判断理由不去履行它。第三,一个行动完全是错的,如果一个人至少有一个判断理由不履行它,而没有任何判断理由去履行它。"① 这里所说的三种情形,就是彼得森所认为的他的多维视角的判断与传统一维视角所产生的两种判断之间的区别。在他看来,这三者都给行动者提供理由。

我们认为,彼得森所提出的问题有其合理性,这个合理性在于,在人们的行动中,往往会出现某种道德冲突即道德要求冲突的情境,如中国古代的忠孝不能两全的问题。在发生这种冲突时,无论做什么,都可能会是某种程度的对或错。不过,也有那种情境,即只有一种选择是对的,而其他的选项都可能是错的,在这种情境下,则没有彼得森所说的程度完全,而是完全的对与错的问题。因此,我们应当区分在有道德冲突的情境条件和没有道德冲突的情境条件。一般而言,日常生活中多数情况下是没有冲突的情境,正是在没有冲突的情境条件下,人们对于应当做什么(在道德上这是对的)和不应当做什么(在道德上这是错的)有着一个依照常识进行的判断。当我们说一个行为是错的,我们倾向于劝告某人不要做某事。当某人没有做错什么,我们有着自明的理由,反对责备和惩罚她。不过,当我们说对错有程度不同时,是否就一定是多维度的视域才可发现?霍华特-施奈德认为,并非如此。即,即使是一维性的视域也可以认识到在某些情形下,一类行为既有可能是完全对的,也可能有程度不同的对。例如,如果能够完全按照斯马特的行动功利主义的最大化好的普遍仁爱原则行事,无疑是完全对的;如果做不到那样完全,只在一定程度上做到了,那么也就是一定程度的对。② 不过,当我们这样说时,也就是接受了彼得森的"程度"概念,而认为不需要以多维度的视域来看待对与错的程度问题。以往的后果主义理论由于没有这样一个程度概念,从而要么就是做到

---

① Martin Peterson, *The Dimensions of Consequentialism*, Cambridge: Cambridge University Press, 2013, p. 32.

② Frances Howard-snyder, "Degress and Diminsions of Rightness, Reflection on Martin Peterson's Deminsions of Consequentialism", *Ethical Theory and Moral Practice*, Feb. 2016, Vol. 19, No. 1, p. 38.

了斯马特所说的普遍仁爱的最大化好，要么就是错了，招致了人们的严厉批评。

彼得森回到人们对行动功利主义或行动后果主义的批评上来，即批评者认为是一种严苛性要求。彼得森指出，几乎所有的学者都接受了威廉斯的这样一种批评。然而，之所以会有这样一种严苛性批评，在于对于后果主义持有二元性对错的评判方法。彼得森说："如果我们拒绝了二元性方法，说几乎所有行为都是错的这一判断就不再是正确的。当然，这不是因为所有行为都是对的，而宁可说，因为不再运用对与错的区分。"① 人们对行动后果主义的后果最大化标准的批判认为，几乎在日常生活中没有人能够做到，因而以这样一个标准来要求人们，并且处于一种对与错的二元性思维中，那么必然的结果在这样的原则面前，几乎所有人的行为都错了。然而彼得森认为，实际上并不是所有人都错了，而是评价方法有问题。如果换成他的对错不是二元性的或处于一个光谱两极的东西，而是一个可以分布在光谱不同地方的东西，那么就应该认为，即使是做不到最大化好的行为，也不是错的，而只是程度不同的好或对而已。假设按照最大化好的后果主义要求，目前 P 的收入应当捐赠 10% 给慈善机构。然而，他只捐赠了 8% 或 9%。以往的二元性评判方法只认为捐赠 10% 才是对的，而 9% 或 8% 都是不对的。因此，二元性评判不仅是说没有达到最大化好不对，而且不能将 8% 与 9% 的捐赠区别开来进行评价。彼得森说："不是先得考虑所有的行为都是错的，而应该恰恰说，它们都有同样的道义地位。例如，既不是捐赠 8% 或捐赠 9% 将产生这个世界的最好事态，而是捐赠 9% 将稍好于 8% 的捐赠。因此，放弃二元性的说法，抱怨后果主义是严苛的这种说法就可避免。"② 当然，你可能会说，理论要求我们做到最好，但你没有做到。然而，没有做到，不是错了，也不是对了，而是没有做到最佳，是某种程度地做到了这一原则的要求。

---

① Martin Peterson, *The Dimensions of Consequentialism*, Cambridge: Cambridge University Press, 2013, p. 47.

② Martin Peterson, *The Dimensions of Consequentialism*, Cambridge: Cambridge University Press, 2013, p. 47.

第二节 个人分立性及其平等

平等概念是政治哲学的一个基本概念，彼得森认为，它实际上可以从后果主义的角度来进行考察。传统后果主义是一维性的评价理论，然而，当我们从一维性后果主义转换到多维度的后果主义，则可以发现以往评价的性质问题。

一 二维性的优先论视域

个人分立性是彼得森的多维度后果主义的一个基本方面。彼得森说："承认每个人是分立性的道德方面，多维度后果主义称赞罗尔斯与其他对后果主义的批判者所持有的'个人的分立性'观点。无数的道德理论家指出，一个人与其他人分离开的边界在道德理论中是重要的，但似乎一维性后果主义（特别是功利主义）没有容纳这样一种直觉。"[1] 传统功利主义以及后果主义由于忽视了个人的分立性（在对"总和与功利主义"的讨论中我们已经遇到这个问题），同时由于他们强调终极善或福祉的最大化（好），而忽视了这些善如何在个人之间进行分配的问题，因而导致累积性总和可以在不同的个人之间穿透与转移，个人也就成了类似于盛水的杯子那样的福祉的容器。善的最大化或总和的增长就符合功利主义的正义观，而不问福祉是怎样在人与人之间分配的。罗尔斯说："在这里，个人的概念仅仅是一个容器——个人。好像是一个内在价值所经验的位置，这些经验被算作是在他们那里完成，个人则是这些经验的持有者。对于谁持有这些经验，以及对于这些后果的分配则不是相关的考虑。"[2] 把人当容器的观点是说如同盛液体的杯子，只有液体有价值，但容器是没有价值的。红酒或水可以在不同的杯子里倒来倒去，只要你喜欢。彼得森进一步阐释和发挥罗尔斯的这一观点。他认为仅仅把个人看作福祉的容器是一维性后果主

---

[1] Martin Peterson, *The Dimensions of Consequentialism*, Cambridge: Cambridge University Press, 2013, p. 49.

[2] John Rawls, "The independence of Moral Theory", John Rawls, *Collected Papers*, ed., by Samuel Freeman, Cambridge MA, Harvard University Press, 2001, p. 298.

义，不是他的多维度后果主义。多维度的后果主义重视个人身份，"福祉不能从一个人到另一个人自由转换，即使是对原初状态的重新分配置换"①。彼得森假定，你让你唯一的女儿无痛苦地被杀掉，从而使得另一个同样幸福并且希望活下去的孩子能够活下去，你会愿意吗？"福祉分配不能允许自由地置换，这意思是，即使你的朋友和亲戚仍然无视这一真理，在道德上仍不能犯这样一个暴行错误来对待你的孩子。"② 不能为了另一个孩子幸福地活下去而杀了自己的孩子，换言之，失去一个人的福祉不能因为另一个人得到而认为在道德上是正确的。在彼得森看来，功利主义（后果主义）、优先论和平等主义都存在着将个人看作福祉容器的问题，认为福祉可以在个人间自由置换。这是因为，优先论与功利主义一样，认为人的重要性在于福祉总和在人口中的增长，不过优先论强调要经过调整。平等主义注重福祉在人与人之间的差别，认为人们享有比其他人或多或少的福祉，影响到福祉分配的价值。以彼得森的观点看，这三者里面都存在着将福祉在人与人之间进行自由转换的道德许可。

那么，对于忽视个人分立性的问题，多维度后果主义有没有解救办法？在彼得森看来，至少从优先论的角度可以转变为多维度的视角。优先论重点关注的是处于绝对低水平的弱势群体，因而优先论者认为，福祉对于处于绝对低水平的人来说比处于高水平的人更重要。然而，他们是怎么做到的呢？他们把高福祉水平的人的收入转移到绝对低水平的人那里，从而使得福祉整体的道德价值得到提升，因而一个群体道德价值的总量及其变化能够展现在福祉的分配中。彼得森说，他的二维度的优先论相信，"剥夺一个数量单位［的福祉］比得到同样数量单位［的福祉］是更坏的，即使是新的分配置换了原来的那个分配"③。彼得森认为，将福祉的量从一个人那里转换到另一个人那里，这是把人当成了容器，从而在道德上是错误的。然而，恰恰是罗尔斯批评功利主义的问题，优先论也是在罗尔斯的差别原则指导下才形成的，对于弱势群体给予优先关注以及补偿的理

---

① Martin Peterson, *The Dimensions of Consequentialism*, Cambridge：Cambridge University Press, 2013, p. 51.

② Martin Peterson, *The Dimensions of Consequentialism*, Cambridge：Cambridge University Press, 2013, p. 51.

③ Martin Peterson, *The Dimensions of Consequentialism*, Cambridge：Cambridge University Press, 2013, p. 52.

论。罗尔斯认为这样才不是把个人当福祉的容器。但彼得森则认为，这犯了如同功利主义那样同样的错误。彼得森认为，之所以会出现这样的问题，在于人们认为，福祉是可以穿过不同的人而进行累积性计算的。因而人们会认为，在一个群体内，虽然福祉总量不变，但由于将富有人的一部分福祉转移给了穷人，从而使得福祉所体现的道德价值增加了。因而他认为，应当提倡非累积性的二维度的优先论。"这个非累积性的二维度优先论认为，个人的重要性在于：既然福祉不能累积性地穿过分立的个人，不是这个世界上的所有重要的道德特征，都可以精确地为单一（序数的或基数的）数量所呈现的某种累积性的福祉尺度所描述。非累积性的二维度优先论认为，一个行为的道义地位唯一地为每个人作为一个分立的方面的经验所决定。"[1] "非累积"是说不把福祉的量将不同的个人的福祉量相加，另外，"二维度"是从受益者也从损失者的角度来看待优先论。但在这个意义上，优先论已经不存在了。弱势群体的状态靠什么来改变呢？

　　实际上，彼得森完全反对优先论通过转移富人部分福祉来改善处于绝对弱势地位穷人的福祉状况的。彼得森指出，优先论也就是认为给那些处境最差的穷人的利益应多于给那些处境好的富裕人的利益。但他认为，这实际上是福祉总量在一个群体内部、在不同的个人之间进行转移或置换。然而他认为，在当代后革命时代，永远总有一部分人（假设为艾丽斯）处于社会上层；而另一部分人（假设为波波）处于社会下层（波波是个搬运工）。假设前者的福祉总量是100，而后者的福祉总量为50。现在我们假设，艾丽斯和波波都有同样的生活前景愿望。现在有两种可能的选择：或者维持现状S1，或者发生一场革命S2，如果发生一场革命，那么艾丽斯成了工人阶级中的一员，波波则成了上层统治的一员。现在艾丽斯的福祉总量是50，波波则是100。彼得森指出，S2使得其中一人的福祉状况变坏，另一个人的状况变好；而S1则使得两人的福祉没有变化，因而这两者是非常不同的。彼得森说："如果我们认为个人在伦理学上有着基础性的重要性，那么，不得不说，每个人有他自己的权利，并且应该把他作为

---

[1] Martin Peterson, *The Dimensions of Consequentialism*, Cambridge: Cambridge University Press, 2013, p. 53

一个分离的道德方面来看待。"① 然而，罗尔斯的差别原则所体现的惠顾最少受惠者，并非像彼得森形象地表示那样，是将社会福祉在社会成员的上下层中完全颠倒地进行重新分配，而是通过基本善的再分配，不断提高最少受惠者的社会期望值，从而使得他们的福祉水平不断提高。无疑这涉及从处境好或比较富裕的人那里通过高额累进税转换部分福祉，但绝不是像彼得森所说的这样使得两者的地位完全颠倒。

在彼得森看来，个人分立性为道德要求确立了界限，这不仅体现在传统的优先论的问题上，而且也体现在人们所提倡的捐赠上。假设你是一个富有的捐赠人，从而使得穷人的福祉得到了极大增长。自然，从你到穷人的重新分配的福祉总和数比初始状况更高，平等的程度也相应提高。所以，根据大多数传统的一维性后果主义观点看，这样做是对的，而不这样做是错的。但从二维性后果主义来考虑，你也应当考虑你因为捐赠而产生的你自己的福祉量的减少。"因为捐赠，你减少了你的福祉。根据这个观点，剥夺福祉的比例性错误比因增加而带来的利益更坏，所以，你在福祉方面消极的动机也可能压倒使他人福祉增长的动机。"② 我们在前面相关章节中也讨论彼得·辛格有关捐赠的著名观点。辛格要求在富裕的西方国家的富人们应当捐赠那些穷国中处于饥饿和穷困中的人们。在他看来，这是一份不可推卸的道德责任。然而，在彼得森看来，如果从二维性优先论来考虑，辛格的论点就不是正当有效的（no longer valid）。辛格要求人们的捐赠达到这样一个临界点：达到边际效用点。在这点上，给予更多将使得捐赠者自己和依赖他捐赠的人达到同样受难的状况，而这本是他要阻止的。泽尔·克拉维斯基作为中年的百万富翁，是少数几个听从了辛格这样劝说的人。他捐赠了450万家产给慈善机构。450万对于全球巨大的贫困人口来说仍然是远远不够的，但他应当是已经尽了他的最大努力，虽然有时他感到他可捐赠更多的钱。在2003年7月22日，他做出了一个更为疯狂的举动，他驱车前往费城的艾伯特爱森斯坦医疗中心，捐献了一个肾脏给一个完全陌生的人。后来他在采访中说，有两个医院拒绝了他，不过，

---

① Martin Peterson, *The Dimensions of Consequentialism*, Cambridge: Cambridge University Press, 2013, p. 55.

② Martin Peterson, *The Dimensions of Consequentialism*, Cambridge: Cambridge University Press, 2013, p. 68.

这个医疗中心接受了他。我不得不确信为什么我要这样做，如果你有可能救某个人的生命，这是符合逻辑的，也是道德的压力使得你不得不这样做。①

彼得森认为，克拉维斯基的举动毫无疑问是出于利他主义的动机。他也是充分意识到了他的捐赠将巨大地减少他的福祉量。那么，"他的行为是对的还是错的？从一维论的观点看，克拉维斯基肯定做了对的事情。不过，许多人感觉到，在直觉上感到他的行为有点不安"②。应当看到，在当代捐赠史上，像他这样能够遵循斯马特的最大化行动功利主义或行动后果主义原则，以及将辛格的捐赠原则忠实践行的人确实不多。然而，人们的直觉为什么会为这样的行为感到不安？彼得森认为，从传统的一维性后果主义回答不了这样的问题，而二维性即这样的捐赠行为对于受捐赠者以及捐赠者本人这样两个维度来看这样的行为，就可以得出人们的直觉上的不安的原因。在彼得森看来，克拉维斯基确实是把人当作了福祉的容器，而作为容器的个人是不重要的。然而，"被剥夺了一定量的福祉比获得相同量的福祉更坏"③。克拉维斯基没有把他所失去的福祉算进去，并且，不仅是他的福祉受到了严重损害，而且也对他的妻子和孩子的福祉受到损害。如果从道德的对与错来看，他把自己的肾捐赠给急需换肾的陌生重病人，挽救了一个人的生命，无疑在道义上是对的。然而，他由此损害了他自己的健康和生活质量，无疑从这个方面看是不对的，或在某种程度上是不对的。

二 生命的平等价值问题

罗尔斯强调人的分立性来批评功利主义，是指出功利主义忽视了每个人都有着不可忽视的平等地位以及平等享有福祉的权利，功利主义强调累积性福祉总和增长的意义与价值，而忽视了福祉在个人之间的分配问题。这观点背后实际上所隐含的是福祉（wellbeing）与平等（equality）是两个

---

① Martin Peterson, *The Dimensions of Consequentialism*, Cambridge: Cambridge University Press, 2013, p. 69.

② Martin Peterson, *The Dimensions of Consequentialism*, Cambridge: Cambridge University Press, 2013, p. 69.

③ Martin Peterson, *The Dimensions of Consequentialism*, Cambridge: Cambridge University Press, 2013, p. 69.

分开的方面。彼得森所要做的就是，从多维度视域出发，来分析这两者之间的关系以及冲突问题。在他看来，这两个方面作为分开的方面，直接影响到行为的道义地位。并且，在这两者冲突时，有时难以发现最优的平衡。福祉与平等的冲突深层的背景因素是个人在与他人相比较时，作为独立的一分子而存在。多维度的后果主义把这看作一种分离的视域。以此为前提来讨论平等问题，也不得不看到，平等与公平（fairness）之间的内在关联。一般而言，不平等也就是不公平。一个福祉分配是不公平的，也就是不平等的，或者说，不平等的福祉分配是不公平的。现在我们需要把这些基本理念放在前面，看看在把个人作为基本单位的前提下，个人福祉与平等之间的问题。他所要做的是提出一种从福祉与平等两个方面考虑的混合观点。在当代西方政治哲学与伦理学中，福特所设计的电车难题以及类似于这样的难题，是他们讨论这一类问题的案例。彼得森也不例外。

彼得森以托里克（Taurek）所设计的救生艇案例提出问题：

> 两艘游船被两块分开的冰山撞击。两艘船很快下沉。你是附近营救船的船长，必须决定去救哪一艘船。你只能帮助一艘船。第一艘船上的总人数是 M，第二艘船上的总人数是 N。以"M"和"N"来代表两条船上的人数在于营救船上的船长并不确切知道人数。不过，两条船上的人没有道德相关上的不同，每个群体都没有意识到其他群体的存在。[1]

个人生命的存在与失去，无疑是最大的福祉得失问题。个人的生命是最重要的福祉，失去生命就失去一切，而保存生命才有获得幸福的最基本前提。每个人的生命同等重要，每个人生命的得失潜在地具有同等的价值意义。一个人只能算作一个，而不能算更多。这在当代对待个体生命价值上的平等观念是不言而喻的。彼得森认为这个案例与福特的电车（轨道车）难题是同一系列的案例。不过，这个比福特的电车难题更纯化，因为福特的电车难题有一个明确的五对一的选择问题，托里克所设计的这个救

---

[1] Martin Peterson, *The Dimensions of Consequentialism*, Cambridge: Cambridge University Press, 2013, p. 76; Taurek, T., "Should the Numbers Count?" *Philosophy & Public Affairs*, 1977, pp. 293–316.

生艇难题则把这两个艇的人数给模糊了。彼得森认为，恰恰是这样的模糊性，给了我们更大的思考空间。首先，对于船长来说，公平的平等应当是首先考虑的问题。与福特的电车难题不同，福特的电车难题由于给出的条件是五对一，多数生命的价值在这里起了明显的作用，即多数人会赞同拉动操纵开关使车向岔道走，这里人们所选择的运用后果主义的最大化好的原则。然而，假设的两个小船上的人数并不清楚，而人们对人数多少或大到多少的想象明显为同样的小船容量所限制。在这样的前提下，公平的平等无疑是首要考虑的道德原则。然而，在只能救某一艘船上的生命的问题明显地出现了不平等的不公平问题，即如果救其中的某一艘船，那么另一艘船上的所有人的生命都将失去。救哪一条船上的生命才算是公平的平等？可能唯一的办法是抛硬币，即以博彩的方式来决定救哪一条船上的生命。就硬币的两面而言，对于哪一条船来说运气与机会是平等的，因而是公平的。"道德要求我们的是我们应当抛硬币来决定。"① 也就是说，硬币的两面对于救哪一条船上的人来说，机会是平等的，因而是公平的。不平等的不公平直接影响到决策的道义地位。彼得森说："不过，从多维度的后果主义来看，这问题是平等需要与其他道德方面的平衡。"② 平等是否确实是压倒一切的重要性？是否还有其他更重要的理由让我们坚持或不坚持这样来思考？

　　彼得森回到类似于电车难题来考虑这个问题。多数人之所以会选择电车司机将电车开到岔道上，是因为这样可以减少无辜牺牲的人数。假设在救一百万人和十个人之间进行选择，如决定以抛硬币的方式来决定应当救哪一方，这样的博彩式选择绝不可能是对的。"在这种极端的处境下，以投硬币所获得的积极价值完全为所增加的要救的人数的权重所超过，当你选择救最大多数人的时候。"③ 这恰恰是运用后果最大化好的后果主义原则的选择。然而，从个人的分立性观点看，道德价值不能累积性地穿过不同的人，这意味着那些因为数量小或因抛硬币而被放弃的人的生命价值没有

---

① Martin Peterson, *The Dimensions of Consequentialism*, Cambridge: Cambridge University Press, 2013, p. 76.

② Martin Peterson, *The Dimensions of Consequentialism*, Cambridge: Cambridge University Press, 2013, p. 76.

③ Martin Peterson, *The Dimensions of Consequentialism*, Cambridge: Cambridge University Press, 2013, p. 78.

得到尊重，因而后果主义不能为救大多数人而不结合分离的人的福祉进行辩护。从道义论的立场看，如果杀死一个无辜的人能够救一千个无辜的人，那个无辜的人的死也是在道德上得不到辩护的，因为这对那个无辜的人来说是不公平的。

　　卡姆（Kamm）对于救生艇案例以非后果主义的进路来进行讨论。非后果主义者不需要主张总是救最大多数处于生命危急中的人是对的。如分配一个移植器官给一个看门人或用来制造血清医治一个外科医生的中度头痛症，从而使他能够上手术台救四个人，但我们没有义务将这个器官用来医治头痛症。以卡姆的观点，一个稀缺资源应优先给予直接使用。卡姆说："我们不能假定，道德上允许产生最好的事态，因为这可能侵犯了正义与公平。"①　彼得森赞同卡姆的观点，后果主义不能为救较大数量的人而不考虑已分开的人的福祉辩护。当我们通过类似于抛硬币来进行决策时，真正的平等（后果意义的平等）并不可能做到，那些分开来的群体的福祉并没有被考虑。然而，如果在 A 群体（数量大）与 B 群体（数量小）同时面临危机，只有一个群体有生存机会可能的条件下，那么，不救较大数量的群体而救数量小群体的行为是公平的吗？如 B 群体是 1，而 A 群体是 2，如果说，公平并不要求我们救 A 群体而救 B 群体？这看来也难以成立。卡姆说："最合理的理由是相信，他们应当选择救 2 而不是救 1，因为公平……在这个案例中并不是压倒性的［理由］。"②　卡姆的观点表明，在面对着最重要的生命福祉存留可能的选择面前，在一定的条件下需要考虑公平，而在如果需选择的对象存在着数量差别的条件下，数量因素几乎是一个决定性因素。斯坎伦就此设计了一个打破联系论证（tiebreaker argument）。想象一下你面对一个救 A 或 B 的选择。在这样的处境里，做到公平的可能是抛硬币来决定。"每个群体只有一个人时，那单个人的命运显然被赋予了实际的重要性。"③　不过，假设第三个人 C 上了 B 的船。你如果还决定抛硬币，那么 C 的存在就没有使得这两者有不同。斯坎伦认为，C 有理由拒绝你的行为因为你不公平，额外一个人的存在使得你的决定有

---

① F. M. Kamm, *Intricate Ethics*, Oxford University Press, 2007, p. 51.
② F. M. Kamm, *Intricate Ethics*, Oxford University Press, 2007, p. 33.
③ T. Scanlon, What We Owe to Each Other, Cambridge MA: Harvard University Press, 1998, p. 232.

着道德上的不同。① 在这里，斯坎伦的案例形象地说明了公平平等以及后果主义考虑在其中的作用。多维尺度，或后果主义与非后果主义的视域都起了作用。

彼得森认为，在两歧性意义上，救最大数量的人并不总是对的，"救最大数量的人有时产生不公平的不平等问题。从道德的观点看，平等与得救的人数两者为混合观点所强调"②。彼得森的混合观点，就是从累积性福祉总和以及平等这样两个方面来把握这一问题。彼得森让我们想象一下，1. 救作为一个人的群组或两个人的群组的选择问题，2. 救 1000 个人群组和 1001 个人群组。对待这两个案例的原则是不同的。对第一个案例，不是一个抓阄或掷骰子的问题，因为两个人的生命权重使得人们有理由去救两人群组。斯坎伦则更是认为："有很强的理由……去救多一个人的群组，依据这个理由救两人组的决定对于不救那一人组的人来说不能说是不公平的。"③ 严格地说，这是由于福祉累积性权重起了作用，并且恰恰是某种不公平。不过，在这里，公平问题让位于福祉数量，彼得森说："在面对着救一个人还是两个人时，有机会去救额外多的一个人比避免不公平的不平等更重要。"④ 而对于第二个案例，有义务避免不公平的不平等，最好的选择是掷骰子，虽然后者多了一个人，但由于分母两者的差只是千分之一，因而这一个人的权重远不是像第一个案例那样重要。然而在这个意义上，实际上也就表明，并非在任何情况下救最大数量群体都是公平的，如果不是通过体现公平的方式（掷骰子）来做出决定。彼得森说："救生艇上的船长（或政府决定处理意外事故）不应该总是救助最大数量的人。抛硬币来决定救谁，在某些情形下是更对的，但并不是整个地是对的。在极端情形下，在大小尺度上两个相对不同的群体（谁被救和谁留在后面）是非常大的话，有必要调整这种得救的可能性，而更大数量的群体有更高的可能

---

① T. Scanlon, What We Owe to Each Other, Cambridge MA: Harvard University Press, 1998, p. 232, p. 397.

② Martin Peterson, The Dimensions of Consequentialism, Cambridge: Cambridge University Press, 2013, p. 84.

③ T. Scanlon, What We Owe to Each Other, Cambridge MA: Harvard University Press, 1998, p. 234.

④ Martin Peterson, The Dimensions of Consequentialism, Cambridge: Cambridge University Press, 2013, p. 85.

性，但即使是这种情况很典型，但并不完全是对的。每一种可选择的情形有时是对的，有时是错误的。"①

第三节 期望后果及其风险

行为预期后果风险是彼得森的多维度后果主义的第三个方面。彼得森说："各种各样的后果主义都不赞同风险行为的道义地位的［说法］。"②所谓"风险行为"，是指可能达不到行为预期的目标，从而一个行为在决定践行前，就可能存在着这样的风险。在彼得森看来，对于后果主义各种学说来说，这里可分为这样两大类，一类是某些后果主义相信，唯有行为所产生的实际后果才是重要的，而不管是否它们是被期望的；另一类是相信，一个行为的道义地位就依赖于它的可期望的后果。例如，你要建一幢新房子，如果你付建筑公司额外的10%的费用，他们将为你在地下室建立飓风避难处。如果飓风真的来了，你的投资就值了；否则，这笔投资可能就不值了。不过，你心中因为考虑飓风而产生的安全意识，因而这笔花费你内心得到了满足，从而也觉得值了。然而，这种预期后果价值并非可以发生在所有预期而不发生或没有达到预期目标的目的上，这就是彼得森所要讨论的预期后果风险。

一 传统后果主义的视域

从边沁以来，行为后果就是功利主义的基本结构之一，当代后果主义直接把功利主义所强调的行为后果作为其理论的标签或称谓，从而更突显了行为后果在其理论中的地位。然而，这一行为"后果"是怎样一种后果？是实际行为所产生的后果，还是在行为发动前作为行为预期目标的后果？应当看到，在功利主义史上，经典理论家如边沁等人对于这个问题就没有认真讨论，虽然边沁有所涉及。实际上，功利主义和后果主义作为规

---

① Martin Peterson, *The Dimensions of Consequentialism*, Cambridge: Cambridge University Press, 2013, p. 99.

② Martin Peterson, *The Dimensions of Consequentialism*, Cambridge: Cambridge University Press, 2013, p. 99.

范伦理学理论，它既是评价行为的理论，同时也是指导行为的理论。作为评价理论来说，也就是一个行为的道德地位或道义地位，在后果主义看来，唯一地依据行为的后果。这里的"后果"，应当看作已经实际发生或由于行为而产生的后果，从而可以对行为进行道德评价。同时，我们知道，功利主义或后果主义，它是一种目的论的伦理学理论，所谓"目的论"，即在它的理论中是预设一个目标的，这个目标就是，如：最大多数的最大幸福，或行为后果的最大化好（善）。换言之，当人们下决心或通过决策要实施某个行动时，他的心中就应当有一个行动的目标或预期目的，应当看到，这是功利主义或后果主义所认可的作为欲望动机的不可分割的部分。当我们考察一个行动时，是把它所预设的目标或目的作为衡量这一行动是否正当的主要依据。因此，作为目的论的功利主义或后果主义，在激发行动的意义上，是预期目的在起作用。这与康德的道义论不同。康德的道义论所强调的是一个行为是否符合规则或绝对命令。只有符合规则或绝对命令的事情，我们才有道德上正当的理由去做；否则，则是错误的。康德道义论讨论行为，也并非不承认欲望、动机在其中所起的作用，但康德伦理学强调，不是符合道德规则的要求，而是只有出于道德责任或义务的意识与动机才是正当的，是在道德上值得肯定的行为。因而，来自于道德责任（义务）的意识或动机，以及对于规则或绝对命令敬重的情感，是我们行为具有道德性的根本依据。而一切以达到经验中存在的事物如改变事态的目标都是假言命令，在道德上并没有值得肯定的理由。如我要去看望住院的朋友，如果是为了爱朋友或讨好他或保持与他的友谊这样的目的，在康德看来，这是自私的动机，因而不值得肯定，但如果是出于对朋友的责任，才是值得肯定的行为。功利主义或后果主义则不会从责任意识来考虑这个问题，而是会从目的论角度来考虑，即看望朋友是我出于对朋友关心的目的（想象一下如果我对朋友说，"看望你是我的责任，而不是因为我对你的爱或关心"，将会产生什么结果）。

从激发行动的意义上看，功利主义的功利或后果概念是一种预期目的论。边沁说："功利原理是指这样的原理：它按照看来势必增大或减少利益相关者之幸福的倾向，亦即促进或妨碍此种幸福的倾向，来赞成或非难任何一项行动。"① 边沁说功利原理是一种与利益增进相关的倾向，也就是说，在行动中，如果能够增进相关者的利益，那么就是功利。而"倾向"的意思很清楚，就是在行动中体现了这样一种趋向功利的倾向，即有着向预期目的实现的可能。预期目的也就是预期后果。边沁明确说到后果："一项行动的总倾向在多大程度上有害，取决于后果的总和，即取决于所有良好后果与所有有害后果之间的差额。"② 后果是与行动的总倾向内在相关。倾向是在行动中体现出来的，后果是行动结束后才有的。边沁也指出，行为（行动）的总倾向或后果是与引起该行为的动机与意向内在相关的。在这个意义上，后果就是预期性的。然而，行动的实际后果是心中预期性的后果或意向所意愿达到的目标吗？在彼得森看来，这个问题无论是功利主义还是后果主义都没有人提出。当然，后果主义者会说，坏的后果应当避免，至少不会以明确的努力去朝着那个方向做，但几乎没有人同意如何来应对达不到好的后果的风险。

彼得森指出，多维度的后果主义提供了一个新的视域来对待这个问题："一个风险行动的道义地位取决于两个道德方面，即后果是坏的（或非最优）的事实，或后果是好的事实。有两种考虑，潜在的好和潜在的坏的后果，以不同的方式影响着行为的道义地位。"③ 有潜在好的后果，行为在道德上是对的，而有潜在的坏的后果，则行为在道德上是坏的。然而一个行为从欲望、意图、动机到行动开始以及行动过程，就能一定知道行动的后果是好的吗？应当看到，从行动过程到行动结果的不确定性并不必然保证行动的这个倾向就能够使得行为的结果必然是好的或最大化好。好或坏的可能这样两个冲突的方面使得行动在某种程度上是对的或错的。然而，传统的功利主义或后果主义的观点是认为，只要后果好或最大化好才是在道德上对的，而只有后果不好或不是最大化好，那么在道德上就是不对的或不可辩护的。

彼得森以一个设计的案例来讨论这个问题：

---

① ［英］边沁：《道德与立法原理导论》，时殷弘译，商务印书馆2002年版，第58页。
② ［英］边沁：《道德与立法原理导论》，时殷弘译，商务印书馆2002年版，第122页。
③ Martin Peterson, *The Dimensions of Consequentialism*, Cambridge: Cambridge University Press, 2013, p. 101.

	状态 s	状态 t
行动 A	100	-100
行动 B	-10	10
行动 C	1	1

这个案例设计有三个行动方案，行动 A 将导致的最好后果是状态 s100，也可能导致状态 t -100，其他两种行动方案的最好与最坏结果见表。不过，行动 C 的两种后果都一样。想象一下行动选择的三个方案的这六个可能的后果是真实状态，这是某些专家在为了防止气候变化时将要采取的三种可选择方案。行动 A 是一个具有风险性很高的方案，可能很成功（最好后果），也可能产生最高风险（灾难性风险）。行动 B 有较小的风险，同时也有差不多小的好后果。然而，行动 C 则没有风险，可是收益也是最差的。那么，从一维性的后果主义怎么来评价这样的行动方案？行动功利主义或行动后果主义认为，一个行动（行为）的道义地位取决于实际后果，因此只着眼于实际后果，即当且仅当行动 A 所产生的后果是状态 s 时，那么这样的选择或后果是最好的。换言之，是行为者所预期的最好后果成为实际上的最好后果，在这个意义上，行动 a 就是正确的选择。这与边沁的功利原理即倾向实现的说法是一致的（边沁并不认为行为倾向得不到实现是符合功利原理）。不过，我们在前面那些改进的后果主义那里看到，许多后果主义者发现，难以接受行动功利主义或行动后果主义的预期后果实现论，虽然在评价意义上，预期最优后果的实现在行动的道义地位上是最好的，但往往是难以实现的。当然，你可以选择行动 A，因为有可能其后果是最好的，但也有可能是最坏的。就像投资风险最高的股市，你可能会有很高的收益，但同时也可能会有最坏的后果（平仓破产）。因而有人会认为，选择风险系数最高的投资，在道德上是不负责的，因而是错误的。

不过，彼得森认为，传统的一维性后果主义还有一个认识误区，就是坚持对与错的两极性思维，他们不承认对与错是程度上的不同。因为行为实践的客观现实是，难以对行动过程和后果的全面考虑或预期从而使得达到一个最佳或最好后果，因而在向着最佳后果前进的过程中，这个功利原理的实现并非能够保证得到百分之百的实现。换言之，后果意义上的对与错可能是程度上的,而不是绝对二元性的,"因此,假定一个人接受了对与错是在程度上的不同,那么似乎最连贯的进路是,在道德上的对与错问题,把风险决策看作在程度上变化的"①。他批评后果主义的最大化好的后果要求,认为将可期望的福祉最大化作为道德原则,是错误地以不可比较的后果为前提。而如果有这样的后果,那么传统版本的这种原则就将与没有发现这样后果的那些行为事态区分开来,从而得出对与错二元的划分。然而彼得森认为,一个行动从动机、决策、行为过程到后果,并非能够保障可预期的最大化好的后果完全无疑地能够实现,另外,一个行为的道义地位是由不可归约的多方面因素所决定的。因此,认为"一个风险行为被划分为对与错两个范畴是太简单了"②。

二 多维度后果主义的视域

如何从多维度视域来看待行为预期风险?彼得森借用杰克逊的一个案例③来说明:

> 一个医生必须决定对一个有着严重皮肤的病人进行正确的治疗。对文献进行认真研究之后,她有如下选择:方案 A 将缓解状态,但不可能完全治愈,方案 B 或者方案 C 中有一个方案将完全治好病人,而其中的另一个将杀死这个病人。但没有办法知道哪一个是最好的方案,另一个是杀手。④

彼得森认为,我们的直觉可能告诉我们,选择方案 A 是正确的,因为

---

① Martin Peterson, *The Dimensions of Consequentialism*, Cambridge University Press, 2013, p. 103.

② Martin Peterson, *The Dimensions of Consequentialism*, Cambridge University Press, 2013, p. 105.

③ 我们前面两处都用到了杰克逊所设计的这个案例,在第二章的"杰克逊的辩护"中和第八章第三节中。在第二章中,从维护一维性后果主义的立场上进行了讨论。但是,杰克逊并非同意斯马特式的行动功利主义或行动后果主义的最大化好的后果原则,而是通过这样的案例来表明风险因素的存在,从而往往不可能达到后果的最大化好。另,彼得森文中引文有误,即把 A 方案写成了 B 方案,B 方案写成了 A 方案,现根据杰克逊的原文进行了校正。

④ Frank Jackson, "Decision - theoretic Consequentialism and Nearest and Dearest Objection", *Ethics*, Vol. 101, No. 3, (Spring) 1991, pp. 462 – 463.

选择方案 B 或方案 C 都可能要冒风险。杰克逊也持有这样的观点，认为选择方案 A 是完全正确的，而选择方案 B 或方案 C 是完全错误的。但彼得森认为，如果说医生的责任是治病，那么，选择方案 A 是完全错误的，而选择方案 B 和方案 C 则是有一半对了，一半错了。这是因为，方案 A 只能缓解病人的状况而不是完全治好病，并且因为选择方案 A，医生将不采用最好的治疗方案。彼得森说："根据多维度后果主义的观点，方案 A 在任何程度上都不是对的，……而方案 B 和方案 C 则都有 50% 的对，假如两者都同样可能治这个病。"[1] 彼得森认为，杰克逊的这个案例挑战的是对风险厌恶的诸求。杰克逊的观点是，只有选择方案 A 才是对的，方案 B 和方案 C 由于有着内在的风险因而都不是对的。传统最大化可期望的福祉，所要求的是避免真正的坏的结果。多维度的后果主义也并非认为不需要追求最好可能的后果，而是认为，追求最好可能的后果应当对于使得正确的行为是正确的有实质性的贡献，"简单地说，如果治疗疾病是完全可能的，医生缓解病人的状况而没有完全治疗疾病，并不是足够好。"[2] 彼得森指出，仅仅是医生不知道哪一个治疗方案能够治好病并没有改变这个事实：什么是最优结果的问题。但彼得森反对医生选择方案 A 而其观点中隐含的只能进行方案 B 和方案 C 的选择的观点同样也是有问题的，因为这样使得医生并不能避免完全错误的决定。如果医生从病人的利益考虑出发，他宁愿不冒这个风险。但彼得森认为，选择方案 A 从而得到非最优结果对于风险行动的道德正确性并没有贡献。具体来说，如案例中的方案 A，则不可能对于什么是道德上正确的选择有什么贡献。在他看来，行为者不能控制风险性后果是与道德相关的事情。事实上，在伦理学领域里，我们有两种不同的行为，一是具有确定性将导致最优后果的行为，二是不具有确定性的将导致某种后果的行为。就前者而言，如果一定相关的条件能够得到满足，那么，最优后果将能达到，从而在道德上是对的行为，就后者而言，为一些不确定的变化因素所决定，因而只是相应地在某种程度上是对的。彼得森说："就我提出的多维度后果主义而言，结果不在行为者的控制之下这个

---

[1] Martin Peterson, *The Dimensions of Consequentialism*, Cambridge University Press, 2013, p. 107.

[2] Martin Peterson, *The Dimensions of Consequentialism*, Cambridge University Press, 2013, p. 107.

事实使得有了道德上的差别。"① 在彼得森看来，这里有着两种直觉的冲突，一是直觉把握到的具有现实性的能够产生最优后果因而在道德性质上就是对的行为，这是有确定性的；二是直觉感觉到的可期望的最优后果，这里的最优后果是靠运气来的，因而一定程度上是对的，同时也有可能一定程度上是错的。彼得森认为，这样两种直觉如果没有多维度的后果主义视域，则不可能合理地结合，或我们只能坚持对与错的二元性观点。承认我们应当追求最佳后果，同时承认人们在面临决策选择和追求最佳后果的过程中存在风险，从而具有行为后果的不确定性。这拓展了我们的视域，为后果主义的发展提供了新的理路。

在当代伦理学理论中，后果主义理论是一个有着巨大包容性的多样性学派。彼得森认为，"多维度的后果主义进一步扩展了它的边界"②。伦理的规范理论是判断行为在道德意义或道义地位上的对与错的理论。而彼得森最大的贡献在于他通过像人类事件的道德两重性以及像电车难题这样的案例分析，提出行为的道德性并不仅仅像一维性后果主义所判断的那样，是一种对与错二元性的性质，而是具有一种道德程度性质上的差别，它分布在对与错这个道德性光谱两极轴的不同点上。彼得森通过引进当代政治哲学中的基本概念如个人的分立性、权利、平等概念，极大扩展了后果主义的讨论范围。通过对于传统的后果主义的福祉概念与当代政治哲学的平等概念的交错分析，从而揭示了后果主义的理论与政治哲学理论本身是内在密切相关的。政治哲学的讨论有益于后果主义的讨论，同样反之也一样。通过彼得森的分析讨论，也刷新了人们对于许多传统问题的看法，如对于在生与死的问题上，通常所认为的是只有救最大多数人的生命才是在道德上可辩护的。然而彼得森的研究表明，并非这样的结论总是对的，而平等应当也起着重要的作用。还有，如这一章中所讨论的，功利主义的后果最大化好的原则实际上包含了风险性因素，然而这一因素则被后果主义长期所忽视。

彼得森提出多维度的后果主义在英美学术界引起了相当高的关注，学

---

① Martin Peterson, *The Dimensions of Consequentialism*, Cambridge University Press, 2013, p. 108.

② Martin Peterson, *The Dimensions of Consequentialism*, Cambridge University Press, 2013, p. 165.

者们给予了很高的评价。汉宁在对此书的书评中说:"尽管马丁·彼得森的《多维度的后果主义》一书的篇幅不大,然而,此书是一部大胆的、深有洞察力的,对道德理论做出了令人信服的贡献。"① 安杰克和坦耶说:"在他的新书《多维度的后果主义》中,马丁·彼得森对我们的道德思想,通过提出一种新版本的后果主义而提出了一种坚定的假设,他把它称之为'多维度的后果主义'。为了制作出他的理论,彼得森特别重新思考了道德理论的结构和一般性重新思考了道义问题。"② 人们认为,彼得森对于当代规范伦理学理论最重要的贡献是他所提出的道德的对与错不是二元性的,而是程度上的不同。这个观点也引起了人们的争论。布洛温说:"在《多维度的后果主义》一书中,彼得森提出和阐发了一种新形式的后果主义……这个理论的一个'关键性主张'是,对以往认为要么全有,要么全无的东西,只是一个程度问题。没有二元性,而是标量性的……实际上,这是两个主张,一是消极方面的:对不是二元性的,二是积极方面:对是标量性的。我同意这个观点的一半,即对是标量性的。就此而论,我提议,对既是要么有,要么全无,同时也是程度性的。"③ 我们也认为,并非所有的道德判断都可以说是在道德的对与错在程度上的不同,而是有些行为是可以这么说。当然,这涉及彼得森的核心主张,这也表明彼得森的理论还有进一步完善的可能,人们对于彼得森理论的讨论还在进行着。总的来看,彼得森的多维度后果主义的贡献是多方面的,它也表明后果主义这一规范伦理学领域仍然有着巨大的发展潜力。

---

① Brian Henning, "Review book: *The Dimensions of Consequentialism*, Ethics, Equity, and Risk by Martin Peterson", *Ethics*, Vol. 125, No. 3, April 2015, p. 900.

② Vuko Andric and Attila Tanyi, "Multi-dimensional consequentialism and degrees of rightness", *Philosophical Studies: An International Journal For Philosophy in the Analytic Tradition*, March 2016, Vol. 173, No. 3, p. 712.

③ Campbell Brown, "The Righttst Theory of Degrees of Rightness", *Ethical Theory and Moral Practices*, Feb. 2016, Vol. 19, No. 1, p. 21.

结　　语

在当代西方伦理学界中，后果主义是一种得到相当广泛关注并引发了热烈讨论的规范伦理学理论形态。虽然还有人在使用"功利主义"这一概念（当然我们也认为，这一概念仍然有它的生命力），但相当多的学者认为，"后果主义"（cosequentialism）这一概念大有取代前者之势。然而，无论是说"功利主义"还是"后果主义"，都是一种规范伦理学理论的标识。而这样一种重大变化，反映了当代西方伦理学界在规范伦理学研究上的推进。我们的研究表明，当代西方伦理学界已经形成了对于后果主义研究的积极势态，或者说，已经形成了对于后果主义研究的浪潮。不过，这一研究浪潮高潮迭起是在20世纪八九十年代，进入21世纪以来，虽然仍然有不少研究后果主义的力作出现，但没有像20世纪末那么多的重量级学者的重要论文论著。重要的是，后果主义的研究仍然在持续，而且对于"后果主义"取代"功利主义"作为规范伦理学的名称，已经成为相当多的学者的共识。

当代西方伦理学尤其是规范伦理学、元伦理学的研究处于一种兴盛勃发的状态。由于西方伦理学界进入20世纪以来，为元伦理学或分析伦理学占主流，但规范伦理学研究则大有复兴之势。当代西方伦理学的规范伦理学的复兴，其重要事件是1971年罗尔斯《正义论》的发表。《正义论》不仅是一部重要的政治哲学著作，而且也是一部重要的伦理学著作。罗尔斯在书中系统阐述了一种道义论的伦理学，确立了道义原则（正义原则）在规范伦理学中的中心地位。这种道义论的伦理学不仅是对古典契约论的伦理学的复兴，同时也是对于康德道义论的继承。因此，在规范伦理学意义上，罗尔斯对当代的贡献是双重的。不过，罗尔斯在政治哲学领域引发的热度确实强于伦理学领域。而且国际学术界对于政治哲学的热情高涨也激发了中国学者的持续而深度的参与。但就相应的伦理学领域而言，它与政治哲学在当代中国学术界的繁荣相比则相对淡弱。这是因为伦理学由于相对专业化程度较强，并且由于伦理学在我国还是一个较小的学科，因而这一领域里的研究不像政治哲学领域里的研究那样耀眼。

不过，在规范伦理学复兴的趋势下，20世纪80年代以来德性伦理学的复兴引发了我国学者的关注，并且因为几本重要的德性伦理学著作的译介，而使得我国学者也参与进了德性伦理学复兴的浪潮。当然，海外华人学者由于得天独厚的语言和环境因素，同时凭借自身对中国文化、中国哲学的热爱，从儒家伦理学的角度参与进德性伦理学的讨论。他们的成果已经融入当代西方伦理学的讨论中，从而使得西方伦理学也接受了儒家伦理学作为一种德性伦理学形态的观念。因而，即使是西方学者也认同，在西方以亚里士多德为代表的德性伦理学之外，儒家伦理学是一种有着中国哲学特色的德性伦理学。当然，中国学者对于德性伦理学的研究不仅仅是对于儒家伦理学的研究，20世纪80年代以来，我们除了译介德性伦理学的重要著作外，同样也广泛参与了当代德性伦理学的研究与讨论，不仅发表了相关方面的大量论文，而且也出版发表了一定数量的研究论著。不过，从总体上来看，我国学术界对于德性伦理学的研究、其问题意识和研究论域等仍然处于需要进一步深入的阶段。

相对于德性伦理学在我国的发展，后果主义伦理学在我国学术界的研究，则显得相对滞后。首先，对当代西方学界的后果主义的研究成果的译介或研究，在我国学界就相对薄弱。目前从译著来看，仅有徐向东主编的《后果主义与道义论》论文集和德莱夫的《后果主义》（余露译）这样两部译作，就研究而言，从目前"中国知网"的学术期刊全文数据库网上所汇集的"后果主义"相关论文看，切近这一主题的论文不到百篇，当然涉及相关这一主题的文章会更多些。但如果都算上，也远远反映不了这一规范伦理学所具有的重要性。这一状况表明，后果主义的理论研究在国内学术界还没有形成学术气氛。相较于"德性伦理"（加上"美德伦理"）这一主题下的论文，"中国知网"学术期刊网上所汇集的论文是659篇。[①] 因

[①] 这两个数字是2020年10月9日网上所呈示的相关论文篇数，不过，其中都有一些相关度不大的论文。

此，相比之下，相差了6倍。并且，目前还没有见到以"后果主义"为主题的学术专著。对比西方学术界对于后果主义如火如荼的研究现状，这种研究现状是与一个思想大国、学术大国的地位不相称的。

无疑，后果主义作为一种新兴起的规范伦理学，有着西方学术的渊源，但同样我们看到，德性伦理学也是有着西方学术思想的渊源。不过，从学理上看，无论是后果主义伦理学还是德性伦理学，实际上都是对于人类存在者的行为（行动）评价进而也是指导人类行为的一种道德理论。就人类存在者的行为而言，应当看到并没有东西方的区别。所有人类"行为"（或行动）如果能够称得上"行为"者，都应当有着一个基本的结构：欲望、动机、行为过程以及行为后果（行为目标的实现）。在行为过程中，还有一个应当遵循什么道德规则或准则的问题。欲望、动机涉及我们到底要什么？我们为什么要追求善或好？是什么决定了我们应当追求什么？人的本性还是人的基本欲求？行为应当遵循准则或规范的问题就更加不用多说了，这是几乎所有规范伦理学都需回答的问题。中国儒家的仁爱准则，康德道义论的绝对命令法则等等，都是回答这样的问题。不过，功利主义或后果主义伦理学则把后果目标的追求看作最基本的要求，即无论是什么规则，都以行动（行为）所要追求的目标或目的相关。或者就把行为本身看成不具有内在价值，而将后果看作唯一有内在价值的事态。在这个意义上，规则是次要的（当然规则后果主义例外，这个问题稍后再讨论）。就集体行动而言，有一个怎样合作的问题，即我们如何才能够协作和共同行动？或我们如何才能解决我们之间因为合作而产生的冲突？以及我们怎样才能确立我们的共同目标？等等，这些问题也就是契约论的伦理学所要面对的问题。在中国伦理学界，目前对于契约伦理学的熟悉程度不如功利主义、道义论和德性伦理学。应当看到，就后三者而言，我们已经有了很多的讨论，并且可以说，所有这些伦理学进路都有着中国思想的资源，并非仅仅是德性伦理学才有中国思想的资源。如中国传统思想中，义利之辨就是一个长期存在的伦理课题，重义的伦理思想可以看作具有道义论倾向的伦理思想，而重利的伦理思想可以看作具有功利主义和后果论色彩的伦理思想。

从上述讨论中我们看到，任何一种伦理学理论的进路都将人类存在者及其行为作为其本体问题，即都面对着人类行为结构的某个方面，或以某个面向作为主要应对的问题。德性伦理学可能与其他三种规范伦理学有所不同，这是因为，德性伦理学对于人类行为的探讨，是要追问一个存在者的问题，即什么样的人才是一个德性存在者？在德性伦理学看来，是人的品格品质（德性）决定了一个成熟的人或理性人的道德行为。人的德性是一个人的较为稳定的品格品质，从而表现出人的较为稳定的行为倾向。然而，不论从哪个层面看，不同的伦理理论进路都从某个方面注重了人类作为一个道德存在的存在者或存在者的行为。因此，对于当代西方伦理学界发生的重大理论问题以及理论转向我们不能不给予应有的关注。

在这样一种认知前提下，本书对于当代西方后果主义思潮给予了一个较为全面的梳理与分析。前四章对于当代后果主义的问题域进行了清理。后果主义由于把后果事态置于理论的中心位置，并把后果事态看作唯一具有内在价值的东西，因而就我们的研究而言，就需要对于后果概念、内在价值概念以及其外延的当代演变进行理论清理。然而，我们发现，后果主义理论是在充满批评与辩护中发展的，这既体现在个人行为的后果主义讨论中，也体现在集体性后果的讨论中。

当代后果主义伦理成为一个理论焦点，可追溯至 1973 年出版发表的《功利主义：赞成与反对》一书。在这本书中，斯马特提出了一种典型的行动功利主义理论，这一理论由于对功利主义后果论的重新表述，从而人们也就把斯马特的行动功利主义称为"行动后果主义"。斯马特说："大致地说，行动功利主义是这样的观点：一个行动（an action）全部的好或坏唯一地依据它的后果，即该行动对全人类的存在者（或一切有知觉的存在者）的福利（welfare）产生的效果（effect）。"[①] 行动后果主义将其后果论置于中心地位，并且斯马特对于这样一种后果论的伦理学给予了全面论证和辩护。然而，斯马特的行动后果主义受到了威廉斯的强烈质疑。在威廉斯看来，这样一种总体后果事态最大化的追求，将破坏个人的完整性和对人完整性产生异化。后来人们又把后果主义这样一种从非个人立场或行为者中立的立场上提出的对总体事态最大化善（好）的要求称作一种严苛性要求，认为如果按照这样一种严苛性要求，将导致对人们的生活规划、计

---

① J. J. C. Smart and Bernard Williams, *Utilitarianism, For and Against*, Cambridge University Press, 1973, p. 4.

划以及人格的完整性产生异化。人们认真地对待威廉斯的异议,一种将普遍仁爱的、从全人类的视域来看待的后果论,为什么不可避免地产生对人的完整性的破坏?并因此导致人格的异化?后果主义会在威廉斯的质疑下挫败吗?面对这样质疑,后果主义还有生命力吗?威廉斯的批评激发了人们对于后果主义的较为全面的探讨。

本书的后六章研究分析了当代后果主义发展的几种新的版本。这些版本都是面对威廉斯对行动后果主义的异议,而试图进行改进后果主义的进路。应当看到,这些改进版本的后果主义内容都很新颖,而且给予人们很不相同的思维角度。如斯洛特提出了亚最大化的后果主义,或满足的后果主义,在斯洛特看来,不是最大化的后果目标,而是足够好的足够了。亚当斯则从人的偏爱动机出发,提出动机后果主义。在亚当斯看来,不是功利的最大化,而是听从自己的动机欲望,即使是为了实现动机欲望而牺牲最大化,也应当在道德上得到辩护。莱尔顿则提出客观后果主义和主观后果主义这样两个概念。在他看来,总体事态最大化的后果目标追求,在实践中不可能实现,只是一种主观主义的后果目标,客观后果主义则是不把那种最大化目标放在心上,只追求现实可能的最大化目标,因而客观后果主义则是可以实现的后果目标。这些改进版本的后果主义,都降低了总体事态最大化后果这样的要求。换言之,实际上这些版本的后果主义在一定程度上接受了威廉斯对行动后果主义的总体事态最大化后果目标的批评。但降低最大化的要求并非意味着这些版本不是后果主义,而只不过是一些在量上不那么严苛要求的后果主义。

在诸多种改进版本的后果主义理论中,胡克的规则后果主义和谢夫勒的混合理论是值得注意的两种后果主义。胡克的规则后果主义继承了布兰特的规则功利主义,并在此基础上推进到规则后果主义的发展阶段。规则后果主义与其他改进版的后果主义不同,它所注重的是规则与后果的关系。与其他版本的后果主义仍然将后果作为理论基点不同,规则后果主义将规则与后果置于同样重要的基础性地位。这表明了后果主义与道义论相融合的趋势。但我们不能认为规则后果主义仅仅是将规则融入后果主义的思考之中,这是因为规则后果主义在后果理论的意义上讨论规则,则是仅仅从道义论视域所难得发现的理论视域。如我们对于胡克理论中的规则内化问题进行了一定深度的分析讨论,这些讨论向我们揭示了伦理问题的新的向度。谢夫勒对于威廉斯提出的后果主义的严苛性要求破坏了人的完整性和导致人格和个人自我规划的异化问题进行了相当有深度的思考。在他看来,后果主义的严苛性要求遇到了行为者中心限制,而如果突破行为者中心限制,则必然破坏个人的完整性和致使个人的人格以及个人规划发生异化。换言之,从非个人观点或行为者中立立场出发的、严苛性的总体后果事态最大化的要求,无视了个人利益或个人道德情感等存在的合理性。基于这样的前提,他提出"行为者中心特权"与非个人观点的后果主义的最大化要求相结合的混合理论。但这两者是如何才能结合起来的?并且,人们认为,看似如此矛盾的两者真的可能结合起来吗?尽管人们有着不同的怀疑,但谢夫勒所提供的方案似乎指明了改进后果主义的一个方向。

我们的研究表明,无论是斯马特的行动后果主义还是后来改进版本的后果主义,都不可能没有对手。几乎所有版本的后果主义理论都遭到了不同程度的挑战。这些挑战既表明这些理论形态本身不是完美无缺的,同时也表明,所有版本的后果主义都处于开放讨论之中——这正是激发理论进一步完善的动力。质疑与反驳,证明与辩护,推动着理论讨论进一步发展与向更深度的思考发展。

就这轮推动后果主义理论发展的原动因看,威廉斯的责难提出了一个几乎是难以回避的深远问题。这个责难的理论力量仍然存在。而相当多的当代哲学家都认为,这一责难所反映的是日常道德与后果主义道德要求之间的张力。在我们的研究中,对于日常道德与后果主义道德的张力问题也在不同的章节中进行不同层次的讨论。然而,我们认为,这个问题的讨论远没有结束。就像事实与价值是当代元伦理学必须面对的基本问题之一一样,日常道德与后果主义的道德之间的张力问题,则是后果主义必须面对的基本问题。对于这个基本问题的不同回答,将推动后果主义的理论发展,同时也使得我们更能够深入认识日常道德的特性,并进而把握人类道德生活的特性。

彼得森的多维度后果主义与上述多数版本的后果主义不同,他在主要方面并不是回应威廉斯对斯马特的行动功利主义或后果主义的批评。他的新版本的后果主义是在前人的基础拓展了一个后果主义发展的新方向,或按他自己的说法,在这一版本意义上是没有前辈的。当然他的新版本的后果主义并非没有人批评,但当代英美同人对他的贡献的肯定充分说明了他在这一领域里的创造性贡献。

　　最后，可能需要大致勾勒下从古典功利主义到当代后果主义的发展历程。一般认为，古典功利主义以边沁、密尔为代表，但西季威克也可以算作古典功利主义阵营。不过，西季威克由于将功利主义内在两个倾向：个人幸福与社会幸福进行裂变，意味着功利主义进一步改变理论倾向的可能。虽然在20世纪50年代已经出现了行动（行为）功利主义与规则功利主义等新形态的功利主义，而在20世纪70年代斯马特行动功利主义对于功利主义向后果主义转向却是有决定性的作用。斯马特以"普遍仁爱"原则为基本原则的行动功利主义或行动后果主义，在思想渊源上是对西季威克的功利主义的继承，而其明晰的理论结构和威廉斯的诘难，成了20世纪末期至21世纪初期后果主义蓬勃发展的最初动因，当代多样性后果主义的出现与发展表明，在功利主义向后果主义重大转向之后，这一理论形态重新有了新的生命力。后果主义的发展也表明，要克服后果主义内在的理论困境，必须汲取日常道德和道义论伦理学的理论智慧。在英美学术界，对于后果主义讨论最热烈的时期似乎已经过去，但并不意味着人们并不关注它。应当看到，它作为一种规范伦理学的形态已经确立。

　　本书是国家社会科学基金重点项目"当代后果主义伦理思想研究"的结项成果。我们的研究没有完结，也愿和有志者一道推进这一领域里的研究。

参考文献

一 英文著作

Brandt, Richard B., *Ethical Theory*, Prentice, Prentice-Hall., Inc., 1959.

Darwall, Stephen, *Consequentialism*, Oxford: Blackwell, 2003.

Driver, Julia, *Consequentialism*, Routledge, New York, 2012.

Driver, Julia, *Uneasy Virtue*, Cambridge University Press, 2001.

Hooker, Brad, *Ideal Code, Real World: A Rule-Consequentialist Theory of Morality*,

Hurka, Thomas, *Perfectionism*, Oxford University Press, 1993.

Hursthouse, Rosalind, *On Virtue Ethics*, Oxford University Press, 1999.

Kagan, Shelly, *The limits of morality*, Oxford University Press, 1989.

Kant, Immanuel, *Critique of Practical Reason*, in *Practical Philosophy*, edited by Mary J. Gregor, Cambridge University Press, 1996.

Lyons, David, *Forms and Limits of Utilitarianism*, Oxford University Press, 1965.

MacIntyre, Alasdair, *After Virtue: A study in Moral Theory*, University of Notre Dame Press, 1984.

Mulgan, Tim, *The Demands of Consequentialism*, Oxford: Clarendon Press, 2001.

Nagel, Thomas, *Equality and Partiality*, Oxford University Press, 1991.

Nozick, Robert, *Anarchy, State and Utopia*, New York, Basic Books, 1974.

Nussbaum, Martha, *Frontiers of Justice*, Cambridge, Massachusetts: The

Belknap Press of Harvard University Press, 2006.

Oxford: Clarendon Press; New York: Oxford University Press, 2000.

Parfit, Derek, *Reasons and Persons*, Oxford University Press, 1984.

Peterson, Martin, *The Dimensions of Consequentiaism*: Ethics, Equality, and Risk, Cambridge University Press, 2013.

Rawls, John, *A Theory of Justice*, Mass., Harvard University Press, 1999.

Scheffler, Samuel (ed.,), *Consequentialism and Its Critics*, Oxford University Press, 1988.

Scheffler, Samuel*The Rejection of Consequentianism*, Oxford University Press, 1982.

Sen, Amartya and Williams, Bernard (ed.,), *Utilitarianism and beyond*, Cambridge University Press, 1982.

Sidgwick, Henry, The Methods of Ethics, 7th ed., Indianapolis: Hackett Ping Company, 1982.

Slote, Michael, *Commonsense Morality and Consequentialism*, Routledge & Kegan Paul, 1985.

Slote, Michael, *Commonsense Morality and Consequentialism*, Routledge & Kegan Paul, 1985.

Slote, Michael, *Morals From Motives*, Oxford University Press, UK, 2001.

Smart, J. J. C. and Williams, Bernard, *Utilitarianism, For and Against*, Cambridge University Press, 1973.

Zagzebski, Linda, *Virtues of the Mind: An Inquiry into the Nature of Virtue and the Ethical Foundations of Knowledge*Cambridge, Cambridge University Press, 1996.

二 英文论文

Adams, Robert, "Motive Utilitarianism", in *Consequentialism*, edited by Stephen Darwall, Blackwell Publishers Ltd., 2003.

Andrić, Vuko, "Objective Consequentialism and The Licensing Dilemma", Philosophical Studies: An International Journal for Philosophy in the Analytic Tradition, Vol. 162, No. 3 (February 2013).

Bradley, Ben, "Virtue Consequentialism", *Utilitas*, Vol. 17, No. 3, (Nov. 2005).

Carlson, Erik, "The Oughts and Cans of Objective Consequentialsim", *Utilitas*, Vol. 11, No. 1, 1999.

Chappell, Timothy, "Integrity and Demandingness", *Ethical Theory and Moral Practice*, Vol. 10, No. 3, July 2006 (June2007).

Christine Swanton, "virtue Ethics, Value Centredness, and Consequentianism", Utilitas Vol. 13, No. 2, July, 2001.

Cullity, Garret, "International Aid and the scope of Kindness", *Ethics*, 1994, 105 (1).

Dorsey, Dale, "Desire – satisfaction and Welfare as Temporal", *Ethical Theory and Moral Practice*, Vol. 16, No. 1 (February 2013).

Driver, Julia, "virtue and human nature", *How should one live?: Essays on the Virtue*, ed., Roger Crisp, Oxford University Press, 1996.

Eugene, Bales, R. "Account of Right – making Characteristics or Decision – making procedure?" *American Philosophical Quarterly*, Volume 8, Number 3, July 1971.

Foot, Philippa, "Virtues and Vices", *Virtues and Vices and Other Essays in Moral Philosophy*, Los Angeles, 1978.

Gruzalski, Bart, "Parfit's Impact on Utilitarianism", *Ethics*, Vol. 96, No. 4 (Jul., 1986).

Harris, George W., "A Paradoxical Departure from Consequentialism", *The Journal of Philosophy*, Vol. 86, No. 2, Feb., 1989.

Hooker Brad, "Reply to Arneson and McIntyre", *Philosophical Issues*, Vol. 15, Normativity (2005).

Hospers, John, "Rule – Utilitarianism", in *Ethical Theory: classical and contemporary*, Louis Pojman, ed., CA, Wadsworth Publishing, 2002, p. 204.

Howard – Snyder, Frances, "he Rejection of Objective Consequentialism", Utilitas, 9, 1997.

Hurka, Thomas, "Two Kinds of Satisficing", *Philosophical Studies: An Inter-*

national Journal for Philosophy in the Analytic Tradition, Vol. 59, No. 1, May, 1990.

Jackson, Frank, "Decision - Theoretic Consequentialism and the Nearest and Dearest Objection", Ethics, Vol. 101, No. 3 (Apr., 1991).

Kagan, Shelly, "Does Consequentialism Demand too Much? Recent Work on the Limits of Obligation", Philosophy & Public Affairs, Vol. 13, No. 3 (Summer, 1984).

Mason, Elinor, "Against Blameless Wrongdoing", Ethical Theory and Moral Practice, Vol. 5, No. 3, 2002.

McKerlie, Dennis, "Egalitarianism and the Separateness of Persons", Canadian Journal of Philosophy, Vol. 18, No. 2 (Jun., 1988).

Myers, R. H. "Prerogatives and Restrictions from the Cooperative Point of View", Ethics, Vol. 105, No. 1, Oct., 1994.

Parfit, Derek, "Equality and Priority", Ratio, No. 10, 1997.

Pettit, Philip and Smith, Michael, "Global Consequentialism" in Brad Hooker, Dale E. Millerand Elinor Mason (eds.), Rules and Consequences: New Essays in Rule Consequentialism, Edinburgh: Edinburgh University Press, 2000.

Qizilbash, Mozaffar, "The Rejection of Objective Consequentialism: A comment", Utilitas, 11, 1999.

Railton, Peter, "Alienation, Consequentialism, and the Demands of Morality", facts, Values and Norms - Essays Toward a Morality of Consequence, Cambridge University Press, 2003.

Ridge, Michael, "Agent neutral Consequentianism from the Inside - out: Concerned for Integrity without Self - indulgence", Utilitas, Vol. 13, No. 2, July, 2001.

Scheffler, Samuel, "Prerogatives Without Restrictions", Philosophical Perspectives, Vol. 6, Ethics (1992).

Sen, Amartya "Evaluator Relativity and Consequential Evaluation", Philosophy & Public Affairs, Vol. 12, No. 2 (Spring, 1983).

Simon, Herbert A., "Theories of Decision Making in Economics and Behavioral Science", American Economic Review, 49 (1959).

Singer, Peter, "Famine, Affluence, and Morality", *Philosophy & Public Affairs*, Vol. 1, No. 3 (Spring, 1972).

Stark, Cynthia A., "Decision Procedures, Standards of Rightness and Impartiality", Noûs, Vol. 31, No. 4 (Dec., 1997).

Swanton, Christine, "The problem of Moral Demandingness", New Philosophical Essays, ed., Timothy Chappell, London, Macmillan Inc., 2009.

Thomson, Judith, "The Right and the Good", *The Journal of Philosophy* 94 (1997); Julia Driver, *Uneasy Virtue* (Cambridge, 2001).

Whiteside, Noel and Mah, Alice, "Human Rights and Ethical Reasoning: Capabilities, Conventions and Spheres of Publication", *Sociology*, Vol. 46, No. 5, Special Issue: "The Sociology of Human Rights" (OCTOBER2012).

Zagzebski, Linda, *Virtues o fthe Mind: An Inquiry into the Nature of Virtue and the Ethical Foundations of Knowledge*, Cambridge University Press, 1996.

三 中文著作、译著（包括论文，以姓氏拼音排序）

李德顺：《价值论》，中国人民大学出版社1987年版。

袁贵仁：《价值学引论》，北京师范大学出版社1991年版。

［澳］J.J.斯马特、［英］B.威廉斯：《功利主义：赞成与反对》，牟斌译，中国社会科学出版社1992年版。

［德］康德：《道德形而上学奠基》，杨云飞译，人民出版社2013年版。

［德］康德：《历史理性批判文集》，何兆武译，商务印书馆1990年版。

［古希腊］亚里士多德：《尼可马科伦理学》，苗力田译，中国社会科学出版社1999年版。

［美］阿拉斯代尔·麦金太尔：《伦理学简史》，龚群译，商务印书馆2003年版。

［美］朱莉亚·德莱夫：《后果主义》，余露译，华夏出版社2016年版。

［印］阿玛蒂亚·森：《以自由看待发展》，任赜等译，中国人民大学出版社2002年版。

［英］边沁：《道德与立法原理导论》，时殷弘译，商务印书馆2002年版。

［英］伯林：《自由论》，胡传胜译，译林出版社2003年版。

［英］摩尔:《伦理学原理》,长河译,商务印书馆1983年版。

［英］帕菲特:《理与人》,王新生译,上海译文出版社2005年版。

［英］西季威克:《伦理学方法》,廖申白译,中国社会科学出版社1993年版。

［英］约翰·斯图亚特·穆勒:《功利主义》(英汉对照),叶建新译,九州出版社2007年版。

［芬兰］阿拉特:"所有、爱、存在:瑞典福利研究模式的可替代方式",［美］阿玛蒂亚·森、努斯鲍姆主编《生活质量》,龚群等译,社会科学文献出版社2008年版。

［美］艾恩·劳:"规则后果主义的两难困境",陈江进译,载徐向东编《后果主义与义务论》,浙江大学出版社2011年版。

［美］彼特·莱尔顿:"异化,后果主义与道德要求",解本远译,载徐向东编《后果主义与义务论》,浙江大学出版社2011年版。

［美］笛安·科金、加斯丁·奥克利:"间接后果主义、友谊和异化问题",陈江进译,载徐向东编《后果主义与义务论》,浙江大学出版社2011年版。

［美］弗朗克·杰克逊:"决策论的后果主义与有关亲友的反对意见",陈江进译,载徐向东编《后果主义与义务论》,浙江大学出版社2011年版。

［美］胡克:"规则后果主义",陈江进译,载徐向东编《后果主义与义务论》,浙江大学出版社2011年版。

［美］胡克:"规则后果主义",杨豹译,［美］休·拉福莱特:《伦理学理论》,龚群主译,中国人民大学出版社2008年版。

［美］理查德·阿尼森:"精致的规则后果主义:一些简单的非议",陈江进译,载徐向东编《后果主义与义务论》,浙江大学出版社2011年版。

［美］塞缪尔·谢夫勒:"以行动者为中心的限制、合理性与德性",陈江进译,载徐向东编《后果主义与义务论》,浙江大学出版社2011年版。

后　　记

　　当代后果主义是传统或经典功利主义作为规范伦理学理论在当代的发展。本书虽然已经尽努力进行了一个较全面的研究，但相对于当代英美学术界的学者们所提出的所有版本的后果主义来说，仍然有遗漏。并且，即使是已经接触到了的不同版本的后果主义，由于时间及其篇幅所限，仍然还没有进行一种透彻的研究。因此，本书的出版仍然有着某种抛砖引玉的作用，期望学界同人在这一方面有着更为丰硕的成果以飨读者。

　　本书出版，得到了山东师范大学的鼎力资助，在此表示衷心感谢，对于本书付出辛勤劳动的中国社会科学出版社编辑刘亚楠，表示衷心感谢。